DIE LÜGEN DES GELDES:

Wer sind Sie?

DIE LÜGEN DES GELDES

© 2016 von Live Your Roar!

Übersetzt von Andrea Oberwinkler-Prikatzky

ISBN: 978-1-63493-469-5

Erfahrungsberichte

Ich habe es geschafft. Ich schaffte es endlich zu einem LIVE Kurs mit Dr. Lisa Cooney namens Die Lügen des Geldes. Aber das Lustige ist, dass es nicht wirklich um Geld ging, sondern um all die Beschränkungen, die wir in unserem Körper horten, die uns davon abhalten, voranzukommen, unser Leben zu gestalten und zu empfangen.

Ich bin kritisch gegenüber Energien, wenn es um Facilitatoren und ihre Fähigkeiten geht, einen Kurs zu leiten, sich mit ihrem Publikum zu verbinden und tatsächliche Veränderungen zu bewirken. Im Grunde genommen frage ich..... Wie gut SIND SIE?

Die Performance, die ich gestern Abend mit Dr. Lisa Cooney gesehen und erlebt habe, war eine stehende Ovation wert. Ich habe noch nie so viel Sachverstand, Leichtigkeit und Beitrag in der Art und Weise, wie sie ist, gesehen oder gehört.

Es ist fast unbeschreiblich, aber die eine Sache, die ich Ihnen sagen kann, ist, dass, wenn Sie um Veränderung bitten und Sie sie wirklich wünschen, Dr. Lisa Cooney Sie dorthin bringen kann, auf eine magische, freundliche, humorvolle und starke Weise, die mit nichts vergleichbar ist, was Sie je erlebt haben.

Danke DIR, Dr. Lisa für DICH.

~ Amy, Besitzerin Cedar Haven Stables, Cedar Hill, TX

Als ich mit den Lügen des Geldes arbeitete, bekam ich meinen neuen Job. Ich kann jetzt in einer Woche das verdienen, was ich früher in einem Monat verdient habe! Meine Position beinhaltet auch einen brandneuen Cadillac mit Versicherung, Benzin und Mautgebühren! HDIGABTT? Mein Körper wählte ein Paar Arbeitsschuhe, die 300 Dollar kosteten, und ich dachte, sie seien zu teuer, fragte aber, ob sie mir Geld einbringen würden. Ich bekam ein großes Summen von „Ja, viel!" Energie und kaufte sie. Ich liebe es, sie zu tragen. Ich bin eher bereit, mir anzusehen, wohin mein Geld fließt und wie viel es kostet, unser Leben zu führen. In meinem eBay-Shop habe ich 2 Dinge für 39,99 Dollar verkauft, für die ich 15 Dollar bezahlt habe. Cody und ich haben unseren geleasten Audi frühzeitig abgegeben und einen verspielten Jeep gekauft. Wir hatten beide Jeeps, als wir uns im Offroad Club im College trafen, so dass der Kauf wunderbare Dinge in unserer Beziehung tut. Mehr bitte! Was ist sonst noch möglich?

~Mandi, Dallas, TX

Bisher habe ich bei der Arbeit den gleichen Betrag verdient, aber ich habe mich nicht wegen Geld oder der Bezahlung von Rechnungen gestresst……. PLUS, ich wurde zum Abendessen und Arbeitsessen eingeladen. Mir wurde ein fantastischer Handel angeboten. Mir wurde gesagt, dass ich bis Ende des Jahres eine Gehaltserhöhung bei der Arbeit bekommen werde, ohne zu fragen, und während andere entlassen werden. Heute wurde mir die Möglichkeit geboten, mit etwas, womit ich bereits begonnen hatte, schöne Boni zu verdienen. Für morgen wurde ich von einem fabelhaften Freund, der mir das Gefühl gibt, etwas ganz Besonderes zu sein, in ein fabelhaftes Restaurant eingeladen! Du hast Recht! Ich habe nicht auf all diese Wunder geachtet! WOW! Danke, Dr. Lisa Cooney!!!!! Wie kann es besser werden als das? Mehr von all dem, bitte!!!!

~ Laura, Dallas, TX

Heute erkenne ich (danke, Dr. Lisa Cooney) an, dass ich ein mächtiger Schöpfer bin und meine Entscheidung, Geld zu erfahren als: Alle meine Rechnungen sind bezahlt und ich habe mehr Einkommen als Ausgaben. Ich habe dies trotz meiner Wahl kreiert.

Ok, heute war ein fantastischer Durchbruch. Ich kann es kaum erwarten, bis ich all diese starken Prozesse wieder anhöre. O meine Güte, vielen Dank für heute!

~ Nancy, Denver, CO

Danksagungen

Danke Amy Cristol Hirsch, dass du mir die Leichtigkeit des Geldhabens gezeigt hast, das Vergnügen, mit dem zusammen zu sein, was du finanziell hast, und die Möglichkeit, dir selbst zu erlauben, zu haben und nie etwas oder jemanden zu brauchen.

An Donna Hildebrand, dass sie mir immer den Rücken freihält und mir zeigt, wie man sich hineinlehnt und größer, besser und besser und mehr realistischer auftritt, als ich es mir vorstellen konnte.

An London, meiner jugendlichen Spielkameradin, die mich immer wieder zum Lächeln bringt, ob im In- oder Ausland, mit ihrer einzigartigen Wesenhaftigkeit, die meine Welt erhellt.

An Sara Wilson, deine unnachgiebige Fürsorge und Freundlichkeit für mich, meinen Körper und mein Wohlbefinden, die mit Freundschaft und persönlicher Unterstützung über das Maß hinaus verbunden ist. Worte können niemals ausdrücken, wie sehr du mir lieb bist.

Gary Douglas und Dr. Dain Heer bin ich außerordentlich dankbar für Ihr hingebungsvolles Engagement für Bewusstsein, Veränderung und persönliche Ermächtigung. Danke, dass ihr mich immer mit dem Wissen geehrt habt, dass ich viel mehr kreieren kann, indem ich immer mehr und mehr von mir selbst bin.

Widmung

Dieses Buch ist Ihnen allen da draußen gewidmet die
mit Geld kämpfen.

Für alle, die das Gefühl haben, dass die Schulden
oder die finanziellen Sorgen, in denen sie sich befinden,
ein großes schwarzes Loch sind, aus dem sie nie wieder
herausklettern werden, oder darüber hinwegkommen.

Für alle von Ihnen, die sich verloren, verwirrt,
unbeweglich, verängstigt und impotent fühlen, ihre
finanzielle Realität zu verändern, teile ich diese Worte mit
euch als ein Leuchtfeuer, um euch zu begleiten. Sie können
eine andere Wahl treffen.

Sie können das Leben haben, das Sie sich wünschen.

Sie können das Geld, das Bargeld, die Währungen,
die Investitionen und die Ferien, die Sie sich wünschen,
kreieren.

Wählen Sie sich!

Verpflichten Sie

Sich gegenüber sich selbst!

Dr. Lisa Cooney

Arbeiten Sie mit denen zusammen, die sich verschwören, um Sie zu segnen.

Kreieren Sie, Frei sein und mit Ihrer finanziellen Realität freudvoll leben, es ist eine reale Möglichkeit, aber Sie müssen von sich verlangen, es zu haben, egal was es kostet, wen Sie verlieren oder was Sie loslassen.

Möge alles im Leben mit Leichtigkeit, Freude und Herrlichkeit zu Ihnen kommen®

Inhaltsverzeichnis

Einführung

Jetzt haben Sie eine Goldmine in der Hand.

Zumindest einen ganzen Haufen Bargeld und Geld - was immer Sie wollen (denn, wie ich bei Tausenden von Kunden auf der ganzen Welt herausgefunden habe, gibt es einen Unterschied).

Aber in diesem Buch geht es nicht nur um Geld... Es geht um die Lügen des Geldes.

Und, ganz offen gesagt, wenn Sie ihnen nicht auf den Grund gehen, werden sie Sie wie einen Ball an einer Schnur, die an einen Pfahl gebunden ist, angebunden halten, der immer wieder auf derselben Umlaufbahn kreist

Es mag Sie überraschen, dass diese Geldlügen nichts mit tatsächlichem Bargeld oder Geld zu tun haben, aber es hat alles damit zutun, womit Sie ihren ‚Geldfluss‘ - oder das Fehlen davon - auf ihrem Bankkonto, ihrem Portfolio, ihren Investitionen, ihrem Scheckbuch und in ihrer Tasche gerade jetzt kreieren.

Mit anderen Worten, all das aktualisiert sich als Ihre finanzielle Realität.

Klingt das nach einem gewaltigen Unterfangen oder ein bisschen überwältigend?

Wenn ja, dann werden Sie sich freuen, wie die Leute, die diese Workshops persönlich besucht haben, zu entdecken, dass alles, was man braucht, um eine neue finanzielle Realität für sich selbst zu schaffen, eine Veränderung von 1° oder 1% ist.

Und jeder kann das tun, auch Sie.

Wie Sie sehen werden, sobald Sie da drin sind und schauen, beginnt der Käfig der Lügen und der Begrenzung zu rütteln und dann zusammenzubrechen.

Und dann beginnt die Wahrheit zu sein.

Und was hat das mit Geld zu tun?

Weil Geld eine Energie ist, wie alles andere auch. Wir sind Energie. Wir haben ATP in jeder Zelle unseres Körpers, Adenosintriphosphat. Das ist die Geist-Energie, unsere Seelen-Ausdruck-Energie.

Wir kommen in einer Form. Geld kommt in einer Form. Wir sind alle Energie und wir trennen es mit diesen Lügen ab.

Geld ist nicht das Problem - wir sind es.

Es hat nichts mit dem Äußeren zu tun und alles mit dem, was in Ihnen selbst ist, und was ihre Glaubenssysteme sind. Es hat damit zu tun, was Sie darüber denken, was Sie darauf projizieren, was es für Sie bedeutet, womit Sie sich selbst definieren und ob Sie es haben oder nicht.

Dieses Buch ist eine Zusammenstellung von Transkripten von fünf Workshops oder „Tasters", wie ich sie genannt habe, die ich in verschiedenen Teilen des Landes abgehalten habe. Jeder einzelne ist ein ganzer Workshop für sich, doch während das Konzept und die Werkzeuge überall gleich sind, sind sie alle einzigartig unterschiedlich.

Und dafür gibt es einen guten Grund... Denn Menschen sind einzigartig.

Gleichzeitig gibt es Ähnlichkeiten, die die Lügen des Geldes ausmachen und schleichend durch die Individuen, ihre Familien und ihre Kulturen schweben, die von Generation zu Generation weitergegeben werden.

In über 20 Jahren privater Praxis, Gruppenpraxis,
internationaler Praxis ist Geld einer der drei Hauptgründe,
warum Menschen zu mir kommen (die anderen sind Gesundheit
und Beziehung).

Ich begann zu bemerken, dass es ein Muster bei meinen
Klienten gab, die das gleiche ,Vorzeige-Problem' hatten, wo sie
Geld kreieren konnten, es aber nie behielten oder hatten.

Andere hatten das Gefühl, dass sie kein Geld kreieren
konnten - und deshalb konnten sie es nicht kreieren und sie
konnten es nicht haben.

Ich vermute, dass Sie, wenn Sie dieses Buch lesen, Ihre
eigenen Erfahrungen irgendwo auf diesen Seiten finden und
als Folge davon beginnen, Ihre eigene 1° oder 1% Veränderung
zu haben. Und wenn Sie das tun, werde ich meine Arbeit getan
haben.

Denn letzten Endes geht es bei den Lügen des Geldes
wirklich darum, sich diese drei Fragen zu stellen:

- *Wer bin ich?*
- *Was bin ich?*
- *In welche Lüge habe ich mich eingekauft, die ich wahr
  gemacht habe?*

Glauben Sie mir, es ist keine Arbeit für die Schwachen.

Aber es ist für diejenigen unter Ihnen, die bereit sind,
Ihr ROAR zu leben - was ich als Ihre Radikal Orgasmisch
Lebendige Realität bezeichne.

Es ist die Arbeit für das schelmische ROAR in euch, das
sagt: „Nie mehr. Es ist es nicht mehr wert, sich hinter diesen
Lügen zu verstecken."

Und, wissen Sie, das ist es wirklich nicht. Also, kommen Sie
und holen Sie sich Ihr Geld...
Denn Geld in Ihren Händen wird die Welt verändern.

Maui

Sprecher: Es ist mir ein Vergnügen, Ihnen heute Abend Dr. Lisa Cooney vorzustellen. Sie ist unter anderem eine Therapeutin, eine Access Consciousness® Facilitatorin und Moderatorin einer Radiosendung, die international Kurse abhält und Leben verändert. Sie hat meins außergewöhnlich verändert und ich bin dankbar, sie hier zu haben.

Sie wird für die nächsten fünf Tage hier sein, wenn Sie also tiefer eintauchen und Schichten über Schichten alter Traumata abstreifen möchten, wenn Sie festgefahrene Muster, Bewertungen, Selbstbewertungen, was auch immer Sie einschränkt, für morgen gibt es keine Voraussetzungen. Die nächsten zwei Tage heißen „Embrace Your Roar" („Umarme Dein ROAR"), Deine radikale und orgasmisch lebendige Realität, und Sie sind herzlich eingeladen, sich uns anzuschließen.

Es wird Welten erschüttern.

Dr. Lisa: Ich werde Ihnen heute Abend einen kleinen Vorgeschmack auf die Lügen des Geldes geben. Es ist so interessant, wenn wir über Geld reden, weil es diese Energie der Klebrigkeit mit sich bringt.

Es gibt drei Hauptlügen des Geldes und wenn Sie sich diese ansehen, werden Sie feststellen, dass es diese Annahmen in Ihnen sind, die die finanzielle Realität kreieren, die eigentlich nicht Sie sind.

Aber Sie glauben, dass Sie es sind.

Das könnte für einen Moment in Ihrem Verstand stechen und Sie fragen sich: „Wovon redet sie?"

Ich hoffe, dass sich Ihr Verstand beim Lesen dieses Buches erweitert, denn was wir uns alle bei diesem Thema Geld angetan haben ist eigentlich eine radikale Beseitigung unserer kreativen phänomenalen Brillanz.

Ihr seid die Menschen, die die Welt verändern könnten. Wisst ihr das?

Also, was bringt Ihnen Geld in dieser Realität? Gibt es Ihnen Freiheit? Erlaubt es Ihnen, eine gute Wahl zu treffen? Gibt es Ihnen etwas Luxuriöses? Was gibt es Ihnen sonst noch? Lachen?

Teilnehmerin: Unterhaltung.

Teilnehmerin: Sicherheit.

Dr. Lisa: Ja. Diese Realität funktioniert durch Geld, und doch gibt es so viele Menschen, die das Geld wegen vieler verschiedener Lügen von sich selbst ferngehalten haben. Ich werde drei ansprechen.

Hier ist diese Sache, die man Geld nennt. Ich bewahre mein Geld buchstäblich in meiner Brieftasche auf und benutze es dann. Ich liebe Hundert-Dollar-Scheine. Und ich bewahre es in einem 14-karätigen goldenen Geldclip auf. Es ist ziemlich schwer - selbst der Wind fegt es nicht weg.

Wenn ich es ansehe, macht es mich glücklich. Wenn ich es in der Hand halte, fühle ich mich mächtig. Ich fühle mich kreativ. Heute hat es sich sehr gut angefühlt, weil ich ein wenig eingekauft und etwas von dem Geld verwendet habe.

Wenn ich das in meiner Brieftasche halte, weiß ich, dass alles möglich ist. Wenn ich in den Spiegel schaue, weiß ich, dass alles möglich ist. Wenn ich den Ozean anschaue, weiß ich, dass alles möglich ist.

Aber die meisten von uns sehen Geld an und glauben, dass alles unmöglich ist, solange wir es nicht haben.

Also, das ist die erste Lüge über Geld: Viele von uns glauben, dass dieses Stück Papier Macht über uns hat, dass es stärker ist als wir, mehr ist als wir. Es hat Autorität über uns. Es besitzt uns.

Sehen Sie sich an, wie Sie es jetzt gerade ansehen. Sehen Sie sich an, was in Ihrem Körper gerade jetzt auftaucht, wenn Sie es betrachten. Hören Sie auf Ihren Verstand und was Sie tatsächlich sagen, während Sie es sehen:

+ *Was denken Sie?*
+ *Was bewerten Sie?*
+ *Was Was haben Sie entschieden?*
+ *Was haben Sie schon beschlossen?*
+ *Was haben Sie berechnet?*

Und...

Wie haben Sie vielleicht konfiguriert, dass Geld ein Gott dieser Realität ist, vor dem Sie sich verneigen und dem Sie Treue schwören müssen, um ihn zu haben?

Das ist eine Lüge.

Es gibt nichts, was Sie tun müssen oder sein müssen, um das hier zu haben.

Sie müssen nur wählen, zu sein oder zu tun, was für Sie richtig ist.

Also, das ist die erste Lüge des Geldes.

Die zweite Lüge geht ungefähr so: Sagen wir, Sie haben Ihr Geld zur Paarberatung mitgenommen. Sie legen es in den Stuhl - und Sie haben Ihren Stuhl - und der Therapeut weist Sie und Ihr Geld an, ein Gespräch zu führen, indem jeder „Ich"-Nachrichten benutzt.

Wenn es zu Ihnen sprechen würde, was würde es zu Ihnen sagen? Wie gut würde es von Ihnen behandelt werden? Ist es der Liebhaber, der auf der Couch schläft und daher wirklich nicht der Liebhaber ist?

Ist es derjenige, der Sie verlässt und lieber in die Bar geht, um mit seinen Freunden abzuhängen, anstatt mit Ihnen zusammen zu sein? Oder sind Sie derjenige, der rausgeht und in die Bar geht, um bei Ihren Freunden zu sein, und wollen nicht mit ihm zusammen sein? Könnten Sie überhaupt in Erwägung ziehen, dass Geld Ihre Geliebte - Ihr Geliebter sein könnte?

Das ist die zweite Lüge, über die wir reden. Das Geld ist Ihr Täter, Ihr Kerkermeister, und Sie sind sein Sklave. Und dass Sie, wenn Sie es nicht haben, nicht mehr wählen können als das, was Sie gerade wählen. Dass es Ihnen niemals geben wird, was Sie brauchen.

In dieser Lüge werden Sie es immer kritisieren. Sie werden ihm gegenüber immer skeptisch sein. Sie werden ihm nie vertrauen. Sie werden es betrügen wollen. Sie werden damit baden wollen. Sie werden es nie retten können. Sie werden es nie haben. Sie werden es immer ausgeben. Sie werden nie wählen, sich damit zu umgeben.

Merken Sie, dass das alles ein Thema hat?

Das Thema liegt in jedem von uns, in jedem von euch.

Die erste Lüge ist also, dass Geld Gott ist und ihr weniger seid als... Die zweite Lüge ist, dass Geld euer Täter ist, euer ewiger Kerkermeister, und dass ihr es nicht haben könnt.

Und die dritte Lüge ist was?

Kann das irgendjemand erraten? Denn es gibt etwa 8.000 Lügen, also können Sie sich nicht wirklich irren.

Teilnehmerin: Du wirst nie genug Geld haben.

Dr. Lisa: Dass Sie nie genug davon haben werden. Sicher. Noch jemand?

Teilnehmerin: Geld ist böse.

Teilnehmerin: Man muss hart dafür arbeiten.

Teilnehmerin: Geld kann mir keine Liebe kaufen.

Dr. Lisa: Ja, also all diese sind zu 100% richtig für das, was für Sie und in dieser Realität wahr ist. Es sind Glaubenssysteme. Es sind Bewertungen. Es sind Dinge, die wir entschieden, bewertet, abgeschlossen, berechnet und unsere Realität, unsere Bankkonten und unsere Beziehung um sie herum konfiguriert haben, um unseren Körper, um unseren Job, um unsere Arbeit, um unsere Kleidung.

Sie bestimmen, wann wir nach Hawaii gehen können, wann nicht, was wir essen, wann wir zu Whole Foods oder Safeway oder was auch immer gehen können. Das ist alles wahr...

Aber das sind alles Glaubenssysteme.

Die dritte Lüge ist, dass Geld ein Problem ist.

Geld ist nicht das Problem - wir sind es. Was wir darüber denken, was wir darauf projizieren, was es für uns bedeutet, womit wir uns definieren, ob wir es haben oder nicht.

Das sind nicht alle Lügen des Geldes, aber es sind die drei Lügen des Geldes, die mir und während meiner persönlichen Reise sehr klar geworden sind.

Nun, ob Sie mich sprechen gesehen haben oder nicht, Sie wissen wahrscheinlich, dass ich normalerweise mit einer Struktur oder einem Entwurf für das, worüber ich sprechen werde, beginne und dann etwa zehn Minuten vor dem Unterricht werfe ich es in den Müll, weil ich mich mit der Energie dessen verbinde, was und wer hereinkommt und auftaucht.

Ich höre zu, was die Körper, die Wesen, Sie - die Energie von Ihnen allen hier zusammen - hören und vielleicht auch hören wollen. Das ist wichtiger als jeder Umriss, zumindest für mich, den ich mir ausdenken könnte. Und dann habe ich es immer, auch wenn ich es weggeworfen habe, irgendwie wieder eingebunden.

Und wie mache ich das jetzt? Nun, zum Teil kommt das von meiner Lizenz und meinen Titeln als Doktor der Psychologie und Therapeutin, und als Trauma- und Somatik-Praktiker. Ich reise international, habe eine Radiosendung und mache Workshops - Körperarbeit, Energiearbeit - auf der ganzen Welt.

Aber es gibt noch ein paar andere Dinge, die mich ausgezeichnet haben, dass ich in eine Klasse komme, meinen Umriss auswerfen und darüber sprechen kann, was hier im Raum ist - und das basiert auf der Energie.

Ich kann also bis in die Zeit zurückgehen, als ich sieben Jahre alt war, oder ich kann Ihnen einfach nur ein paar sehr schnelle Dinge erzählen:

Erstens, vor etwa 15 Jahren wurde bei mir eine lebensbedrohliche Krankheit diagnostiziert. Da wurde mir wirklich klar, dass ich ein großes Problem mit Geld hatte. Wenn Sie krank werden, werden Sie herausfinden, dass Ihre Gesundheitsfürsorge in den USA Ihre naturheilkundlichen Entscheidungen nicht abdeckt. Sie könnten Ihren

Rentenanspruch, Ihr Haus, Ihre Investitionen, Ihr Portfolio und so weiter und so weiter und so weiter und so fort einlösen.

Und genau das habe ich bewusst gewählt und ich bin immer noch hier.

Als ich die erste Diagnose erhielt, sagte der Arzt, dass das Beste, was ich tun könne, sei, den Rest meines Lebens von Medikamenten zu leben und dass ich ein oder zwei, vielleicht drei oder vier Organe herausschneiden müsse, wenn sie schon einmal dabei sind. Wer hätte das gedacht? Also gaben sie mir drei Möglichkeiten: es töten, von Medikamenten leben oder es rausnehmen lassen.

Damals war ich gerade mal 30 und sagte zum Endokrinologen: „Es muss eine andere Möglichkeit geben."

Ich werde ihn nie vergessen, weil er einer der Hauptgründe für meine energetischen Mittel zur Heilung, Veränderung und für verschiedene Entscheidungen in meinem Leben - verschiedene Möglichkeiten - in meinem Leben physisch, emotional, spirituell, finanziell und energetisch zu treffen, begründet.

Er sagte, es gäbe keine andere Wahl. Nichts anderes wäre möglich.

Also ging ich hinaus und sah ihn nie wieder, und das führte mich auf den Weg zum Theta Healing® Institute (jetzt in Montana), wo ich drei Monate blieb.

Innerhalb von drei Wochen heilte ich die Krankheit. Es dauerte etwas länger, um den ganzen Körper von all den Problemen zu heilen. Energieheilung und Naturmedizin sieht eigentlich ganzheitlich aus, also den ganzen Körper.

Auf der anderen Seite benutzt der Endokrinologe allopathische Medizin, um das endokrine System zu durchschauen, und einige der verschiedenen Organe und Systeme des Körpers. Ich spreche nicht unbedingt schlecht über Endokrinologen oder allopathische Medizin. Ich benutze sie immer noch. Das ist nur meine Erfahrung.

Als ich diese Wahl traf und ich sah, was mit Energie geschehen kann, wusste ich, dass energetisch gesehen etwas anderes in diesem Leben vor sich geht. Und so traf ich die Entscheidung, meine gesamte Praxis zu ändern, von der traditionellen Therapie, Doktor der Psychologie und wöchentlichen Sitzungen, hin zu einer mehr gruppenorientierten Moderation, Energiearbeit, Energieheilung und dem Einlassen auf die Glaubenssysteme und die Begrenzungen durch das, was wir psychisch und psychologisch denken, was die Krankheit und das Unwohlsein im Körper erzeugt.

Okay, also wie hängt das alles mit Geld zusammen?

Nun, ich musste mehr Geld verdienen. Es kostete mich etwa eine Million Dollar, mich selbst zu heilen. Ich war ziemlich krank. Ich war wahrscheinlich zwei oder drei Mal die Woche, acht Stunden am Tag beim Naturarzt, um mich auf dies, das und das andere zu testen. Spritzen, Infusionen, alles. Und zur gleichen Zeit war ich auf dem Weg zum Institut, um meinen Master zu machen - weil ich natürlich einen weiteren Abschluss brauchte.

Aber die ganze Zeit sah ich, wie sich diese Rechnung aufbaute und mein Pensionsanspruch sank. Ich sah das Haus und das Land, das ich bauen wollte, den Plan und alles, was ich mir für mein Leben vorgenommen hatte, alles begann mit 30 Jahren zu verfallen. Ich dachte, das sei das Ende.

Und dann kam das wahre Ende... Null.

Sie wissen vielleicht, worauf ich mich beziehe.

Teilnehmerin: Ihr Bankkonto?

Dr. Lisa: Mein Bankkonto, ja.

Ich habe den Nullpunkt erreicht und ich hatte schreckliche Angst. Ich bin in New York aufgewachsen. Mein Vater arbeitete sehr hart, als er noch im Immobiliengeschäft war. Er hat uns durchs College gebracht. Wir hatten immer einen Job. Wir haben immer gearbeitet. Wir hatten immer unser eigenes Geld. Wir haben immer gelernt. Er hat uns beigebracht, wie man spart, was man tun soll, all diese Dinge.

Ich kannte mich mit der Null nicht aus... niemals.

Ich arbeite, seit ich neun Jahre alt war. Ich liebte meinen kleinen Zeitungsjob. Meine Mutter hatte einen Kombiwagen und fuhr uns. Jedenfalls hat es Spaß gemacht. Und ich liebte Weihnachten. Sie wissen schon, Weihnachts-Trinkgeld.

Ich liebe den Geruch von Geld. Ich liebe den Geschmack des Geldes. Ich würde es buchstäblich schmecken und riechen. In den Sommern auf dem College arbeitete ich in der Bank und jeden Freitag kamen wir in den Tresorraum. Ich saß da drin und habe das Geld gerochen und eingeatmet.

Mein Vater war ein Unternehmer. Ich bin ein Unternehmer. Ich habe für niemanden mehr gearbeitet, seit ich 20 Jahre alt war. Er sagte mir als ich sehr jung war: „Lisa, es ist nicht nur eine Männerwelt. Es ist die Welt einer Frau. Mach nur das, was du liebst. Arbeite immer für dich selbst. Sei dein eigener Boss und geh da raus und verdiene ein paar Millionen."

Er war ein armer Junge aus Brooklyn. Er bekam ein Football-Stipendium für das College, dann ging er zur Armee und bekam auch so eine Ausbildung. Er war ein irischer Immigrant der 2. Generation. Meine Mutter war die 2. Generation italienischer Einwanderer. Harte Arbeit war Teil der Kultur. Bildung war ein

Teil der Kultur. Sie alle arbeiteten an der Wall Street in New York, so was in der Art.

Ich ging sogar nach Kalifornien und zog stattdessen meine Birkenstocks an, aber Geld war eine Liebe von mir. Ich hatte eine Liebesaffäre mit Geld. Wissen Sie, wie das riecht? Wie es schmeckt? Es hatte etwas an sich. Und das schreibe ich wirklich meinem Vater zu. Er konnte gut damit umgehen.

Er hatte 16 oder 17 verschiedene Wohnblöcke auf einmal, und meine Aufgabe war es, das Geld zu zählen und es in Stapeln von Bargeld auf den Tisch in seinem Büro unten im Keller zu legen. Ich wollte nichts anderes machen. Ich wollte nirgendwo anders hingehen. Die Leute können spielen gehen. Sie können verkleidet spielen gehen. Sie können ins Einkaufszentrum gehen und tun, was immer sie wollen, aber ich wollte beim Geld sein. Ich wollte es riechen, es schmecken. Wenn ich mich damit hätte einwickeln können, ich hätte es getan.

Dann wurde ich 30 und ich habe null auf meinem Bankkonto.

Wo sollte ich wohnen, wenn das so weitergeht? Was sollte ich essen? Was sollte ich meiner Mutter sagen? Wie sollte ich es meinem Vater sagen?

Vor allem, wie konnte ich mich selbst im Spiegel betrachten? Ich meine, zu diesem Zeitpunkt hatte ich meinen Masterabschluss. Ich war der therapeutische Koordinator eines Behandlungszentrums in Arizona.

Ich hatte meinen Scheiß ein wenig auf die Reihe gekriegt.

Dann wurde ich krank.

Und wenn man krank wird, verändert sich die ganze Welt.

Also musste ich mir diese ‚0' wirklich immer und immer und immer und immer und immer und immer wieder ansehen - und wirklich eine Wahl treffen, weil ich sterben könnte.

Ich könnte nach Hause gehen, was mich umbringen würde, aber ich könnte nach Hause gehen.

Ich könnte zu einem Freund gehen.

Ich könnte alles verkaufen.

Ich könnte weiter zur Arbeit gehen. Ich könnte härter arbeiten, aber es war irgendwie schwer zu arbeiten, wenn man krank ist.

Was sollte ich also tun?

Da fing ich an zu fragen: „Okay, wie wird jemand, der so gesund ist, plötzlich so krank?" So gesund war ich wohl nicht. Krankheit zeigt sich nicht einfach über Nacht. Man kann eine Diagnose über Nacht bekommen, aber die Krankheit baut sich über Jahre und Jahrzehnte auf. Damals sagte das Universum viele Dinge zu mir, aber in diesem Moment musste ich meine Realität ändern, auch meine finanzielle Realität.

Es gab Lügen, nach denen ich lebte, die irgendwie diese Krankheit verursachten und sich als Krankheit in meinem Körper aktualisierten - wirklich ein Entscheidungspunkt, um zu leben oder zu sterben. Und das alles nur, weil mir die eine Sache, die ich nie, niemals, nicht hatte, genommen wurde.

Wenn das Geld nicht weggenommen worden wäre und diese ‚Null' nicht gekommen wäre, möchte ich, dass Sie das verstehen: Ich hätte nicht darauf gehört. Ich hätte mit meinem Leben weitergemacht, weil es kein Problem gab, richtig?

Nun, anscheinend gab es ein großes Problem.

Um ehrlich zu sein, war ich ein kleiner Geldhorter. Ich liebe es. Ehrlich gesagt, das tue ich wirklich. Und ich glaube, wenn ich Geld habe und es ausgebe, verändere ich das Bewusstsein für etwas.

Wenn ich sitze und arbeite, dann ist die ganze Welt real - Indien, Hongkong, Taiwan, Hawaii, Kalifornien, Colorado, Florida und überall dort, wo ich noch keine Kurse erwähnt und gegeben habe. Wenn ihr ein Gewahrsein, ein ,aha', bekommt, dann ist das Geld gut angelegt, damit ich hierher komme. Das trägt zur Saat des Bewusstseins bei. Ich weiß nicht einmal, was passieren wird, aber es wird mein Bankkonto irgendwie vergrößern.

Tatsächlich wird es mich auf allen Ebenen bereichern: energetisch, psychisch, spirituell, psychophysiologisch und finanziell. Ich will das alles. Aber ich will alles für mich und ich will alles für uns alle.

Wie ich bereits sagte, seid ihr die Menschen, die wir auf dieser Erde brauchen und die ich brauche, um Geld zu haben. Ich verlange, dass ihr Geld habt. Ich will, dass ihr Geld habt. Nicht nur, um es auszugeben, sondern um es zu haben, um das Bewusstsein auf diesem Planeten zu verändern, denn ich habe ein größeres Ziel, als dass ihr einfach für zwei Stunden auftaucht und mich dann nie wieder seht.

Mein Ziel ist es, alle Formen des Missbrauchs von diesem Planeten zu eliminieren und auszumerzen, und dass alle Individuen radikal und orgasmisch lebendig sind.

Wissen Sie, wie viel finanzieller Missbrauch auf diesem Planeten herrscht? Wie viele von Ihnen wurden finanziell missbraucht? Obwohl mein Vater mich all diese Dinge gelehrt hat, gab es auch eine große Lüge in meiner Familie.

Ich war ein Kindermodel in New York, und es gab unsägliche Taten und Ereignisse, an denen ich in diesem sehr jungen Alter teilnehmen musste. Die Leute wurden für die Taten bezahlt, an denen ich gezwungen wurde, teilzunehmen, und ich wurde nicht bezahlt.

Aber es kostete mich 30 Jahre später viel.

Sie müssen keine extreme Geschichte haben. Einige von euch werden mit dem, was ich gesagt habe, übereinstimmen und einige von euch werden keine Ahnung haben, wovon ich rede. Ich sage nicht: „Hey, kommt her und macht diese Erfahrungen."

Aber die Sache mit dem Geld, ja, ich möchte, dass ihr euch alle mit Geld baden könnt. Zieht es an und wickelt euch darin ein. Eigentlich ist das eure Hausaufgabe: Holt so viele Hundertdollarscheine oder

$50-Scheine, frische sind besser, wie ihr nur könnt. Gebt ein bisschen Klebstoff drauf und malt euch mit dem Geld an.

Okay? Macht es einfach und habt Spaß dabei. Ihr könnt jemanden einladen, wen immer ihr wollt. Wenn Sie verheiratet seid, ist es hoffentlich die Person neben Ihnen, aber vielleicht wollen Sie noch jemanden neben euch.

Sie wollen etwas anderes einladen - davon spreche ich - eine radikale, orgasmische, lebendige Realität. Geld muss kein so schweres Thema sein. In meiner extremen Situation, glauben Sie mir, hat es keinen Spaß gemacht.

Aber so sieht es aus, wenn man sich umgedreht hat und hingesehen hat, hineingegangen ist und ausgemistet hat. Hier stehen zu können und zu reden und zu denken, dass ich etwas zu teilen habe. Ich muss mich umdrehen und schauen.

Und wissen Sie was? Worauf es hinausläuft, mit diesen Augen ist es, als hätte mir mein Vater ein Geschenk gemacht. Er hat mir beigebracht, dass es bei Geld nicht um das Geschlecht geht. Es ging nicht darum, etwas zu haben, von dem man kommt. Es ging nicht um Bildung. Es ging nicht um die Ausbildung. Es ging auch nicht darum, hart zu arbeiten.

Es ging darum, das zu wählen zu sein, was er sein wollte.

Mein Vater arbeitete hart und spielte hart. Ich war bei mehr Superbowls und mehr Sportveranstaltungen, als ich Ihnen je sagen könnte. Mein Vater war ein Yankees-Fan, also jeden Mittwoch, Freitag und am Wochenende waren wir dort. Er war ein New York Giants Football-Fan. Sonntags waren wir dort. Hockey, New York Rangers, Montag, Mittwoch, Freitag. Und er schleppte uns in den Madison Square Garden, die New York Knicks, den Madison Square Garden. Das haben wir gemacht.

Er hat es all meinen Freunden erzählt. Mein Bruder, meine Schwester und ich müssten jeweils zwei oder drei Freunde mit seinen Karten einladen. Er ging auf die Straße, um einen 5-Dollar-Tribünenplatz zu kaufen, damit alle seine Kinder und ihre Freunde zu den Spielen gehen konnten. Und warum? Nicht weil er unbedingt das Geld hatte, sondern weil er so leben wollte. Er ist nicht mehr hier, aber das ist etwas, wofür ich sehr dankbar bin, denn in 25 Jahren Praxis, international, national oder lokal, habe ich so etwas noch nie bei jemandem über Geld gefunden. Niemand wurde so erzogen. Niemand kommt aus dieser Realität.

Nun, ich habe eine Person getroffen. Einige von euch kennen ihn. Gary Douglas von „Access Consciousness".

Als ich also krank wurde und diesen Nullpunkt erreichte, nahm es mir diese Brillanz, diesen Spaß, dieses Lächeln, von dem ich hier spreche, diese Energie, die den Raum erhellt - es nahm mir das, als ich diesen Nullpunkt sah.

Und ich hätte das missbrauchte Opfer sein können, krank und verzweifelt, alles loslassen können, nicht mehr den Wunsch haben, jemandem zu helfen, nicht einmal mir selbst, und ich hätte mich für den Tod entscheiden können.

Aber ich habe mich für das Leben entschieden, denn egal, was unsere Geschichte ist, egal, was unsere Vergangenheit ist, egal, was für schreckliche Dinge geschehen sind und wir alle haben unsere Geschichte, es nimmt uns immer noch nicht die Wahl.

Unsere Wahl ist: Lüge oder Wahrheit? Welche Realität wollen Sie kreieren? Reichtum oder Mangel?

Welche Realität wollen Sie kreieren?

Nun, ich weiß, dass das sehr einfach erscheint. Glauben Sie mir, ich weiß es, vor allem, wenn es so ist, als ob Sie im Treibsand stehen und lügen. Man denkt, es ist so real, dass man es immer und immer und immer wieder kreiert. Es wird immer realer und es wird immer schwieriger, etwas anderes zu sehen.

Die Frage ist, ob Sie lächeln?

Sind Sie glücklich, wenn Sie den Lügen des Geldes glauben?

Und wenn Sie das nicht sind, dann finden Sie dieses Molekül in Ihrem Körper, diese kindliche Unschuld, die mir mein Vater irgendwie eingepflanzt hat, wenn Sie so wollen, um das Kreieren und das Business und die Arbeit und den Spaß und die Freude und die Wahl, mein eigener Chef zu sein.

Das bedeutet nicht, dass Sie Ihr eigener Chef sein müssen, aber Sie könnten Ihr eigener Chef sein, selbst wenn Sie für jemanden arbeiten. Zu wählen, zu sehen, was möglich ist, anstatt zu sehen, was nicht möglich ist.

Was ist, wenn „unmöglich" nur ich bin möglich, ist?

Das ist also ein kleiner Teil meiner Geschichte, aber was sind Ihre Geldlügen?

Was könnten Sie wählen, das Sie mit den Geldlügen, die Sie sich selbst erzählen, ablehnen? Und wie viel kostet es Sie, weiterhin die Geldlügen zu glauben, von denen Sie sich sagen, dass sie wahr sind? Was würden Sie tun, wenn Sie nicht wie ich an diesem Tag an Ihrem Computer sitzen würden, auf die Null starren, ausflippen und im schlimmsten Fall Ihren Plan B planen, Ihre Exitstrategie, wenn Sie so wollen.

Was könnten Sie wählen oder kreieren, in welcher finanziellen Situation Sie sich gerade befinden?

Und hier ist meine Lieblingslüge - und die Frage - in wessen finanzieller Realität leben Sie?

Teilnehmerin: Werden wir heute unsere Lügen neu programmieren?

Dr. Lisa: Ja.

Also, wie viele von Ihnen sind mit Access Consciousness vertraut? Lassen Sie mich ein wenig erklären, was ich Ihnen mitteilen werde, auch wenn ich es nicht laut gesagt habe.

Wenn ich Ihnen Fragen stelle und spreche, dann habe ich eigentlich das, was man das ‚Clearing Statement‘ nennt, im Hinterkopf. Es ist ein Energie-Clearing-Statement, das sich anhört, als ob Sie in Mandarin sprechen. Wenn Sie mehr wissen wollen, schauen Sie online unter TheClearingStatement.com nach.

Sie können es mit einem Computer und einer Festplatte vergleichen, die gerade aktualisiert wird. Ihr Glaubenssystem bleibt an dieser einen Sache hängen, es dreht und dreht und dreht und dreht sich. Also, genau wie wenn Sie einen Computer neu starten, ihn wieder hochfahren und alles funktioniert wieder, das ist es, was das Clearing-Statement macht. Wir können uns mit dem Clearing Statement neu programmieren.

Das Clearing-Statement und jede Energietechnik funktioniert nur, wenn Sie wählen, das, was der Nutzen dieses Glaubenssystems ist, zu besitzen und warum Sie es gerne tun.

Ich musste mich buchstäblich fragen, als ich bei Null war: „Was liebe ich daran, bei Null zu sein? Was liebe ich daran, im Zustand des Dramas und der Katastrophe zu sein? Was liebe ich daran, krank zu sein? Was liebe ich am Sterben? Wovon will ich unbedingt loskommen? (Was möchte ich unbedingt loswerden?) Wovon habe ich die Nase voll?"

Und es heißt nicht: „Kannst du mich auf einen Kaffee ausführen, weil ich kein Geld habe und ich bin wirklich ausgeflippt und mein Boss ist eine Schlampe und ich kann nicht zu meinen Eltern gehen, weil du weißt, dass sie mich hassen und sie es für den Rest meines Lebens gegen mich verwenden werden... und, und, und, und..."

Nichts von all dem.

Sie müssen wirklich, wirklich, wirklich ehrlich zu sich selbst werden und sich fragen, was Sie tun, um dies zu kreieren? Was machen Sie, um das weiterhin zu wählen? Was tun Sie, dass Sie eigentlich lieber sterben wollen? Was tun Sie, dass Sie tatsächlich lügen wollen? Was tun Sie, um sich selbst zu begrenzen?

Das ist die harte Arbeit. Das ist es, was Lügen und Erfindungen kreiert. Die Erfindung, nach der wir leben, ist wie eine Verleugnungs-Brille. Wir sind lieber überlegen und haben Recht, als hinter einen

Vorhang zu schauen um das zu sehen, was vor sich geht.

Persönlich würde ich lieber in den Spiegel schauen und mich selbst betrachten und sagen können: „Ja, du bist echt. Du bist authentisch. Du bist real. Du erfindest keine Dinge."

Wenn ich Dinge erfinde, bin ich wirklich einer dieser Verrückten, die es wirklich gerne besitzen. Und es ist nicht so, dass ich mich ans Mikrofon setzen und es der Welt verkünden muss, aber ich mag es wirklich gerne besitzen und so „Okay" sein. Wenn ich zum Beispiel auf jemanden wütend werde, dann frage ich: „Wo war ich das? Wo habe ich das gemacht?" Wenn ich jemanden bewerte, werde ich sagen: „Wow! Wo war ich das?"

Ich will tatsächlich darüber hinaus kreieren, und ich werde darauf achten. Ich nutze die Dinge, die die Menschen tun und die mich getriggert haben, zu meinem Vorteil, und es bringt mir immer mehr Geld. Ich werde auch ein wenig über einige Techniken dafür sprechen.

Das Clearing-Statement ist im Grunde Folgendes:

Right, wrong, good and bad, POD and POC, all nine, shorts, boys and beyonds®.

Right, wrong, good and bad, POD and POC, all nine, shorts, boys and beyonds®.

Right, wrong, good and bad, POD and POC, all nine, shorts, boys and beyonds®.

Right, wrong, good and bad, POD and POC, all nine, shorts, boys and beyonds®.

Right, wrong, good and bad, POD and POC, all nine, shorts, boys and beyonds®.

Right, wrong, good and bad, POD and POC, all nine, shorts, boys and beyonds®.

Nun, angesichts der Zulassungen und Titel, die ich in der Gesundheits-Community habe, hat es viel Mut gekostet, auf der ganzen Welt aufzustehen und, vor 205.000 Menschen in meiner wöchentlichen Radiosendung das zu sagen, hat eine Menge Mut gekostet. Ich wollte mich damit für eine ganze

Weile vor der Welt verstecken. Aber bevor ich überhaupt in Access Consciousness® war, habe ich Theta Healing® gemacht.

Theta Healing® ist die ganze Sache. Es ist die Arbeit mit der kreativen Energie von allem, was es gibt. Manche Leute würden sogar das große G-O-T-T-Wort sagen, oder?

Also, noch einmal, ich bin eine Art Person, die über den strukturellen Rahmen hinausgeht, obwohl ich Zulassungen, Ausbildung und Training in dieser Realität habe, wofür ich sehr dankbar bin. Sie waren ein wertvolles Gut in meinem Leben im Business, denn wenn die Leute den ‚Dr.‘ sehen, wollen sie nach Übersee kommen. Wenn sie einen Buchvorschlag sehen, werden sie sich das ansehen. Ich sage das nicht, um mir auf die Schulter zu klopfen. Ich sage nur, was immer Sie haben und was immer Sie in Ihrer Trickkiste haben, nutzen Sie es zu Ihrem Vorteil.

Jeder hat etwas.

Jeder von euch ist ordentlich und brillant. Ich habe meine Dissertation darüber geschrieben, also weiß ich es. Es heißt „Seelenabdruck", genau wie unser Fingerabdruck für jeden von uns einzigartig ist. Das ist euer Seelenabdruck. Jeder von euch hat einen einzigartigen Seelenabdruck, den ihr auf den Lippen der Realität hinterlassen müsst.

Meiner ist zufällig ein Teil von dem, was ich heute hier mache. Eurer ist, was immer ihr tut oder seid - oder was ihr euch weigert zu tun oder zu sein - aber ihr habt es.

Wann immer also das Clearing-Statement läuft, wird im Wesentlichen das, worüber Sie gesprochen haben, aufgelöst. Sie sind befreit von der Entscheidung, der Bewertung, der Schlussfolgerung, der Berechnung, der Konfiguration, dem Algorithmus. Sie sind frei, egal in welchem Alter Sie die Entscheidung getroffen haben; wessen auch immer es war

- die Ihrer Mutter, Ihres Vaters, Ihrer Schwester, Ihres Bruders, Ihres Chefs; welches Geschlecht es auch immer ist; welches Leben es auch immer war; welche Nationalität es auch immer war; welche Kultur es auch immer war; zu welcher Erde es auch immer gehörte; von welchem Land es kam oder wohin es kam; welches Essen Sie auch immer gegessen haben, das energetisch mit etwas umgedreht wurde; welche Luft Sie auch immer atmen; welcher Strahlung Sie auch immer ausgesetzt waren oder nicht ausgesetzt waren.

Es ist eine allumfassende Aussage.

Lassen Sie mich Ihnen eine persönliche Geschichte darüber erzählen...

Ich war drüben in Australien und habe unterrichtet, als mein Vater im Sterben lag. Ich konnte nicht zurückkommen, um mich von ihm zu verabschieden, also habe ich mich mit dem privaten Handy der Krankenschwester in seinem Ohr verabschiedet. Es war das erste Mal, dass er sich bewegen und die Augenbraue hochziehen konnte, und danach starb er.

Er wartete auf mich, und so sehr ich ihn auch für einen Moment dafür hasste, er starb aus einem bestimmten Grund so, weil er wusste, dass ich zurückkommen würde, und das wollte er nicht.

Er wollte, dass ich das tue, was ich liebe, und genau das tat ich auch. Es war schwer, den Moment zu erwischen, aber ich schaffte es zurück zur Beerdigung und hielt die Trauerrede.

Ich hatte noch sechs Wochen Unterricht vor mir. Es war eine beträchtliche Summe Geld und es gab Leute, die auf mich zählten. Ich konnte nicht sagen: „Es tut mir leid, Australien, dass ich gehen muss. Ich komme morgen wieder zurück."

Aber es war schwer.

Eine Freundin von mir, von der ich damals nicht wusste, dass sie zu Access Consciousness® gekommen war, bot an, das Clearing-Statement durchzuführen. Ich sagte: „Sicher", und als sie es tat, fühlte ich diese Blasen in mir. Da war eine Kühle, die durch meinen Körper ging, wo vorher Trauer, Schwere, Schmerz, Dichte, Trauma, Drama und das Böse-Tochter-Zeug wie: „Habe ich alles bei diesem Telefonat gesagt?"

Und nach dem Unterricht, den ich in den letzten Wochen in Australien gemacht habe, war es einfach unglaublich.

Ungefähr einen Monat nachdem ich von der Australienreise zurückkam, ging ich zu Access Consciousness®. Das ist jetzt etwa vier oder fünf Jahre her, weil es wirklich funktioniert. Ich hatte noch nie zuvor ein Clearing Statement gesehen, das energetisch und physisch so umfassend und detailliert ist - und das so schnell Veränderungen an Dingen vornimmt, mit denen die Menschen jahrzehntelang zu kämpfen hatten.

Zuerst konnten sie nicht über das Problem hinausschauen. Wenn sie das Clearing Statement laufen ließen, konnten sie anfangen, es zu sehen. Wenn sie das Clearing-Statement erneut ausführen, könnten sie anfangen, ein bisschen mehr zu sehen. Ziemlich bald ist das Problem hier drüben. Aber sie haben 40 Jahre damit gelebt. Für mich ist das Gold.

Ich stelle mich dem Vorstand. Ich werde mich bemühen und es nutzen, weil es funktioniert, aber ich werde nie etwas tun, was ich nicht selbst zuerst ausprobiere. Ich zeige Ihnen, wie das clearing-statement funktioniert und Sie können tatsächlich buchstäblich etwas Energie sein, wissen, empfangen und wahrnehmen über das Deprogrammieren, das Rückgängigmachen deiner Erfindungen und das Überwinden deiner eigenen Lügen.

Teilnehmerin: Hallo.

Dr. Lisa: Ja. Wie kann ich Ihnen beitragen?

Teilnehmerinin: Nun, ich habe gerade über das unbewusste Problem hinter dem Geld nachgedacht, um nicht zu sagen, dass ich Geldprobleme habe. Sie können immer mehr Geld bekommen, und ich könnte es leicht, also habe ich darüber nachgedacht, was mich einfach zurückhalten könnte, selbst wenn ich diese Fragen und so weiter stellen würde.

Wie würde ich das tun?

Dr. Lisa: Der erste Schritt ist, eine Frage zu stellen. Ich werde mit Ihnen und der Gruppe arbeiten. Ist das okay?

Die Teilnehmerin: Ja.

Dr. Lisa: Okay, also fangen wir damit an. Jede Entscheidung, jede Bewertung, jede Schlussfolgerung, jede Berechnung und Bedeutung, die Sie über Geld gemacht haben - wären Sie bereit, das sofort aufzugeben, nur 1%.

Teilnehmerin: Ja.

Die Teilnehmerin: Ja.

Dr. Lisa: Right, wrong, good and bad, POD and POC, all nine, shorts, boys and beyonds®.

Jede Schlussfolgerung, Berechnung, Eid, Gelübde, Lehnseide, Blutseide, Verpflichtung, Vereinbarung, verbindlicher und bindender Vertrag und die Lebenszeit, Dimension, Körper oder Realität an jede Person, jeden Ort, jede Situation, jedes Ereignis, jede Kultur, jede Organisation, jede Institution in Bezug auf Geld, ob männlich oder weiblich, würden Sie jetzt gerne ein wenig davon zerstören und unkreieren.

Teilnehmerin: Ja.

Dr. Lisa: Right, wrong, good and bad, POD and POC, all nine, shorts, boys and beyonds®.

Überall dort, wo Sie den Eid der Armut geschworen haben oder um Geld kämpfen - möchten Sie die ewige Verpflichtung in aller Ewigkeit aufheben, zurücknehmen, widerrufen, aufgeben, zerstören und unkreieren.

Teilnehmerin: Ja.

Dr. Lisa: Right, wrong, good and bad, POD and POC, all nine, shorts, boys and beyonds®.

Und die Wahrheit, wessen finanzielle Realität lebt ihr alle?

Teilnehmerin: Die meines Vaters.

Teilnehmerin: Meine Eltern.

Teilnehmerin: Mein Talent.

Dr. Lisa: Au, das tat weh.

Right, wrong, good and bad, POD and POC, all nine, shorts, boys and beyonds®.

Also, wessen finanzielle Realität lebt ihr alle?

Teilnehmerin: Die meiner Mutter.

Dr. Lisa: Right, wrong, good and bad, POD and POC, all nine, shorts, boys and beyonds®.

Wessen finanzielle Realität lebt ihr alle?

Teilnehmerin: Die meiner Eltern.

Dr. Lisa: Right, wrong, good and bad, POD and POC, all nine, shorts, boys and beyonds®.

Also überall dort, wo einer von euch die finanzielle Realität eines anderen lebt, Sie, Ihr Geist oder der Geist eines anderen Sie oder Ihrer Mutter oder Ihres Vaters oder das Land oder die Kultur, aus der Sie kommen. Ihr wisst, dass die Iren ihre eigene Geldpolitik haben und die Italiener auch und die Schotten auch und die Australier auch und die Inder auch und die Deutschen auch und die Holländer auch und so weiter und so weiter. Alles, was hoch und runter holt, können wir zerstören und unkreieren?

Teilnehmerin: Ja.

Dr. Lisa: Right, wrong, good and bad, POD and POC, all nine, shorts, boys and beyonds®.

Merken Sie jetzt, ist es in Ihrem Körper gerade leicht oder schwer?

Teilnehmerin: Leicht.

Dr. Lisa: Leichter jetzt.

Wird es für einige von Ihnen schwerer?

Teilnehmerin: Ja.

Dr. Lisa: Wird es für einige heißer? Ja, okay. Wird es für einige von euch kühler. Okay, gut. Es gibt eine Menge Veränderungen zur gleichen Zeit, aber ich sage euch, nichts bringt mehr Chuzpe, als über Geld zu reden.

Okay, also wessen finanzielle Realität leben Sie?

Teilnehmerin: Die meines Onkels.

Dr. Lisa: Die meines Onkels.

Right, wrong, good and bad, POD and POC, all nine, shorts, boys and beyonds®.

Also, wessen finanzielle Realität leben Sie?

Right, wrong, good and bad, POD and POC, all nine, shorts, boys and beyonds®.

Beachten Sie einfach, was das für Sie bedeutet, denn oft werden wir von unserem Schulsystem, von unserer Mutter, von unserem Vater, von unseren Chefs unterrichtet, darüber, was es bedeutet, ein Mann in dieser Realität zu sein, was es bedeutet, eine Frau in dieser Realität zu sein, was unsere finanzielle Realität ist. Wenn Ihre finanzielle Realität also Ihre ist, großartig. Und überall dort, wo Ihre finanzielle Realität eine Grenze oder eine Obergrenze hat, dass das alles ist, was Sie haben können, und nicht mehr. Wo Sie sich entschieden haben:

„Es ist meines. Es gehört mir. Es ist meins. Es gehört mir. Es ist meins. Es ist meins. Und das ist alles, was es sein kann". Lasst es uns zerstören und unkreieren.

Teilnehmerin: Ja

Dr. Lisa: Right, wrong, good and bad, POD and POC, all nine, shorts, boys and beyonds®.

Nun, warum sollte ich das Meine zerstören und unkreieren wollen?

Teilnehmerin: Weil es ein Limit ist.

Teilnehmerin: Wir begrenzen uns selbst, indem wir etwas als unser Eigentum besitzen, und das fixiert es auf alles, was es sein kann und nichts mehr. Dies wird eine Begrenzung mit dem Kreieren als.

Dr. Lisa: Als ich es sagte, ist es leicht, ist es luftig, ist es ausdehnend, oder war es eher dichter, beengender und schwerer?

Teilnehmerin: Dicht. Dichter und schwerer.

Dr. Lisa: Was wäre, wenn ich Ihnen sagen würde, dass Ihre finanzielle Realität leicht und ausgedehnt und sprudelnd ist, wie wirklich guter Champagner.

Teilnehmerin: Oh, ja, es ist leichter.

Dr. Lisa: Das ist Ihre finanzielle Realität.

Right, wrong, good and bad, POD and POC, all nine, shorts, boys and beyonds®.

Wenn ich diese Sachen sage, möchte ich Ihre Antwort wissen. Es ist nur mein Standpunkt, aber was ich tue, ist, auf den Raum zu achten. Es gibt verschiedene Leute, die unterschiedliche Erfahrungen mit dieser Frage der finanziellen Realität haben, und es ist ein heißes Thema. Ich hätte nie gedacht, dass diese Gruppe nur auf die finanzielle Realität gedrängt wird. Ich meine nicht gedrängt, wie in „getriggert". Ich meine nur, dass es etwas trifft, das nicht *woosh* wird.

Es ist mehr wie *floomp*.

Es ist wie: „Wir bewegen uns nicht. Es ist meins und das war's."

Nun, alles, was dir gehört und „das ist es", hat ein wenig Überlegenheit. Und alles mit Überlegenheit könnte ein wenig wie Donald Trump aussehen.

Right, wrong, good and bad, POD and POC, all nine, shorts, boys and beyonds®.

Überall dort, wo Donald Trump Ihre finanzielle Realität ist, möchten Sie diese zerstören und unkreieren?

Right, wrong, good and bad, POD and POC, all nine, shorts, boys and beyonds®.

Haben Sie die Bewertung darin gespürt, richtigt?

Teilnehmerin: Es ist eine Super-Bewertung.

Dr. Lisa: Superbewertung, aber hier ist die Sache:

Donald Trump hatte Millionen von Dollar und hat sie verloren. Millionen von Dollar und verlor sie... Millionen von Dollar und verlor sie... Nein, ich stimme nicht für Donald Trump, wenn ich das sage, okay? Das ist, wo ich mich strecke, dass ich diesen Mann ansehen kann und so sein kann, „Willst du mich verarschen? Hat er das gerade gesagt?" Und dann denkst du: „Okay."

Und ich denke über sein Geschäft nach. Ich kenne ihn nicht, aber ich frage mich: „Was kann ich von jemandem lernen, dem ich nicht ähnlich sein will, dem ich nichts nacheifern oder den ich nicht einmal gerne anschaue. Was kann ich von ihm lernen? Es gibt etwas, das er über Geld und Geschäfte weiß."

Ich muss kein Geld haben und so sein, aber ich kann tatsächlich etwas molekular und zellulär empfangen, das ich nicht kenne. Irgendwie ist er besser als ich in Bezug auf Geld, und ich will besser für mich sein, damit ich die Welt von meiner finanziellen Realität aus verändern kann.

Jedermanns finanzielle Realität - wenn Sie mir etwas darüber beibringen können, werde ich es erlauben und von Ihnen empfangen.

Oder wenn Sie jemanden nicht mögen, schauen Sie sich an, wo Sie abschalten und es deshalb wegdrücken. Wissen Sie, dass jede Bewertung, die Sie erhalten, und jede Bewertung, die Sie durch sich durchgehen lassen, Ihr Bankkonto um $5.000 pro Monat erhöht, werde ich sagen?

Würde Ihnen das gefallen?

Teilnehmerin: Ja.

Dr. Lisa: Also jede Person, die Sie von diesem Moment an bewertet haben, alle Bewertungen, die Sie über mich haben und die ungesagt bleiben. Es ist okay. Das ist es, was passiert.

All die Bewertungen, die Sie über mich hatten, über diesen Taster, über alles, was Sie dachten, was ich sagen sollte, ich nicht sagen sollte, oder ich nicht sage und ich nicht tue. Und: „Darum geht es und warum gehe ich hin? Warum bin ich hier? Alles, was sie sagt, ergibt keinen Sinn, und nichts, was sie sagen sollte, sollte einen Sinn ergeben. Und manchmal sagt sie genau das... und es ist immer noch eine Verschwendung meiner Zeit..."

All die Sachen, die ihr mit mir macht, die ihr mit allen anderen macht, die ihr mit euch selbst macht, die ihr mit eurem Körper macht, die ihr mit eurem Business macht, können wir das zerstören und unkreieren?

Teilnehmerin: Ja.

Dr. Lisa: Und wie viel mehr Geld könnten Sie empfangen, wenn Sie nicht all die Energie und die Bewertungen aufrechterhalten würden, die Sie wahrnehmen, nicht eingestehen, verleugnen Sie, die Potenz dessen, was Sie wirklich sind.

Alles, was das hoch und runter bringt, können wir zerstören und unkreieren?

Teilnehmerin: Ja.

Dr. Lisa: Right, wrong, good and bad, POD and POC, all nine, shorts, boys and beyonds®.

Dr. Lisa: Was haben Sie bekommen? Was hat sich für Sie verändert?

Teilnehmerin: Ich denke, ich bin sehr schrecklich zu mir selbst. Ich bin wirklich nett zu allen anderen, aber nicht zu mir selbst, und da öffnet sich das Ganze.

Dr. Lisa: Nun, Sie haben gerade gesprochen, also genau da ist die somatische Befreiung. Sie haben gerade eine Lüge aufgedeckt und sie bricht psychophysiologisch auseinander. Gratuliere!

Alles, was Ihnen nicht erlaubt, zu gehen und zu sein und zu tun und energetisch mit mehr Leichtigkeit zu empfangen, können wir das zerstören und unkreieren?

Teilnehmerin: Ja.

Dr. Lisa: Right, wrong, good and bad, POD and POC, all nine, shorts, boys and beyonds®.

Nun lassen Sie mich Ihnen eine Frage stellen, wie sehr bewerten Sie sich selbst?

Teilnehmerin: Mehr als jeden anderen.

Dr. Lisa: Was ist irgendeine Bewertung, die Sie über sich selbst haben?

Teilnehmerin: Ich bin nicht gut genug.

Dr. Lisa: Richtig.

Teilnehmerin: Ich kann es besser machen.

Teilnehmerin: Ich würde mich wie ein Versager fühlen.

Dr. Lisa: Ich bin ein Versager.

Teilnehmerin: Ja.

Teilnehmerin: Ja.

Dr. Lisa: Okay, ich bin nicht gut genug, ich kann es besser machen und ich bin ein Versager. Sagen Sie es noch einmal.

Teilnehmerin: Ja: Ich bin nicht gut genug, ich kann es besser machen und manchmal ist es schwer, das zu sagen.

Dr. Lisa: Gut.

Right, wrong, good and bad, POD and POC, all nine, shorts, boys and beyonds®.

Sagen Sie, ich bin der Beste im Versagen.

Teilnehmerin: Ich habe wirklich nichts gefühlt.

Dr. Lisa: Nein, ich sagte sagen Sie: „Ich bin die Beste im Durchfallen."

Teilnehmerin: Ich bin die Beste im Versagen.

Dr. Lisa: Sagen Sie: „Ich bin die Beste, die ich kenne, wenn es ums Durchfallen geht."

Teilnehmerin: Ich bin die Beste, die ich kenne, wenn es darum geht, zu versagen.

Dr. Lisa: Großartig. Jetzt beachten Sie einfach die Energie: „Ich bin die Beste, die ich kenne, wenn es ums Versagen geht" gegen „Ich bin ein Versager".

Und warum haben Sie das Versagen zu Ihrem Vorteil genutzt?

Teilnehmerin: Ich schätze, um mich klein zu halten, wissen Sie. Um nicht zu sehr aufzufallen und nicht an einer Stelle wie jetzt hier zu stehen.

Dr. Lisa: Genau, ja.

Teilnehmerin: Es ist für Sie.

Dr. Lisa: Ist es komisch oder ist es nur das, was Sie bis jetzt noch nie gewählt haben?

Teilnehmerin: Ja, ich habe gewählt das zu tun.

Dr. Lisa: Richtig.

Right, wrong, good and bad, POD and POC, all nine, shorts, boys and beyonds®.

Da ist die Aufmerksamkeit, richtig? Also all die Arten, wie Sie denken, dass Sie sich verstecken wollen, aber Sie wollen sich wirklich nicht verstecken und Sie wollen wirklich gesehen werden. Aber Sie möchten gerne von sich selbst gesehen werden. Können wir all das zerstören und unkreieren?

Teilnehmerin: Ja, das ist fantastisch.

Dr. Lisa: Right, wrong, good and bad, POD and POC, all nine, shorts, boys and beyonds®.

Nun, Sie sagten, Sie haben ein gutes Leben, richtig?

Teilnehmerin: So ziemlich.

Dr. Lisa: Genau, genau da. Bemerken Sie, als sie sagte: „So ziemlich." Haben Sie ihr geglaubt?

Teilnehmerin: Nicht wirklich.

Dr. Lisa: Nein, also gibt es eine Geldlüge.

Wie viel Geld kann sie noch bekommen, wenn sie tatsächlich sagt: „Ja, ich habe ein Leben." Statt „so ziemlich" wird sich das Universum verschwören, um Sie zu segnen.

Wie Sie bitten, ist das, was Sie erhalten werden.

„Ich habe so ziemlich ein gutes Leben." Im Grunde genommen habe ich gehört, dass es mir gut geht. Ich bin nicht glücklich." Das ist keine kreative oder generative Energie, die Sie in der Zukunft ausstrahlen. Das heißt: „Ja, mach weiter so...c'est la vie." Dennoch gibt es ein Brennen in Ihnen, das nach mehr verlangt.

Teilnehmerinin: Genau. Ich will es nicht wegen anderer Leute sagen, weil sie eifersüchtig auf mein Leben sind. Und ich hatte schon zu viele Leute, die eifersüchtig auf das waren, was ich tue.

Dr. Lisa: Also genau da ist noch eine Lüge. Ich werde nicht alles sagen, was ich mir in meinem Inneren zu sein wünsche.

Teilnehmerin: Richtig.

Dr. Lisa: Weil jemand vielleicht unzufrieden mit mir ist oder sich schlecht fühlt.

Teilnehmerin: Oh ja.

Dr. Lisa: Richtig. Alles was das ist, können wir es zerstören und unkreieren?

Teilnehmerin: Ja.

Dr. Lisa: Right, wrong, good and bad, POD and POC, all nine, shorts, boys and beyonds®.

Was ist, wenn das, was Sie sagen, jemanden dazu inspiriert, eine andere Wahl zu treffen? Was ist, wenn Sie als Sie selbst auftauchen, das jemanden dazu inspiriert, eine andere Wahl zu treffen?

Wie viel mehr Geld wird das für Sie bedeuten und wie viel mehr Geld wird ihnen das geben und die Saat des Bewusstseins auf dem Planeten verbreiten?

Ihr seid die Menschen, die die Welt verändern können.

Ihr seid die Menschen, die Geld in den Händen halten müssen, denn mit eurem Bewusstsein werdet ihr die Realität auf diesem Planeten verändern, nur durch eine Person neben euch und eine Person neben euch und eine Person neben euch von der 1° Veränderung, die ihr gerade jetzt macht, die sich von der Erfindung und Lüge zur Wahrheit des sich öffnenden Lichts und glücklich und lustig und frei bewegt.

Wie mein Vater sagte, „Sei dein eigener Chef. Es ist nicht nur eine Männerwelt. Es ist nicht nur die Welt einer Frau. Tu, was du liebst. Du willst für jemanden arbeiten, und liebe es. Du willst dein eigener Boss sein? Sei dein eigener Boss."

Was ist also eine Sache, die Sie jetzt wählen können, für die Sie sich noch nie entschieden haben? Was ist etwas, das Sie aus Ihrer Komfortzone heraus wählen würden zu tun?

Teilnehmerin: Die Arbeit, die Leistungen, die Sie erbringen, um ein Publikum zu schaffen, nicht nur einigen wenigen Menschen, sondern einem größeren Publikum zu präsentieren.

Dr. Lisa: Toll, ich sehe Sie irgendwie im Fernsehen.

Teilnehmerin: Eine Website zu haben, die mehr ist.

Dr. Lisa: Genau.

Teilnehmerin: Im Augenblick.

Dr. Lisa: Bleiben Sie stehen, wo Sie sind.

Bevor ich eine volle Praxis hatte, hatte ich nicht einen Klienten. Ich hatte eine Praxis, also ging ich in mein Büro und richtete meine Termine in meinem Kalender ein. Es waren keine Leute da und ich schrieb einfach „Erstaunliche Klienten" in den 60 oder 90-Minuten-Terminplan. Ich saß für diese Zeit in meinem Büro, machte eine Pause nach den 60 oder 90 Minuten, ging wieder rein. Ich würde meine Visitenkarten oder Flyer erstellen oder meine Pakete zusammenstellen oder einen Anruf tätigen und den Leuten erzählen, was ich gemacht habe.

Manchmal besuchte ich einen Buchladen, gab einen Gruppen-Workshop heraus, besuchte einen anderen Kurs oder ging zum Training. Und jedes Mal, wenn mich jemand anrief, füllte ich den Platz mit dem Namen der Person aus und das war die Sitzung.

Ich machte einfach weiter und weiter und weiter, weil ich mich entschied, die Lüge nicht zu glauben, dass sich jemand schlecht fühlen würde, wenn ich da rausgehe. Stattdessen kaufte ich die Wahrheit, dass, wenn ich da rauskomme, jemand anderes da rauskommen wird. Etwas wird kollaborieren, um sie zu inspirieren, mit mir und mit ihnen zu kollaborieren, für und von sich selbst.

Das ist ein Schritt über die Lüge hinaus.

Um die Lüge hinter sich zu lassen, müssen Sie handeln. Man muss es tun.

Ich kann hier drin eine Menge Clearings machen, die Sie befreien werden, aber solange Sie nicht tatsächlich einen Fuß vorwärts und dann den anderen folgen lassen und wählen, was Sie tun wollen, das leicht und richtig ist und Ihnen Spaß macht, werden Sie sich niemals bewegen.

Action ist der Schlüssel.

Teilnehmerin: Können Sie das Clearing-Statement zu all dem Zeug machen, von dem Sie gerade sprachen.

Dr. Lisa: Auf jeden Fall. Also überall, wo Sie jeden Workshop besucht haben, auch diesen, und Sie glauben, dass dieses eine Clearing-Statement, dieses eine Energie-Clearing, diese eine Person zu demjenigen geht, der alles für Sie klärt, das wird den Unterschied machen und eine Million Dollar wird morgen auf

Ihrem Bankkonto auftauchen und Sie müssen nichts tun, weil Sie etwas Besonderes sind und es sollte einfach so für Sie sein, verdammt. Lasst es uns zerstören und unkreieren.

Teilnehmerin: Ja.

Dr. Lisa: Right, wrong, good and bad, POD and POC, all nine, shorts, boys and beyonds®.

Und dann stellt sich die Frage, wie kann es noch besser werden als das®? Richtig? Kommen Sie jetzt mit mir. Ich muss die 10% Finderlohn berechnen. Nein, ich mache nur Spaß.

Right, wrong, good and bad, POD and POC, all nine, shorts, boys and beyonds®.

Jetzt weiß ich, wie ich euch zum Lachen bringe, Geldwitze.

Right, wrong, good and bad, POD and POC, all nine, shorts, boys and beyonds®.

Und überall wo Sie die Lüge benutzt haben, dass Sie nicht wissen, was Sie tun sollen oder was Sie wählen sollen, oder dass Sie nicht wissen, wo Sie anfangen sollen. Lasst uns das zerstören und unkreieren.

Right, wrong, good and bad, POD and POC, all nine, shorts, boys and beyonds®.

Teilnehmerin: Ich fühle mich, als hätte ich nur ein wenig Kopfschmerzen. Ich fühle ständig die Energie vibrieren.

Dr. Lisa: Ja, also ist es ein Kopfschmerz oder ist es die Veränderung, die Sie sich gewünscht haben, die anders als erwartet auftritt?

Normalerweise stelle ich die Frage mit den zwei Stücken, richtig? Ist es eine Tatsache oder ist es das? Wenn Sie lächeln, ist das normalerweise die Wahrheit. Es ist leichter, es ist freier, es ist ausgedehnter.

Wussten Sie, dass, wenn es dicht und schwer ist, es normalerweise eine Lüge ist, aber die meisten von uns glauben das nicht. Die Dichte und die Schwere ist unsere Realität und wir glauben, dass das wahr ist. Also überall, wo Sie Sie angelogen haben und die Lügen über Sie geglaubt und sie als Sie verkörpert haben, wenn sie nichts zu tun haben mit und sie sind sicher nicht lustig für Sie, und Sie nennen das Sie. Können wir es zerstören und unkreieren?

Teilnehmerin: Ja.

Teilnehmerin: Ja.

Dr. Lisa: Right, wrong, good and bad, POD and POC, all nine, shorts, boys and beyonds®.

Sind Ihre Kopfschmerzen besser? Sie sind es nicht?

Nehmen Sie sich alle einen Moment Zeit, schließen Sie Ihre Augen, dehnen Sie Ihre Energie des Raumes 500 Millionen Meilen nach oben, unten, rechts, links, vorne und hinten aus. Lasst uns den Raum ausdehnen, und dann atmet die Energie auch durch die Vorderseite von euch ein, durch euren Rücken, durch die Seite, durch eure Füße nach oben und durch euren Kopf nach unten. Hallo Körper, hallo Körper, hallo Körper, hallo Körper, hallo Körper, hallo Körper. Welche Energie, Raum und Bewusstsein können ich und mein Körper sein, um meine eigene Verkörperung einer finanziellen Realität jenseits dieser Realität zu sein, die nur das hervorbringt, was leicht und lustig und hell und luftig und frei und kreativ für mich ist und der Erde und dieser Realität in einer Weise beiträgt, die niemand zuvor gesehen hat? Alles und jedes, was das nicht zulässt, können wir es für Sie zerstören.

Teilnehmerin: Ja.

Teilnehmerin: Ja.

Dr. Lisa: Right, wrong, good and bad, POD and POC, all nine, shorts, boys and beyonds®.

Und was für eine Energie, Raum und Bewusstsein kann ich und mein Körper sein, um all den Überfluss aus allen anderen Leben zu empfangen, der zu mir kommt, wenn ich mich nur für das Empfangen öffne. Alles und jedes, was das hoch und runter bringt, können wir zerstören und unkreieren?

Teilnehmerin: Ja.

Dr. Lisa: Right, wrong, good and bad, POD and POC, all nine, shorts, boys and beyonds®.

Und jedes Leben, jede Dimension, jeder Körper und jede Realität, in der Sie mit Geld brillierten, in der Sie tatsächlich Geld kreierten, in der Sie in Gold eingewickelt waren, Schöpfer der Welt, wo auch immer, wer auch immer das war, können wir Ihnen diesen Scharfsinn jetzt zurückbringen?

Teilnehmerin: Ja.

Dr. Lisa: Und alles und jedes, was das nicht erlaubt, können wir zerstören und unkreieren?

Right, wrong, good and bad, POD and POC, all nine, shorts, boys and beyonds®.

Dehnen Sie Ihre Energie des Raumes wieder 500 Millionen Meilen nach oben, unten, rechts, links, vorne und hinten aus. Atmen Sie die Energie durch Ihre Vorderseite, durch Ihren Rücken, durch Ihre Rechte, durch Ihre Linke, durch Ihre Füße nach oben und durch Ihren Kopf nach unten ein. Hallo Körper, hallo Körper, hallo Körper, hallo Körper, hallo Körper, hallo Körper.

Und jetzt, beachten Sie, ist es leichter oder schwerer im Raum?

Teilnehmerin: Leichter.

Dr. Lisa: Leichter oder schwerer in Ihrem Körper?

Teilnehmerin: Leichter.

Dr. Lisa: Verkörpern Sie Ihren Körper auf eine Art und Weise, wie Sie es noch nie getan haben, oder gibt es eine Lüge, die Sie glauben. Wahrheit?

Teilnehmerin: Eine Lüge.

Dr. Lisa: Toll, was ist die Lüge, auf die Sie sich einlassen?

Teilnehmerin: Ich fühle mich, als würde ich feststecken.

Dr. Lisa: Die Lüge, auf die Sie sich einlassen, ist, dass Sie feststecken.

Toll, sagen Sie: „Ich stecke fest, ich stecke fest, ich stecke fest."

Teilnehmerin: Ich stecke fest, ich stecke fest, ich stecke fest.

Dr. Lisa: Alle lachen immer. Sie sagen: „Ich stecke fest" und sie sind traurig und dann sage ich: „Ich stecke fest, ich stecke fest, ich stecke fest" und sie hören auf und lächeln. Okay, Sie sind geheilt.

Teilnehmerin: Aha.

Dr. Lisa: Sagen Sie: „Ich stecke fest, ich stecke fest, ich stecke fest."

Teilnehmerin: Ich stecke fest, ich stecke fest, ich stecke fest.

Dr. Lisa: Sagen Sie: „Ich bin die Beste, die ich kenne, wenn es darum geht, festzustecken."

Teilnehmerin: Ich bin die Beste, die ich kenne, wenn es darum geht, festzusitzen.

Dr. Lisa: Und das sind Sie auch, oder nicht? Wie gut sind Sie im Feststecken?

Teilnehmerin: Ich bin ziemlich gut darin.

Dr. Lisa: Sie sind verdammt gut darin, nicht wahr?

Teilnehmerin: Ja.

Dr. Lisa: Sagen Sie mir, wie gut Sie sind? Sagen Sie uns allen, wie gut Sie sind, denn ich wette, einige von Ihnen wissen, dass sie die Beste ist, was das Kreieren von Katastrophen mit Geld angeht, die es gibt?

Right, wrong, good and bad, POD and POC, all nine, shorts, boys and beyonds®.

Teilnehmerin: Ich bin wirklich gut im Steckenbleiben.

Dr. Lisa: Ja, sagen Sie mir, wie gut Sie darin sind, mit Geld festzusitzen. Welche großen Katastrophen haben Sie für sich selbst geschaffen?

Teilnehmerin: Oh, dafür konnte ich keinen Test machen.

Dr. Lisa: Oh toll, sehen Sie, sie ist die Beste. Sie hat nicht nur eine Katastrophe, sie hat alle möglichen Katastrophen.

Okay, warte, wo ist der Oscar?

Wir hatten gerade die Oscarverleihung. Wie wäre es, wenn wir Ihnen den Oscar dafür geben, dass Sie der beste Katastrophenkandidat sind, für das Feststecken in den Geldlügen. Danke, wie kreativ sind Sie? Wie kreativ und brillant muss man sein, um alle Arten von Katastrophen zu schaffen?

Alles, was das hoch und runter bringt, können wir zerstören und unkreieren?

Teilnehmerin: Ja.

Dr. Lisa: Right, wrong, good and bad, POD and POC, all nine, shorts, boys and beyonds®.

Und überall, wo Sie alle bewerten, entschieden, gefolgert und berechnet haben, dass alle Arten von Katastrophe eigentlich keine Kreativität ist, können wir das zerstören und unkreieren?

Teilnehmerin: Ja.

Dr. Lisa: Right, wrong, good and bad, POD and POC, all nine, shorts, boys and beyonds®.

Es braucht schon eine phänomenale Brillanz, um ein katastrophaler Alptraum zu sein. Im Ernst, das tut es. Man geht gegen den Uhrzeigersinn statt im Uhrzeigersinn, aber es ist immer noch Kreativität. Ich wette, wenn wir hier einfach ein bisschen sitzen könnten, könnten Sie uns ein paar ziemlich gute Rätsel Ihrer Katastrophe erzählen, oder?

Teilnehmerin: Ja, aber ich will nicht wirklich.

Dr. Lisa: Gut, das müssen Sie nicht.

Also, was ist die 1° Verschiebung, die Sie jetzt machen könnten, von der Sie wirklich gerne einen Beitrag leisten würden, um das hier zu unterbrechen?

Teilnehmerin: Also für mich ist es, dass ich feststecke.

Dr. Lisa: Nun, darüber haben wir gesprochen.

Teilnehmerin: Genau.

Dr. Lisa: Also, ja. Sehen Sie, wie gut sie ist?

Sie tanzt sogar um das Steckenbleiben herum, indem sie fragt: „Oh, du musst dich losmachen, um dich loszumachen?"

So gut sind Sie.

Teilnehmerin: Ja, ich bin der Meister darin.

Ich bin auch ein Meister in den falschen Sachen, wie z.B. rückwärts. Ich muss vorwärts gehen.

Dr. Lisa: Okay, also wie machen wir weiter? Was lieben Sie an Ihren Katastrophen? Nennen Sie mir drei Dinge, die Sie an Ihren Katastrophen lieben.

Teilnehmerin: Ich schätze, ich kreiere ein Drama

Dr. Lisa: Was lieben Sie an Drama? Sie haben sich also nur gelangweilt?

Right, wrong, good and bad, POD and POC, all nine, shorts, boys and beyonds®.

Also lieben Sie die Katastrophe, weil Sie das Drama lieben, weil Sie sich langweilen. Sie sind sogar gelangweilt von der Oscar-gekrönten Brillanz der Katastrophe, die Sie kreieren, ich verstehe es. Was lieben Sie noch an dem Drama?

Teilnehmerin: Aber ich denke, es bringt nicht so viel - es unterstützt mich nicht wirklich.

Dr. Lisa: Okay, wenn Sie sich facilitieren wollen, dann tun Sie das dort.

Teilnehmerin: Okay.

Dr. Lisa: Lassen Sie mich Sie jetzt hier fokussieren. Unterhalten Sie mich nur für eine Minute, denn ich muss all diese anderen Leute unterhalten.

Teilnehmerin: Ja, ja.

Dr. Lisa: Nennen Sie mir drei Gründe, warum Sie wissen, dass Sie die Katastrophe lieben. Sie sagten auch: „Mir ist langweilig" und „Ich liebe das Drama".

Teilnehmerin: Ja, ja: Ich denke, es gibt mir etwas zu tun.

Dr. Lisa: Absolut.

Teilnehmerin: Aber was denken Sie, was es sein würde? Ich weiß es nicht. Es ist einfach so, als ob ich etwas zu tun hätte.

Dr. Lisa: Warten Sie, ich bekomme etwas, ich bin Hellseher, erinnern Sie sich, ist Ihnen langweilig?

Teilnehmerin: Ja.

Dr. Lisa: Okay.

Right, wrong, good and bad, POD and POC, all nine, shorts, boys and beyonds®.

Sagen Sie: „Mir ist langweilig."

Teilnehmerin: Mir ist langweilig.

Dr. Lisa: Sagen Sie: „Mir ist langweilig." **Teilnehmerin:** Mir ist langweilig.

Dr. Lisa: Sagen Sie: „Ich bin so verdammt gelangweilt."

Right, wrong, good and bad, POD and POC, all nine, shorts, boys and beyonds®.

Teilnehmerin: Ich liebe diesen Teil.

Dr. Lisa: Danke. Danke, dass Sie den Raum erhellen. Ich lache, weil alle anderen auch lachen. Wissen Sie, es braucht großen Mut, um wirklich zu erkennen, dass man sich langweilt.

Teilnehmerin: Ja.

Dr. Lisa: Nun, ich werde das jetzt mal versuchen, aber wie brillant sind Sie wirklich? Sind Sie ein Künstler? Sind Sie ein Schöpfer? Sind Sie ein Dealer? Was sind Sie?

Teilnehmerin: Ich habe ein bisschen von all dem.

Dr. Lisa: Richtig. Sie haben so viel Brillanz, dass Sie nicht wissen, wo Ihr Fokus liegt.

Teilnehmerin: Ja.

Dr. Lisa: Also alles, was Sie tun, ist Ihren Zeh hierhin zu legen, und dort drüben, und ein bisschen da drüben, richtig?

Teilnehmerin: Ja.

Dr. Lisa: Und nichts davon ist für Sie zufriedenstellend.

Teilnehmerin: Ja.

Dr. Lisa: Was ist also die Lüge, die Sie kaufen und die Lüge, von der Sie annehmen, dass sie Sie tatsächlich zerstört? Wahrheit.

Teilnehmerin: Es ist in Ordnung, dass ich unkreativ bin.

Dr. Lisa: Right, wrong, good and bad, POD and POC, all nine, shorts, boys and beyonds®.

Sie sind so kreativ, dass Sie unkreativ sind.

Teilnehmerin: Ja.

Dr. Lisa: Right, wrong, good and bad, POD and POC, all nine, shorts, boys and beyonds®.

Also wer oder was hat Ihnen gesagt, dass Sie unkreativ sind?

Teilnehmerin: Ich möchte aus irgendeinem Grund einfach nur meine Mutter sehen oder so.

Dr. Lisa: Sicher, bringen Sie Ihre Mutter rein, warum nicht?

Teilnehmerin: Ja, ja. Es ist wie der erste Gedanke.

Dr. Lisa: Es ist ein leichter erster Gedanke

Teilnehmerin: Es ist so.

Dr. Lisa: Okay, also die Wahrheit für den Moment. Jeder gibt seiner Mutter die Schuld für alles.

Right, wrong, good and bad, POD and POC, all nine, shorts, boys and beyonds®.

Besonders ihre Geldprobleme. Können wir das zerstören und unkreieren?

Teilnehmerin: Ja.

Dr. Lisa: Right, wrong, good and bad, POD and POC, all nine, shorts, boys and beyonds®.

Alle Linien der Welt ich verbeuge mich vor dir.

Dr. Lisa: Right, wrong, good and bad, POD and POC, all nine, shorts, boys and beyonds®.

Und überall, wo Sie Ihren Körper dazu verpflichtet haben, die Bewertung Ihrer Mutter über Sie als unkreativ zu verkörpern, so dass Sie niemals die Brillanz dessen sein können, was Sie wirklich sind, können wir das zerstören und unkreieren?

Teilnehmerin: Ja.

Dr. Lisa: Right, wrong, good and bad, POD and POC, all nine, shorts, boys and beyonds®.

Und überall, wo Sie sie zum Schloss und Ihren Körper zum Schlüssel gemacht haben und Sie zum Schloss und sie zum

Schlüssel und sie zum Schloss und Sie zum Schlüssel, Sie sind das Schloss und sie der Schlüssel und das Schloss und der Schlüssel und das Schloss und der Schlüssel, Sie legen all diese Schlösser und all diese Schlüssel und all diese Katastrophe und all diesen Wahnsinn zusammen und beginnen, ihn zu entwirren und ihn zu befreien.

Right, wrong, good and bad, POD and POC, all nine, shorts, boys and beyonds®.

Überall dort, wo Sie sich entschieden haben, ihre Realität von Ihnen als unkreativ zu duplizieren und nachzuahmen, können wir das zerstören und unkreieren? Können wir ihr das mit angehängtem Bewusstsein zurückgeben, so dass sie auch aufwachen kann? Können wir es auflösen und auf die Erde loslassen?

Teilnehmerin: Ja.

Dr. Lisa: Und können wir es dorthin zurückschicken, von wo es kam, um nie wieder in diese Dimension, Realität, diesen Körper zurückzukehren.

Teilnehmerin: Ja.

Dr. Lisa: Right, wrong, good and bad, POD and POC, all nine, shorts, boys and beyonds®.

Und welche Lebenszeit, Dimension, welchen Körper und welche Realität Sie und Ihre Mutter auch immer beschlossen haben, diesen verrückten Tanz zu tanzen, der Sie so sehr langweilt, dass er genau hier und jetzt auftaucht, um für immer zu enden. Können wir sagen, dass Sie wirklich gute Arbeit geleistet haben, hier ist Ihre verdammte Abfindung, gehen Sie nach Hause.

Teilnehmerin: Ja.

Dr. Lisa: Es ist jetzt erledigt.

Teilnehmerin: Ja, vollständig.

Dr. Lisa: Weil Sie keinen Tag mehr von dieser Langeweile ertragen können. Ihre Kreativität kann es kaum erwarten, endlich als der Seelenabdruck auf den Lippen dieser Realität entfesselt zu werden, nicht wahr?

Ihr habt Körper zum Berühren, Menschen zum Heilen und eine Brillanz, die in diese Welt hinausgeht, die Samen des Bewusstseins pflanzt und sich auf eurem Weg verändert - nur Sie als wandelnde Sinfonie der Möglichkeiten.

Aber ich könnte mich irren.

Sie werden sich fragen: „Warum sagt sie all diese Dinge?"

Ich schaue direkt in ihr Bewusstsein und in ihre Moleküle und ziehe es aus ihrem Körper heraus. Wenn es das ist, was herauskommen will, und das ist es, was sie mit dieser Katastrophe zu tun versucht, weshalb es nicht unkreativ ist, es ist eigentlich sehr kreativ. Sie haben nur darauf gewartet, dass es jemand sieht. Und wie viele Leute wurden dafür bezahlt, dass sie das zu sehen versuchen, dass Sie sie erfolgreich umhergelenkt haben.

Teilnehmerin: Eigentlich nicht allzu viele.

Dr. Lisa: Oh, okay gut.

Right, wrong, good and bad, POD and POC, all nine, shorts, boys and beyonds®.

Einfach alle.

Teilnehmerin: Richtig.

Dr. Lisa: Right, wrong, good and bad, POD and POC, all nine, shorts, boys and beyonds®.

Jetzt mache ich einen Witz, weil ich wirklich nur auf etwas schaue - eine Veränderung von 1° - aber wie Sie bei Ihnen und allen anderen, die gesprochen haben, sehen können, fängt der Käfig der Lügen und der Begrenzung an zu rütteln, wenn Sie anfangen, da reinzukommen, und dann fängt er an zusammenzubrechen. Und dann fängt die Wahrheit an zu sein.

Was hat das mit Geld zu tun?

Nun, Geld ist eine Energie. Sexualität ist eine Energie. Das Dasein ist eine Energie. Verkörperung ist eine Energie. Brillanz ist eine Energie. Phänomenalität ist eine Energie.

Phantasie ist eine Energie. Magie ist eine Energie. Seelenabdruck ist eine Energie. Wir sind eine Energie.

Wir haben ATP in jeder Zelle unseres Körpers, Adenosintriphosphat. Das ist die Geist-Energie. Das ist unsere Seelendruck-Energie. Das sind wir, die unseren Seelenabdruck freisetzen, unsere Lippen der Realität.

Wir kommen in einer Form. Geld kommt in einer Form. Aber wir sind alle Energie, und wir trennen sie mit diesen Lügen.

Right, wrong, good and bad, POD and POC, all nine, shorts, boys and beyonds®.

Besser, schlechter, oder gleich?

Teilnehmerin: Das Wort Gleichheit taucht in meinem Kopf auf, aber ich weiß nicht, ob das wirklich wahr ist, um ehrlich zu sein.

Dr. Lisa: Also ist Ihr Kopf Teil Ihres Körpers?

Teilnehmerin: Ja.

Dr. Lisa: Okay, ist Ihr Körper Teil Ihres Kopfes?

Teilnehmerin: Das ist es, was los ist.

Dr. Lisa: Es gibt einen Grund, warum ich „ Hallo Körper, hallo Körper, hallo Körper" sage, wenn ich das tue, um etwas auszudehnen.

Eigentlich ist Ihr Kopf auf Ihrem Körper. Also verbindet sich der Körper mit meinem Kopf. Der Kopf ist mit meinem Körper verbunden. Körper und Kopf verbinden sich mit der Erde. Die Erde verbindet sich mit dem Körper und dem Kopf. Wir alle kommunizieren als eine Einheit

Welche Energie, Raum und Bewusstsein kann ich und mein Körper sein, damit mein Kopf und mein Körper und die Erde eins in mir sind. Alles und jedes, was das nicht zulässt, können wir es zerstören und unkreieren?

Right, wrong, good and bad, POD and POC, all nine, shorts, boys and beyonds®.

Hilft das, jemanden zu trösten?

Teilnehmerin: Cool

Dr. Lisa: Wie viel mehr können Sie also empfangen und wie viel mehr Geld würden Sie wahrnehmen und wie viel mehr Energie und Freude würden Sie sein können?

Right, wrong, good and bad, POD and POC, all nine, shorts, boys and beyonds®.

Immer noch gleich?

Teilnehmerin: Nein, es ist anders.

Dr. Lisa: Ja. Sagen Sie: „Ich bin anders." **Teilnehmerin:** Ich bin anders.

Dr. Lisa: Können Sie es lauter sagen?

Teilnehmerin: Ich bin anders.

Dr. Lisa: Es tut mir leid, ich konnte Sie nicht hören.

Teilnehmerin: Ich bin anders.

Dr. Lisa: Jetzt fordere ich Sie also doppelt heraus, das wandelnde, sprechende Erdbeben zu sein, das die Realität einfach durch Ihre bloße Anwesenheit verändert, seien Sie Ihr ROAR (Radikal Orgasmisch Lebendige Realität).

Ich habe keine Ahnung, wie das aussieht. Ich habe keine Anhaltspunkte dafür, was es ist, aber ihr alle habt das energetische Lied der Glühbirnen, das weitergeht.

Wo man also mit dieser Veränderung von 1° anfangen kann, ist, jeden Tag zu fragen: „Was ist mein ROAR? Was ist mein Brüllen?" Und Bewegung. Es mag sich für eine halbe Sekunde gut anfühlen und Sie werden sagen: „Verdammt, ich mache das. Das fühlt sich ziemlich gut an. Ich denke, ich werde das noch ein bisschen mehr machen. Mach weiter. Nee, damit bin ich fertig, ich geh jetzt da rüber."

Das ist okay.

Uns wird in dieser Realität beigebracht, dass das nicht in Ordnung ist.

Glaubt mir, ich wurde aus jeder Klasse rausgeschmissen, auch aus dem Büro des Direktors, weil sie dachten, ich sei zurückgeblieben. Sie dachten, ich sei langsam und zurückgeblieben und autistisch und bräuchte eine Menge Hilfe und was auch immer, aber ich war einfach anders. Ich konnte mich nicht so konzentrieren, wie sie wollten, dass ich mich in der Schule konzentriere. Mein Verstand ging mit 1.000 Millionen Meilen pro Minute. Ich langweilte mich so sehr in dieser Realität.

Also macht einfach weiter, wählt weiter „statt dem hier".

Teilnehmerin: Ja, ich weiß nicht, wie man da hinkommt.

Dr. Lisa: Sie können wieder hingehen. Nehmen Sie es an.

Wie viel mehr können Sie empfangen, wenn Sie umarmen, was Sie tatsächlich sind und so sein können: „Oh, hier bin ich wieder. Verdammt, da war ich schon lange nicht mehr. Das nervt. Was kann ich mir noch aussuchen?"

Hier ist ein anderes Beispiel:

Ich arbeite mit vielen Leuten, die auf den Finanzmärkten handeln. Manchmal bleiben sie stecken und machen weiter für den gleichen Handel oder was auch immer. Sie wollen es nicht verlassen oder sie verlieren. Sie denken, es ist ein Misserfolg, anstatt sich zu bewegen.

Es sind wirklich hohe Einsätze, eine Menge Geld.

Wenn es nicht klappt und es schwer und dicht wird - bewegen, bewegen, bewegen. Verringern Sie Ihre Verluste und bewegen Sie sich. Sie werden es bekommen und Sie werden es im nächsten Moment gewinnen, irgendwo anders, aber es wird nie so auftauchen, wie Sie es sich vorstellen. Also können Sie Ihren Kopf nicht benutzen.

Ja, jetzt, wo Ihr Körper mit Ihrem Kopf verbunden ist, denke ich, dass Sie viel Freiheit haben können. Das ist wahrscheinlich ein großer Teil unseres Spaßes. Danke, dass Sie das mit uns teilen.

Teilnehmerin: Klar doch.

Dr. Lisa: Gern geschehen. Danke, dass Sie nicht gleich geblieben sind. Sie hat das großartig gemacht. Ich möchte, dass alle ihr einen Applaus geben. Danke.

Teilnehmerin: Ich wähle, wähle, wähle.

Ich bin gerade dabei, mein Haus für die letzten ein oder zwei Monate zu bauen. Ich habe die Dinge in den letzten 30 Tagen unglaublich verbessert.

Dr. Lisa: Also, wie kann ich Ihnen helfen?

Teilnehmerin: Es geht um das Business.

Dr. Lisa: Sie stecken mit dem Business fest?

Teilnehmerin: Nun, ich stecke fest in Bezug auf die Frage, ob ich mich mehr auf das Kreative konzentrieren soll oder ob ich mich auf das Unternehmen konzentrieren soll, wo ich weiß, dass ich das Geld verdienen kann.

Dr. Lisa: Okay, machen Sie eine Pause.

Ist sie in ihrem Kopf oder ist sie in ihrem Körper?

Teilnehmerin: In ihrem Kopf.

Dr. Lisa: Ist sie in der Schlussfolgerung oder in der Ausdehnung?

Teilnehmerin: Schlussfolgerung.

Dr. Lisa: Können Sie etwas in der Schlussfolgerung kreieren?

Teilnehmerin: Nein.

Dr. Lisa: Wiederholen Sie es. Können Sie irgendetwas in einer Schlussfolgerung kreieren? Für alle, die ja sagen, lasst es uns zerstören und unkreieren.

Right, wrong, good and bad, POD and POC, all nine, shorts, boys and beyonds®.

Und für alle, die nein sagen, lasst es uns zerstören und unkrieren.

Right, wrong, good and bad, POD and POC, all nine, shorts, boys and beyonds®.

Schlussfolgerung bezieht sich auf Überlegenheit, Schlussfolgerung und Recht haben bezieht sich auf Erwartungen, Schlussfolgerung bezieht sich auf Grenzen und Ergebnisse.

Wenn Sie versuchen, Beiträge für Ihr Business zu erhalten, wo es festgefahren ist, und Sie stecken in Ihrem Kopf über die Klemme Ihres Unternehmens fest, wohin werden wir gehen?

Ja, zum Gähnen... genau, zur Bewusstlosigkeit.

Also all das Unterbewusstsein, das wir alle darüber haben, wohin wir in unserem Business gehen können, und was tun wir in unserem Business, um das Ergebnis zu kreieren, von dem wir denken, dass wir es haben sollten, können wir das zerstören und unkreieren?

Teilnehmerin: Ja.

Dr. Lisa: Right, wrong, good and bad, POD and POC, all nine, shorts, boys and beyonds®.

Denn es gibt wirklich etwas Magisches, wenn Sie sich diesen Satz anhören. Es taucht nie so auf, wie man es sich vorstellt. Es kommt immer besser rüber. Ich weiß das jeden Moment so klar.

Was ich in meinem eigenen Leben und Business mache, ist zuhören. Ich höre auf die Leichtigkeit - und das ist das Richtige für mich. Wenn es dicht und schwer und hart ist, und wenn ich es gegen etwas ankomme, schlage ich nicht ständig mit dem Kopf gegen die Wand.

Ich sage: „Oh, ich muss noch mehr Fragen stellen. Ich muss woanders hingehen." Dann frage ich: „Wer oder was kann das sofort erleichtern? Wo muss ich hingehen? Mit wem muss ich sprechen? Wer kann mir helfen? Welche weiteren Informationen benötige ich? Wer hat diese Informationen?"

Und ich weiß nicht, wie es passiert, aber irgendwie bekomme ich eine E-Mail. Ich bekomme eine SMS. Ich sehe etwas auf dem Computer. Ich lese etwas in der Post oder ich spreche mit einem Freund und sie sagen: „Hey, diese Person sucht das", und es ist genau das, was ich brauche. So habe ich meinen CFO für mein Business gefunden.

Teilnehmerin: Das war einfach unglaublich.

Dr. Lisa: Also soll ich hierhin oder dorthin gehen? Nein, Sie brauchen mehr Informationen.

Teilnehmerin: Mehr Informationen über die Arbeit.

Dr. Lisa: Genau. Das ist die Frage. Als erstes sollten Sie mehr Informationen benötigen. Wahrheit?

Teilnehmerin: Ja.

Dr. Lisa: Toll, hier ist, wo ich anfangen möchte. Haben Sie sich jemals bei Ihrem Business entschuldigt?

Teilnehmerin: Nein.

Dr. Lisa: Okay, also jeden Morgen wache ich auf und ich zerstöre und unkreiere, was mein Business gestern war, was es war, als ich es angefangen habe, was es heute war und was es morgen sein wird.

Ich beginne jeden Tag mit einer leeren Tafel, jeden Kurs, jede Sitzung, jedes Mal, wenn ich aus einer Teambesprechung komme, wo auch immer sie stattfindet. Zerstören und unkreieren.

Right, wrong, good and bad, POD and POC, all nine, shorts, boys and beyonds®.

Ihr Business ist seine eigene Entität, wie eine eigene Person, ähnlich wie ein Kind mit seiner eigenen Person. Als ob Sie ihre eigene Person sind. Sie sind Ihre eigene Entität. Ihr Geschäft hat einen Zweck. Mein Business heißt Live Your Roar – Lebe Dein ROAR. Es hat einen Zweck. Ich habe ein Ziel. Ich habe es gehört, und überall, wo ich mich in meinem

Business bewege ist, weil ich es frage.

Sie brauchen also mehr Informationen, gleich hier beginnend. Deshalb wollen wir Ergebnisse und Schlussfolgerungen zerstören und unkreieren und uns mit Fragen wie diesen für Möglichkeiten öffnen:

Welche Informationen kann ich hier noch hinzufügen?
Wer hat diese Informationen?
Wo kann ich diese Informationen bekommen?
Was kann ich machen?

Hier sind einige Dinge, die Sie tun können:

Zerstören und unkreieren Sie Ihr Business und Ihre Beziehungen jeden Tag, auch wenn Sie einen Job haben und kein eigenes Business haben. Zerstören und unkreieren Sie es. Nehmen Sie Ihr Business, nehmen Sie Ihren Job, gehen Sie jeden Tag mit Ihrer Position auf einen Kaffee aus und unterhalten Sie sich mit ihm:

Was möchtest du heute?

Was ist dein Ziel?

Was erfordert meine meiste Aufmerksamkeit?

Wo kann ich helfen, mehr Geld zu verdienen?

Was muss ich dafür kreieren?

Wen muss ich dafür einstellen?

Mit wem muss ich sonst noch reden?

Wo muss ich hingehen?

Wie viel Geld benötige ich tatsächlich?

Das ist eine andere Sache. Sie müssen sehr genau wissen, was es braucht, um Ihr Business jeden Tag, jede Woche, jeden Monat zu betreiben. Sie müssen diese Zahl kennen.

Haben Sie ein Ziel für Ihr Business für das Jahr, und wissen Sie jeden Tag, wie viel Geld Sie anziehen und aktualisieren möchten, damit Sie das haben können - was auch immer es ist, das Sie verkaufen.

Ich weiß, wie viel ich jeden Tag verdienen muss und was ich jeden Tag kreieren muss, damit ich so leben kann, wie ich leben möchte. Das ist es, was ich jeden Tag zu verwirklichen strebe. An manchen Tagen tue ich das, an manchen Tagen nicht, aber ich vergesse es nie. Ich mache immer weiter und stelle immer wieder Fragen.

Teilnehmerin: Okay, das Buch, das ich schreibe und das ich noch nicht fertig habe. Es ist Zeit für mich, diese Bücher zu beenden und sie zu veröffentlichen, aber dann sagte ich: „Oh, aber ich weiß nicht, ob ich Geld verdienen kann." Und ich muss jemanden finden, der mir mit dem Internet und all dem helfen kann.

Dr. Lisa: Toll, Sie brauchen also mehr Informationen, Sie brauchen mehr Leute.

Teilnehmerin: Ich brauche mehr Leute, definitiv. Ich brauche mein eigenes Business. Aber dann habe ich wieder angefangen, mich selbst in Frage zu stellen.

Dr. Lisa: Richtig, das ist also der Teil der Lüge, in den Sie sich einkaufen, das sich selbst in Frage stellen. Stehen Sie hinter Ihnen?

Teilnehmerin: Nein, ich stehe nicht hinter mir.

Dr. Lisa: Und steht das Business auch hinter sich?

Teilnehmerin: Nein.

Dr. Lisa: Richtig, wenn das Unternehmen sich nicht den Rüclken stärkt und Sie sich nicht den Rücken freihalten, kommen Sie rückenlos zusammen.

Teilnehmerin: Ich verstehe das.

Dr. Lisa: Also das ist es, was sich ändern muss. Wenn Sie mit ihm Kaffee trinken gehen, fragen Sie Ihr Business:„Wie kannst du dir den Rücken freihalten? Wie kann ich mir den Rücken freihalten?" Und erstellen Sie gemeinsam einen Vertrag, in dem es darum geht, Ihren eigenen Rücken freizuhalten, so dass Sie das Business sein und das Business machen und sich zusammenschließen können.

Das nenne ich radikale Lebendigkeit.

Radikale Lebendigkeit hat vier C's: Choosing You - Dich auswählen, Committing to you - sich dir verpflichten, Collaborating with the Universe - mit dem Universum zusammenarbeiten, Conspiring to bless you - das sich verschworen hat, dich zu segnen, Creating your living from there - und dann dein Leben von dort aus kreieren.

Dies sind Ihre vier Grundsätze und die vier Grundsätze des Business. Für Sie wählen, sich selbst gegenüber zu verpflichten. Mit dem Universum zusammenarbeiten, das sich verschworen hat, Sie zu segnen und dann gemeinsam zu kreieren und weiter zu gehen.

Ich mache eine Radiosendung namens Jenseits von Missbrauch, Jenseits von Therapie, Jenseits von allem, oder? Wir sind jetzt seit zweieinhalb Jahren auf Sendung.

Als sie mich baten, es zu machen, sagte ich: „Werden Sie mich kreative klärende Aussagen machen lassen? Ich werde über Missbrauch auf eine Art und Weise sprechen, wie noch nie zuvor darüber gesprochen wurde, und ich könnte die Welt verändern. Wenn Sie mich das tun lassen, werde ich es tun." Und sie sagten: „Ja."

In den ersten 13 Wochen waren wir unter den ersten drei auf den Top Ten des Empowerment Channels, und wir sind seit Beginn der Show unter den ersten fünf geblieben.

Ich habe jeden Tag dem Business zugehört. Heute Morgen stand ich auf, machte eine Live-Radioshow und hörte dem Business zu.

Jede Woche muss ich eine Live-Show kreieren: neue, originelle Inhalte, eine Showbeschreibung, Social-Media-Zitate und Themen. Ich höre zu und sage: „Okay, Erde, Universum,

Welt, 205.000 Menschen hören zu, worüber willst du etwas hören?"

Bam.

Ich frage mich nicht: „Was muss ich für Voice America tun?" Ich stelle die Frage: „Welche Energie ruft jetzt danach, dass man über sie spricht?"

Was will das Business von Ihnen? Buchstäblich. Vielleicht ist es das, was Ihnen den Kopf verdreht - mit dem in Kontakt zu kommen, was jetzt außerhalb von Ihnen ist. Außerhalb von Ihnen, überall dort, wo Sie vollständig die einzige Quelle für Ihr Business sind, können wir es zerstören und unkreieren?

Teilnehmerin: Ja.

Dr. Lisa: Right, wrong, good and bad, POD and POC, all nine, shorts, boys and beyonds®.

Und überall wo Sie glauben, dass Sie die Quelle Ihres Geschäfts sind, und in Wirklichkeit zerstört das das Abheben Ihres Businesses. Können wir das zerstören und unkreieren?

Teilnehmerin: Ja.

Dr. Lisa: Right, wrong, good and bad, POD and POC, all nine, shorts, boys and beyonds®.

Ihr Business ist eine Energie und eine Entität an und für sich. Lassen Sie es aufsteigen. Lassen Sie es aufblühen. Holen Sie Ihren Kopf aus den Ergebnissen heraus und richten Sie Ihren Blick auf die Möglichkeiten. Zeichnen und aktualisieren Sie die Personen, Orte, Situationen und Ereignisse, die einer Zusammenarbeit in Ihrem Namen entsprechen, und es wird einfach sein.

Teilnehmerin: Danke, großartig.

Dr. Lisa: Sie lächelt.

Participant: Danke.

Teilnehmerin: Ich danke Ihnen.

Dr. Lisa: Right, wrong, good and bad, POD and POC, all nine, shorts, boys and beyonds®.

Teilnehmerin: Hi Lisa.

Dr. Lisa: Hi.

Teilnehmerin: Ich liebe Ihre Radiosendung.

Dr. Lisa: Danke.

Teilnehmerin: Es macht Sinn, wenn Sie darüber reden, ob Ihr Geld Sie mag.

Ich habe dieses Bild im Kopf, dass es eine Beziehung ist, in der ich sexy mit einem 300 Dollar teuren Parfüm auftauche. Aber dann setzen wir uns hin und reden, und es ist wie, „Oh, du machst das immer noch? Ist deine Mutter immer noch so? Rauchst du immer noch Zigaretten?"

Dr. Lisa: Sie bewerten sich also gegenseitig?

Teilnehmerin: Ich weiß nicht, ob es mich verurteilt, aber es ist wie: „Ich liebe dich, aber nicht, wenn du das immer noch machst. Es ist, als ob ich dich liebe und du musst so und so auftauchen."

Dr. Lisa: Nun, wie wäre es, wenn jemand, ein Liebhaber, zu Ihnen sagen würde: „Ich liebe dich, aber du weißt, ich würde dich noch ein bisschen mehr lieben, wenn du dein Haar so tragen würdest, und du trägst tatsächlich das hier, und wenn du dich so bückst, und wenn du das hier machst.

Was würden Sie tun?

Teilnehmerin: Ja, ich weiß, es ist schrecklich.

Dr. Lisa: Richtig, also was lieben Sie daran, etwas Schreckliches zu tun und ein gutes Ergebnis zu erwarten?

Right, wrong, good and bad, POD and POC, all nine, shorts, boys and beyonds®.

Teilnehmerin: Er hat die Kontrolle über diesen Teil.

Dr. Lisa: Das klingt wirklich verbindlich. Vielleicht ist es ein Kontrollfaktor - also hören Sie mal drunter. Was lieben Sie an der Kontrolle?

Teilnehmerin: Ich bin eigentlich kein sehr kontrollierender Mensch. Ich weiß nicht, ob ich eine Bindung an das hier habe oder nicht, denn ich bin wirklich frei mit anderen Dingen.

Dr. Lisa: Also was lieben Sie an dem, worüber Sie sprechen? Was lieben Sie an den Bedingungen?

Teilnehmerin: Es ist wie eine übergeordnete Sache.

Dr. Lisa: Toll, was lieben Sie daran, Recht zu haben?

Teilnehmerin: Es ist wie:„Ich bin besser als das." Es ist meine Sturheit, als ob ich nur willkommen wäre,„das" zu empfangen.

Dr. Lisa: Wie viel können Sie erhalten, wenn Sie nur das erhalten? Etwas, etwas weniger als wenig, oder eine kleine Megatonne von wenig?

Teilnehmerin: Etwas weniger als wenig.

Dr. Lisa: Ja, also was hassen Sie am Empfangen?

Teilnehmerin: Ich weiß es nicht.

In welche Freude würde ich mein Leben gerne katapultieren?

Dr. Lisa: Ja, also sagen Sie:„Ich hasse Freude."

Teilnehmerin: Ich hasse Freude.

Dr. Lisa: Sagen Sie es noch einmal.

Teilnehmerin: Ich hasse Freude.

Dr. Lisa: Sagen Sie es noch einmal.

Teilnehmerin: Ich hasse Freude.

Dr. Lisa: „Ich schränke sie gerne ein und versuche, meine Freude zu beschränken, damit ich weniger empfangen kann."

Teilnehmerin: Ich glaube, ich beschränke meine Freude, so dass ich nicht empfangen kann.

Dr. Lisa: Bin ich jetzt verrückt oder was?

Sie lacht hysterisch darüber - und wenn jemand so lacht, dann wissen sie, dass es richtig ist. Also, wie alt waren Sie, als Sie Ihre Freude einschränkten und anfingen, weniger zu empfangen. Wahrheit?

Teilnehmerin: Ich denke, sieben.

Dr. Lisa: Toll, und wo hat es Sie in Ihrem Körper getroffen? Direkt in Ihr Herz. Ja. Atmen Sie, atmen Sie oder ich werde umkippen. Atmen Sie.

Right, wrong, good and bad, POD and POC, all nine, shorts, boys and beyonds®.

Nun, wie viel Geld kann man durch solches Atmen verdienen?

Teilnehmerin: Keines.

Dr. Lisa: Richtig, denn das Geld ist Energie, Luft ist Energie, Sexualität ist Energie.

Also all die Wege, die Sie als das Siebenjährige Du algorithmisch berechnet und konfiguriert haben, Ihre Brust, Ihren Körper, Ihr Wesen, um die Freude aus Ihnen herauszuprügeln, aus welchem Grund auch immer. Richtig falsch, gut und schlecht. Können wir es zerstören und unkreieren?

Teilnehmerin: Ja.

Dr. Lisa: Richtig, können Sie atmen?

Right, wrong, good and bad, POD and POC, all nine, shorts, boys and beyonds®.

Das ist wie der schmerzhafteste Atem, den ich je gehört habe.

Right, wrong, good and bad, POD and POC, all nine, shorts, boys and beyonds®.

Also, was haben Sie über sich entschieden? Was haben Sie beschlossen, dass „empfangen" über Sie mit sieben Jahren bedeutet? Dass Sie was waren?

Teilnehmerin: Ich bin zu sehr aufgefallen.

Dr. Lisa: Was hat das über Sie ausgesagt?

Teilnehmerin: Ich habe keine Macht in irgendwas.

Dr. Lisa: Ja, und ist etwas Schlimmes passiert, das sie festgelegt hat? Nur zu, geben Sie mir Ihren Atem. Okay, gut. Machen Sie Ihr Ding.

Wir wollen nur eine Veränderung von 1°, also müssen Sie hier atmen, ok?

Ok, wir wissen also nicht, warum. Sie hat keine natürliche Erinnerung - obwohl es eigentlich egal ist - aber, physiologisch gesehen, verschiebt sich etwas. So machen wir es rückgängig und lösen diese Lüge auf, nach der sie lebte, ohne sie zu empfangen, richtig? Also versteckt sie sich.

Wie glücklich sind Sie mit sieben?

Teilnehmerin: Oh, verdammt fröhlich. Ich war ein glückliches Kind.

Dr. Lisa: Und wie anders war das für Sie?

Teilnehmerin: Ziemlich anders. Ich ging auf katholische Schulen.

Dr. Lisa: Ich weiß, ich ging auf katholische Schulen und ein Jesuitencollege und ich hatte keine Wahl. Ich verstehe.

Right, wrong, good and bad, POD and POC, all nine, shorts, boys and beyonds®.

Das ist also wirklich wichtig...

All die Arten, wie Sie mit sieben Jahren wussten, dass Sie anders sind, und anders zu sein, war schlecht, also steckten Sie Ihre Freude in eine Sardinenbüchse und erlaubten sich nie, sie

so zu empfangen, wie Sie sie bis zu diesem Moment hatten, weil
das Sie schlecht machen würde und Sie auffallen würden oder
Sie wären anders, was für Kinder wirklich erschreckend ist,
richtig? Wir alle in unseren prägenden Jahren, können wir diese
Verpflichtung jetzt zerstören und unkreieren und die Festplatte
aktualisieren?

Teilnehmerin: Ja.

Dr. Lisa: Können wir all die erzwungenen Bewertungen über
das Glück von der Kirche, von den Nonnen, vom Priester, von
den Kindern, von der Schule, die Sie sind, von dieser Realität,
dass fröhlich und glücklich zu sein bedeutet, dass Sie ein Freak
sind, Aufheben, widerrufen, aufgeben, aufkündigen, zerstören
und unkreieren. Können wir es zerstören und ungeschehen
machen?

Teilnehmerin: Ja.

Dr. Lisa: Right, wrong, good and bad, POD and POC, all
nine, shorts, boys and beyonds®.

Und all die Eide, Gelübde, Loyalitäten, Lehnstreue,
Verpflichtungsvereinbarungen, verbindliche und verpflichtende
Verträge. Die virtuellen Schwingungsrealitäten darunter
und all die geheimen, versteckten, unsichtbaren, verdeckten,
ungesehenen und ungenannten, unausgesprochenen, nicht
enthüllten Agenden darunter, können wir das zerstören und
unkreieren?

Teilnehmerin: Ja.

Dr. Lisa: Und all die virtuellen Schwingungrealitäten
darunter und all die Implantate und Explantate, geheim,
versteckt, unsichtbar, verdeckt, ungesehen, uneingestanden,
ungenannt, unausgesprochen nicht anerkannten Agenden
darunter und darunter, und darunter, und darunter, und

darunter, und darunter, und darunter, und darunter, können wir sie zerstören und unkreieren?

Right, wrong, good and bad, POD and POC, all nine, shorts, boys and beyonds®.

Und überall, um fröhlich und frei zu sein... Haben sie ihren Atem gehört?

Teilnehmer: Ja. Viel größer.

Teilnehmerin: Juhu!

Dr. Lisa: Überall wo fröhlich und frei zu sein, die Falschheit von dir war, können wir sie zerstören und unkreieren?

Right, wrong, good and bad, POD and POC, all nine, shorts, boys and beyonds®.

Welche Energie, Raum und Bewusstsein können Sie und Ihr Körper also sein, um die freudige Phantasie der unvermeidlichen, unerbittlichen, phänomenalen Möglichkeit zu sein, die Sie wirklich sind.

Right, wrong, good and bad, POD and POC, all nine, shorts, boys and beyonds®.

Besser, schlechter oder gleich?

Teilnehmerin. Viel besser.

Dr. Lisa: Viel besser.

Danke...also dies ist das Ende unserer Zeit.

Hat noch jemand eine brennende, brennende, brennende, brennende, brennende, brennende Frage?

Teilnehmerin: Mir wurde richtig übel und ich fühlte, dass mir beim Zuhören sehr heiß wurde.

Dr. Lisa: Also, Wahrheit. Hat das, was brennt, gerade funktioniert, um etwas für Sie zu öffnen?

Teilnehmerin: Ja.

Dr. Lisa: Also ist die Übelkeit etwas Falsches? Oder findet eine zelluläre Veränderung statt?

Teilnehmerin: Ich hoffe, es gibt eine Veränderung.

Dr. Lisa: Also „Ich hoffe, es gibt eine Veränderung." Ist es leicht oder schwer, wenn Sie das sagen?

Teilnehmerin: Schwer, ja.

Dr. Lisa: Das heißt nicht, dass es keine Veränderung gibt. Also, Wahrheit. Sagen Sie: „In meinem Körper findet gerade eine Veränderung statt."

Teilnehmerin: In meinem Körper findet gerade eine große Veränderung statt.

Dr. Lisa: Ist das leicht oder schwer?

Teilnehmerin: Leicht.

Dr. Lisa: Ja, wenn Sie also diese Übelkeit nehmen und sie jetzt die Erde düngen, und Sie nehmen ein bisschen mehr davon und düngen es jetzt auf die Erde, und Sie nehmen ein bisschen mehr davon und düngen es jetzt auf die Erde, und Sie dehnen Ihre Energie aus - atmen Sie tief durch den Mund ein - was bemerken Sie dann?

Besser, schlechter oder gleich?

Teilnehmerin: Ich spüre gerade sehr viel Energie bei mir.

Dr. Lisa: Ja, also hat das, woran wir heute Abend gearbeitet oder gesprochen haben, eine Veränderung für Sie kreiert?

Teilnehmerin: Ja.

Dr. Lisa: Also ist das, was Sie erleben, physiologisch und somatisch, die Auswirkungen der Veränderung die sich auf eine Weise zeigen, die anders ist, als Sie es sich wünschen?

Teilnehmerin: Ja.

Dr. Lisa: Und was ist, wenn Sie alle im nächsten Moment etwas empfinden, das als unangenehm oder intensiv bezeichnet wird?

In Wirklichkeit, erkennen Sie einfach, dass es eine Veränderung ist, die anders auftritt, als Sie erwartet haben.

Wenn Sie diese Übelkeit fühlen, die Sie vor zwei Sekunden noch nicht hatten.

- oder Kopfschmerzen oder Schmerzen irgendwo, die Sie vor fünf Minuten noch nicht hatten - weil jemand geredet hat, oder Sie jemandem begegnet sind, oder jemand Sie angerufen hat, oder Ihnen eine dumme E-Mail geschickt hat, und dann plötzlich fühlen Sie sich danach krank - wissen Sie, dass das nicht Ihre Energie ist und sagen Sie dies:

„Kehr zurück zum Absender mit Bewusstsein angehängt. Zerstreut es und lasst es auf die Erde los, kehrt um, von wo ihr hergekommen seid und kehrt nie wieder in diese Dimension, die Realität und den Körper zurück."

Besser?

Teilnehmerin: Ja, es ist gut.

Dr. Lisa: Molekular und zellulär sind wir alle aus den gleichen Dingen gemacht. Also, wenn jemand eine Frage stellt und ich das Clearing-Statement durchführe, bekommt es jeder im Raum.

Alle profitieren davon.

Alles, was gefragt wird, können Sie für sich persönlich gestalten, einen anderen Namen eingeben. Es ist deine Mutter, dein Vater oder jemand anders. Und während ich die Clearings-Statements laufen lasse, bekommen Sie alle Clearings.

Jeder wird etwas bekommen.

Dein Körper besteht zu 90% aus dir - dein Kopf zu 10%.

Wir leben hier oben und begrenzen die anderen 90%. Hier sind so viele Informationen. Der Schmerz in Ihrem Nacken hat Informationen. Ihre Brust hat Informationen. Jeder Teil, jedes Organ, im System hat Informationen.

In meinem Fall ging ich durch jedes System des Körpers und lernte alle Glaubenssysteme, die in jedem Organ meines Körpers waren, und löschte dann jedes dieser Glaubenssysteme in jedem Organ meines Körpers. Ich habe die Systeme meines Körpers ausgeräumt, damit ich die Organe in meinem Körper behalten und sie wieder in ihre Funktion vor der Krankheit zurückbringen kann.

Ich war nicht krank, als ich in dieses Leben kam.

Ich wurde in diesem Leben mit den Entscheidungen, die ich getroffen habe, krank, also musste ich das rückgängig machen. Das ist es, was notwendig ist.

Und durch dieses Clearing-Statement geht es viel schneller.

Man kapiert es, wenn man es kapiert. Es taucht auf, wenn es auftaucht... und man benutzt es, wenn man es benutzt. Alles, was wir suchen, ist die Veränderung um 1° - also, in Bezug auf die Lügen des Geldes - haben Sie das Gefühl, etwas gelernt zu haben?

Die Teilnehmer: Ja.

Dr. Lisa: Mit einer anderen Perspektive? Bereit, morgen eine Million Dollar zu verdienen?

Teilnehmerin: Ja.

Dr. Lisa: Bereit, 100 Millionen Dollar zu machen?

Teilnehmerin: Ja.

Dr. Lisa: Was wäre nötig, um jedes Jahr 100 Millionen Dollar im Jahr für den Rest Ihres Lebens zu verdienen? Sie müssen so groß denken, mit dieser großen Möglichkeit, sich in diesem Raum der Möglichkeiten zu bewegen.

Gehen Sie über $5.000 hinaus.

Gehen Sie über die $50.000 hinaus, die Sie sich wünschen. Gehen Sie über die Schulden und die Rechnungen hinaus.

Gehen Sie groß raus oder gehen Sie nach Hause.

Gehen Sie groß raus und erlauben Sie dem Universum, in Ihrem Namen zu antworten. Geld ist Ihr Freund. Geld ist Ihr Verbündeter. Geld ist Ihr Liebhaber. Geld ist Ihre Energie. Geld wird Ihnen den Rücken stärken.

Geld wird die Welt verändern und ihr benutzt es um

die Realität zu verwandeln, sich in eurem Namen mit dem zu verschwören, was ihr liebt, mit dem, was ihr seid, das ist, was ich mir für uns alle wünsche.

Danke, dass Sie mitgespielt haben.

Danke, dass Sie Fragen gestellt haben. Danke, dass Sie bereit und mutig genug sind, sich mit Ihren eigenen Lügen zu beschäftigen, und dass Sie offen sind für ein wirklich verrücktes Clearing-Statement, das in diesem Leben eine Welt voller Unterschiede machen kann. Ich schätze euch alle.

Ihr seid brillant und ihr seid ein Wunschtraum der Möglichkeiten, also geht da raus, seid ihr selbst, jenseits von allem und erschafft Magie.

Die Teilnehmer: Danke.

Tiburon

Dr. Lisa: Willkommen bei Die Lügen des Geldes, ihr seid mutige Wesen. Geld ist nicht unbedingt ein lustiges Thema, über das die Menschen diskutieren.

Die meisten Menschen bringen ihre Entscheidungen, Bewertungen, Schlussfolgerungen, Berechnungen, Projektionen, Trennungen, Erwartungen, Schwüre und Gelübde, Lehnseide, Blutseide, Verpflichtungen, Vereinbarungen, Vorurteile und Verurteilungen mit - alles rund um das Thema Geld.

Heute werde ich Ihnen eine konkrete Zahl der Geldlügen und das Problem in dieser Realität nennen und dann hoffentlich eine Lösung dafür. Aber ich werde Ihnen noch nicht genau sagen, was diese Lügen sind. Ich werde sehen, ob ich Sie ein wenig anstacheln kann, und irgendwann werden Sie lachen und das zur Sprache bringen, was Sie wirklich dazu gebracht hat, hier zu sein und das zu tun.

Nachdem ich also mehr als 20 Jahre in der Mentalbranche gearbeitet habe und Workshops auf lokaler, nationaler und internationaler Ebene geleitet habe, habe ich gelernt, dass es drei Gründe gibt, warum Menschen kommen, um persönliche Arbeit für Veränderung und Transformation zu machen:

1. Gesundheit - es kommt zu einer Krise.
2. Beziehung - eine Zerrüttung oder eine Trennung oder Scheidung.

3. Geld - im Business zu kämpfen oder nicht über die Runden zu kommen.

Nach einer Weile wurde ich wirklich gut in der Arbeit mit Menschen im Bereich Beziehungen und wirklich gut in der Arbeit mit

Leuten mit dem Gesundheitszeug, mich eingeschlossen. Aber diese ganze Geldsache nagte immer noch an mir, meinen Kunden und der Welt. Ich entschied mich, mich darauf zu konzentrieren, um zu sehen, was ich sonst noch zu diesem Thema auf der ganzen Welt beitragen kann, über das die Leute Workshops abhalten und Bücher schreiben.

Es war eine Art von Ausdehnung für meine Marketing-Person. Wenn man nicht weiß, was eine Marketing-Person ist, sie sagt einem, wo man sich seine Nische hinstecken soll, und dann stecken sie einen in eine Schublade - und man soll darin bleiben und nicht aus ihr herausgehen.

Für die, die mich erst kennen lernen, ist es wie bei *Dirty Dancing*: „Niemand stellt Baby in die Ecke". Sie stecken mich definitiv nicht in eine Kiste und es gibt keine Kiste, die mir wirklich passt.

Als ich anfing, mich mit diesem Thema Geld zu beschäftigen, habe ich Workshops, Tele-Calls, meine Voice America Radio Show, zusammen mit individuellen Sitzungen und Coaching-Sitzungen und meine 2- oder 3-tägigen VIP-Sitzungen mit Menschen gemacht. Zur gleichen Zeit, als mein Vater vor etwa 3 oder 4 Jahren starb, hatte ich meine eigenen Sachen, um die ich mich persönlich kümmern musste, als eine ganz andere finanzielle Situation auftauchte.

Was mir nach seinem Tod sehr, sehr klar wurde, worauf ich mich in Kürze einlassen werde, weil es viel von dem antreibt, worüber ich über Geld spreche. In diesem Taster, und in einigen der Angebote, die ich in meinem Business gerade habe, werde ich darüber sprechen, wie man mit Geld über seine eigene Enge und den Käfig des Mangels und der Begrenzung hinauskommt.

Also fing ich an, es wirklich, wirklich zu betrachten und erkannte: „Das ist verrückt!"

Ich fing an, die Entscheidungen, die ich über Geld hatte, die Entscheidungen, die ich über Geld getroffen habe, zu betrachten, was Geld für mich bedeutete - wie ich es so bedeutsam machte, wie es mein Gott war, wie es die Art und Weise war, wie ich Liebe empfing oder wie ich mich selbst fühlte, wenn ich Geld hatte. Ich fühlte mich nicht gut, wenn ich kein Geld hatte.

Ihr schüttelt alle ein wenig den Kopf... das sind Dinge, die ihr kennt.

Und dann fing ich an zu fragen, „Was ist dahinter? Was ist dahinter? Was ist dahinter? Was ist dahinter?"

Was ist diese Geldsache, mit der jeder ein Problem hat? Es geht die ganze Palette durch.

Ich hatte schon viel Geld und ich hatte kein Geld. Und ich habe eine sehr große Gemeinschaft von Leuten, die viel Geld haben - und sie haben genauso viele Probleme mit Geld wie Leute, die kein Geld haben.

Es spielt keine Rolle, ob man nichts hat oder ob man Milliarden oder Millionen oder Billiarden hat. Es gibt immer noch Probleme in Bezug auf diese Sache, die man Geld nennt - also kann niemand dem entgehen.

Als mein Vater dann starb, dachte ich: „Was ist das? Was ist die Bedeutung dieser Sache namens Geld, das jeder nicht genießen will?"

Und selbst wenn sie es genießen, haben sie immer Angst: „Wann werde ich es verlieren? Wann werde ich es nicht haben?"

Es gibt alle Arten von Syndromen da draußen - zum Beispiel „Fest oder Hungersnot", „Arbeite hart / Diener-Mentalität" oder „Arbeite hart, es kann nicht leicht sein". Oder: „Ich bin wie ein Bauer und werde immer von etwas Besitz ergreifen", und „Ich muss für jemand anderen arbeiten, weil ich nicht alleine ausgehen kann, denn wenn ich alleine ausgehe, wie soll ich mich dann eigentlich für mich selbst sorgen oder jemanden für mich sorgen lassen?

All dies geht in dieser Realität weiter, und es ging auch in mir weiter.

Als mein Vater starb, verlor ich buchstäblich jeglichen Zugang zu allem, zu dem ich Zugang hatte. Es wurde mir komplett genommen und ich hatte zu nichts mehr Zugang.

Ich erinnere mich, dass ich an einer Tankstelle stand und eine Karte in die Pumpe steckte, um zu tanken, wie ich es normalerweise tat. Ich musste noch nie zweimal darüber nachdenken. Das bedeutet nicht, dass ich in meiner Zeit auf diesem Planeten keine Geldprobleme oder Probleme oder Geldmangel gehabt hätte, aber in diesem speziellen Moment gab es nichts.

Ich dachte: „Wie soll ich das bezahlen? Und wie werde ich leben?"

Ich musste nie so denken, weil ich immer meinen Vater hatte. Er machte es mir sehr einfach und war immer jemand, der sagte: „Was möchtest du?" Ich wusste nie, wann es kommen würde, und es war immer eine Art Witz: „Gut, ich gehe in den Keller, ich hole die Druckerpresse raus und du hast es auf deinem Konto." Er war mein Geldautomat, meine Kreditkarte, in vielerlei Hinsicht - kein Pincode, kein Passcode, einfach fragen und empfangen.

Es war die einfachste Sache, die ich je in meinem Leben erlebt habe, aber es war von jemand anderem. Ihr versteht das, oder? Es hatte nichts mit mir zu tun, es war außerhalb von mir.

Und als er weg war, stand ich so an der Tankstelle und dachte: „Ich habe keine Ahnung, was es bedeutet, Geld zu haben, was es wirklich bedeutet, Geld zu sparen oder eine Zukunft mit Geld auf dem Niveau zu planen, von dem ich wusste, dass ich es wirklich brauche, weil alles von jemand anderem gepuffert wurde.

Stand ich meinem Vater nahe? Haben wir nahe beieinander gewohnt? Nein, er war auf der anderen Seite des Landes. Ich habe ihn 10 Jahre lang nicht gesehen und wir haben uns nur unterhalten, wenn ich Geld brauchte. Das war die Beziehung und der Abstand war ziemlich groß, aber es war okay. Es war das, was wir taten.

Von klein auf sagte er mir: „Lisa, es ist nicht nur eine Männerwelt. Es ist die Welt einer Frau. Sei dein eigener Boss, tu, was du liebst und lass dich nie nieder, verdiene dein eigenes Geld, sei glücklich."

Also habe ich das getan, und er hat es mir leicht gemacht, obwohl das nicht bedeutet, dass ich nicht von morgens bis abends hart gearbeitet habe. Ich liebte und genoss, was ich tat, um Menschen zu helfen.

Dann, im Schnelldurchlauf, hat sein Tod mir ins Gesicht gesagt: „Oh, ich kann die Menschen nur so weit bringen, wie ich selbst gelaufen bin." Es war ein blinder Fleck, der bis dahin nicht aufgedeckt wurde. Ich wusste nicht einmal, dass er krank war, und er starb, als ich im Ausland war, ohne dass ich mich von ihm verabschiedete, außer mit dem Handy, was perfekt war. Es ist eigentlich eine schöne Geschichte und war das, was ich jetzt genau weiß, was er wollte.

Er wollte, dass ich bin, wo immer ich bin, dass ich tue, was ich liebe, dass ich mein Leben lebe. Ich brauchte nicht dort zu sein. Für manche mag das wie eine Rechtfertigung klingen, aber für mich war es etwas, das ich wirklich verkörpert habe. Er war jemand, der mir Geld auf eine bestimmte Art und Weise so leicht gemacht hat.

Die anderen Dinge, die im Haushalt passierten, wenn Sie etwas über meine Geschichte wissen, waren nicht so einfach, also hatte ich ein wenig Anspruch darauf. Es war wie „Verdammt, angesichts der 2 ½ Jahrzehnte des Missbrauchs und der Gewalt, die ich in meiner Kindheit erlitten habe, von sexuell bis finanziell, von körperlich, von emotional, von psychisch, von energisch", mit ein wenig Leichtigkeit - ein Vater, der kein Passwort oder einen Pincode für einen Geldautomaten brauchte - nun...

Ich hatte das Gefühl, dass ich es verdient habe, angesichts dessen, was ich erlitten habe.

Ich war wirklich dankbar für diese Erfahrung, denn er war von Anfang an für mich da, und dann, sogar in seinem Tod, drückte er mir das ins Gesicht: „Wenn ich weg bin, wen hast du dann?"

Und dann wurde mir klar, wen ich hatte und so hat sich meine Geldsituation verändert.

Ich hatte mich.

Die lügen des geldes:

Alles wurde mir weggenommen, jedes bisschen Geld und der Zugang zu jedem Geld, das ich jemals in meinem Leben durch meinen Vater hatte, wurde mit seinem Tod komplett weggenommen. Ich stand da, hatte keinen Zugang zu Bargeld, keinen Zugang zu Bankkonten, Kreditkarten, nichts. An dieser Tankstelle an diesem Tag wusste ich, dass mein Vater weg war und es gab nicht eine Person auf diesem Planeten, auf die ich mich verlassen konnte, um mir finanziell zu helfen.

Die einzige Person, das einzige, was ich hatte, war ich selbst - und ich musste etwas ganz anderes tun. Hier stand ich direkt vor den Lügen des Geldes - alles, was ich geglaubt hatte, die Persona, die ich um ihn herum entwickelt hatte, die Sicherheit, die durch ihn da sein sollte - alles.

Er nannte mich immer Li-li. „Sicher, Li-li, ich gehe runter in den Keller und gehe zur Druckerei, drucke dir etwas Geld und es wird auf deinem Konto sein."

Ich wusste nie, wann es kommen würde. Es konnte zwei Wochen, einen Monat, drei Monate oder am nächsten Tag sein, aber ich sah es immer auf meinem Konto. So hat es bei ihm funktioniert. Jetzt musste ich so werden, weil er weg war, würde niemand anders es für mich tun.

Ich stand unter Schock, schaute hinter mich und dachte: „Was bedeutet es, sich selbst mit Geld den Rücken zu stärken? Was bedeutet es, wirklich, wirklich den eigenen Rücken zu stärken und in der Welt aufzustehen und nicht von jemandem abhängig zu sein, nicht auf jemanden zu projizieren, nicht von jemandem ziehen, nicht von jemandem saugen, sich nicht zum Opfer machen, um Geld zu bekommen, sich nicht gegen Autorität verteidigen, sich nicht einmal mit der Tragödie oder dem Trauma oder dem Drama der eigenen Geschichte zu identifizieren? Denn, glauben Sie mir, wenn Sie rumsitzen und über eine Geschichte reden wollen, ich habe eine."

Ich erinnere mich, dass ich dachte: „Wow, das wird das erste Mal sein, dass ich meine eigene finanzielle Realität verkörpere."

Wenig wusste ich darüber, dass der Tod meines Vaters mein Aufstieg sein würde - dass ich es sein würde, der mich verkörpert und weiß, wie es sich anfühlt, riecht und schmeckt, wenn ich meinen eigenen Rücken freihalte und die Opfergeschichte, die Trauma- und Dramengeschichte, die Katastrophengeschichte vollständig hinter mir lasse.

Und wenig wusste ich darüber, dass mein missbrauchender Hintergrund, die 2 ½ bis 3 Jahrzehnte des Missbrauchs, die ich selbst durchmachte und erlitt, das leuchtende Leuchtfeuer sein würde, durch das meine eigenen Lügen mit dem Geld durchkommen und mich über den Käfig der Zerstörung und des Todes und der Knappheit hinaus bewegen würde, indem ich ausgab, aber nicht hatte, und eine Menge Geld bekam, weil ich immer viel Geld verdient hatte, aber mir nie erlaubt hatte, es zu behalten.

Alle anderen waren wichtiger.

Menschen, die mit mir in Beziehung standen, haben sich wirklich gut geschlagen. Glauben Sie mir, sie fragen immer noch. Ich habe vor kurzem zum ersten Mal seit langem wieder zu jemandem nein gesagt. Ich sagte: „Nein, ich habe dir nur etwas Geld gegeben. Gib mir das Geld über einen Zahlungsplan zurück und dann reden wir." Das ist mein New Yorker Coming-out. So fühlt es sich an, wenn ich meinen eigenen Rücken stärke und Ja sage, wenn es tatsächlich ein Ja ist, und Nein, wenn es ein Nein ist.

Sein Tod katapultierte mein Business, mein Wesen, meinen Körper und die Arbeit, die ich in der Welt tun wollte, um finanziell aufzuwachen, und ich wusste kaum, dass es mich meine finanzielle Realität zum ersten Mal leben lassen würde.

Was sich entwickelt hat, ist das, was ich jetzt den Käfig des Missbrauchs nenne, radikale Lebendigkeit und die Brücke für deine Leichtigkeit zu dieser Lebendigkeit.

Der Käfig des Missbrauchs ist das, was ich die ‚4 Ds' nenne: denying - verleugnen, defending - verteidigen, disassiociating - distanzieren, disconnecting - trennen.

Können Sie in der Geschichte, die ich Ihnen erzählt habe, all die Verleugnung sehen, in der ich lebte, von dem, was mein Vater mir so natürlich geschenkt hat? Das Abwehren des Ich - Seins und des Stärkens meines eigenen Rückens, die Distanzierung davon, mir zu erlauben, das Geld für mich zu haben, wie ich es verdient und kreiert habe.

Damals war ich die Person, mit der man abhängen wollte. Ich legte ein paar hundert Dollar auf den Tisch, und als wir mit dem Geld fertig waren, legte ich meine Kreditkarte auf den Tisch. Jeden Donnerstag, Freitag, Samstag und Sonntagabend hatten meine Freunde und ich eine tolle Zeit. Ich fühlte mich so großzügig, wie mein Vater.

Mein Vater war ein sportlicher Typ, der Fußball spielte, und als Kind fuhren wir Ski, und ich ging zu mehr Super Bowls und World Series als jeder andere. Es hat Spaß gemacht und er hat meinen Geschwistern und mir immer gesagt, dass wir zwei Freunde einladen sollen. Egal wo wir waren, egal was wir taten, er gab uns seine Tickets, die guten Plätze in der ersten Reihe. Er kaufte sich einen Tribünenplatz für 10 Dollar, freundete sich mit den Leuten da oben an und kam dann wieder runter.

„Wie geht es dir? Willst du ein Bier?" Wir waren etwa 15, wahrscheinlich ein wenig unpassend, aber zu der Zeit hat es Spaß gemacht.

Das alles führte zu diesem ganzen Käfig des Missbrauchs um das Geld herum, wo es so einschränkend und beengend war, dass ich hart arbeiten konnte, Geld verdienen, viel Geld verdienen - aber ich konnte es nie behalten, niemals behalten.

Ich würde es für eine Weile haben. Es war wie das ‚Essen and Erbrechen'-Syndrom. Ich hatte viel davon und dann sagte ich: „La-la-la-la-la-la-la-la-la", gefolgt von: „Okay, jetzt muss ich es wieder tun."

Festessen oder Hungersnot.

Auf dem Weg zu radikaler Lebendigkeit wachte ich an der Tankstelle auf. Nicht in der Lage, etwas zu bezahlen, dachte ich: „Oh, ich muss für mich entscheiden. Ich muss mich an mich und meine finanzielle Realität binden."

Irgendwann hörte ich: „Bittet und ihr werdet empfangen." Also, so wie ich darüber denke, verschwört sich das Universum, um mich zu segnen. Es ist Teil der 4 C's: Commit to me - Verpflichte mich, Choose for me - Wähle für mich, das Universum - conspires - verschwört sich, um mich zu segnen und will mit mir - Collaborate - zusammenarbeiten, und dann Create - kreiere.

Das nenne ich radikale Lebendigkeit, und Du bewegst Dich vom Käfig zur radikalen Lebendigkeit durch die „4 E's"- *For your Ease* - für Deine Leichtigkeit –Embrace – Umarmen/ Annehmen, Examine-Prüfen, Embody- Verkörpern und Expand- Ausdehnen.

Umarme, was auch immer vor sich geht, prüfe mit einer Hartnäckigkeit des Bewusstseins und einer Wahrheit. Erinnern

Sie sich, Sie können sich nur so weit bringen, wie Sie sich selbst gehen lassen und sehen können, und Sie können nur jemand anderen nehmen, wenn Sie mit anderen Menschen so weit wie möglich zusammenarbeiten. Sie können nicht über Sie hinausgehen, wenn Sie es nicht getan haben.

Also bin ich dankbar für all die Lügen des Geldes, das durch die eigene, sehr arme Familie meines Vaters, Brooklyn, keine Ausbildung, alkoholische Familie, kam und mir durch seinen Tod geschenkt wurde.

Ich wusste bis dahin nicht, wer er war. Er sagte: „Ich hatte nie etwas, ihr habt alles. Ich will sehen, wie ihr es benutzt und glücklich seid, solange ich lebe." Und genau das hat er auch getan.

Glauben Sie, dass Ihre Überzeugungen Ihre Realität kreieren?

Die Teilnehmer: Ja.

Dr. Lisa: Wissen Sie, dass Ihre Überzeugungen auch Ihren Körper und die Form, in der Ihr Körper ist, erschaffen? Und wissen Sie, dass Ihre Überzeugungen auch Ihre finanzielle Realität erschaffen?

Die Teilnehmer: Ja.

Dr. Lisa: Wie viele von Ihnen kennen Access Consciousness, insbesondere das Access Consciousness Clearing Statement?

Wenn Sie es nicht kennen, lassen Sie mich Ihnen eine Analogie geben. Hatten Sie schon einmal einen Computer, der an etwas hängen blieb, und die Sanduhr taucht auf, oder der Apple-Computer fing an, sich zu drehen?

Teilnehmerin: Heute.

Dr. Lisa: Genau, wahrscheinlich weil Ihr Computer wusste, dass Sie hierher kommen, um über die Lügen des Geldes zu sprechen und einige algorithmische Berechnungen rückgängig zu machen.

Im Grunde genommen, wenn er feststeckt, ist das wie unser Standpunkt, der feststeckt. Es bleibt stecken und funktioniert nicht. Sie haben vielleicht seitliche Bewegungen und seitliche Veränderungen gemacht, aber Sie sind nie über diese Verengung und diese Begrenzung hinausgegangen.

Sie werden besser - aber nie darüber hinaus.

Und das nennt man überleben und gedeihen, aber niemals radikal lebendig werden.

Nach all der Ausbildung, dem Training und den verschiedenen Modalitäten, die ich genommen habe, war dieses Clearing-Statement das umfassendste, um unter das zu kommen, was die Hardware in Ihrem Gehirn und in Ihrem Körper somatisch festhält - und damit zu beginnen, es aus der Existenz zu sprengen.

Jedes Mal, wenn ich es laufen lasse, starten wir Ihren Computer neu.

Right and wrong, good and bad, POD and POC, all nine, shorts, boys, and beyonds®.

Was das macht, ist, die Energie und die Dichte, mit der wir leben, zu nehmen und dann die Kreation zu nennen, und es sagt: „Bumm! Wach auf, atme noch mal durch, was ist es, was du denkst und kreierst?"

Right and wrong, good and bad, POD and POC, all nine, shorts, boys, and beyonds®.

Ich werde hier nicht darauf eingehen, was diese wie Mandarin klingende Aussage tatsächlich bedeutet. Wenn Sie wollen, können Sie auf www.theclearingstatement.com gehen und mehr erfahren.

Ich nehme an, dass Sie alle hier sind, weil Sie wissen, dass es eine Geldlüge gibt, von der Sie wissen, dass Sie von dort aus funktionieren. Es ist der Knotenpunkt, der das, was Sie wissen, an seinem Platz hält. Was ich hoffe, in diesem Schnupperkurs zu tun, ist Ihnen etwas zu geben, um zu diesem Zentrum zu gelangen und es einfach herauszuziehen.

Wäre das okay für Sie?

Die Teilnehmer: Ja.

Dr. Lisa: Und das einzige, was ich von Ihnen verlange, während Sie hier sind, ist, wenn Sie bereit sind, eine 1° Veränderung mit mir zu machen. Wären Sie alle bereit, eine 1° Veränderung zu machen?

Teilnehmerin: Mindestens.

Dr. Lisa: Zumindest einige von Ihnen. Einige von Ihnen denken wahrscheinlich: „Ich bin nicht für eine 1° Veränderung hergekommen, verdammt! Es ist Kalifornien! Ich will zur Tür hinausgehen und Millionen von Pennys direkt vor mir liegen haben, ich meine Millionen von Dollar, nein, Pennys, nein, Millionen von Dollar. Ich weiß nicht, was ich will."

Richtig, falsch, gut und schlecht, das ist es, was mit Geld passiert.

Right and wrong, good and bad, POD and POC, all nine, shorts, boys, and beyonds®.

Warum sage ich 1°? Ich weiß, dass Sie mehr wollen, aber alles, was ich von Ihnen hier verlange, ist, dass Sie sich mir bei einer 1° Veränderung anschließen, denn, wie ich schon sagte, hat irgendjemand die Energie im Raum bemerkt? Wurde sie dichter oder wurde sie heller?

Teilnehmerin: Heller.

Dr. Lisa: Völlig aufgehellt - weil jeder eine 1° Veränderung machen kann, sogar Ihr Körper, sogar Ihr Kumpel. Und selbst wenn Sie nicht glauben, dass Sie Ihr eigener Kumpel sind.

Right and wrong, good and bad, POD and POC, all nine, shorts, boys, and beyonds®.

Eine 1° Abweichung ist alles, wonach wir suchen. Und wenn Sie jetzt denken und all die Bewertungen, die Entscheidungen, die Schlussfolgerungen, die Berechnungen, die Konfigurationen, die Trennungen, die Kriege, die Traumata, die Dramen, die Katastrophen in der ganzen Welt in Bezug auf Geld wahrnehmen, dann ist eine 1° Veränderung auf diesem Planeten enorm. Sie hat die Fähigkeit, die Welt um ihre Achse zu drehen.

Wäre es also für Sie in Ordnung, wenn wir diese 1° Veränderung einfach damit beginnen würden, jede Entscheidung, Bewertung, Schlussfolgerung und Berechnung, bekannt und unbekannt, die Sie in Bezug auf Geld wichtig, vital und real gemacht haben, zu zerstören und unzukreieren, wäre das in Ordnung?

Die Teilnehmer: Ja.

Dr. Lisa: Right and wrong, good and bad, POD and POC, all nine, shorts, boys, and beyonds®.

Und wäre es okay für Sie, wenn all Ihre Eide und Gelübde, Verpflichtungen, Lehnseide, Blutseide, Verpflichtungen, Vorurteile, Verurteilungen, Ehen, Verträge mit Geld, Geld zu haben oder nicht zu haben, jetzt geändert werden?

Die Teilnehmer: Ja.

Dr. Lisa: Können wir die ewige Verpflichtung ihnen gegenüber aufheben, widerrufen, aufgeben, kündigen, zerstören und unkreieren?

Die Teilnehmer: Ja.

Dr. Lisa: Right and wrong, good and bad, POD and POC, all nine, shorts, boys, and beyonds®.

Und all die schwingenden, virtuellen Realitäten, die Sie in Ihren Bankkonten, in Ihrem Portemonnaie, in Ihren Investitionen, in Ihrem Portfolio, in Ihrem Nichtportfolio, in Ihren Nicht-Investitionen, in Ihren Häusern oder Nicht-Häusern, in Ihrer Miete, in Ihrem Job kreiert haben, könnten wir all das zerstören und unkreieren?

Die Teilnehmer: Ja.

Dr. Lisa: Right and wrong, good and bad, POD and POC, all nine, shorts, boys, and beyonds®.

Dr. Lisa: Und all die geheimen, unsichtbaren, verborgenen, versteckten, ungesehenen, unausgesprochenen, nicht enthüllten, uneingestandenen Agenden, um sie an Ort und Stelle zu halten, weil Sie wissen, dass Sie so in diese Realität passen, könnten wir das zerstören und unkreiren?

Die Teilnehmer: Ja.

Dr. Lisa: Right and wrong, good and bad, POD and POC, all nine, shorts, boys, and beyonds®.

Heute habe ich eine ganze Liste von Lügen des Geldes, über die ich mit Ihnen sprechen möchte.

Wie viele von Ihnen glauben also, dass man hart für sein Geld schwer arbeiten muss, um es zu verdienen?

Wenn man für sein Geld hart arbeiten muss, und man muss es sich verdienen, was ist dann die Lüge? Merken Sie, dass alle für einen Moment aufgehört haben zu atmen. Wie viele von Ihnen glauben, dass es keine Lüge gibt, dass es einfach wahr ist?

Okay, lasst mich euch das fragen, wie viele von euch glauben, dass es keine Lüge gibt - dass es einfach nur die Wahrheit ist? Also Wahrheit, heben Sie Ihre Hand, wenn Ihr Verstand weiß, dass das nicht wahr ist. Und heben Sie die Hand, wenn Ihr Körper weiß, dass das nicht wahr ist.

Also weiß Ihr Verstand, dass Sie nicht hart für Ihr Geld arbeiten müssen, um es zu verdienen, aber Ihr Körper weiß es nicht. Ja, ich denke schon. Sie gähnen, was bedeutet, dass wir an etwas dran sind. Wie viele von Ihnen glauben, dass harte Arbeit für Ihr Geld, um es zu verdienen, eine Sache des Geistes ist und nichts mit Ihrem Körper zu tun hat?

Teilnehmerin: Ich denke, ich glaube es.

Dr. Lisa: Das ist eine andere Frage.

Teilnehmerin: Ich könnte also eine konfliktreiche Realität haben.

Dr. Lisa: Ja, wenn Ihr Geist etwas glaubt und Ihr Körper etwas anderes glaubt, dann nennt man das eine konfliktreiche Realität. Also, ich werde Ihnen ein paar Fragen stellen und wenn ich frage, möchte ich, dass Sie bemerken, was in Ihrem Körper passiert. Bemerken Sie, ob es leicht und ausdehnend ist und eine kühle Art von Energie, so wie wir uns zuvor gefühlt haben, als ich begann das Clearing-Statement laufen zu lassen.

Das ist eine Wahrheit.

Wenn es dicht und verengt ist und Sie sich wie ein Knoten im Bauch fühlen, oder Ihr Kopf darüber nachdenkt, was Sie danach oder morgen tun werden, und wie schnell Sie hier rauskommen können - dann treffe ich wahrscheinlich etwas, das Sie Wahrheit nennen würden, aber es ist in Wirklichkeit eine Lüge.

So dicht, dass Enge eine Lüge ist. Ausdehnung, Sprudeln, Energie, Kühle im Raum ist die Wahrheit.

Also Wahrheit, haben Sie eine konfliktreiche Realität rund ums Geld?

Teilnehmerin: Ja.

Dr. Lisa: Leicht oder schwer?

Teilnehmerin: Leicht.

Dr. Lisa: Diese konfliktreiche Realität ist die Lüge, an die Sie sich halten, und wann immer Sie sich an eine Lüge halten, generieren und kreieren Sie das Bestehen der Lüge.

An wie viele Lügen halten Sie sich also alle fest und nennen das Ihr Portfolio?

Teilnehmerin: Zu viele.

Dr. Lisa: Zu viele. Ein wenig, viel oder eine Megatonnen-Mocca-Schokolade?

Teilnehmerin: Eine Megatonne.

Dr. Lisa: Sie gähnt und fällt um.

Also all die Lügen, an die Sie sich halten, kreieren die konfliktreiche Realität über Ihr Geld, darüber Geld zu haben, Geld auszugeben, Geld zu machen, Geld zu sein, Geld nicht zu sein, könnten wir das zerstören und unkreieren?

Die Teilnehmer: Ja.

Dr. Lisa: Right and wrong, good and bad, POD and POC, all nine, shorts, boys, and beyonds®.

Und wie viele Ihrer Körper sind der Vorratsbehälter für Ihre konfliktreiche Realität rund um das Geld?

Was meine ich als Vorratsbehälter für das Horten? Hat hier jemand eine chronische Krankheit oder ein Leiden?

Teilnehmerin: Ja.

Dr. Lisa: Hat jemand das Fressen und Spucken, von dem ich vorhin gesprochen habe, um Geld herum, eine Art kleine Essstörung mit Geld?

Wenn Sie lachen, ist das irgendwie wahr.

Wie viele von Ihnen sind in konfliktreiche Beziehungen mit Ihren Partnern um Geld gekommen? Genau das meine ich, was das betrifft.

Also all die Art und Weise, wie euer Körper eure Lügen hält und sich an sie klammert, eure konfliktreichen Realitäten kreiert, die eine schwingende Realität erschafft, in der ihr in einem Käfig seid, euch in diese Realität um Geld einsperrt und nennt das Kreation, wenn es eigentlich Zerstörung ist und nichts damit zu tun hat, für euch zu wählen, sich euch zu verpflichten, mit dem Universum zusammenzuarbeiten, sich zu segnen oder zu kreieren, können wir das zerstören und unkreieren?

Die Teilnehmer: Ja.

Dr. Lisa: Right and wrong, good and bad, POD and POC, all nine, shorts, boys, and beyonds®.

Und Wahrheit, leicht oder schwer in Ihnen, wie viele von Ihnen glauben, dass Ihr Geld fließt, ob Sie es haben oder nicht? Dass es etwas damit zu tun hat, zu beweisen, dass man gut oder schlecht ist?

Die Teilnehmer: Ja.

Dr. Lisa: Dass Sie würdig sind oder nicht würdig sind? Wahrheit.

Die Teilnehmer: Ja.

Dr. Lisa: Wahrheit

Die Teilnehmer: Ja.

Dr. Lisa: Oder, dass Sie hart arbeiten oder nicht hart arbeiten. Beachten Sie die Unterschiede, beachten Sie das Hin und Her, beachten Sie das Verleugnen, Verteidigen, Abgrenzen, Trennen. Und beachten Sie, dass es ein Universum ohne Wahl gibt. Sie können nirgendwo hingehen, außer hier herüber und es sieht so aus.

Aber ich sage Ihnen was, es ist hier nie vorbei, denn Ihre Glaubenssysteme und Ihre interessanten Ansichten über würdig oder unwürdig, gut oder schlecht, arbeitend oder nicht arbeitend haben nichts mit Ihnen zu tun.

Sie sind das, was Sie in dieser Realität gehortet haben, als Sie sich in sie verwandelt haben und sagten: „Das bin ich."

Willkommen in Ihrer finanziellen Realität. Ich habe es auch gemacht.

Right and wrong, good and bad, POD and POC, all nine, shorts, boys, and beyonds®.

Ich habe heute sogar das hier gemacht, was wirklich sehr, sehr lustig war. Ich war in Fairfax und fuhr meinen sportlichen neuen Mercedes sehr schnell.

Es ist wunderschön, ich mache Fotos, ich telefoniere und habe so viel Spaß. Ich fühle mich, als hätte ich im Lotto gewonnen! Mein Leben ist so schön, ich bin so glücklich!

Denn als ich Kalifornien verließ, war ich so niedergeschlagen und verzweifelt. Ich fühlte mich so arm und bankrott und untröstlich und bla, bla, bla, bla, bla. Und jetzt fühlte ich mich so reich und wohlhabend und schön und glücklich und leicht.

Dann sehe ich das Polizeiauto. Hier bin ich und mache alles auf einmal, und ich dachte: „Ich bin am Ende." Ich hab's gewusst. Ich konnte den Radar spüren. Also habe ich ein paar Fragen gestellt, wie: „Kann ich da rauskommen?"

„Wie, nein."

„Na gut, wie kann ich es so leicht und lustig wie möglich machen?"

Und ich saß da. Ich konnte die Energie dieses Polizisten spüren. Er war nicht glücklich. Ich fuhr etwa 25 Meilen über das Tempolimit, aber es fühlte sich natürlich nicht so an. Ich fühlte seine Energie und dachte: „Oh, irgendwas stimmt nicht mit dieser Person. Diese Person ist gemein. Was wird das erzeugen? Wie kann ich nicht zulassen, dass das meinen Tag ruiniert, meine Blase platzen lässt?"

Ich meine, ich fühle mich, als hätte ich in der Lotterie gewonnen. Ich schwinge immer noch aus dieser Energie heraus. Ich wünsche mir nicht, dass ich im Lotto gewonnen hätte, ich lebe, als hätte ich im Lotto gewonnen. Das hat sich für mich geändert - und ich bin auf diese Art und Weise gefahren.

Alles fühlte sich so an. Jede Zelle des Seins bis hinunter zu meinen Faszien fühlte sich so an. Jetzt gibt es ein teures Ticket -

1.000 Dollar, oder was auch immer es sein wird - und seine Energie war nur so: „Verpiss dich, hasse dich, verpiss dich, hasse dich!"

Ich habe ihm gerade meinen Führerschein ausgehändigt und er sagt: „Ihre Haarfarbe und Ihre Augenfarbe ist hier nicht drauf. Können Sie mir das sagen?"

Ich sagte: „Muss ich Ihnen auch mein Gewicht sagen?" „Ja."

„Das ist ein bisschen persönlich", aber er wollte nichts davon haben, also gab ich es ihm und er ging zurück zu seinem Auto.

Ich sitze da und denke: „Ich muss diese Verabredung unbedingt wahrnehmen. Was wird das kreieren? Was wird das kreieren?" Ich fühlte diese ganze Enge in mir und dann traf es mich. Ich dachte: „Oh, das werde ich heute Abend benutzen. Okay, was wird das kreieren?"

Und es war die Lüge, dass, egal wie gut mein Leben wird, egal wie sehr ich mich als ganzheitlich glücklich durch jeden

Muskel, jedes Band, jede Zelle, jede Sehne, jedes System meines Körpers erlebe -

Ihr wisst, wie sich das anfühlt, oder? Ein bisschen? 1°, 1° Baby! Das ist eine Eins.

Also überall dort, wo Sie sich weigern zu wissen, wie es sich anfühlt, riecht und schmeckt, ganzheitlich glücklich zu sein, durch jeden Muskel, jedes Band, jede Zelle, jede Sehne, jedes Organ, jedes System Ihres Körpers, können wir das zerstören und unkreieren?

Die Teilnehmer: Ja.

Dr. Lisa: Right and wrong, good and bad, POD and POC, all nine, shorts, boys, and beyonds®.

Und könnten wir dann einfach das Universum und die Moleküle des Universums bitten, in Ihre Zellen herunterzuladen, wie es sich anfühlt, riecht und schmeckt, zu leben und zu wissen, wie es sich anfühlt, als molekular, ganzheitlich glücklich, finanziell, psychisch, psychologisch, energetisch, somatisch, physiologisch, sexuell, sinnlich, orgasmisch zu leben?

Die Teilnehmer: Ja.

Dr. Lisa: Orgasmisch?

Die Teilnehmer: Ja.

Dr. Lisa: Wie wird es besser?

Right and wrong, good and bad, POD and POC, all nine, shorts, boys, and beyonds®.

Teilnehmerin: Vielen Dank dafür.

Dr. Lisa: Gern geschehen, reden Sie weiter so, das war so sexy.

Right and wrong, good and bad, POD and POC, all nine, shorts, boys, and beyonds®.

Nach dem Ticket bekomme ich eine Rechnung von der Steuerbehörde und einen Brief von einem Anwalt, der etwas über den Diebstahl von jemandes Copyright oder so etwas sagt. Das ist mir noch nie passiert. Es passiert also etwas, das Ihnen diesen Stein in den Schuh steckt, und Sie gehen zu diesem Drink oder diesem Essen oder diesem zerstörerischen Ding oder diesem Käfig in Ihrem Kopf, wo alles scheiße ist und Sie sind schrecklich. Sie denken: „Egal wie hart ich versuche zu arbeiten, es ändert sich nie etwas, ich bekomme nie eine Pause, ich bin immer noch mit einem Ticket geschlagen."

Aber Sie sagen nie: „Ja, ich bin zu schnell gefahren, das Leben war eine Lotterie. Ich wusste, dass ich erwischt wurde, und wie kann es noch besser werden als das? Ich werde es bezahlen und nichts wird meinen Tag verändern, weil es nichts bedeutet."

Wir machen es, um etwas zu bedeuten und wir leben unser Leben mit dieser Angst im Hinterkopf, Lügen über Geld, dass der Schuh drückt und es gibt nichts Schlimmeres.

Ehrlich gesagt, selbst durch die Misshandlungen - die Vergewaltigungen, in die ich verwickelt war und die mir angetan wurden - gibt es nichts Furchterregenderes als Null auf Ihrem Bankkonto. Es gibt niemanden, an den man sich wenden kann, man weiß nicht, wo das nächste, was auch immer kommen wird. Und wenn dieser Schuh fällt, wer wird dann für dich da sein? Das ist ein ziemlich unheimlicher Ort.

Ich denke, das ist die wahre Epidemie dieser Realität, die unsere Bewertungen und unsere Ansichten und die getriebene finanzielle Realität, die psychologische Realität, die psychische Realität, die wir annehmen, macht uns krank, macht uns unglücklich, lässt uns Beziehungen wählen, mich eingeschlossen. Es ist so, als ob wir Dinge einfach hineinwerfen und hineinwerfen und hineinwerfen und hineinwerfen, ohne jemals irgendwo anzukommen, weil wir immer irgendwie unter Vertrag stehen, um das Ticket zu bekommen.

Wie viele von Ihnen glauben, dass Sie eines Tages, egal was, oder jeden Tag, egal was, bezahlen werden? Ich weiß, es ist ziemlich stark, aber fragen Sie sich das mal.

Teilnehmerin: Früher habe ich das getan.

Dr. Lisa: Das habe ich, gut. Haben Sie genug bezahlt?

Die Teilnehmer: Ja.

Teilnehmerin: Wenn Sie in San Francisco leben, haben Sie -

Dr. Lisa: Sie haben genug bezahlt. Das habe ich 20 Jahre lang getan.

Teilnehmer: Oder vielleicht auch nicht.

Dr. Lisa: Ja, genau.

Teilnehmerin: Wir haben nicht genug bezahlt.

Dr. Lisa: Richtig, denn in San Francisco bekommt man eine Kiste, die 75 m² groß ist und für 3.000 Dollar gemietet wird. Das könnte wie eine Geiselnahme aussehen, um an einem schönen Ort zu leben. Man muss hart arbeiten, Geld verdienen, um an einem schönen Ort zu leben, und alles, was man bekommt, ist eine 75 m² große Kiste.

Wie viele Ansichten dazu halten Sie in dieser Gefangenschaft?

Right and wrong, good and bad, POD and POC, all nine, shorts, boys, and beyonds®.

Diese Geldsache ist so heimtückisch. Deshalb mache ich es zusammen mit dem „Über den Misbrauch hinausgehen"-Kram, denn wir leben in einer finanziell missbräuchlichen Realität.

Also, wer ist der wirkliche Täter, die Realität oder wir?

Es ist alles in gewisser Weise eine Täterschaft, wenn wir nicht diese 1°-Verschiebung aus diesen Lügen machen. Über welche Lügen habe ich also gesprochen?

Die erste ist: *Geld ist der Beweis, dass man Recht oder Unrecht hat.* Wie viele von Ihnen glauben, dass sie einfach nur glücklich wären, wenn sie Geld hätten? Sie könnten sicher glauben, dass Sie glücklicher wären, wenn Sie Geld hätten, denn Geld gibt Ihnen mehr Wahlmöglichkeiten, nicht wahr?

Die Teilnehmer: Richtig.

Dr. Lisa: Es gibt Ihnen Freiheit, aber sind Sie für Ihre Freiheit und Ihr Glück darauf angewiesen, Geld zu haben?

Die Teilnehmer: Nein, jetzt nicht mehr.

Dr. Lisa: Nicht mehr. Wenn also alle nein sagen, gibt es immer noch eine Verengung, die im Raum auftritt.

Ist das Ihr Geist oder Ihr Körper?

Teilnehmerin: Der Körper.

Dr. Lisa: Sehen Sie, was ich hier tue? Sie antworten mir aus Ihrem Verstand, aber ich höre Sie aus Ihren Körpern.

Eine der Lügen des Geldes, die ich Ihnen zu vermitteln hoffe, ist also, dass das, was Sie denken, nicht das ist, was Sie da draußen projizieren. Dass das, was Sie als der Vorratsbehälter für Mist empfinden und verkörpert haben - was Sie Schöpfung nennen - in Wirklichkeit das ist, was Ihre Geld- und Finanzsituation kreiert, im Gegensatz zu dem, was Sie wissen.

Ich weiß, dass Sie alle brillant sind. Ich weiß, dass Sie eine Menge persönliche Arbeit geleistet haben. Ich weiß, dass Sie Dinge lesen. Und ich weiß, dass Sie klug sind - Sie leben hier. Ich verstehe das. Ich habe auch hier gelebt.

Aber was in meinem zellulären Gedächtnis war, die Faszie meines Körpers ist:

Ich muss beweisen, dass ich etwas wert bin, und das kann ich mit Geld tun.
Ich bin nur liebenswert, wenn ich Geld habe.
Ich bin nur dann liebenswert, wenn ich jemand anderem etwas gebe. Niemand wird mich jemals um meinetwillen lieben.
Ich werde es mir nie leisten können oder finanziell unabhängig sein. Ich werde immer einen anderen Menschen brauchen.
Eine Familie mit zwei Einkommen ist besser als eine Familie mit einem Einkommen.

Das sind alles Lügen, die Ihr Körper in Ihrer Realität verkörpert und ausgibt, während Ihr Geist all die Dinge, die ich hier sage, anschaut und Nein sagt, aber Ihr Körper sagt Ja.

Ihr Geist sagt „Nein" und Ihr Körper sagt „Ja". Ihr Verstand sagt: „Früher habe ich das getan, Ihr Körper sagt, ich tue es immer noch."

Right and wrong, good and bad, POD and POC, all nine, shorts, boys, and beyonds®.

Ich mache immer das Nächste. Einige von Ihnen haben das schon einmal gesehen.

Wenn Ihr Geld beschlösse, mit Ihnen zu sprechen, was würde es Ihnen sagen?

Teilnehmerin: Du denkst, ich bin nicht genug

Teilnehmerin: Was zum Teufel.

Teilnehmerin: Du brauchst dir keine Sorgen um mich zu machen.

Dr. Lisa: Bringen Sie es weiter, was würde Ihnen Ihr Geld sagen, wenn Sie zu einer Paartherapie gehen würden?

Teilnehmer: Du hast mich nie reingelassen.

Teilnehmerin: Du musst mich pflegen.

Dr. Lisa: Ich weiß nicht, wie es Ihnen geht, aber ich liebe es, wenn mir jemand sagt, was ich tun muss. Ich stehe da und sage: „Okay." Das war ein Witz.

Und Sie alle hier würden sagen: „Liebling, es gibt eine andere Art, mit mir zu reden, sag mir nicht, was ich tun muss. Wie gefällt es dir, wenn ich dir sage, was du tun musst?"

Sie wissen, was passiert, oder?

Sie beginnen mit den Handgesten. Ich habe ein paar gute texanische Zeilen, aber ich weiß nicht, ob sie hier angebracht sind.

Was würde Ihnen Ihr Geld sagen, wenn Sie zu einer Paartherapie gehen würden?

Teilnehmerin: Du vertraust mir nicht.

Teilnehmerin: Mit dieser Ansicht kann ich dir nichts geben.

Dr. Lisa: Ich liebe das hier, keine Einkerkerung dort, keine Geiselnahme. Mit dieser Ansicht kann ich dir nichts geben. Wie gut sagt Ihnen das, wie falsch Sie liegen?

Teilnehmerin: Jeden Tag, jede Minute.

Dr. Lisa: Und was sagt uns das? Sie sind was?

Teilnehmerin: Falsch?

Dr. Lisa: Ja, was dann im Grunde die Verkörperung von „Ich liege falsch" ist. Das ist die größte Lüge über Geld - und sie hat nichts mit Geld zu tun.

Teilnehmerin: Richtig.

Dr. Lisa: „Du musst, du lässt mich nicht rein, lass mich für dich auftauchen, ich bin dir nicht genug, ich kann dir nie etwas geben, wir hatten schon lange keinen Sex mehr oder überhaupt keinen mehr, du liebst mich nicht, du berührst mich nicht, du nährst mich nicht, ich schlafe im anderen Zimmer, schlafe auf der Couch, ich gehe lieber mit den Jungs/Mädchen aus als mit dir, ich treffe mich mit jemand anderem statt mit dir. All dies sind die Arten und Weisen, wie Sie Ihr Geld dazu gebracht haben, dass es für Sie ein Spiegelbild Ihrer Falschheit, Ihres Schreckens, Ihrer Hässlichkeit und Ihres Ekels ist - damit Sie diese köstlichen Aussagen verkörpern und sie als Ihre Garderobe, Ihre Persona bezeichnen können, was immer dieses Wort auch sein mag, können wir das zerstören und unkreieren?

Die Teilnehmer: Ja.

Dr. Lisa: <u>Right and wrong, good and bad, POD and POC, all nine, shorts, boys, and beyonds</u>®.

Dr. Lisa: Lassen Sie mich Ihnen eine Frage stellen... Wie falsch sind Sie?

Teilnehmerin: Ich sollte eigentlich nicht am Leben sein, so falsch ist das.

Dr. Lisa: Wie falsch sind Sie dann? Ein bisschen falsch, ein Megafehler oder ein Megatonnen-Mokka-Tapioka-Pudding mit einer Walnuss oben drauf?

Teilnehmerin: Megatonne.

Dr. Lisa: All das, das ist die größte Lüge des Geldes.

Wie viele von Ihnen glauben an die Falschheit von Ihnen 1°? Und wie viele von Ihren Körpern glauben an Ihre Falschheit und verkörpern diese 2°, weil Ihr Geist klüger ist als Ihr Körper.

Das glauben Sie.

Ihr Körper ist der klügste der Welt. Ihr Körper ist das Sinnesorgan einer Wahrnehmungs-, Wissens-, Seins- und Empfangsfähigkeit, die fast keiner von uns jemals wirklich zu verkörpern vermag.

Alles, was hoch und runter bringt, könnten wir das zerstören und unkreieren?

Die Teilnehmer: Ja.

Dr. Lisa: Right and wrong, good and bad, POD and POC, all nine, shorts, boys, and beyonds®.

Was lieben Sie also an Ihrer Falschheit, dass Sie nicht einmal hier sein sollten? Sie sind nach mehr als 6 Jahrzehnten immer noch hier auf dem Planeten, aber Sie wissen immer noch, dass Sie nicht einmal hier sein sollten. Was lieben Sie daran?

Teilnehmer: Ich weiß es nicht.

Dr. Lisa: Das ist eine gute Frage, nicht wahr?

Was lieben Sie an Ihrer Falschheit? Was lieben Sie an der Bewertung, die Sie sind? Was lieben Sie daran, falsch zu liegen und das Ihre finanzielle Realität zu nennen? Right and wrong, good and bad, POD and POC, all nine, shorts, boys, and beyonds®.

Teilnehmer: Es ist ein künstlicher Motivator.

Dr. Lisa: Ja nicht wahr? Es ist ein grober künstlicher Motivator, und wir alle stecken unser Gesicht hinein und lecken es. Ich mag es, krass zu sein, weil es die Leute aufweckt. Aber das ist ein ganz anderer Workshop.

Right and wrong, good and bad, POD and POC, all nine, shorts, boys, and beyonds®.

Was lieben Sie daran?

Right and wrong, good and bad, POD and POC, all nine, shorts, boys, and beyonds®.

Ich möchte erwähnen, dass ein Teil des Raumes - bevor man tatsächlich etwas sagen, etwas fühlen, etwas bemerken oder gar etwas sagen kann - in Access Consciousness als ‚Beyond' bezeichnet wird.

Ein ‚Jenseits‘ ist etwas, das nicht in Ihrem Bewusstsein ist. Es ist irgendwie verborgen, aber Sie haben es schon einmal gespürt. Man kann es nicht wirklich in Worte fassen, aber es ist da. Es kann einen Schock und ein Trauma hervorrufen; es lässt Sie die Datenbank durchsuchen, aber es gibt eine große Energie, die bei dieser Suche aufkommt.

Das ist ihre 1°-Verschiebung. So sieht es für sie aus, und das sagt Ihnen ein wenig darüber, wie es für sie ist. Es ist ein großartiges Beispiel, denn Sie befinden sich vielleicht nicht auf dieser Ebene - Sie sind auf Ihrer eigenen Ebene.

Sie sucht immer noch nach dem, was sie daran liebt.

Teilnehmer: Weil es ein Ort ist, an dem es keine Worte gibt, es ist keine Sprache.

Dr. Lisa: Das ist ein ‚Jenseits‘, das sie in Worte fasst. „Ich sollte nicht einmal hier sein, so falsch bin ich.“

Und so suchen wir darunter immer noch. Wir sind noch nicht an diesem Knotenpunkt angekommen. Er befindet sich noch in der schlafwandlerischen Realität der Anästhesie. Die Betäubung, die Dissoziation, der Käfig - wirklich weit hinten - aber wenn wir dort ankommen, können wir das herausnehmen.

Aber Sie müssen wählen, ob Sie leben wollen. Sie müssen Ihre eigene finanzielle Realität wählen. Sie müssen sich dafür entscheiden, egal, wie Ihre Geschichte aussieht.

Egal, was Ihre Vorfahren sind, egal, was Ihre Krankheit oder Ihr Leiden oder Ihre Tragödie, Ihr Trauma oder Ihre Vergangenheit ist - es kann Ihnen nie wegnehmen, wer Sie im Grunde genommen sind.

Keine Lüge kann das.

Und wenn wir diese Lügen über uns selbst glauben und unser Leben so gestalten, dann müssen wir die Falschheit auf alle anderen projizieren. Sie sehen durch eine Bewertungs- gefärbte Brille. Tatsächlich habe ich gerade eine Voice America Show dazu gemacht, die den Titel Durch eine mit Missbrauch gefärbte Brille sehen" trägt.

Also muss alles eine Bewertung ihrer Falschheit sein. Wo bewerten Sie sich mit Geld, das Ihre finanzielle Realität in einem Jenseits hält, das nichts mit Ihnen zu tun hat? Ihre Vorfahren, Ihre Mutter, Ihr Vater, Ihre Geschichte, Ihr Zeh an dem Pool, als Sie fünf Jahre alt waren und Ihr Geld fallen gelassen haben und es verloren haben. Wer weiß, was die Geschichte ist?

Wir alle halten daran fest und kreieren uns selbst als das.

Ich fordere Sie auf, aus dieser Situation herauszutreten und diejenigen zu sein, die so viel Geld haben, denn Sie sind die Leute, die hier auftauchen, und Sie sind die Leute, die diese Realität ändern werden, wenn Sie sich selbst, mich eingeschlossen, davon profitieren lassen. Ich habe mir nie erlaubt, das zu haben, was ich mir jetzt erlaube, das habe ich nie getan.

Aber ich sage Ihnen... es zu haben, war die größte verkörperte Heilung, die ich je benennen konnte. Ich weiß nicht einmal, wie ich es in Worte fassen kann, aber es zu haben, ist so viel wie - ich selbst zu sein.

Dass Sie Sie sind, Sie sich haben, sich Ihnen zu verpflichten, mit Ihnen zusammenzuarbeiten, Sie zu wählen, von dort aus zu kreieren, das ist die Wahrheit.

Das ist schon komisch. Es gibt all diese Lügen über Geld, aber ich ändere jede Klasse. Wir haben das auf Hawaii gemacht, und es war ein ganz anderes Gespräch. Ich dachte, ich würde die gleiche Liste von Geldlügen aufstellen und hatte sie sehr pragmatisch aufgestellt. Aber die ganze Zeit, wenn ich in diesen

Kurs einchecke, bekomme ich: „Nein, das wollen sie nicht hören. Nein, das wollen sie nicht hören."

Hier sind wir also - da spricht Ihr Geld zu Ihnen.

Als mein Vater in New York zu Nachlässen und Zwangsvollstreckungen kam, war es meine Aufgabe, mit ihm im Keller zu sitzen, wo er sein Büro hatte. Er hatte 16 Apartmenthäuser, die er gekauft hatte, Mehrfamilienhäuser, aus umgebauten Häusern.

Wir kassierten die Miete, und es gab stapelweise Geld. Wir benutzten damals die alten Taschenrechner und die grünen Blöcke, bevor wir einen Computer hatten. Ich setzte mich dort hin und steckte mir das Geld in den Mund. Ich roch daran und es war alles irgendwie schmutzig, aber ich liebte es.

Dann bekam ich einen Job in der Bank, und jeden Freitag kamen alle Anwälte rein und stapelten und stapelten frische, knackige

100-Dollar-Scheine, deshalb liebe ich 100-Dollar-Scheine. Ich sagte: „Ja, kommt zu meinem Kassenschalter. Ich möchte Ihre $100-Scheine zählen."

Ich hatte diese Verliebtheit und Liebesaffäre mit einer finanziellen Realität dieser Realität, die mich einfach glücklich machte. Ich liebte es, es zu zählen, und ich liebte es, es zu ordnen. Tatsächlich schaute ich in die Brieftaschen aller meiner Freunde und stellte sicher, dass sie ihr Geld ordneten: Einser, Fünfer, Zehner, Zwanziger, Fünfziger, Hunderter.

Ich kenne Leute, die es einfach nur in Bällen haben wollten. Ich kann das nicht ausstehen. Ich würde zu ihnen sagen: „Was macht ihr mit eurem Geld, behandelt es besser, liebt es und es wird zu euch kommen?

Ich bin wohl ein wenig zwanghaft, aber es hat mir etwas bedeutet. Da war nur dieser glückliche Molekültanz mit Geld für mich. Ich liebte es, im Tresorraum der Bank zu sitzen, und ich liebte es, wenn die Brinks kamen. Immer wenn sie im Auto herumfuhren, fragte ich mich: „Ja! Zu welcher Bank fahren sie?" Ich war einfach besessen. Ich weiß nicht, was ihr als Kind gemacht habt, aber ich bin dem Geld gefolgt.

Das Geld kommt zur Party des Glücks.

Es kommt nicht zu der Party der Depression, Enge und Freude.

Und glauben Sie mir, als ich vor Jahren an einer lebensbedrohlichen Krankheit erkrankte und der Endokrinologe sagte: „Töten Sie es, nehmen Sie für den Rest Ihres Lebens Medikamente ein oder zwingen Sie mich, Ihnen Ihr Organ herauszunehmen", sagte ich: „Es muss eine andere Wahl geben.

„Es gibt keine."

Erinnern Sie sich, dass ich Ihnen von der Sache mit der Schachtel erzählt habe - dass ich nicht in eine Schachtel gesteckt werden kann? Sagen Sie mir nicht, dass es keine andere Wahl gibt, denn ich werde sie finden.

Und dann landete ich bei einem Institut, das ThetaHealing® Institute genannt wurde und verbrachte dort 3 Monate. Innerhalb von 3 Monaten hatte ich meinen Master-Abschluss in ThetaHealing®, und innerhalb von 3 Wochen hatte ich die Krankheit nicht mehr.

Er sagte mir, dass er nichts anderes tun könne als Medikamente, eine Operation zur Entfernung der Krankheit oder was auch immer er mir sagte - und ich heilte alles energisch.

Ich setzte jeden Cent, den ich damals hatte, ein, um ganzheitliche Heilung für mich selbst zu erreichen. Ich ließ mein Haus los, ich ließ meinen Ruhestand los, ich ließ alles für diese Entscheidung los. Ich wusste, dass ich es wieder schaffen würde. Es kostete mich etwa 1 Million Dollar, mich selbst naturheilkundlich zu heilen. Nicht eine Unze Pharmazeutika und keine Versicherung. Nun, ich hatte eine Versicherung, ich habe jahrzehntelang dafür bezahlt, aber als die Zeit kam, nützte sie mir nichts, weil ich mich für die Ganzheitlichkeit entschieden hatte.

Glücklicherweise hatte ich eine Invaliditätsversicherung, die meine Tante abgeschlossen hatte, und so ging ich zum ThetaHealing® Institut und erhielt meinen Master of Science in ThetaHealing®. Einige Leute würden sagen: „Oh, mein Gott, Sie sollten das Geld behalten, weil Sie so viele Schulden haben. Ich dachte: „Das wird mich heilen, und das wird alles sein. Ich werde das Geld dafür verwenden.

Verwenden Sie Ihr Geld zum Kreieren, nicht zum Zerstören. Die Bewertung zerstört. Wie viel haben Sie zerstört, was Sie tatsächlich zerstören können, selbst wenn Sie über eine gute Summe Geld verfügen?

Right and wrong, good and bad, POD and POC, all nine, shorts, boys, and beyonds®.

Wie sehr haben Sie eine Art von Bewertung eingesetzt, sich vom Geld abgewandt, sich falsch und nicht richtig verhalten, damit Sie den Kampf weiterführen und sich weiterhin dafür entscheiden können, sich zu zerstören?

Right and wrong, good and bad, POD and POC, all nine, shorts, boys, and beyonds®.

Wie viele von Ihnen verwenden Geld, um zu beweisen, wie schrecklich Sie sind, wie sehr Sie nicht hier sein sollten, indem Sie es nicht empfangen.

Right and wrong, good and bad, POD and POC, all nine, shorts, boys, and beyonds®.

Ich dachte, nach dem ThetaHealing® Institute wäre ich fertig, aber als ich letztes Jahr in Bali landete, wusste ich nicht, dass sich eine weitere Ebene des „Ich glaube, ich bin mit dem Leben fertig" für mich ergeben würde.

Ich hatte mich von vielen Dingen abgewandt, und ich hatte auch das Gefühl, dass sich die Dinge sehr deutlich von mir abgewandt hatten. Als ich also dort landete, war ich wieder an diesem verzweifelten Ort mit vielen Dingen, nicht nur mit Geld. „Was ist der Sinn, was ist der Zweck von diesem, diesem, diesem und jenem?"

Ich lag auf einem der Tische in der Heilerhütte, wie in dem Buch *Eat, Pray, Love*. Sie ließen eine besondere Person kommen, die an meinem Körper arbeitete, und er zog diese Lügen, die ich verkörperte, buchstäblich aus meinem Körper heraus. Ich machte eine Radiosendung auf Voice America mit dem Titel „Die Scherben des Missbrauchs". Er zog es aus meinem Körper und mein Verstand sagte: „Wovon reden Sie? Ich kann keine Energie sehen, ich kann so etwas nicht sehen, wovon reden Sie?"

Und dann übergab er es mir. Es war eigentlich ein Splitter.

Das dauerte etwa 8 Stunden. Es war alles, was ich über die Welt mit mir herumgetragen habe, daher weiß ich von all diesen Geldlügen. In dieser 8-stündigen Sitzung mit diesem Heiler, der mir das Zeug aus dem Körper zog, kam ich mir ganz nah und persönlich.

Und dann, als ich es schließlich fühlte, öffnete sich mein psychischer Sinn noch mehr und ich konnte die Energien sehen, ich konnte die Glaubenssysteme sehen. Ich sah die Worte und die Menschen. Ich sah die Bilder und meine Kindheit. Ich sah eine Menge Dinge. „Kein Wunder, dass ich verdammt noch mal sterben will, ich verstehe es. Welchen besseren Weg gibt es als den in Bali? Es ist einfach."

Nun, es ist etwas anderes passiert oder ich habe mich für etwas anderes gewählt.

In diesem Moment sagte ich: „Ich habe mehr zu leben, weil das, was aus meinem Körper herauskommt, alles Lügen sind. Und es gibt keinen Weg in der Hölle, dass ich an Lügen sterben werde. Ich will verdammt noch mal leben und ich werde auf großem Fuß leben und ich werde brüllen!"

Und genau das habe ich beschlossen, und ich habe den Namen meines Unternehmens in „Live Your ROAR" geändert - „Live Your Radical, Orgasmically Alive Reality" „Lebe deine Radikal Orgasmisch Lebendige Realität" statt „The Beyond Abuse Revolution" „Die Revolution jenseits des Missbrauchs" und „The Beyond Abuse Movement" „ Die Bewegung jenseits des Missbrauchs".

Ich dachte: „Ich habe all das überlebt. Und wenn ich überleben könnte, dass Splitter aus meinem Körper kommen und ein alter Großvater ein Messer in meine Brüste steckt und sagt: ,Tut mir leid, tut mir leid, es wird nur ein bisschen weh tun, tut mir leid, tut mir leid, es wird nur ein bisschen weh tun, tut mir leid, tut mir leid, es wird nur ein bisschen weh tun, dann...'" –

Es hat wehgetan, aber diese Lügen tun weh, Leute.

Diese Dichte, die ihr in eurem Körper spürt, das ist eine Lüge, das seid nicht ihr.

Wie viele Lügen projizieren Sie auf Ihre Geldströme? Und wie viele Lügen projizieren Sie auf Ihre Geldströme, damit Sie niemals etwas von irgendjemandem, vom Universum oder für sich selbst empfangen können?

Right and wrong, good and bad, POD and POC, all nine, shorts, boys, and beyonds®.

Denn das ist es, was ich auf Bali gelernt habe.

Ich hatte ein Empfangsproblem. Eigentlich hatte ich eine Empfangsverweigerung.

Ich boykottierte es, ich habe mich selbst vernichtet, ich habe Bomben auf mich selbst geworfen. Ich hatte den Ersten, Zweiten, Dritten und Zehnten Weltkrieg, ich kann weitermachen, aber verstehen Sie, worauf ich hinaus will?

Sie lachen, weil ich weiß, dass Sie das auch getan haben.

Right and wrong, good and bad, POD and POC, all nine, shorts, boys, and beyonds®.

Ich kam buchstäblich an diesen Punkt, an dem ich genug gelitten und genug gestorben war, und dann entschied ich mich dafür, alles zu haben, egal was passiert. Egal, was ich zu verlieren hatte, egal, wen ich zu verlieren hatte, egal, wohin ich gehen musste, egal, was ich zu tun hatte, die Bücher wurden veröffentlicht, die Radiosendung wurde zum Hit.

Ich habe jetzt 205.000 Zuhörer von 30.000. Das erste Buch wird veröffentlicht werden, und dann werden wir an den anderen arbeiten. Und, und, und, und, und, und, und, und vollständig - bis hin zur Entlassung meines gesamten Teams, mit dem ich zusammengearbeitet habe - 12 Personen, die ich 30 Tage im Voraus informiert habe und neu anfangen musste.

Wenn ich sage, ich habe es, dann habe ich es.

Werde groß oder geh nach Hause, das ist in Bali passiert.

Einiges davon habe ich schon einmal erlebt, aber wenn die Augen offen sind und man all die Lügen sieht und diese Wahl trifft, dann bewegt sich auch die Vorsehung. Was habe ich getan? Ich wählte mich, ich verpflichtete mich, ich arbeitete mit dem Universum zusammen, das sich verschworen hatte, mich zu segnen, und ich kreierte.

Nicht eine Person ist für irgendetwas verantwortlich. Nicht ein einziger Herzschmerz oder mit wem auch immer ich zusammen war, hatte mit etwas anderem zu tun als dem, was ich gewählt habe. Nicht ein Problem, nicht eine Vergewaltigung, nicht eine Misshandlung, nicht die Schwierigkeiten eines Klienten, nicht eine Gesetzeslage, nicht eine Familiensituation, es spielte keine Rolle.

Es war mir egal, wen ich verlor oder was ich verlor, ich wollte mich nicht länger verlieren.

Ich wollte mich selbst wählen.

Und nichts würde jemals wieder so sein. Auf nichts würde eine Projektion, eine Trennung, eine Erwartung, ein Groll, eine Ablehnung, ein Bedauern zukommen. Mein Körper würde nicht mehr leiden, mein Geist würde nicht mehr den gleichen Weg gehen, den er eingeschlagen hatte.

Alles, was ich nach diesem Moment zu essen wählte, war anders. Alles, was ich zu trinken wählte, war anders. Alles, was ich in meinen Körper legte, war anders. Jeder, mit dem ich meinen Körper teilte, war anders. Im Ernst, alles war anders.

Right and wrong, good and bad, POD and POC, all nine, shorts, boys, and beyonds®.

Es gibt ein bestimmtes Essen, das immer meine Rückzugsposition war, und ich habe es einfach geliebt: Pizza. In Kalifornien gibt es glutenfreie Pizza, aber in Texas ist sie schwer zu bekommen. Aber hier kann man glutenfreie Pizza bekommen, bei Good Earth. Dort gibt es die beste glutenfreie Pizza mit Pilzen, aber als ich sie heute dort sah, sagte mein Körper „Gemüse".

Es ist einfach mehr eine Schwingung, und wenn man die Lügen nicht mehr wahrnimmt und sich nicht mehr an sie hält, verändert sich die Schwingung offensichtlich. Und dann das, was Sie anziehen, kreieren, instituieren und generieren, verändert und aktualisiert sich zu dieser Schwingung.

Sind Sie also bereit, 1% Ihrer Lügen aufzugeben?

Die Teilnehmer: Ja.

Dr. Lisa: Sind Sie bereit, mehr als 1% Ihrer Lügen aufzugeben?

Die Teilnehmer: Ja.

Dr. Lisa: Sind Sie bereit 33.3% Ihrer Lügen aufzugeben?

Die Teilnehmer: Ja.

Dr. Lisa: Alles, was das hoch und runter bringt, können wir zerstören und unkreieren:

Right and wrong, good and bad, POD and POC, all nine, shorts, boys, and beyonds®.

– Tun Sie mir einen Gefallen - nehmen Sie die Energie mit den Händen, und ich werde bis 5 zählen. Ich möchte, dass Sie die Energie so abwerfen all diese Lügen, 33,3% davon.

Holen wir uns diese Schwere, und bei 5 werfen wir sie weg und werfen sie raus. Bereit?

1-2-3-4-5! 1-2-3-4-5, 1-2-3-4-5, 1-2-3-4-5, 1-2-3-4-5, 1-2-3-4-5. Jetzt nehmen Sie den Rest davon, und ich zähle bis 3 und wir geben es der Erde. 1-2-3, 1-2-3, 1-2-3, 1-2-3, 1-2-3!

Und auf 4, direkt vor Ihnen, öffnen wir die Tür zu einer neuen Möglichkeit:1-2-3-4-, 1-2-3-4, 1-2-3-4, 1-2-3-4! Dehnen Sie Ihre Energie als Raum aus, 500 Millionen Meilen, nach oben, unten, rechts, links, vorne und hinten. Nach oben, unten, rechts, links, vorne und hinten, Sie sind in diesem Raum, atmen

Sie Energie durch Ihre Vorderseite ein, durch Ihren Rücken, durch Ihre Seiten, durch Ihren Kopf und durch Ihre Füße.

Leicht oder schwer oder mehr Raum, weniger Raum?

Die Teilnehmer: Leichter, mehr Raum.

Dr. Lisa: Mehr Raum?

Teilnehmerin: Ja.

Dr. Lisa: Okay, also haben Sie etwas gelernt? Sind Sie froh, dass Sie gekommen sind?

Teilnehmerin: Ja.

Dr. Lisa: Hier ist die größte Lüge...

Als ich auf mein Bankkonto geschaut habe, werde ich nie vergessen, was mir am meisten Angst gemacht hat.

Wissen Sie, was es war?

$0.00.

Ich saß da, schaute es mir auf meinem Computer an und sagte: „Oh, so fühlt sich das also an. Ist die Welt untergegangen? Bin ich gestorben?"

Ich schaute in den Kühlschrank. Es war noch Essen da, ich hatte ein Auto, einen vollen Benzintank, ich konnte wenigstens noch ein oder zwei Tage überleben.

Ich war ziemlich glücklich.

Und ich stand da und umarmte es, und dann hörte ich dieses Flüstern: „Bist du bereit, es aufzugeben, eine Null zu sein?"

Dann hörte ich: „Was kostet es dich, eine Null zu sein?" „Was lehnst du ab, indem du dich dafür entscheidest, eine Null zu sein?"

Right and wrong, good and bad, POD and POC, all nine, shorts, boys, and beyonds®.

Aber, wissen Sie, das ist es, was die meisten Frauen tun würden, so etwas in der Art, oder? Es abschalten und etwas tun, um es zu betäuben, oder von der Golden Gate Bridge springen oder vom Balkon springen oder sich bei jemandem über etwas ausheulen, was auch immer es ist, nur etwas, um das zu vermeiden, was es war.

Wie viele Blicke haben Sie alle auf Ihre Brillanz geworfen und was Sie aufschließen und tun müssen? Wenn Sie das einfach tun würden, würde sich Ihre Realität sofort ändern, aber Sie schließen dem gegenüber das Bewusstsein, wenden sich ab und gehen, weil Sie der Lüge glauben.

Ich sage nicht, dass es leicht ist, sich umzudrehen und sich zu stellen, aber als jemand, der drei Jahrzehnte des Missbrauchs betrachtet hat - von Vergewaltigung über Pornografie bis hin zu täglichem Missbrauch, jeden Tag aus meinem Haus geworfen zu werden, jeden Tag an den Haaren die Treppe hinuntergeschleift zu werden und mir in die Hose zu pinkeln, draußen gelassen zu werden, damit meine Freunde uns stundenlang auf der Veranda beobachten können, geschlagen zu werden, weil ich Milch heruntertropfen ließ, geschlagen zu werden, weil ich außerhalb der Zeilen schreibe, wenn ich schreiben lerne, weil ich die Zeilen nicht sehen kann, weil mir jemand auf den Kopf schlägt, um in den Zeilen zu bleiben.

Verstehen Sie die Ungereimtheiten?

Ich musste mich umdrehen, mich allem stellen und es anschauen.

Und mir ansehen, was ich in jeder Krankheit, jeder Störung, jeder gestörten Beziehung, jeder Wahl, jeder Körpersache, jedem Dies und jedem Das kreiert habe.

Ich musste mir all die Lügen anschauen, weil ich meine Figur kreiert habe oder wen ich glaubte, darauf zu gründen - auf der Grundlage all dieser Geschichten. Wenn dich jemand schlägt, ist das wie die energetische Erkenntnis dessen, was er denkt, auf dich eingeprägt. Wenn jemand verbal etwas zu Ihnen sagt, ist das eine energetische Prägung. Wenn Sie etwas zu sich selbst sagen, wenn Sie sich im Spiegel sehen, ist das eine energetische Einprägung auf Sie.

Wenn Sie sexuelle Beziehungen mit jemandem teilen, prägen Sie sich energetisch auf ihn ein und er auf Sie. Selbst wenn also einige von Ihnen nicht verheiratet sind, können Sie es auf eine Weise sein, die Ihnen vielleicht nicht gefällt.

Right and wrong, good and bad, POD and POC, all nine, shorts, boys, and beyonds®.

Würden Sie gerne energisch von all diesen vergangenen Beziehungen getrennt sein?

Right and wrong, good and bad, POD and POC, all nine, shorts, boys, and beyonds®.

Würden Sie gerne alle Ihre Verträge mit dieser/diesen Person(en) zerstören und unkreieren?

Die Teilnehmer: Ja.

Dr. Lisa: In allen Lebenszeiten, Dimensionen, Körpern und Realitäten

Die Teilnehmer: Ja.

Dr. Lisa: Right and wrong, good and bad, POD and POC, all nine, shorts, boys, and beyonds®.

Möchten Sie mit Bewusstsein zum Absender zurückschicken, all ihre Sachen, all ihre Ansichten, all ihre Ansichten über Sie, all ihre Bewertungen über Sie, all ihre Ansichten über Geld und Sie?

Die Teilnehmer: Ja.

Dr. Lisa: Right and wrong, good and bad, POD and POC, all nine, shorts, boys, and beyonds®.

Und überall dort, wo Sie jeden Muskel, jedes Band, jede Zelle, jede Sehne, jedes Organ und jedes System Ihres Körpers dazu verpflichtet haben, nichts zu sein und ein Nichts zu sein und immer mit nichts und niemandem zu enden, könnten wir es zerstören und unkreieren?

Die Teilnehmer: Ja.

Dr. Lisa: Right and wrong, good and bad, POD and POC, all nine, shorts, boys, and beyonds®.

Wie viele von Ihnen glauben die Lüge, dass man demütig sein und nicht über Geld reden sollte?

Wie viele von Ihnen wollen nicht darüber reden, ob Sie Ihren Mercedes oder Ihren Porsche oder Ihren BMW oder Ihren Saturn haben?

Teilnehmer: Ich nicht.

Dr. Lisa: Ich dachte, ich habe gesehen, dass Sie einmal gepostet haben, wie sehr Sie Ihr Auto lieben.

Teilnehmerin: Das habe ich, es war knifflig.

Dr. Lisa: Interessant, vielleicht habe ich hier ein Gewahrsein, das ich aus irgendeinem Grund erwähnen möchte.

Teilnehmerin: Ja.

Dr. Lisa: Okay. Also, wie viele von Ihnen sind nicht bereit, über Ihr großes Vermögen zu sprechen, weil die Leute es bewerten werden?

Teilnehmerin: Nun, die Leute tun es.

Teilnehmerin: Oder versuchen, es zu nehmen.

Dr. Lisa: Also verstecken Sie es besser, benutzen oder genießen Sie es nie, und haben Sie immer Angst, dass die Deutschen kommen und Sie holen werden.

Teilnehmerin: Es ist wirklich schwer.

Dr. Lisa: Right and wrong, good and bad, POD and POC, all nine, shorts, boys, and beyonds®.

Es kann sein, dass Sie etwas anderes als sich selbst aufnehmen.

Right and wrong, good and bad, POD and POC, all nine, shorts, boys, and beyonds®.

Es ist wie der Glaube, dass es falsch ist, etwas Gutes zu haben.

Was ist das also? Es ist eine Lüge.

Überall wo Sie glauben, dass alles, was Sie haben, gut, üppig, luxuriös, reich, wohlhabend ist - oder - gehen Sie den umgekehrten Weg, den asexuellen Weg, und haben Sie es überhaupt nicht.

Wie auch immer, können wir es zerstören und unkreieren??

Die Teilnehmer: Ja.

Dr. Lisa: Right and wrong, good and bad, POD and POC, all nine, shorts, boys, and beyonds®.

Es ist komisch, denn meine Geliebte hat jetzt mehr Geld als ich. Darüber sprachen wir kürzlich auf dem Workshop im Sex- und Beziehungskurs mit Gary und Dain von Access Consciousness. Beide lachten mich aus, als ich die Frage stellte, und sagten: „Nun, ich fordere dich doppelt und dreifach heraus, sie zu übertreffen".

Ich sagte: „Okay, warum nicht?"

Was es für mich jedoch zur Sprache brachte, war Scham, denn es war das erste Mal in meinem Leben in der Geschichte der Beziehungen, dass jemand mehr Geld hatte als ich, weil ich mich immer um alles kümmerte, so wie es mein Vater tat, so wie es mein Vater mir beigebracht hatte. Ich war jetzt in einer ganz anderen Position, in der mich jemand für nichts mehr brauchte.

Ich wusste nicht, was ich tun sollte, und es war eine weitere Lüge, der ich mich stellen musste, weil ich eigentlich nichts zu tun brauchte, außer wahrzunehmen, zu sein und zu empfangen. Und ich erfuhr dies zum ersten Mal mit 45, als diese besondere Schwingung, in der ich mich jetzt befinde, begonnen hat.

Es geht darum, dass ich bin - und dass ich dadurch alles ganzheitlich empfange.

Wie viele von Ihnen nutzen also Geld als Mittel, um gebraucht zu werden, um Liebe zu geben oder zu empfangen?

Right and wrong, good and bad, POD and POC, all nine, shorts, boys, and beyonds®.

Wie viele von Ihnen weichen den Geldströmen aus, die Sie haben könnten, indem sie sich weigern, in dieser Realität eine bewertbare Beleidigung zu sein? Wie viel mehr Geld könnten Sie empfangen, wenn Sie jedem und allem gestatten würden, Sie einfach nur zu bewerten und sich nicht auf die eine oder andere Weise darum zu kümmern, weil Sie nach Ihrer eigenen Bewertung die Zielscheibe für Bewertungen sind?

Solange Sie krank und depressiv sind, sind Sie eine Zielscheibe für ein Urteil. Solange Sie ein Opfer bleiben und sich Ihre Realität nicht aussuchen, bleiben Sie eine Zielscheibe für die Bewertung. Solange Sie mit dem Finger auf die andere Seite zeigen, sind Sie eine Zielscheibe für die Bewertung.

Wenn Sie anfangen, mit dem Finger zu zeigen, dann glauben Sie besser, dass 100 Millionen von denen kommen werden, um Sie zu töten.

Right and wrong, good and bad, POD and POC, all nine, shorts, boys, and beyonds®.

Vor kurzem hatte ich in einem Kurs ein Erlebnis, bei dem meine Flyer auf einem Tisch lagen, und als ich in der nächsten

Pause zurückkam, waren alle meine Flyer und alles über meine Workshops weg, völlig weg, absichtlich.

Damals kaufte ich mir die Lüge ab, dass etwas mit mir nicht stimmte, dass ich etwas getan hätte, das jemanden dazu veranlasst hätte, das zu wollen - dass ich das getan hätte. Und dann, als ich aus dieser Lüge heraustrat, dachte ich: „Wow, was ich bin, ist eine bewertbare Beleidigung für diese Person, für die Realität dieser Leute."

Teilnehmer: Es ist genau wie bei der Eintrittskarte - da ging es darum, dass er das tun musste.

Dr. Lisa: Es ging absolut darum, dass er das tun musste.

Ich habe erkannt, dass die größte Lüge, in der ich lebe, die ist, dass ich einige dieser Dinge kreiert habe.

Manchmal muss ich erkennen, dass das, was ich kreiere, in Wirklichkeit mehr für andere Menschen kreiert, und das ist kein Unrecht von mir. Es ist eine Fähigkeit, in die ich gelernt habe einzutreten. Ich hätte es nicht vermutet, weil sie nie so zum Vorschein kommt, wie man es sich vorstellt.

Aber ich wusste es.

Ich war ein wenig sarkastisch, als ich sagte: „Tschüss, Sie können es haben. Ich bezahle es Ihnen gerne. Ich hoffe, ich habe zu Ihrer Quote beigetragen und Sie haben einen besseren Tag."

Er sagte: „Sie fahren besser los."

„Ich wünsche Ihnen einen wundervollen Tag", sagte ich, „Ich freue mich, dass ich einen Beitrag zu den finanziellen Problemen von Marin's County leisten konnte". Das war meine letzte Bemerkung.

Hier sind drei Fragen, die ich Ihnen stellen werde, bevor wir gehen:

Wann immer Sie in eine Geldklemme, den Käfig, geraten, fragen Sie sich, " „Was kreiert das oder was wird dadurch kreiert?"

Lassen Sie sich dies wahrnehmen.

Wenn es schwer ist, verändern Sie es sofort. Wenn es leicht ist, greifen Sie zu und nehmen Sie wahr, dass es, egal wie Sie sich entscheiden, 10 Sekunden später immer noch eine andere Wahl gibt.

Umarmen, untersuchen, verkörpern und dehnen Sie sich aus, egal was passiert.

Ich umarme, untersuche, verkörpere und dehne jeden Moment aus, das ist meine Wahl. Wenn es nicht funktioniert, verändere ich es. Und ich bin bereit, jede Ansicht und jede Art und Weise aufzugeben, von der ich glaube, dass ich mit etwas Recht habe.

Ich will nicht Recht haben, ich will glücklich sein.

Right and wrong, good and bad, POD and POC, all nine, shorts, boys, and beyonds®.

Hier ist eine besondere Frage, die ich wirklich liebe:

Was kostet es Sie, Ihre finanzielle Realität so zu gestalten, wie Sie sie haben?

Sie können diese Fragen eigentlich für alles verwenden, aber ich schneide sie gerade auf Geld zu.

Was kostet Sie das?

Kürzlich fragte ich mich: „Was verweigerst Du Dir zu zahlen, das Dir, wenn Du es bezahlen würdest, sofort Geld einbringen würde? Was kostet es dich, es nicht zu tun?"

Es ging um eine große Entscheidung, die ich am Montag getroffen und in Kraft gesetzt hatte, nämlich die Kündigung, eine 30-tägige Kündigungsfrist und das Umschwenken des Unternehmens.

Licht aus, Licht an.

Als ich es tat, gab es in dieser Nacht ein wenig Emotionen, und ich fühlte mich so leicht und ausgedehnt. Am nächsten Tag, als all diese Dinge anfingen zu geschehen - die gleichen Dinge, die ich versucht habe, in Ordnung zu bringen

hat mir jemand eine SMS geschrieben und gesagt: „Ich bin so froh, dass Sie nicht versucht haben, es wieder zusammenzukleben und nur versuchen, das Loch zu stopfen - dass Sie es einfach losgelassen und bei Null angefangen haben, etwas Neues zu kreieren"

Ich dachte: „Das bin ich, und ich habe kein schlechtes Gefühl dabei. Was kostet Sie das?

Und denken Sie daran, wenn es leicht ist, machen Sie es - wenn es schwer ist, verändern Sie es. Als nächstes, was lehnen Sie ab?

Was lehnen Sie ab, wenn Sie sich auf diese ganze Geschichte einlassen: „Ich muss Miete zahlen, ich muss das tun, ich muss hierhin gehen, ich kann nicht dorthin gehen, ich muss das deswegen tun. Ich muss bald heiraten."

Was lehnen Sie ab?

Das sind die drei Fragen, die ich benutze, um die Lügen des Geldes in mir selbst rückgängig zu machen, und es hat erfolgreich mit meinen Kunden und in meinen Kursen funktioniert. Es ist folgendermaßen: Werden Sie sich für den Wohlstand entscheiden, der Sie sind, oder werden Sie sich für den Ausfluss oder für Durchfall entscheiden?

Wohlstand oder Ausfluss? Es ist nur ein Buchstabe. Was wählen Sie?

Es ist wirklich Ihre Wahl.

Als ich anfing, all dies zu ändern, wurde meine finanzielle Realität sehr unsicher. Ich verstand nichts von dem, was da vor sich ging. Es war verrückt.

Ich gebe Ihnen eine kleine Vorwarnung, dass, wenn Sie all das ändern - nicht, dass es vorher nicht verrückt war -, aber wenn Sie anfangen, all das zu betrachten und sich wirklich zu ändern, wird das Universum Ihnen genau das bieten, was Sie gerade betrachten. Also erschrecken Sie sich nicht und laufen Sie nicht weg oder stecken Sie den Kopf in den Sand oder was auch immer. Gehen Sie in den Tresorraum und spielen Sie mit dem Geld. Ziehen Sie sich aus und schäumen Sie die 100-Dollar-Scheine überall auf Ihnen.

Ich fordere Sie heraus, jemanden zu bezahlen, der Sie mit 100-Dollar-Scheinen überhäuft.

Sie wissen, dass es Ihnen gefallen würde.

Kaufen Sie ein paar Goldmünzen und lassen Sie sich damit den ganzen Körper einreiben. Ziehen Sie sich Diamanten an, modischen Schmuck, der Ihnen ein gutes Gefühl gibt. Ziehen Sie sich ein Kleid an oder gehen Sie irgendwo einkaufen. Ziehen Sie etwas an, das Sie nicht kaufen werden, aber Mann, Sie wissen, dass Sie sich darin gut fühlen. Machen Sie eine Probefahrt mit einem Porsche oder einem BMW oder einem Mercedes oder einem Tesla oder so etwas, nur weil Sie es können. Mieten Sie mit ein paar Freunden eine Yacht und erleben Sie das.

Kaufen Sie die teuerste Flasche Champagner und nippen Sie daran. Gehen Sie etwas Kaviar essen. Es kann etwas ganz anderes sein, wie mit den Walen zu schwimmen.

Was auch immer Sie als wohlhabend erleben, geben Sie sich hin.

Gehen Sie einfach hin und seien Sie, wer auch immer Sie tun und sein mögen, aber seien Sie von dem Wohlstand und dem Reichtum und der empfangenden Energie, die Ihnen innewohnt.

Wäre es für Sie in Ordnung, wenn Sie Ihre Falschheit hier lassen würden?

Die Teilnehmer: Ja.

Dr. Lisa: Wäre es für Sie in Ordnung, wenn Sie die Bewertung Ihrer Person hier lassen?

Die Teilnehmer: Ja.

Dr. Lisa: Wäre es für Sie in Ordnung, wenn Sie wirklich die 1% der Lügen hier oder die 33,3% der Lügen hier lassen würden?

Die Teilnehmer: Ja.

Dr. Lisa: Und alles, was das nicht erlaubt.

Wäre es für Sie in Ordnung, wenn Sie etwas Spaß mit Geld hätten

Die Teilnehmer Ja.

Dr. Lisa: Eine andere Sache, die ich gemacht habe, war, diesen 14-karätigen Goldgeldclip von einer Freundin von mir zu kaufen, die schönen Schmuck macht. Ich wollte meine Hunderter in einen Geldclip stecken, weil es mich molekular gesehen glücklich macht. Da ist Gewicht dabei, eine Dichte.

Es sind jetzt vielleicht nur dreihundert Dollar-Scheine hier drin, aber manchmal sind auch 2.000 oder 5.000 Dollar drin. Manchmal ist es nur einer.

Aber ich lasse es nie auf Null rauskommen.

Es hat etwas, immer etwas in der Brieftasche zu haben. Egal, wo ich bin, egal, was ich bin, ich weiß immer, dass ich Geld habe. Auf der Schwingungsebene hat dies mehr Geld für mich hervor gebracht.

Jedes Mal, wenn ich dorthin schaue, denke ich: „Hallo, Babys, ich liebe euch."

Teilnehmer: Das Gold ist Geld wert.

Dr. Lisa: Und das Gold ist auch Geld wert, viel mehr als Geld.

Üben Sie also einige dieser Dinge. Setzen Sie sie in die Praxis um und sehen Sie sie.

Oder Sie können weiterhin keinen Sex haben, keinen Spaß haben und dem den Rücken zukehren, womit das Universum Sie segnen will.

Right and wrong, good and bad, POD and POC, all nine, shorts, boys, and beyonds®.

Manchmal entscheiden sich Menschen, die spirituell sind, dafür, kein Geld zu haben. Aber kein Gott, den ich kenne, würde jemals wollen, dass wir nicht alles haben, denn wir sind die Menschen, Sie sind die Menschen, und die Menschen warten da draußen auf Sie, die diese Realität wirklich ändern könnten, indem sie Geld haben.

Sie könnten es auf eine Weise ausgeben, die diese Realität bewusst verändern könnte.

Die Menschen müssen Ihre Stimme hören, egal in welchem Lebensbereich, egal, was Sie tun, und diese Realität funktioniert mit Geld.

Es funktioniert einfach.

Sie können wählen, welche Ansicht, welche Realität Sie kreieren wollen, wie diese Realität funktioniert - und nicht auslöschen, sterben, wegtreten, nicht beitreten oder sich selbst leiden lassen. Radikal, orgasmisch, lebendige Realität wird Ihr radikaler Verbündeter, Ihr orgasmischer Verbündeter.

Kreieren Sie eine lebendige Realität mit Geld - ich fordere Sie doppelt heraus.

Right and wrong, good and bad, POD and POC, all nine, shorts, boys, and beyonds®.

Seien Sie Ihr eigener radikaler Verbündeter, seien Sie Ihr eigener orgasmischer Verbündeter. Fordern Sie das zurück mit Geld, mit Beziehung, mit Gesundheit, mit Körper, mit allem und leben Sie Ihre lebendige Realität.

Right and wrong, good and bad, POD and POC, all nine, shorts, boys, and beyonds®.

Vielen Dank für Ihre Anwesenheit, ich hoffe, Sie haben etwas daraus gelernt, und ich wünsche jedem von Ihnen, dass das, was ich mir für jeden auf der Welt wünsche, das heißt, in uns selbst alle Formen des Missbrauchs zu beseitigen und auszumerzen und radikal und orgasmisch lebendig zu leben.

Und damit beende ich immer Dinge, die ich tue:

Sei du, jenseits von allem und erschaffe Magie.

Ich danke Ihnen.

Boulder

Dr. Lisa: Hallo, alle zusammen. Danke, dass Sie hier sind. Willkommen bei den Lügen des Geldes. Es ist ein zweistündiger Vorgeschmack auf die Lügen über Geld. Und ihr seid alle hier, weil ihr bereits wisst, dass ihr irgendwo in eurem Inneren mit Geld einige Lügen lebt. Ist das wahr?

Wie viele von Ihnen sind mit Access Consciousness vertraut? Und wie viele von Ihnen sind mit dem Access Consciousness Clearing Statement vertraut? Okay, cool. Ich werde das ein wenig erklären.

Sie müssen nicht unbedingt Teil von Access Consciousness sein. Ich benutze das Access Consciousness Clearing Statement und viele der Werkzeuge, die durch ihre Methode entstehen, auch wenn sie es nicht als Methode bezeichnen würden, um mit den Energien der Lügen, der Ansichten, der Verengungen, des Käfigs zu arbeiten, nach denen wir leben. Ob wir es wissen oder nicht, bewusst oder unbewusst, wir alle haben eine Begrenzung und eine Einschnürung und eine Lüge, nach der wir leben. Manchmal zeigt sie sich im Geld. Manchmal taucht sie in unseren Körpern auf. Manchmal taucht sie in unserem Geist auf.

Manchmal zeigt sie sich in unseren Jobs. Manchmal zeigt sich die Lüge in unseren Beziehungen.

Ich bin sicher, keiner von Ihnen hat das je zuvor gesehen.

Wir erschaffen unsere Realität tatsächlich aus diesen Verengungen, Ansichten und Lügen, und dann leben wir auf der Grundlage dieser Lügen.

Ist es also ein Wunder, warum - wenn man versucht, etwas zu ändern, und man so hart daran arbeitet und heute Abend zu einem anderen Workshop geht, und morgen wahrscheinlich zu einem weiteren Workshop und nächste Woche zu einem weiteren Workshop, warum sich diese Dinge nicht ändern?

Sie ändern sich nicht, weil man etwas, das eine Lüge ist, nicht ändern kann.

Right, wrong, good and bad, POD and POC, all nine, shorts, boys and beyonds®.

Eine meiner Lieblingsbeschäftigungen ist es, viel zu lachen, wenn ich über Lügen spreche. Ich reise auch um die Welt, um Menschen zu helfen, ein Trauma zu überwinden und über den Missbrauch hinauszugehen. Dazu muss man eine gewisse Leichtigkeit und etwas Spaß in sich haben, denn sonst könnte es eine ziemlich bittere Pille sein.

Was das rauf und runter holt, hat den Raum völlig zum Einsturz gebracht. „Moment mal, Missbrauch? Das ist Geld! Lassen Sie uns über Geld sprechen. Bleiben Sie beim Geld. Bleiben Sie beim Geld."

Right, wrong, good and bad, POD and POC, all nine, shorts, boys and beyonds®.

Bevor ich Ihnen darüber berichte, warum ich das Access Consciousness Clearing Statement benutze, möchte ich erwähnen, dass ich über eine ziemlich bedeutende Anzahl von Abschlüssen und Lizenzen sowie über eine Ausbildung und Schulung verfüge, sowohl traditionell als auch nicht-traditionell unter Verwendung energetischer Heilmethoden, die ich in dieser

Realität genutzt habe, um als Experte um die Welt zu gehen und als führende Autorität, um Menschen über Missbrauch, Einschränkung und Verengung hinaus zu bewegen..

Und was ich herausgefunden habe, ist, dass das Access Consciousness Clearing Statement alles aufnimmt, worüber wir sprechen, egal, welche Art von Fazilitation ich mit jemandem mache.

Es ist umfassend und gründlich und dringt an Orte vor - in Ihre Muskeln, Bänder, Zellen, Sehnen, Organe und Systeme des Körpers, Ihre Schaltkreise, Ihre neuronalen Transmitter, Ihre bewussten und unbewussten Gedanken, Ihre privaten, geheimen, versteckten, verborgenen, unsichtbaren, unbemerkten, uneingestandenen und unausgesprochenen Agenden - all diese Dinge, die mit dem bloßen Auge nicht sichtbar sind.

Das Access Consciousness Clearing Statement nimmt all diese Dinge, die ich erwähnt habe, und all die Energie, die hier im Raum ist, ob Sie sie kennen oder nicht, ob Sie sie mit bloßem Auge sehen können oder nicht, und wischt die Tafel sauber.

Wenn es die Tafel sauber wischt, ist das so, als ob Ihr Computer stecken bleibt und die Sanduhr hochkommt und einfach nur da sitzt

Der Computer sagt: „Datei nicht gefunden".

So ist das bei Ihnen: „Datei nicht gefunden. Datei nicht gefunden. Datei nicht gefunden. Datei nicht gefunden", und Sie lassen das Clearing Statement so lange laufen, bis eine Art von Auffindbarkeit eintritt.

Es braucht diese Sanduhr, die die Datei, nach der Sie suchen, nicht finden kann, egal, was in Ihrem Leben gerade passiert, und dann wischt sie die Tafel sauber, so dass Sie tatsächlich aus einem Raum und einer Energie und einem Bewusstsein der Wahl und der Möglichkeit kommen können.

Wir alle können aus einem Raum, einer Energie und einem Bewusstsein der Wahl und der Möglichkeit kommen.

Normalerweise tun wir das aber nicht, weil wir eine Lüge haben, die wir uns zu eigen machen, oder weil wir eine feste Ansicht haben.

Denken Sie zum Beispiel an Ihren Vor- und Nachnamen. Das ist eine feste Ansicht. Sobald Sie ihn vorbringen - Sie ihn in Ihrem Pass oder Ihrer Geburtsurkunde ansehen, Sie mit Leuten reden, Ihre Visitenkarte herauslegen, ihn aufschreiben - identifizieren Sie sich mit einer Ansicht.

So harmlos kann es für etwas sehr, sehr Schwieriges und voller Bewertungen in dieser Realität, wie Geld sein. Das Clearing Statement nimmt all diese Ansichten auf und macht einfach reinen Tisch.

Es gibt Ihnen den Raum, zu wählen.

Deshalb verwende ich ihn bei allem, was ich tue. Ich frage mich, warum härter arbeiten, wenn etwas gut funktioniert? Nennen Sie mich verrückt. Das ist nur meine interessante Sichtweise.

Woher ich weiß, dass es gut funktioniert?

Ich habe es selbst gesehen, wenn ich sehe, was ich in meinem Leben getan habe, was meine Kunden jeden Tag tun, was 205.000 Menschen, die mir bei Voice America zuhören, jede Woche tun. Irgendetwas funktioniert, und wenn wir es nutzen, verschieben sich unsere Ansichten leicht und verändern diese, seit langen unverrückbaren Positionen, in etwas von Möglichkeit und Kreativität.

Meine Absicht heute Abend ist es, Ihnen etwas zu geben und einen Beitrag zu leisten, der sich in Bezug auf dieses Thema die Lügen des Geldes von dem unterscheidet, was Sie bereits wissen.

Wäre das für Sie in Ordnung, wenn Sie etwas anderes bekommen?

Die Teilnehmer: Ja.

Dr. Lisa: Right, wrong, good and bad, POD and POC, all nine, shorts, boys and beyonds®.

Würden Sie sich einfach erlauben, sich dem zu öffnen, was in den nächsten zwei Stunden über die Lügen des Geldes aus meiner interessanten Ansicht herauskommt? Würden Sie sich erlauben, sich noch 1% mehr zu öffnen, um diese wirklich verdrehte Art und Weise zu empfangen, dass ich die Lügen des Geldes nehme und sie Ihnen präsentiere?

Nur 1°. Würde Ihnen das gefallen?

Die Teilnehmer: Ja.

Dr. Lisa: Könnten Sie das tun?

Die Teilnehmer: Ja.

Dr. Lisa: Right, wrong, good and bad, POD and POC, all nine, shorts, boys and beyonds®.

Wären Sie bereit, loszulassen, nur 1% oder 1°, was immer Ihnen besser gefällt, von allem, was Ihnen vor diesem Moment Geld bedeutet hat, von allem, was Sie als Geld definiert, abgeschlossen, beurteilt, berechnet und konfiguriert haben?

Wären Sie alle bereit, nur 1% davon loszulassen?

Die Teilnehmer: Ja.

Dr. Lisa: Right, wrong, good and bad, POD and POC, all nine, shorts, boys and beyonds®.

Alles, was Sie bereits mit Geld gemacht haben, das sich bereits für Sie verändert hat, das bereits für Sie funktioniert hat, und alles, was nicht für Sie funktioniert hat, egal, was Sie getan haben, wären Sie bereit, das 1% und 1° mehr heute Abend aufzugeben, nur in diesen 10 Sekunden?

Wenn Sie hier weggehen, können Sie tun, was immer Sie wollen, oder in 10 Sekunden von jetzt an können Sie tun, was immer Sie wollen, oder Sie können jetzt sofort tun, was immer Sie wollen.

Right, wrong, good and bad, POD and POC, all nine, shorts, boys and beyonds®.

Um auf das Access Consciousness Clearing Statement zurückzukommen: Diese festen Positionen und diese Lügen, nach denen wir unser Leben gelebt haben, sind das, als was wir unsere Realität tatsächlich gestalten. Was auch immer Ihre Realität ist, oder was auch immer Sie wegen der Lügen des Geldes hierhergebracht hat, der wirklich grausame Witz ist, dass Sie diese Lüge verwirklichen.

Diese Lügen, die Sie verwirklichen, sind zu Ihrer finanziellen Realität geworden.

Der grausame Witz daran ist, dass wahrscheinlich nichts davon Ihnen gehört. Das meiste davon gehört wahrscheinlich nicht Ihnen. Sie machen es immer wieder zu Ihrem.

Right, wrong, good and bad, POD and POC, all nine, shorts, boys and beyonds®.

Das macht keinen Spaß. Das ist nicht schön.

Ich werde auch selbst einige Geschichten erzählen, die Sie wissen lassen, dass ich mich diesem Wahnsinn und Irrsinn anschließe. Wie kann es noch besser werden als das hier? Wir haben diese Werkzeuge. Wir haben dieses Access

Consciousness. Wir haben dieses Clearing Statement, das immer dann funktioniert, wenn wir in einer festen Position feststecken oder etwas nicht funktioniert.

Zum Beispiel habe ich am Dienstag eine Radiosendung mit Dr. Dain Heer gemacht. Die Verbindung funktionierte nicht, und ich konnte ihn nicht hören, aber alle anderen in der Sendung konnten ihn hören. Also sprach ich über ihn hinweg und wirkte und klang wie ein Narr.

Bitte hören Sie es sich an. Es ist eine meiner besten Shows überhaupt. Ich habe sie mir erst heute Nachmittag wieder angehört, und die ersten 20 Minuten habe ich gezuckt, aber dann ging sie auf, und wir haben die Verbindung hergestellt.

Was tun Sie in den Momenten im Leben, in denen die Verbindung nicht zustande kommt, egal, was Sie vorbereitet haben oder wie aufgeregt Sie sind? Hier haben Sie alles vorbereitet und alles geregelt. Dann, urrk! Entschuldigung. Passiert nicht. Sie können nicht hören. Sie können den Mann nicht hören, den Sie hören wollen, von dem Sie wissen, dass er 205.000 Zuhörern genau das geben kann, wofür Sie ihn aus seinem sehr großen, vollen Terminkalender dorthin gebracht haben.

Was tun Sie also?

Einige von uns werden aus dem Fenster springen. Einige von uns stecken die Fäuste durch das Fenster. Einige von uns würden trinken. Einige von uns würden Geld ausgeben. Einige von uns essen. Einige von uns würden es einfach sein lassen, es vergessen und die Show abbrechen.

Was ich tue, ist das Access Consciousness Clearing Statement zu verwenden.

Dann, irgendwie, auf wundersame Weise, sogar mit verrückten Telefonleitungen und Internetverbindungen, wenn Sie dieses Clearing Statement benutzen, ändern sich die Dinge. Die Kommunikationswege werden offen. Die Energie, der Raum und das Bewusstsein in Ihnen öffnen sich. Die Möglichkeiten öffnen sich.

Ihre Lösungen zeigen sich, vielleicht für Dinge, die Sie tun könnten, um das zu ändern, was direkt vor Ihnen liegt.

Sie erhalten mehr Möglichkeiten, mehr Lösungen, während es vorher nur ein Weg, eine Wahl war: Machen Sie es auf diese Weise, denn das funktioniert immer. Machen Sie es auf diese Weise, auf diese Weise, auf diese Weise, auf diese Weise.

Wenn Sie das Clearing Statement anwenden, öffnet es sich.

Ich vergleiche es damit, wenn Ihr Computer an etwas hängen bleibt und Sie nicht wissen, warum. Plötzlich kommt man nicht mehr auf Facebook. Sie können das Foto von Ihnen nicht bekommen, das sollte sowieso nicht auf Facebook zu sehen sein. Man kriegt es dort nicht hoch. Du kriegst es nicht runter. Was ist das Beste, was man tun kann? Schalten Sie es aus! Neustart und hoffen, dass es nicht gepostet hat.

Das ist es, was das Access Consciousness Clearing Statement macht.

Wenn Sie solche Dinge tun und dabei stecken bleiben und sich manchmal wie ein Idiot aufführen, oder wenn Sie nicht wissen, was tatsächlich unter der Oberfläche vor sich geht, lassen Sie das Clearing Statement laufen. Schalten Sie den Computer wieder ein und starten Sie ihn neu. Bumm!

Sie wissen nicht, was passiert ist, aber es hat sich geändert. Sie alle verstehen das.

Ich mache diesen „Lies of Money"-Schnupperkurs, weil es mir nicht genügte, um die Welt zu reisen, um Menschen zu helfen und sie dabei zu unterstützen, über ihren Missbrauch, ihre Einschränkungen und Verengungen hinauszukommen. Ich muss noch Geld drauflegen, ein weiteres Lügenthema.

Ich beschloss auch, dies vor dem zweitägigen Kurs und vor dem Körperkurs zu tun. Ich frage einfach: „Was habe ich mir dabei gedacht?", aber es hat eigentlich ganz gut funktioniert. Es sind ziemlich schwere Themen.

Geld ist auch ein ziemlich schweres Thema.

So viele Urteile. So viel Hass. So viele Perspektiven.

So viele Menschen, die kämpfen. So viele Menschen, die keinen Spaß haben.

Es gibt nicht genug von uns, die Spaß haben und mehr Möglichkeiten kreieren und alles haben, sein, tun, wissen, wahrnehmen, alles was wir zu tun, wissen, sein und empfangen wünschen, wegen des Bargeldes oder des Geldes, das wir uns erlauben, zu haben.

Right and wrong, good and bad, POD and POC, all nine, shorts, boys, and beyonds®.

Wären Sie bereit, sich zu erlauben, in diesen zwei Stunden 1° oder 1% mehr Geld oder Bargeld zu haben als Sie jemals zuvor hier gehabt haben?

Die Teilnehmer: Ja.

Dr. Lisa: Könnten wir alles, was das nicht erlaubt, zerstören und unkreieren?

Die Teilnehmer: Ja.

Dr. Lisa: Right, wrong, good and bad, POD and POC, all nine, shorts, boys and beyonds®.

Hier ist meine Frage an Sie: Was kostet es Sie, es nicht zu tun? Urk! Kotztüten auf dem Rücksitz.

Können wir alles, was das hoch und runter holt, zerstören und unkreieren?

Die Teilnehmer: Ja.

Dr. Lisa: Right, wrong, good and bad, POD and POC, all nine, shorts, boys and beyonds®.

Ich würde diese Frage gern als mein Verdienst betrachten, aber das ist eine Frage von Gary Douglas aus einem persönlichen Gespräch, das ich mit ihm geführt habe.

Im Grunde genommen musste ich eine Entscheidung über mein Business und die Einstellung einer neuen Marketingfirma treffen - was ich nicht tun sollte, was ich tun wollte - was bedeuten würde, dass ich eine ganze Reihe von Leuten in meinem Business entlassen müsste, oder das, was sowieso nicht funktionierte, weitermachen müsste. Aber ich wollte es weiterhin tun, weil ich es getan habe und weil ich die Leute mag.

Ich habe es sicherlich geliebt, sie zu bezahlen und hart dafür zu arbeiten, damit sie immer und immer und immer wieder die gleichen Dinge tun, um die ich sie bat, sie nicht zu tun.

Werfen Sie einen Blick in den Spiegel. Wo haben Sie das getan?

Right, wrong, good and bad, POD and POC, all nine, shorts, boys and beyonds®.

Er sagte zu mir: „Was kostet es dich, das nicht zu wählen? Boing!

Was kostet es Sie, nicht zu wählen?

Right and wrong, good and bad, POD and POC, all nine, shorts, boys, and beyonds®.

Warum wählen wir nicht? Weil wir das Geld nicht haben. Wir haben nicht das Bargeld. Dann geht es weiter mit: „Ich bin nicht gut genug. Ich bin nicht würdig genug. Ich verdiene es nicht. Ich werde jemanden verletzen. Ich werde diesen Menschen wehtun, die ich mag und die mir mehr Schmerzen bereiten als die Möglichkeit oder den Fortschritt, was auch immer es ist."

Wir machen all diese Rechtfertigungen, all diese Lügen.

Dann gehen wir nicht in den Raum, an den Ort mit der Wahl, die uns eigentlich alles geben würde, was wir uns wünschen würden, die Wahl zwischen dem, was leichter und richtiger ist, und der Lüge, die schwerer und dichter ist.

Was hat es mit dieser Realität auf sich, dass wir uns für die Lüge entscheiden, wir entscheiden uns für die Dichte, wir entscheiden uns für die Schwere? Wir kreieren unsere Lügen und verwirklichen all das und fragen uns dann, warum wir eine weiße Jacke anziehen oder irgendwo hingehen und mit niemandem reden und jeden hassen wollen? Geht das nur mir so?

Alles, was hoch und runter bringt, zerstören und unkreieren wir es.

Right, wrong, good and bad, POD and POC, all nine, shorts, boys and beyonds®.

Überall, wo Sie sich entschieden haben, Ihr monetäres, sexuelles, emotionales, psychisches, psychosomatisches, physisches, finanzielles, energetisches Business in der Dichte und Schwere des Wahnsinns über das, was bei Ihnen nicht funktioniert, zu kreieren, können wir das zerstören und unkreieren?

Die Teilnehmer: Ja.

Right and wrong, good and bad, POD and POC, all nine, shorts, boys, and beyonds®.

Dr. Lisa: Können wir alles, was hoch und runter bringt, widerrufen, aufheben, zurücknehmen, aufgeben, anprangern, zerstören und die ewige Verpflichtung dazu unkreieren?

Die Teilnehmer: Ja.

Right and wrong, good and bad, POD and POC, all nine, shorts, boys, and beyonds®.

Dr. Lisa: All die schwingenden, virtuellen Realitäten darunter und darunter und darunter und darunter und darunter und darunter und darunter und darunter und darunter, können wir diese zerstören und unkreieren?

Die Teilnehmer: Ja.

Dr. Lisa: Right and wrong, good and bad, POD and POC, all nine, shorts, boys, and beyonds®.

Dr. Lisa: All die geheimen, versteckten, unsichtbaren, verborgenen, ungesehenen und uneingestandenen, unausgesprochenen und nicht enthüllten Agenden dazu, Dichte und Schwere als Ihre Realität, nur für den Fall, dass Sie sich distanziert haben und vergessen haben, worüber wir reden, können wir das zerstören und unkreieren, weil ich sicher bin, dass es keiner von Ihnen getan hat? Können wir das zerstören und unkreieren?

Die Teilnehmer: Ja.

Dr. Lisa: Right, wrong, good and bad, POD and POC, all nine, shorts, boys and beyonds®.

Wenn ich diese Lügen des Geldes-Schnupperkurse mache, kann ich manchmal nicht einmal die Rückwände des Raumes sehen. Manchmal kann ich nicht einmal Sie sehen. Manchmal kommen Sie durch und ich kann all Ihre Gesichter sehen.

Ansonsten ist es wie ein großer, verschwommener Dunst.

Überall wo Sie einen großen, verschwommenen Dunst als Ihre finanzielle Realität kreieren, und Sie mich ihn sehen lassen, danke. Könnten wir das zerstören und unkreieren?

Die Teilnehmer: Ja.

Dr. Lisa: Right, wrong, good and bad, POD and POC, all nine, shorts, boys and beyonds®.

Deshalb mache ich diese Art von Vortrag, bevor ich direkt auf die spezifischen Lügen des Geldes eingehe, um die Energie zu erhöhen. Bemerken Sie diejenigen unter Ihnen, die gähnen und sich ein wenig bewusstlos fühlen? Bereit für das K.O.?

Die Teilnehmer: Ja.

Dr. Lisa: Das ist die geheime, verborgene, unsichtbare, verdeckte, ungesehene und uneingestandene, unausgesprochene, nicht offenbarte Agenda, d.h. ein großes Wort für Lüge oder eine Menge Worte für Lüge, die auftaucht.

Sie kommen von Ihrem Körper herunter.

Right and wrong, good and bad, POD and POC, all nine, shorts, boys, and beyonds®.

Deshalb benutze ich das Access Consciousness Clearing Statement. So kann ich es vereinfachen, dies von all unseren Körpern zu entfernen, so dass Sie hinausgehen und sein und tun können, was Sie sind und tun und was Sie sein und tun sollen.

Ich habe meine Dissertation über etwas mit dem Titel „Seelenabdruck" geschrieben. Unser Seelenabdruck ist wie unser Fingerabdruck. Wir alle haben einen einzigartigen.

Jeder von uns hat eine Einzigartigkeit, die wir hier auf den Lippen der Realität einprägen wollen.

Was ich tue, gehört mir. Was Sie tun, gehört Ihnen - egal welche Aspekte: Anwalt, Krankenschwester, Moderator,

Akupunkteur, audiovisueller Künstler, Massagetherapeut, Mutter, Vater, Investor, Lehrer, Polizist - was immer es ist, es gehört Ihnen.

Es gibt etwas, das jeder von Ihnen auf einzigartige Weise tut, und das wissen Sie. Es ist so einfach für Sie, und Sie lieben es sogar - deshalb haben Sie sich entschieden, die Sache beiseite zu legen und woanders hinzugehen und etwas anderes zu tun.

Das war nur ein Witz, denn ich bin sicher, dass das keiner von Ihnen getan hat.

Right, wrong, good and bad, POD and POC, all nine, shorts, boys and beyonds®.

Ihr Seelenabdruck ist so leicht und mühelos für Sie, dass er, wenn Sie sich einfach darauf einlassen und sich selbst erlauben würden, das zu sein, die Wahrscheinlichkeit von Leichtigkeit und Geld und Bargeld und Freude und Erfüllung und Verkörperung und Gesundheit und Reichtum und Spaß und Möglichkeiten in Ihrem Leben zulassen würde.

Wären Sie alle bereit, das 1° oder das 1% von Ihnen zu enttarnen, das weiß, was Sie sein und tun sollen - das Sie sich weigern zu sein und zu tun, auf Ihre Kosten und auf Kosten der Welt - und von dem Sie wissen, dass es wahr ist?

Könnten wir alles, was das hoch und runter lässt, zerstören und unkreieren?

Die Teilnehmer: Ja.

Dr. Lisa: Right, wrong, good and bad, POD and POC, all nine, shorts, boys and beyonds®.

Sind Sie froh, dass Sie hier sind?

Die Teilnehmer: Ja.

Dr. Lisa: Wie kann es noch besser werden?

148

Right, wrong, good and bad, POD and POC, all nine, shorts, boys and beyonds®.

Tun Sie mir einen Gefallen. Dehnen Sie Ihre Energie und Ihren Raum aus. Das bedeutet nur denken, fühlen, wahrnehmen, wissen, welche Worte Sie verwenden wollen. 500 Millionen Meilen hoch, runter, rechts, links, vorne und hinten, atmen Sie Energie durch Ihre Vorderseite ein, durch Ihren Rücken, durch Ihre Seiten, durch Ihre Füße hoch und durch Ihren Kopf runter.

Hallo, Körper. Hallo, Körper. Hallo, Körper. Hallo, Körper. Hallo, Körper. Hallo, Körper. Hallo, Körper. Hallo, Körper. Hallo, Körper. Hallo, Körper. Hallo, Körper.

Wenn einer von euch zum Körperkurs kommt, werdet ihr das immer und immer und immer wieder von mir hören. Wenn Sie nicht kommen, wird sich das in Ihrem Kopf wiederholen und Sie wollen es POC und PODen. Hallo, Körper. Hallo, Körper. Hallo, Körper. Hallo, Körper. Hallo, Körper. Hallo, Körper. Hallo, Körper. Hallo, Körper.

Dr. Lisa: Welche Energie, Raum und Bewusstsein können wir in unseren Körpern sein? Welche Energie, Raum und Bewusstsein können wir in unseren Körpern sein, um Energie, Raum und Bewusstsein der Symphonie von Möglichkeiten™ zu sein, der energetischen Synthese des Seins™, die Energie, Raum und Bewusstsein, der Raum des Nicht-Bewertens, der Raum der unendlichen Möglichkeiten, die Sie und Ihr schöner Körper sind, um Ihre finanzielle Realität mit Leichtigkeit, Freude und Herrlichkeit™ zu kreieren?

Möchten Sie sich mir anschließen?

Die Teilnehmer: Ja.

Dr. Lisa: Alles, was das hoch und runter lässt, wollen wir es zerstören und unkreieren.

Right, wrong, good and bad, POD and POC, all nine, shorts, boys and beyonds®.

Nur 1% mehr. Was sind Sie heute nicht bereit, zu sein oder zu tun, das sofort Geld schaffen würde? Ich weiß.

Right, wrong, good and bad, POD and POC, all nine, shorts, boys and beyonds®.

Zufälligerweise habe ich jedes Mal, wenn ich diesen Kurs leite, und ich habe diesen Kurs an die letzten vier Orten gehalten, an denen ich war, über etwas anderes gesprochen.

Es ist wie: „Verdammt! Hier gibt es eine Menge Lügen." Kleine Krümel.

Das ist es, worüber wir sprechen. Wenn Sie alle darauf schauen, macht es Sie sehr, sehr glücklich. Gott bewahre, dass Sie dieses Glück tatsächlich in Ihrem Bankkonto, in Ihren Finanzen, in Ihrem Rentenkonto, in Ihren Ferien, in Ihrem Auto, in Ihren Geldströmen, in Ihrer Münze, in Ihrer Sexualness, in Ihrem Bewusstsein, in Ihrer Hellseherei kreieren.

Sie können es kreieren.

Es wird gerade jetzt ausgeteilt. Es wird in jedem Moment mit jedem Molekül verteilt, wenn wir wählen.

Was weigern Sie sich zu tun und zu sein, um das sofort zu empfangen?

Ich weiß über das Empfangen Bescheid. Ich bin in einer sehr gewalttätigen, missbräuchlichen häuslichen Umgebung aufgewachsen. Ich wurde schon in sehr jungen Jahren zur Kinderpornographie und Modeln gezwungen. Ich weiß eine Menge über Geldmissbrauch. Ich weiß viel darüber, wie man hart arbeitet, aber nichts von dem Geld bekommt.

Wenn ich hier aufstehe und einige dieser Dinge sage, glauben Sie mir, es hat mich viel gekostet, hierher zu kommen. Sehr viel.

Eine Megatonne, eine Megatonne, ein Mochachoco-Latte mit ein wenig Schlagsahne und ein Kirschhäubchen.

Right, wrong, good and bad, POD and POC, all nine, shorts, boys and beyonds®.

Ich weiß, wie es ist, Geld zu hassen, niemandem zu vertrauen, wenn es um Geld geht, oder den Menschen, die damals in meiner Familie um mich herum waren, Institutionen, Organisationen, aufzustehen, sich zu verkleiden, Fotos zu machen, zu lächeln, aber das Geld nicht zu bekommen und hinter den Kulissen etwas ganz, ganz und entsetzlich anderes zu bekommen.

Right, wrong, good and bad, POD and POC, all nine, shorts, boys and beyonds®.

Wer sind Sie mit Geld, mit Bargeld?

Ich weiß, dass, wenn wir so einen Geld-Schnupperkurs machen, dass einige Leute kommen und denken: „Oh mein Gott! Gott sei Dank! Sie werden mir endlich die Antwort geben. All das wird weg sein."

Dann gehen sie hinaus und sagen: „Nun, das wusste ich. Es hat sich nichts geändert."

Oder sie gehen hinaus und fangen an, diese Dinge zu tun. Es hat sich definitiv verändert, aber es ist eine Art seitliche Veränderung. Sie werden ein bisschen besser, aber dann, sechs Monate später, acht Monate später, ein Jahr später, sind sie wieder in der gleichen Position.

Was ich bei diesen Lügen über Geld in uns festgestellt habe, ist, dass es um das geht, worüber wir als unsere Realität lügen, also ist ‚wer sind Sie, mit Geld' ist die erste Lüge.

Zweitens: Was sind Sie mit dem Geld? Die zweite Lüge. Wer sind Sie?

Es kommt eine Energie hoch, und wir werden uns darauf einlassen. Sie sind diese Energie und wahrscheinlich viele verschiedene Energien.

Und mit dieser Energie kreieren Sie etwas. Dann gibt es ein „Was", das hereinkommt.

Was sind Sie mit Geld?

Nehmen Sie diese Energie und all die Menschen, Situationen und Ereignisse wahr, die der Verwirklichung dessen entsprechen, was auch immer das ist - jetzt haben Sie ein „Wer" oder „Wem"

Dann hat man ein „Was" und all diese Situationen, und das verwirklicht man jetzt.

Wenn Sie ein „Wer" und Sie ein „Was" sind, was sind Sie dann nicht?

Sie.

Und das nennen Sie wahr.

Right, wrong, good and bad, POD and POC, all nine, shorts, boys and beyonds®.

Diese Energie ist hier und jetzt eine Lüge. Das ist die Energie, wenn Sie lügen. Ich bin diejenige, die spricht, aber ich spreche zu den bekannten und unbekannten, gesehenen und ungesehenen Lügen. Sicherlich ist Ihnen bei einigen der Arten, wie Sie mich jetzt gerade anschauen, das „Was" und das „Wer" nicht auf diese Weise bewusst geworden.

Right, wrong, good and bad, POD and POC, all nine, shorts, boys and beyonds®.

Sie werden sehr, sehr sauer auf mich sein, wenn Sie herausfinden, mit wem Sie Ihre Geldströme kreiert haben, und dann werden Sie sehr, sehr, sehr dankbar sein.

Right, wrong, good and bad, POD and POC, all nine, shorts, boys and beyonds®.

Die dritte Lüge betrifft die Bewertungen, die Sie ablehnen, die Ihren finanziellen Wohlstand blockieren. Ich weiß, dass Sie jetzt alle losrennen wollen wie: „Verdammt! Soll ich mir diesen Mist jetzt anhören? Wer, was, und Bewertungen?"

Wenn ich definieren würde, was die Lüge des Geldes ist, dann ist es ein Wer. Es ist ein Was. Es ist eine Bewertung. Zusammengenommen ist es eine Dreierkombination aus Kacke, für die Sie ein Mehrfachvisum haben.

Alles, was das hoch und runter lässt, weil ich tue es auch, könnten wir es zerstören und unkreieren?

Die Teilnehmer: Ja.

Dr. Lisa: Right, wrong, good and bad, POD and POC, all nine, shorts, boys and beyonds®.

Ihr Selbstwertgefühl ist nicht mit Ihrem Nettovermögen verbunden.

Was ich bei diesen Schnupperkursen immer wieder festgestellt habe, ist, dass es wirklich in uns liegt, die Lügen zu erkennen, die wir zu glauben und zu verwirklichen vorziehen. Und es braucht die Enttarnung dieser Lügen, wie die Betrugspatrouille, wenn Sie so wollen, um all das zu enttarnen, damit Sie sehen können, was wahr ist.

Es gibt so viele Lügen, die die Menschen nicht bereit sind zu verlieren, damit sie tatsächlich wählen können. Ihr alle wisst das.

Right, wrong, good and bad, POD and POC, all nine, shorts, boys and beyonds®.

Ich werde es Ihnen trotzdem sagen.

Bargeld gibt Ihnen immer die Freiheit, die Wahl, die Möglichkeit. Geld auch.

Warum, wenn wir das wissen - und das sind wir als unendliche Wesen -, wie kommt es dann, dass wir uns in ständige Positionen von Stress, Streit, Kampf, nicht genug - nicht genug - versetzen und Urlaub oder Ruhestand oder etwas Ähnliches wählen müssen?

Was hat das zu bedeuten? Es macht keinen logischen Sinn. Es ist verrückt

Right, wrong, good and bad, POD and POC, all nine, shorts, boys and beyonds®.

Was haben Sie vital, wertvoll und real gemacht an den Betrugspatrouillen Ihrer finanziellen Realität, Bargeld und Geld, Ihrer Realität mit Geld, Linearität, Beziehungen, Familien, Spiritualität, Sexualität und sexueller Freiheit, Ethnizität, Gesetz, kultureller Trennung, humanoider Verkörperung und Heilung, die Sie durch sie und alles, was sie sind, auf der Suche nach Ihrer Falschheit bleiben lässt und den Mangel an Geld, den Sie als Sie haben, so real werden lässt? Werden Sie alles, was das ist, zerstören und unkreieren?

Die Teilnehmer: Ja.

Dr. Lisa: Right, wrong, good and bad, POD and POC, all nine, shorts, boys and beyonds®.

Sagen Sie alle, nur zum Spaß, mit mir „Betrugspatrouille".

Die Teilnehmer: Betrugspatrouille.

Dr. Lisa: Sagen Sie es noch einmal.

Die Teilnehmer: Betrugspatrouille.

Dr. Lisa: Sagen Sie es noch einmal.

Die Teilnehmer: Betrugspatrouille

Dr. Lisa: Right, wrong, good and bad, POD and POC, all nine, shorts, boys and beyonds®.

„Betrugspatrouille", sagen Sie es bitte noch einmal.

Die Teilnehmer: Betrugspatrouille

Dr. Lisa: Noch einmal.

Die Teilnehmer: Betrugspatrouille

Dr. Lisa: Ich danke Ihnen. All die Betrugspatrouillen, Entscheidungen, Bewertungen, Schlussfolgerungen, Berechnungen, liegen im Wesentlichen um Ihre Geldströme, Ihr Geld, Ihre Finanzen, in dieser Lebenszeit, Dimension, Körper und Realität oder in jeder anderen Lebenszeit, Dimension, Körper oder Realität, können wir das zerstören und unkreieren?

Die Teilnehmer: Ja.

Dr. Lisa: Right, wrong, good and bad, POD and POC, all nine, shorts, boys and beyonds®.

Dr. Lisa: Kennen Sie die eins, zwei, drei; eins, zwei, drei, vier; eins, zwei, drei, fünf, diese Dinge? Lassen Sie uns ein paar Eins-Zwei-Drei-Fünf-Dinger machen.

Bereit?

Nehmen Sie einfach die Energie und werfen Sie sie direkt dort hinaus.

Eins, zwei, drei, vier, fünf. Lasst es uns aufbrechen. Eins, zwei, drei, vier, fünf. Lasst es uns aufbrechen. Eins, zwei, drei, vier, fünf. Mach weiter mit deinen fünf. All die algorithmischen Berechnungen all der Lügen der Betrugspatrouille um Ihr Geld, Ihr Bargeld, Ihre finanzielle Realität, können wir sie zerstören und unkreieren?

Bitte, auf drei, geben Sie es jetzt der Erde.

Eins, zwei, drei. Eins, zwei, drei. Eins, zwei, drei. Bei vier öffnen Sie die Tür zu einer neuen Möglichkeit, nur 1° mehr.

Right, wrong, good and bad, POD and POC, all nine, shorts, boys and beyonds®.

Leichter, schwerer, mehr Raum, weniger Raum?

Teilnehmer: Leichter.

Dr. Lisa: Ja. Können Sie jetzt ein wenig atmen?

Teilnehmer: Ja.

Dr. Lisa: Weil Sie eine Menge Betrug und eine Menge Lügen mit sich herumgetragen haben! Wir haben gerade einen Booty Dance gemacht und sie Ihnen abgenommen!

Was haben Sie so vital, wertvoll und real gemacht an den Betrugspatrouillen Ihrer finanziellen Realität, Ihrer monetären Realität, Ihrer Bargeld-Realität, Geld im Allgemeinen, Linearität, Beziehungen, Familien, Spiritualität, Sexualität und sexuelle Freiheit, Ethnizität, Recht, kulturelle Trennung, humanoide Verkörperung und Heilung, die Sie dazu bringt, durch sie und alles, was Sie sind, nach Ihrer Falschheit zu suchen? Werden Sie alles, was das ist, zerstören und unkreieren?

Die Teilnehmer: Ja.

Dr. Lisa: Right, wrong, good and bad, POD and POC, all nine, shorts, boys and beyonds®.

Okay, die Lügen: Wer sind Sie mit Geld, was sind Sie mit Geld, was sind Sie mit Geld und Bewertungen, über die wir getrennt sprechen werden. Ihre finanzielle Realität basiert auf dem „Wer", dem „Was" und den Bewertungen, die Sie sich weigern zu empfangen. Möchten Sie das um 1° mehr ändern?

Die Teilnehmer: Ja.

Dr. Lisa: Nur 1°.

Right, wrong, good and bad, POD and POC, all nine, shorts, boys and beyonds®.

Lassen Sie uns zum Wer gehen. Nehmen wir sie Ihnen ab.

Sie wussten nicht, dass Sie in eine Abnehmklinik gehen würden, oder?

Right, wrong, good and bad, POD and POC, all nine, shorts, boys and beyonds®.

Dr. Lisa: Anstatt in meinen Bauch zu kommen, heißt es jetzt: raus aus meinem Bauch.

Right, wrong, good and bad, POD and POC, all nine, shorts, boys and beyonds®.

Ich werde mir bessere Witze einfallen lassen. Zuerst muss ich mir mit meinen Hundert-Dollar-Scheinen Luft zufächeln. Gary sagte, dass Lachen die Fähigkeit hat, den Planeten zu heilen. Lassen Sie uns über die dissoziierende Fuge unserer Geldströme lachen, die wir kreiert haben.

Right, wrong, good and bad, POD and POC, all nine, shorts, boys and beyonds®.

Okay. Die Wer's sind die vibrierende, virtuelle Realität, die vibrierende, virtuelle Realität eines anderen, die hypnotische Trance eines anderen, das Gewahrsein oder Unbewusste eines anderen, das sie kreiert haben und von dem auch Sie dachten, es sei eine gute Idee, es anzunehmen.

Ich erinnere mich zum Beispiel an meinen Vater. Er nahm immer einen Stapel 100-Dollar-Scheine, etwa 2.000 Dollar, und legte sie für meine Mutter auf den Tresen neben der Seitentür in meinem Elternhaus. Das tat er jede Woche an einem Montag, bevor er aus der Tür ging.

Als ich ein Kind war, sagte ich: „Verdammt, ja."

Dann war da meine Mutter... Trommelwirbel, bitte... die so wütend auf ihn war, so wütend. Es schien nett zu sein - 2.000 Dollar. Er würde es hinterlassen, nur um so schnell wie möglich da rauszukommen und sie mit Geld zu füttern. Sie nahm das Geld und ließ uns Dinge besorgen. Haben wir jemals um sie gebeten? Wollten wir sie?

Ich wollte sie nicht, denn eines dieser Dinger waren 8 oder 10 von diesen dummen, furchterregenden Kohlkopfpuppen.

Sie hatten Adoptionspapiere oder so was. Das war der große Wahn in den frühen 1980er Jahren. Dann steckte sie sie in mein Zimmer auf dem obersten Regalbrett und ich ging in mein Schlafzimmer und sagte: „Oh mein Gott! Was ist das denn?" Weil wir es brauchten.

Dann Turnschuhe und Kleidung für mich und meinen Bruder und meine Schwester - einfach alles - und dann wäre es weg.

Wir waren bei all diesen verschiedenen Aktivitäten dabei. Wiederum, nie gefragt, gezwungen, dabei zu sein.

Cheerleading, ich hasste es. Ich erinnere mich noch an den Jubel. „S-U- C-C-C-E-S-S-S. So buchstabieren wir Erfolg", was auch immer das Team war. Ich hasste jede Minute davon, genau wie ich es hasste, aufzustehen und zu modeln.

Für mich hatte Geld viele verschiedene Ansichten und Bedeutungen. Es bedeutete Missbrauch. Es bedeutete Verbitterung. Es bedeutete aussteigen. Es bedeutete Flucht. Es bedeutete „FU". Es bedeutete: „Ich werde dich kriegen." Je mehr sie das Geld ausgab, desto mehr musste er das Geld geben, und desto mehr musste er gehen und für das Geld arbeiten. Und desto mehr er wegging und für das Geld arbeitete - nun, wie sich herausstellte, schuf er eine weitere Familie, die er unterstützte, was wir erst viele Jahre später herausfanden. Das ist es, was er getan hat.

Vielleicht würde ich das auch tun, angesichts dessen, was dort vor sich ging.

Sie wurde immer mehr und mehr und mehr verärgert, immer wütender, immer teurer, und all diese Verbitterung wuchs zwischen den beiden.

Dann sagten sie einander: „Ich liebe dich".

Hier bin ich, ein kleines Kind, das sie beobachtet. Da geht es übrigens immer noch um das „Wer" - die erste Lüge des Geldes. Da gibt es eine Menge.

Jetzt wissen Sie, warum ich hier oben stehe und das tue. Ich weiß eine Menge darüber.

Right, wrong, good and bad, POD and POC, all nine, shorts, boys and beyonds®.

Gott sei Dank müssen Sie, wenn Sie diese 3.000 Stunden für Ihr Praktikum absolvieren, um ein lizenziertes Etwas zu werden, selbst zur Therapie gehen.

Right, wrong, good and bad, POD and POC, all nine, shorts, boys and beyonds®.

Sie kommen rein und sagen: „Oh, ich liebe dich." „Ich liebe dich auch."

Und ich schaue sie an wie: „Da geht etwas vor sich, das eine Lüge ist, denn darunter liegt der Bauch von Tod und Zerstörung und Eispickel und Gewehre und Macheten und Sicheln und, und, und, und, und der 3. Weltkrieg."

Ich musste wählen, was ich sein wollte.

Wie wählen Sie als Kind zwischen Ihrer Mutter und Ihrem Vater?

Right, wrong, good and bad, POD and POC, all nine, shorts, boys and beyonds®.

Ich wählte das Schlimmste von ihnen und das Beste von ihnen, wie man es im Alter von 3, 4, 5, 10, 15 oder 20 Jahren tut.

Right, wrong, good and bad, POD and POC, all nine, shorts, boys and beyonds®.

Dr. Lisa: Am meisten hasste ich sie und alles mit Geld, so wie sie war. Ich gab ihr jahrelang die Schuld. Ich liebte ihn, weil ich mit ihm im Keller saß und mit ihm arbeitete und mich um die Mieten für seine Wohnhäuser kümmerte. Er war lustig, sie war gemein. So glaubte das Kind in mir.

Dr. Lisa: Right, wrong, good and bad, POD and POC, all nine, shorts, boys and beyonds®.

Er war Buchhalter mit einem Abschluss in Betriebswirtschaft und Immobilien, und in den frühen 1980er Jahren ging es nur um Apartmentgebäude und Zwangsversteigerungen in New York, New Jersey und überall auf dem Hudson. Er bekam 20-Familien-Wohnhäuser für 10.000 Dollar, weil sie zwangsversteigert wurden. Er verdiente Milliarden von Dollar, ohne Milliarden von Dollar auszugeben.

Meine Aufgabe als Kind war es, mit ihm im Keller zu sitzen. Er hatte seinen Schreibtisch. Ich hatte meinen Schreibtisch. Ich fühlte mich so professionell. Und ich würde weg von ihr sein. Im Ernst.

Ich dachte: „Ja, Dad!"

Ich habe auch eine Menge anderer Dinge gelernt. Ich würde das Geld zählen. Erinnern Sie sich an die grünen Bücher und Stifte? Erinnern Sie sich an Bleistifte mit Radiergummis? An diese alten Rechenmaschinen und was weiß ich noch alles?

Es war buchstäblich in bar. Es war ein reines Bargeldgeschäft. Meine Aufgabe war es, die Mieten auszugleichen, das Geld zu zählen und alles in Ordnung zu bringen. Deshalb habe ich auch heute noch mein Geld in Ordnung gebracht. Das schreibe ich ihm zu. Man merkt die Liebe darin. Meine Hunderter bleiben bei den Hundertern. Alles geordnet. Ich habe keine Kontrollprobleme. Ich habe keine Zwangsstörung. Ich möchte nur, dass mein Geld geordnet ist. Das habe ich als Kind immer gemacht.

Stapel und Stapel von Geld... Ich habe es geleckt. Ich habe es geliebt.

Ich liebte es, wie es roch. Ich liebte es, wie es schmeckte.

Ich habe in den Sommern meiner Collegezeit sogar in einer Bank gearbeitet, weil ich Geld liebe. Ich liebte es, wenn die Lastwagen von Brinks vorbeikamen. Ich ging mit ihnen hinein und spielte mit all den Juwelen und dem Geld. Das habe ich von ihm gelernt.

Aber es wurde zu dieser Polarisierung in Bezug auf Geld aufgrund dessen, was ich über meine Mutter dachte, was Sie bis nächstes Jahr hören würden, wenn ich damit anfangen würde. Sie war in meiner Facilitation meine beste Ressource für mein bestes Stand-up-Comedie-Zeug. Ich habe so viel von ihr gelernt.

Ich musste mich mit ihm einigen und ihm zustimmen, während ich mich ihr widersetzte und auf sie reagierte, und dadurch entstanden all diese verschiedenen Lügen über Geld. Ich musste das, was er zu mir sagte, auf eine Weise aktualisieren, aber auch das, was sie für mich war, auf eine andere Weise verwirklichen.

Und wenn man eine zweigeteilte Realität verwirklicht, erhält man nichts als eine Katastrophe und eine Krise.

All die zweigeteilten Realitäten, die inkongruenten Realitäten, die Sie finanziell als das „Was" Ihrer Realität leben, können wir das zerstören und unkreieren?

Die Teilnehmer: Ja.

Dr. Lisa: Right, wrong, good and bad, POD and POC, all nine, shorts, boys and beyonds®.

Dr. Lisa: Alles, was hoch und runter bringt und wer auch immer es ist, der diese zweigeteilten Realitäten besitzt, denen Sie sich angeglichen und zugestimmt und widerstanden und als die Ihren reagiert und Ihre gegenwärtige finanzielle Realität tatsächlich kreiert haben, können wir das zerstören und unkreieren und die ewige Verpflichtung dazu widerrufen, aufheben, zurücknehmen, aufkündigen, abschwören, anprangern, zerstören und unkreieren?

Die Teilnehmer: Ja.

Dr. Lisa: Right, wrong, good and bad, POD and POC, all nine, shorts, boys and beyonds®.

All die schwingenden, virtuellen Realitäten, die Sie kreiert haben und die mit ihnen in Verbindung stehen, die „Wers", jene „Wers" dieser Realitäten, können wir diese schwingenden, virtuellen Realitäten zerstören und unkreieren?

Die Teilnehmer: Ja.

Dr. Lisa: Right, wrong, good and bad, POD and POC, all nine, shorts, boys and beyonds®.

Dr. Lisa: Können wir Sie ein bisschen mehr aus ihnen herausziehen, etwa 1°?

Right, wrong, good and bad, POD and POC, all nine, shorts, boys and beyonds®.

All die geheimen, versteckten, unsichtbaren, verdeckten, ungesehenen und uneingestandenen, unausgesprochenen, nicht enthüllten Agenden für das, was, Ihre Mutter, Ihr Vater, Ihre Schwester, Ihr Bruder, Ihre Tante, Ihr Onkel, Ihre Großmutter, Ihr Großvater, Ihr italienisch-irisches Erbe oder welches Erbe auch immer Sie tragen, können wir zerstören und unkreieren?

Die Teilnehmer: Ja.

Dr. Lisa: Right, wrong, good and bad, POD and POC, all nine, shorts, boys and beyonds®.

Können wir bei fünf die algorithmische, mechanische, roboterhafte Verschmelzung Ihrer finanziellen Realität, die nicht einmal die Ihre ist, unterbrechen?

Die Teilnehmer: Ja.

Dr. Lisa: Eins, zwei, drei, vier, fünf! Eins, zwei, drei, vier, fünf! Eins, zwei, drei, vier, fünf! Eins, zwei, drei, vier, fünf! Eins, zwei, drei, vier, fünf! Eins, zwei, drei, vier, fünf! Eins, zwei, drei, vier, fünf!

Können wir es mit angehängtem Bewusstsein an den Absender zurückschicken und die vibrierende, virtuelle Realität des ‚Was‘, das nicht das Ihre ist, abziehen oder den finanziellen Scharfsinn und die Intelligenz und Brillanz, die Sie wirklich sind, zurückziehen, damit Sie das ‚Was‘, das Ihre finanzielle Realität wirklich ist, als das unendliche Wesen, das Sie wirklich sind, verwirklichen können?

Die Teilnehmer: Ja.

Dr. Lisa: Können wir alles, was das hoch- und runterbringt, zerstören und unkreieren?

Die Teilnehmer: Ja.

Dr. Lisa: Right, wrong, good and bad, POD and POC, all nine, shorts, boys and beyonds®.

Auf vier, eins, zwei, drei, vier. Öffnen Sie die Tür zu einer neuen Möglichkeit.

Right, wrong, good and bad, POD and POC, all nine, boys and beyonds®.

Auf was, auf wem basiert Ihre finanzielle Realität? Wahrheit.

Teilnehmer: Meine Mutter.

Dr. Lisa: Meine Mutter! Wer noch??

Teilnehmerin: Mein Papa

Dr. Lisa: Mein Papa.

Teilnehmer: Meine Gemeinde.

Dr. Lisa: Ihre Gemeinde. All die Mütter, all die Väter und all die Gemeinschaft von Menschen, von denen Sie dachten, dass sie klüger sind als Sie, dass Sie ihre finanzielle Realität so annehmen möchten wie Sie, können wir das dem Absender mit Bewusstsein angehängt zurückschicken?

Die Teilnehmer: Ja.

Dr. Lisa: Nehmen Sie es jetzt aus Ihrem Körper und zerstören und unkreieren Sie es.

Right, wrong, good and bad, POD and POC, all nine, shorts, boys and beyonds®.

Für mich war das „Was" mit meinem Vater: „Verdammt, ich freue mich, Milliarden von Dollar zu verdienen". Das ‚Was' mit meiner Mutter war: „Verdammt, ich wäre froh, wenn ich verbittert wäre und jemanden bezahlen lassen würde und bezahlen und bezahlen und bezahlen und bezahlen und bezahlen und bezahlen lassen würde."

Right, wrong, good and bad, POD and POC, all nine, shorts, boys and beyonds®.

Darüber lachen Sie alle. All die Sklavenbesitzer, die Sie in irgendeinem Leben, in irgendeiner Dimension, in irgendeinem Körper und in irgendeiner Realität waren, um jemanden bezahlen zu lassen und bezahlen und bezahlen zu lassen, können wir sie zerstören und unkreieren?

Die Teilnehmer: Ja.

Dr. Lisa: Right, wrong, good and bad, POD and POC, all nine, shorts, boys and beyonds®.

Wessen finanzielle Realität sind Sie?

Right, wrong, good and bad, POD and POC, all nine, shorts, boys and beyonds®.

Überall dort, wo die finanzielle Realität Ihrer Mutter oder Ihres Vaters oder Ihrer Gemeinde oder wer auch immer die finanzielle Realität ist, dass Sie das «Wer» sind, ist das Schloss und Sie sind der Schlüssel.

Sie sind das Schloss und das ist der Schlüssel.

Wir stecken das Schloss in den Schlüssel und den Schlüssel in das Schloss und alle Schlösser und alle Schlüssel und alle Schlüssel und alle Schlüssel und alle Schlüssel in die Schlösser und die Schlösser und die Schlüssel und alle Dämonen und die Entitäten, die Sie beschäftigt haben. Wenn Sie glauben, dass es eine gute Idee war, sie weiterhin in dieser zweigeteilten Realität dieser Schlösser und Schlüssel einzusetzen, dann Wahrheit, wer seid ihr alle?

Truth who are you all?[1]

Truth, and before that and before that and before that and before that and before that and before that and before that and before that and before that and before that and before that and before that.

Who will you be after that and after that and after that and after that and after that and after that and after that and after that? The deal is done. Your services are no longer requested, required, desired, wanted or needed. You get to leave now. Be free.

Take all your electromagnetic imprinting, chemical imprinting, biological imprinting, financial imprinting, chemical imprinting, neurotransmitter imprinting, cellular imprinting, financial imprinting, cash imprinting, money imprinting, and leave now.

---

[1] Das Clearing bleibt auf englisch, weil es laut Gary Douglas, dem Gründer von Access Consciousness, nur auf Englisch wirkt

Alle, die den Mächten der Finsternis um das Geld herum Treue schwören, können wir es zerstören und unkreieren?

Die Teilnehmer: Ja.

Dr. Lisa: Right, wrong, good and bad, POD and POC, all nine, shorts, boys and beyonds®.

Dr. Lisa: Schloss in den Schlüssel und den Schlüssel ins Schloss und das Schloss in den Schlüssel und den Schlüssel ins Schloss und lassen Sie es frei.

Right, wrong, good and bad, POD and POC, all nine, shorts, boys and beyonds®.

Leicht oder schwer, mehr Raum, weniger Raum? Wir sind noch nicht beim „Was" angelangt.

All die Lügen, in die Sie sich einkaufen, um das „Wer" hier zu behalten und nicht Sie hier, könnten wir die zerstören und unkreieren?

Die Teilnehmer: Ja.

Dr. Lisa: 1% mehr.

Right, wrong, good and bad, POD and POC, all nine, shorts, boys and beyonds®.

All die Projektionen, Trennungen, Erwartungen, Verbitterungen, Ablehnungen, das Bedauern über das „Was", das Sie aus Ihrer finanziellen Realität gemacht haben, die nichts mit Ihnen zu tun hatte und die Sie davon abhalten, als Sie selbst zu existieren, so dass Sie niemals finanziell so frei sein werden, wie Sie geboren wurden, können wir es zerstören und unkreieren?

Die Teilnehmer: Ja.

Dr. Lisa: Right, wrong, good and bad, POD and POC, all nine, shorts, boys and beyonds®.

Teilnehrmer 1: Wenn Sie fragen, wem es gehört, bekomme ich alle außer mir.

Ich sitze hier und denke: „Ich kaufe die finanzielle Realität aller anderen, nur meine nicht. Was zum Teufel ist meins?" Mein ganzes Gehirn sagt: „Ich habe keine Ahnung."

Die Suche nach einer Antwort ist nur eine Einschränkung.

Wenn es die Energie der Leere gibt, was macht man dann damit?

Dr. Lisa: Ausgezeichnete Frage. Diese Energie der Leere ist eigentlich der Raum und die Energie und das Bewusstsein, sich der finanziellen Realität zu öffnen, indem man sich bewusst wird, dass nichts war Ihre finanzielle Realität - also ist es jenseits davon.

Teilnehmer: Absolut.

Dr. Lisa: All das Jenseits, das Kreieren des Jenseits, das ewige Jenseits, das Sie in der finanziellen Realität aller anderen hält und das Sie Sie nennen, können wir das jetzt sofort widerrufen, aufheben, zurücknehmen, aufkündigen, aufkündigen, zerstören und unkreieren?

Die Teilnehmer: Ja.

Dr. Lisa: Auf drei, eins, zwei, drei. Auf drei. Eins, zwei, drei. Auf drei. Eins, zwei, drei.

Right, wrong, good and bad, POD and POC, all nine, shorts, boys and beyonds®.

Wahrheit, wenn jedermanns Realität Ihre finanzielle Realität ist, was lieben Sie dann daran, der Hamster, der Speicher, der Behälter für die interessante Ansicht der anderen über Geld zu sein und nie Sie selbst in der Nähe von Geld zu sein?

Teilnehmerin: Alles, was ich statt Horten hören konnte, war Hurerei.

Dr. Lisa: Sehr gut. Was lieben Sie daran?

Right, wrong, good and bad, POD and POC, all nine, shorts, boys and beyonds®.

Hören Sie zu. Die Hure bekommt das Geld.

Teilnehmerin: Ich weiß. Ich bin vielleicht eine Schlampe. Ich bin so falsch für die Hure.

Dr. Lisa: Eine Schlampe bekommt alles, überall.

Was auch immer die Unbewußtheit ausmacht, gib mir meinen Körper, um die Hure und die Schlampe zu sein, die ich wirklich in dieser Realität für alle Ewigkeit bin.

Right, wrong, good and bad, POD and POC, all nine, shorts, boys and beyonds®.

Und wäre es in Ordnung, wenn Sie die Hure und die Schlampe wären und das Ihre finanzielle Realität wäre, d.h. die Hure bekommt das Geld und die Schlampe bekommt alles?

Teilnehmerin: Ja.

Dr. Lisa: Wir kommen auf das „alles empfangen" zu sprechen, wenn ich über die Lüge Nr. 3 spreche - den bewertenden Teil des Geldes -, aber ich möchte das noch einmal für eine Sekunde erwähnen.

Right, wrong, good and bad, POD and POC, all nine, shorts, boys and beyonds®.

Dr. Lisa: Also die Hure - genau da - das hat Ihnen etwas eröffnet. Aber Sie haben dann auch sich selbst bewertet, denn überall dort, wo diese Realität etwas wie eine Hure sagt, ist Energie vorhanden.

Was ist eine Hure? Eine Schlampe. Was ist eine Schlampe? Eine Hure.

Teilnehmerin: Eine billige Hure.

Dr. Lisa: Eine billige Hure, genau.

Wir können also in dieser Sache immer wieder hin- und hergehen und hin- und hergehen und hin- und hergehen, aber Sie werden nie behaupten, besitzen und anerkennen, dass in der Hure eine Energie steckt, die eigentlich Ihre finanzielle Realität ist.

Ich habe Ihnen von mir und meinem Vater im Büro erzählt. Überall liegt Geld herum. Ich lecke es gerne. Ich schmiere es mir überall hin. Ich schlafe damit - wissen Sie, was ich meine? Ich zähle es auf. Ich halte es in der Hand. Ich weiß, wie sich $1.000 anfühlen.

Ich weiß, wie viel es wiegt. Ich weiß, wie sich $10.000 anfühlen. Ich weiß, wie sich $100.000 anfühlen. Ich weiß, wie es sich anfühlt, einen Scheck über 300.000 Dollar zu bekommen. Ich weiß, wie dicht er ist. Ich weiß, wie viel es einen Raum füllen würde, um Milliarden von Dollar zu bekommen.

Das ist eine Hure. Ich bin besessen.

Teilnehmerin: Ich bin besessen von Geld.

Dr. Lisa: Ich weiß, aber wir machen das falsch.

Wo immer wir das also falsch machen, entwickeln wir statt einer Stärke eine andere Ansicht.

Es ist Wahnsinn, was wir uns selbst antun.

Und dann sperren wir uns selbst aus, weil diese Realität sagt, dass eine Hure etwas Falsches ist. Das wollte ich natürlich nicht sein, denn das zu sein, bringt all die Bewertungen zurück, auf die ich in Lüge Nr. 3 eingehen werde.

Right, wrong, good and bad, POD and POC, all nine, shorts, boys and beyonds®.

Was ist es, das die finanzielle Realität aller anderen realer macht als Ihre finanzielle Realität?

Als Sie?

Können wir alles, was das hoch- und runter lässt, zerstören und unkreieren?

Die Teilnehmer: Ja.

Dr. Lisa: Right, wrong, good and bad, POD and POC, all nine, shorts, boys and beyonds®.

Dr. Lisa: Dass Sie Sie sind, ist die Gabe, die Energie, den Raum und das Bewusstsein der finanziellen Realität des Planeten zu verändern, ganz zu schweigen von Ihrer finanziellen Realität und der Zukunft dieser Erde, denn Sie sind derjenige, der in diesen Kursen sitzen und sich dieses Zeug anschauen wird.

Selbst 1° kann die Erde um ihre Achse drehen und kippen.

Right, wrong, good and bad, POD and POC, all nine, shorts, boys and beyonds®.

Leichter, schwerer, mehr Raum, weniger Raum, etwas anderes

Teilnehmer: Es ist leichter. Es ist großartig.

Es bedeutet, bereit zu sein, das zu sein und es dann zu verstecken, richtig?

Dr. Lisa: Genau.

Teilnehmerin: Bereit sein, es zu sein und Schuldgefühle zu haben.

Ich habe eine Woche in Kalifornien und Vegas verbracht und ich war wie eine Hure im Sinne von Geld und Freude und Leichtigkeit und Spaß. Ich aß mit den schicksten, coolsten und verrücktesten Leuten zu Abend und dann sagte ich: „Oh, warte, aber ich sollte besser still sein. Oh warte, aber ich sollte besser nicht so aufgeregt und fröhlich über die Realität sein, die ich gerade kreiert habe."

170

Teilnehmerin: Ich fühle mich wie „Ich bin alleinerziehende Mutter". Ich sollte besser nicht zu viel Spaß haben"

Dr. Lisa: Zweigeteilte Realität.

Teilnehmerin: Genau.

Dr. Lisa: Ich kann also in Vegas sein, weil, wissen Sie, „Was in Vegas passiert, bleibt in Vegas, Baby", richtig? Und Sie können es in Kalifornien tun, weil Sie wissen, dass jeder in Kalifornien einfach tut, was er will. Sie kennen diesen verdammten Staat. Aber wenn Sie dann hier nach Colorado kommen, heißt es: „Ich bin eine Mutter. Ich fühle mich so beengt, dass ich nicht atmen kann."

Right, wrong, good and bad, POD and POC, all nine, shorts, boys and beyonds®.

Also die Enge, die Sie kennen - wem gehört sie und was ist sie?

Teilnehmerin: Nicht meine.

Dr. Lisa: Es ist nicht Ihre, also spielt es keine Rolle. Hören Sie auf zu versuchen, es zu ändern. Hören Sie auf zu versuchen, es zu sein. Seien Sie Sie selbst.

Teilnehmerin: Oh, das Verstecken ist nicht einmal meins.

Dr. Lisa: Das Verstecken ist nicht einmal Ihres.

Teilnehmerin: Okay, das hat es geändert.

Dr. Lisa: Wie viele Leute kennen Sie, die ihr Geld verstecken, und wie viele von Ihnen verstecken Ihr Geld?

Teilnehmerin: Ja.

Dr. Lisa: Hätten Sie das in Ihrer Brieftasche aufbewahrt (Stapel von 100ern in einer goldenen Geldklammer auf dem Tisch) und nicht gezeigt, dass Sie es haben, aus Angst, jemand hätte es genommen?

Right, wrong, good and bad, POD and POC, all nine, shorts, boys and beyonds®.

Hätten Sie das nicht rausgelegt und gezeigt, weil Sie Angst vor den Bewertungen gehabt hätten, die Sie erhalten würden?

Right, wrong, good and bad, POD and POC, all nine, shorts, boys and beyonds®.

Wären Sie also bereit, sogar noch 1% mehr von dem „Wer", das Sie finanziell verwirklicht haben, aufzugeben?

Die Teilnehmer: Ja.

Dr. Lisa: Right, wrong, good and bad, POD and POC, all nine, shorts, boys and beyonds®.

Jetzt das ‚was'. Was sind Sie, wenn Sie die Gemeinschaft sind - Ihre Mutter, Ihr Vater, das Verstecken, das Nicht-Teilen - all die Dinge, über die wir gesprochen haben.

Was sind Sie? Wahrheit.

Was sind Sie mit Geld, wenn Sie im „ Wer „leben?" Sie leben im „Wer-Dorf", das heißt im „ Scheißdorf"

Teilnehmerin: Nun, ich bin definitiv nicht ich selbst, aber es ist, als wäre ich die von allen anderen—

Dr. Lisa: Was sind Sie? Sie sind die Gedanken und Gefühle aller anderen. Und wenn sich das verwirklicht, was ist das dann?

Teilnehmerin: Eine Lüge..

Dr. Lisa: Es ist eine Lüge. Es ist nicht wahr.

Teilnehmerin: Das bin nicht ich.

Dr. Lisa: Sie sind nicht Sie.

Also all die Arten, wie Sie eine Lüge sind, die nicht wahr ist, die nicht Sie sind, und wie Sie das Ihr Bankkonto nennen, Ihr Nettovermögen, können wir das zerstören und unkreieren?

Die Teilnehmer: Ja.

Dr. Lisa: Right, wrong, good and bad, POD and POC, all nine, shorts, boys and beyonds®.

Aber, buchstäblich, was sind Sie, wenn Sie eine Lüge sind? Wie zeigt es sich für Sie? Was sind Sie?

Teilnehmerin: Eine Sklavin?

Dr. Lisa: Eine Sklavin. Okay. Und was sind die Haltung, die Eigenschaften, die Merkmale eines Sklaven?

Teilnehmerin: Arbeitet für andere.

Dr. Lisa: Arbeitet für andere. Kann nicht haben. Was noch?

Teilnehmerin: Leidet.

Dr. Lisa: Leidet. Oh, der Märtyrer. Ich liebe es.

Teilnehmerin: Müde.

Dr. Lisa: Müde. Eingeschnürt. Das ist das ‚Was‘.

Hier sind Sie also das ‚Wer‘ - Ihr Vater, Ihre Mutter, die Gemeinschaft, die Welt, richtig?

Und jetzt sind Sie das „Was", das der Sklave ist, der „Ich kann nicht, ich will nicht".

Wir hatten ein wenig Leichtigkeit, und jetzt ist es wie „Wahhh...", aber als ich diesen Geldbündel herausholte und mit ihm winkte, waren alle glücklich.

Dieses „Was" ist eine Lüge. Und ‚wer‘ ist es, ist nicht einmal Ihres, aber Sie verwirklichen es und Sie leben es. Dann werden Sie also zum Sklaven. Die Verengung. Der Kranke. Der chronisch Kranke, der müde ist. Das „Egal, wie sehr ich mich anstrenge... ich habe so viel getan... alles sollte sich inzwischen schon verändert haben. Ich habe so viel Geld ausgegeben."

Right, wrong, good and bad, POD and POC, all nine, shorts, boys and beyonds®.

Wissen Sie, was passiert, wenn Sie glauben? Sie lassen Ihren Körper zurück.

Also all das ‚Was' - diese einengende Energie - für die Sie alles riskieren würden und für die Sie Ihren Körper zurücklassen würden, können wir es zerstören und unkreieren?

Die Teilnehmer: Ja.

Dr. Lisa: Right, wrong, good and bad, POD and POC, all nine, shorts, boys and beyonds®.

All die Schwingungsrealitäten, die gefälschten künstlichen Realitäten, die Sie darunter und darunter und darunter und darunter und darunter und darunter und darunter und darunter und darunter und darunter und darunter und unter dieser Gruppe - darunter und darunter. Darunter und darunter und darunter und darunter und darunter und darunter und darunter - und alle Implantate und Explantate, geheime und unsichtbare, verdeckte, versteckte, uneingestandene, unausgesprochene, nicht offenbarte Agenden darunter und darunter und darunter und darunter und darunter und darunter und darunter und darunter.

Ich tue das nicht nur zum Spaß. Ich warte darauf, dass sich diese Energie ein wenig verschiebt.

Darunter und darunter und darunter und darunter und darunter und darunter. Ich bin nicht wie ein Plattenspieler, der ohne Grund feststeckt. Und drunter und drunter und drunter und drunter und drunter - können wir es zerstören und unkreieren?

Die Teilnehmer: Ja.

Dr. Lisa: Right, wrong, good and bad, POD and POC, all nine, shorts, boys and beyonds®.

Und können wir all die Leute entlassen, die Sie eingestellt haben, weil sie dachten, das wäre klug gewesen?

Teilnehmer: Ja.

Dr. Lisa: Dann feuern Sie sie alle - und Ihr Abfindungspaket besteht darin, dass Sie tatsächlich Ihre finanzielle Realität kreieren können. Und wen zum Teufel kümmert's, was mit ihnen passiert? Schicken Sie sie mit angehängtem Bewusstsein an den Absender zurück.

Was ist also diese Energie, als ich sagte: „Wen zum Teufel kümmert's, schicken Sie sie an sie zurück? Was war das für eine Energie?

Teilnehmer: Man soll sich kümmern.

Dr. Lisa: Sie sollen sich um andere kümmern, okay.

Überall dort, wo Sie dachten, es sei schlecht oder falsch oder wir würden einen dämonischen Tod über sie heraufbeschwören, können wir sie zerstören und unkreieren?

Die Teilnehmer: Ja.

Dr. Lisa: Right, wrong, good and bad, POD and POC, all nine, shorts, boys and beyonds®.

Dr. Lisa: Im Grunde genommen sagen Sie nur: „Kümmern Sie sich um Ihren eigenen Scheiß. Ich habe ihn lange genug für Sie getragen. Aber ich wähle mich. Ich verpflichte mich zu mir. Ich arbeite mit dem Universum zusammen, das sich verschworen hat, mich zu segnen, und ich kann mich nicht damit beschäftigen, dass du auf mir lastest. Ich kreiere."

Right, wrong, good and bad, POD and POC, all nine, shorts, boys and beyonds®.

Überall dort, wo das «Was» Ihrer finanziellen Realität, das Ihnen von wem auch immer gesagt wurde, dass, wenn Sie sich tatsächlich um sich selbst kümmern würden, Sie sich nicht um sie kümmern würden, können wir das zerstören und unkreieren?

Die Teilnehmer: Ja.

Dr. Lisa: Sprechen Sie über eine zweigeteilte Realität.

Right, wrong, good and bad, POD and POC, all nine, shorts, boys and beyonds®.

Da kommt diese Selbstwert- und Nettowert-Sache ins Spiel.

Right, wrong, good and bad, POD and POC, all nine, shorts, boys and beyonds®.

Denn ich weiß selbst, dass, wenn ich für mich wähle, mich für mich engagiere und mit dem Universum zusammenarbeite, wenn ich mich verschworen habe, um mich zu segnen, und wenn ich kreiere, ich mich um alle kümmere, auch um mich selbst.

Aber ich bin eigentlich sogar noch klüger, und ich weiß, wenn jemand etwas zu mir sagt, dass er sich entweder tatsächlich ändern will oder mich einfach nur belügt.

Kennen Sie den Unterschied?

Was ich damit meine, ist, dass überall dort, wo Sie sich entscheiden, jemandem zu helfen, wenn er Sie nicht um Hilfe gebeten hat, wird er Sie hassen. Und dann wird das an Ihnen haften bleiben wie Klebstoff.

All ihr Hass, all ihre Projektionen, all ihre Trennungen, all ihre schlussfolgernden Realitäten, die Sie in Ihren Körper eingeschlossen haben und die das „Wer" und das „Was" zu Ihrer finanziellen Realität machen, weil Sie stärker, klüger, besser, übersinnlicher, gewahrer, bewusster sind - können wir das zerstören und unkreieren?

Die Teilnehmer: Ja.

Dr. Lisa: Right, wrong, good and bad, POD and POC, all nine, shorts, boys and beyonds®.

Dr. Lisa: Und all die Eide, Gelübde, Lehnseide, Blutseide, Verpflichtungen, Vereinbarungen, bindenden und verpflichtenden Verträge dazu, können wir es zerstören und unkreieren?

176

Die Teilnehmer: Ja.

Dr. Lisa: Right, wrong, good and bad, POD and POC, all nine, shorts, boys and beyonds®.

Was ist nötig, damit wir alle damit aufhören, uns zu erlauben, die Kapazität unseres Gewahrseins zu nutzen, um nur das zu teilen, was jemand hören kann, und damit aufzuhören, anderen zu helfen, die eigentlich nicht das empfangen wollen, was wir anbieten können?

Right, wrong, good and bad, POD and POC, all nine, shorts, boys and beyonds®.

Waren Sie schon einmal in Situationen, in denen Sie so viel geben, und Sie geben so viel und Sie geben so viel, und dann geben Sie immer weiter, und Sie glauben, dass die Person tatsächlich zuhört?

Und Sie glauben, dass Sie tatsächlich helfen, aber es ist, als würden sie direkt durch Sie hindurch sprechen?

Sie nehmen nichts von dem auf, was Sie sagen, und dann gehen sie hin und tun sowieso, was sie tun wollen? Genau davon spreche ich hier.

Sie nehmen nichts von dem auf, was Sie sagen, und dann gehen sie hin und tun sowieso, was sie tun wollen? Genau davon spreche ich hier.

Jedes Mal, wenn Sie also jemandem Ihre Informationen, Ihre Hilfe, Ihr Bewusstsein aufdrängen, prallt das, was Sie tun, von ihm ab und bleibt in all ihren Bewertungen, Lügen, festen Positionen, Schlussfolgerungen, Berechnungen, Konfigurationen, Verdammungen, Einkerkerungen, Ungereimtheiten und Widersprüchen, Verheißungen und Beschwörungen auf Sie zurück, gottzillionen mal?

All Ihre kausalen Einkerkerungen, kausalen Inkarnationen, kausalen Anrufungen, kausalen Beschwörungen, kausalen Inkongruenzen und Inkonsistenzen gehen also auf Sie zurück, die Sie als das „Wer" und das „Was" Ihrer finanziellen Realitäten festhalten, all das, weil Sie helfen wollten und jemand sagte: „Scheiß auf Sie", können wir es zerstören und unkreieren?

Die Teilnehmer: Ja.

Dr. Lisa: Right, wrong, good and bad, POD and POC, all nine, shorts, boys and beyonds®.

Hat das geholfen?

Die Teilnehmer: Ja.

Teilnehmer: Mir ist aufgefallen, dass Sie einen Unterschied zwischen Bargeld und Geld zu machen scheinen. Das verstehe ich nicht.

Dr. Lisa: Right, wrong, good and bad, POD and POC, all nine, shorts, boys and beyonds®.

Da gibt es eine Menge. Sagen Sie also, ich verstehe das nicht, ich verstehe das nicht, ich verstehe das nicht.

Die Teilnehmer: Das verstehe ich nicht, das verstehe ich nicht, das verstehe ich nicht, das verstehe ich nicht.

Dr. Lisa: Gut, denn wenn Sie versuchen zu verstehen, dann stehen Sie unter der Ansicht eines anderen, und das sind nicht Sie.

Right, wrong, good and bad, POD and POC, all nine, shorts, boys and beyonds®.

Also nehmen Sie jetzt einfach die Energie von Bargeld wahr. Nehmen Sie jetzt einfach die Energie von Geld wahr.

Was ist Ihnen dort aufgefallen?

Teilnehmer: Geld fühlte sich schwerer an als Bargeld.

Dr. Lisa: Für Sie fühlte sich Geld schwerer an als Bargeld.

Teilnehmer: Geld war größer. Leichter.

Dr. Lisa: Beides?

Teilnehmer: Ja, Bargeld fühlt sich leichter an. Das Geld war noch mehr Bargeld.

Dr. Lisa: Mit Geld kann man die Welt verändern. Mit Bargeld haben Sie die Freiheit zu wählen.

Können Sie es umdrehen? Auf jeden Fall.

Sie können es drehen und wenden, wie immer es für Sie funktioniert, was immer für Sie richtig und leicht ist. Es ist nichts in Stein gemeißelt.

Ich mache einen Workshop - eine Serie von Telecalls - mit dem Titel Den Mangel des Cashflows verlieren. Eigentlich verbringe ich acht Wochen nur mit Bargeld, obwohl ich weiß, dass Bargeld Geld ist.

Es gibt einfach etwas anderes, und darauf habe ich nicht wirklich eine direkte Antwort für Sie. Ich kann Ihnen meine interessante Ansicht darlegen.

Ich weiß, dass ich Geld auf der Bank habe, und ich weiß, dass ich einen Pensionsfonds habe, und ich weiß, dass ich Investitionen habe, und ich weiß, dass ich das habe. Und ich weiß, dass ich Bargeld habe. Aber das Bargeld, das ich gerne hätte, hätte ich gerne auf eine andere Art und Weise als mein Geld. Ich hätte es gerne in meiner Brieftasche, obwohl nicht mein ganzes Geld in meine Brieftasche passen wird.

Wenn ich reise, was ich viel in der Welt tue, habe ich gerne Bargeld und zwar viel Bargeld. Es gefällt mir, immer zu wissen, dass zum Beispiel, wenn man in Indien war und die Karte gestohlen wird und man nicht in die Staaten zurückkehren kann und sie nicht wissen, dass Sie Sie sind, weil Ihr Handy nicht den Code empfängt, den sie Ihnen schicken müssen, um ihnen zu sagen, dass Sie Sie sind und dass Sie kein Geld haben und damit nirgendwo hinkommen - das ist Energie, in der ich nicht sein möchte.

Und ich war schon einmal zu oft dabei, und ich habe auch einmal zu oft Null auf meinem Bankkonto gesehen.

Ich habe also gerne Geld und ich habe gerne Bargeld. Ich spiele gerne mit beiden. Das ist meine interessante Ansicht.

Teilnehmerin: Das ist also wirklich gut. Danke für die Klarstellung, denn es bringt es woanders hin.

Mit Bargeld also, auf Ihren Punkt bezogen, stelle ich fest, dass sich Geld angenehmer und sicherer anfühlt, weil es fast nicht greifbar ist. Bargeld ist greifbar, und vielleicht, weil dort, wo ich aufgewachsen bin, diese Menge Bargeld viel Aufmerksamkeit erregt hat und man so ausgeraubt werden kann.

Zur Bank zu gehen und eine riesige Menge Bargeld zu bekommen, war so beängstigend.

Dr. Lisa: Wo sind Sie aufgewachsen?

Teilnehmerin: Venezuela.

Dr. Lisa: Ja, das kenne ich gut. Venezuela, das Land der zwei Bücher. Was Sie zeigen und was niemand weiß. Oder die Mafia oder was auch immer.

Right, wrong, good and bad, POD and POC, all nine, shorts, boys and beyonds®.

Teilnehmerin: Nachdem ich das gesagt habe, frage ich mich, ob da eine Lüge dahintersteckt, denn ich fühle mich wohl mit dem Geld, aber wenn es um Bargeld geht—

Dr. Lisa: Es gibt eine Lüge. Sie haben es gerade gesagt: „Wenn ich Bargeld herausgebe, würde es geraubt werden. Es würde gestohlen werden."

Da ist also das ‚Wer' genau da. Das ist die Lüge.

Right, wrong, good and bad, POD and POC, all nine, shorts, boys and beyonds®.

Nehmen wir an, die Lüge ist eine Radnabe und Sie glauben ihr.

Man muss die Speichen des Rades dazu bringen, diese Lüge an Ort und Stelle zu halten. Und dann muss man die Felge darumlegen, um das Rad an seinem Platz zu halten, und dann muss man den Gummi um sie herumgeben und dann müssen Sie es wieder auf der anderen Seite tun und auf der anderen Seite und auf dieser Seite, bis Sie so in Ihrer HEPAD (Behinderung, Entropie, Lähmung, Atrophie, Zerstörung) gefangen sind, was ein Access Consciousness™ Körperprozess ist. Das ist es, was Sie jedes Mal tun, wenn Sie eine fixe Ansicht einnehmen und eine Realität erzeugen, die auf Ihrer eigenen Begrenzung und schliesslich auf der möglichen Zerstörung beruht.

Sie sind so fest in Ihrer fixen Ansicht verwickelt, dass nichts anderes zu Ihnen kommen kann, als dass Sie Ihres Geldes beraubt werden. Statt „Geld kommt, Geld kommt, Geld kommt" heißt es also: „Stiehl von mir, stiehl von mir, stiehl von mir, bitte. Nehmt von mir, nehmt von mir, nehmt von mir."

Right, wrong, good and bad, POD and POC, all nine, shorts, boys and beyonds®.

All die fixen Ansichten, in die Sie sich immer wieder einschließen müssen, damit Sie den Lügen des ‚Wer' und ‚Was' über Ihr Geld glauben können, das Sie sind, das Sie in Ihrer Realität genau das verwirklichen, was Sie glauben, zu Ihnen zu kommen, und dabei Ihren Körper verlieren und zurücklassen, so dass Sie niemals Sie selbst sein können, können wir es zerstören und unkreieren?

Right, wrong, good and bad, POD and POC, all nine, shorts, boys and beyonds®.

Wären Sie bereit, 1% dieser fixen Position aufzugeben?

Teilnehmerin: Ja.

Dr. Lisa: Und was würde das für das Land Venezuela bedeuten? Was würde das für Sie bedeuten?

Was würde das jedem von diesem Punkt an in Ihrem Leben, so wie Ihnen, bringen?

Right, wrong, good and bad, POD and POC, all nine, shorts, boys and beyonds®.

Es ist wie: „Bittet und ihr werdet empfangen". Das Universum verschwört sich, Sie zu segnen. Es gibt keine Unterscheidung zwischen dem, was Sie ausgeben und dem, was es Ihnen gibt. Es gibt Ihnen genau das, was Sie sich wünschen.

Wenn Sie glauben, dass jemand Sie anlügen wird, werden Sie diese Lüge verfolgen. Wenn Sie glauben, dass Sie jemand bestehlen wird, werden Sie den Dieb anziehen. Wenn Sie glauben, dass Sie jemandem helfen müssen und dass Sie besser für ihn sorgen können, als er für sich selbst sorgen kann, wird Ihnen Ihr Zeug gestohlen oder urheberrechtlich geschützt, was auch immer.

Right, wrong, good and bad, POD and POC, all nine, shorts, boys and beyonds®.

Das sind alles fixe Positionen.

Teilnehmer: Das schränkt also auch das Empfangen ein.

Dr. Lisa: Schränkt es ein? Ja.

Wenn es ein größeres Wort für Grenzen gibt, dann stimmt das, ja. Begrenzt Sie um Gottzillionen, und um Gottzillionen, und um Gottzillionen. Da gibt es kein Empfangen. Es ist nur ein Haufen Kacke. Ihr One-Way-Ticket zu Scheiß-Co.

Right, wrong, good and bad, POD and POC, all nine, shorts, boys and beyonds®.

Gute Frage. Vielen Dank dafür.

Also, wir haben das „Wer", wir haben das „Was". Jetzt werden wir Bewertungen vornehmen.

Teilnehmerin: Ich habe eine Frage, die sich genau darauf bezieht.

Dr. Lisa: Bitte.

Teilnehmerin: Ich weiß, dass es für mich auch auf diese Betrugssache zurückgeht, wo, wenn ich mich da rausstelle, die Leute mich als Betrüger bezeichnen oder nicht sehen können, weil ich sie nicht einmal sehen lasse.

Es gibt eine ganze Reihe von Bewertungen, die zurückkommen, und wenn ich alles heimlich machen könnte, wäre das in Ordnung. Aber offen und verletzlich zu sein für all diese Bewertungen und die Kritik - da wird alles wieder schwer, obwohl ich weiß, dass das alles ein Haufen Lügen ist.

Gleichzeitig fühlt es sich wirklich herausfordernd an, es nicht die ganze Zeit zu behalten und nicht immer abzukaufen.

Dr. Lisa: Es ist alles eine Lüge, und Sie wissen das, aber es fühlt sich so wahr an.

Teilnehmerin: Richtig.

Dr. Lisa: Können wir also überall dort, wo Sie all die Lügen kaufen und sie immer noch kaufen - es ist wahr, weil sie sich so wahr anfühlen, dass Sie sie für wahr halten - das zerstören und unkreieren?

Die Teilnehmer: Ja.

Dr. Lisa: Right, wrong, good and bad, POD and POC, all nine, shorts, boys and beyonds®.

Alles um eine Bewertung herum ist eine Lüge.

Jede Bewertung ist eine Lüge, denn wenn Sie bewerten, zeigen Sie mit dem Finger und sagen, dass jemand oder etwas anderes dieses Ding ist, was Sie dann von Ihnen ablenkt, weil Sie dann diesem Ding glauben.

Aber Sie haben es von jemand anderem genommen und wollten es von ihnen entfernen, und sie haben es zu ihrem Ding gemacht, richtig? Und sie haben es von jemand anderem genommen und wollten es von ihnen entfernen, und dann nahmen sie es von ihnen und wollten es von ihnen entfernen, und dann nahmen sie es von ihnen und wollten es von ihnen entfernen.

Von vor 4,2 Billionen Jahren bis heute werden wir also damit überhäuft. Ist das nicht großartig? Das große 'kaboom!'

Right, wrong, good and bad, POD and POC, all nine, shorts, boys and beyonds®.

Was bedeutet, dass keiner von Ihnen Geld verdienen oder das Geld haben kann, das Sie wollen, weil Sie die Bewertungen lieber für wahr halten wollen.

Right, wrong, good and bad, POD and POC, all nine, shorts, boys and beyonds®.

Haben Sie ein konkretes Beispiel dafür, wie man zum Beispiel aussteigt und sich nicht versteckt und sich dann bewerten lässt? Denn ich werde Ihnen etwas zeigen.

Teilnehmerin: Ich versuche einfach nur, die Leute dazu zu bringen, Bars zu machen.

Dr. Lisa: Welches Wort hat sie verwendet?

Versuchen.

Versuchen jemanden dazu zu bringen, die Bars® zu machen, ist so, als würde man jemandem sagen, er solle sich dagegen wehren, sich für nein entscheiden, oder er solle weglaufen und nie wieder mit Ihnen sprechen.

Also hören Sie auf, es zu versuchen, und fangen Sie an zu sein.

Welche Einladung können Sie in Bezug auf die Bars® aussprechen - wenn dies das Business ist, das Sie gerne machen würden, um die Leute anzuziehen, die ähnlich wie Sie wählen würden?

Right, wrong, good and bad, POD and POC, all nine, shorts, boys and beyonds®.

Als ich zum Beispiel das erste Mal die Bars gemacht habe, waren meine Schultern oberhalb vom Massagetisch - Kontrollfreak, richtig? Nach etwa 15 Minuten oder so gingen sie hierhin. Und dann, nach etwa 30 Minuten, fingen sie an, nach unten und nach unten zu gehen, und schließlich berührten sie den Massagetisch. Ich konnte tatsächlich eine Art Entspannung oder Frieden erfahren, um das, worüber sie sprachen, zu beruhigen. So etwas in einem persönlichen Beispiel zu verwenden, wird mehr als eine Einladung sein, aber die Leute werden immer noch ihre Bewertungen über Sie haben.

Was ist also die schlimmste Bewertung, die Sie Ihrer Meinung nach empfangen würden, wenn jemand die Bars® mit Ihnen machen würde - was würde er über Ihre Bars sagen?

Erster Gedanke, bester Gedanke. Nur zum Spaß. Spielen Sie damit.

Teilnehmerin: Dass es verrückt ist.

Dr. Lisa: Es ist verrückt.

Nun, das ist es. Das ist es absolut. Es ist verrückt.

Wenn Sie das sagen - wenn Sie sich vorstellen, dass Sie jemandem einen Bars®-Kurs oder eine Bars®-Sitzung anbieten und derjenige Ihnen die Bewertung gibt, dass Sie verrückt sind - wo trifft Sie das in Ihrem Körper?

Teilnehmerin: Ich bin immer noch in meinem Kopf. Es ist schwer für mich, die Schläge irgendwo anders in meinem Körper überhaupt zu bemerken.

Dr. Lisa: Okay, hat es Sie am Kopf getroffen?

Teilnehmerin: JA.

Dr. Lisa: Fühlt es sich in Ihrem Kopf also eingeengt oder ausgedehnt an, wenn man Sie wegen der Bars® als verrückt bezeichnet?

Teilnehmerin: Es lässt mich abschalten.

Dr. Lisa: Also werden Sie eingeengt und schalten ab.

Ich möchte, dass jeder das mit mir macht, so wie ich das mit ihr mache, also suchen Sie sich eine Situation aus, in der Sie kürzlich bewertet wurden.

Jemand hat mir zum Beispiel vor kurzem eine E-Mail geschrieben und mir gesagt, dass sie mir bei Voice America nicht mehr zuhören würden. Sie wollten mich wissen lassen, dass meine Zuschauerschaft eine Person weniger sei, weil ich jemanden unterstütze, der „zu viele Mutterkomplexe" habe und sie zu lange mit ihrer Geschichte weitermachen lasse. Anscheinend mache ich in dieser Radiosendung nichts anderes, was sie sich anhören könnten, deshalb wollten sie mir mitteilen, dass sie mir nicht mehr zuhören würden.

Wenn man so eine Bewertung bekommt, ist das verrückt und dumm.

Als ich anfing, Energiearbeit zu machen - vor Access Consciousness™, als ich mich von einer lebensbedrohlichen Krankheit mit Energieheilung und Theta Healing™ heilte - hatte ich solche Angst davor, dass die Genehmigungsbehörden mich anrufen und mir die Lizenz entziehen würden, weil ich meine Hände auf Menschen legte. Das ist eine ziemlich große Bewertung. Haben Sie sich jemals einer solchen Bewertung unterzogen? Ich habe schon ein paar davon durchgemacht. Das ist kein Spaß. Also finden Sie solche Bewertungen.

Hat jeder so eine?

Nehmen Sie diese Energie, wo immer Sie sie erlebt haben, über welche Situation auch immer in Ihrem Leben, und nehmen Sie wahr, wo Sie sie in Ihrem Körper spüren. Nun dehnen Sie für einen Moment Ihre Energie des Raumes 500 Millionen Meilen aus, nach oben, unten, links, rechts, vorne und hinten, und nehmen Sie immer noch wahr, wo dieses Urteil Sie in Ihrem Kopf oder in Ihrem Körper getroffen hat.

Was auch immer es ist - Ihre größte Angst, Ihre größte Sorge - und wo auch immer es ist - atmen Sie die Energie durch Ihre Vorderseite, durch Ihren Rücken, nach rechts, nach links, nach oben durch Ihre Füße, nach unten durch Ihren Kopf ein.

Werden Sie jetzt so groß wie die Erde.

Und immer größer und größer, immer noch diese Bewertung wahrnehmend.

Jetzt ziehen Sie diese Bewertung - „Ich bin verrückt, Sie sind verrückt, Sie sind ein A-Loch, Sie sollten nicht tun, was Sie tun, Sie verdienen diese Lizenz nicht, diese Lizenz, Sie sind einfach nur narzisstisch, Sie wollen nur mein Geld, Sie sind ein Verrückter. Sie sollten erschossen, getötet, verstümmelt, gefoltert, ausgeweidet werden (das ist ein anderes Leben) - was auch immer es ist, ziehen Sie es einfach ganz durch sich hindurch.

Ziehen Sie es durch Sie hindurch und ziehen Sie es durch Sie heraus, so groß wie das Universum, und sagen Sie: „Körper, was ist jenseits davon? Körper, was ist jenseits von dem? Körper, was ist jenseits von dem? Körper, was ist jenseits von dem?"

Right, wrong, good and bad, POD and POC, all nine, shorts, boys and beyonds®.

Jetzt drehen Sie das Molekül um, wo immer Sie diese Energie in Ihrem Körper wahrnehmen, wenn sie noch vorhanden ist. Senden Sie diese Bewertung mit angehängtem Bewusstsein an den Absender zurück und sagen Sie mir, was Sie bemerken.

Leichter, ausgedehnter oder dichter und beengender?

Teilnehmerin: Viel ausgedehnter.

Dr. Lisa: Erstens, Sie haben sich nicht auf die Bewertung eingelassen. Zweitens: Sie nahmen die Bewertung auf und dehnten sie als Raum aus. Wenn Bewertung und Dichte mit Raum getroffen werden, löst sich die Dichte auf.

Die meisten von uns verengen und verteidigen sich und machen die amerikanische Sache, die die streitbare Gesellschaft ist. Wir gehen zu einem Anwalt. Richtig? Engen ein und verteidigen. Ich kriege Sie.

Teilnehmerin: Nehmen Sie Ihr ganzes Geld.

Dr. Lisa: Nehmen Sie Ihr ganzes Geld und lassen Sie bezahlen.

Anstatt das mit Bewertung zu tun, was das Wesentliche ist, sprengen wir es aus, indem wir es als Raum ausdehnen, es durch Sie hindurchziehen, Ihren Körper fragen, was jenseits davon ist, und Raum schaffen, der Ihnen dann mehr Optionen, mehr Wahlen, mehr Möglichkeiten gibt, und Sie nicht mehr im Teerbett eines anderen feststecken.

Right, wrong, good and bad, POD and POC, all nine, shorts, boys and beyonds®.

Mit Bars™ und all diesen Dingen, ja, Sie werden als verrückt angesehen werden. Auf jeden Fall werden Sie als verrückt angesehen. Nennen Sie es als verrückt. Seien Sie Ihr eigener Bezeichner der Bewertung. Die Leute werden Ihnen mehr vertrauen.

Aber tun Sie, was ich gesagt habe oder durch das ich Sie führe, denn das wird den Raum öffnen, um aus der Lüge des „Wer" und des „Was" herauszukommen, die Sie machen, die das, was Sie gerne tun - die Bars™ zum Beispiel - in Scheiße verwandeln, statt in die finanzielle Realität, die für Sie zutrifft.

Right, wrong, good and bad, POD and POC, all nine, shorts, boys and beyonds®.

Denn wann immer Sie Bewertungen aussprechen und daran glauben, verlieren Sie Geld.

Und wann immer Sie Bewertungen empfangen und sie durch das Universum wahrnehmen, so wie ich jetzt zu Ihnen spreche, gewinnen Sie Geld.

Wenn Sie in Wahl und Möglichkeit und Schöpfung und Generierung sind, fügen Sie hinzu. Wenn Sie bei den Bewertungen, Projektionen, Trennungen, Schlussfolgerungen, Erwartungen, Verbitterungen, Ablehnungen, Bedauern sind, dann sind Sie wie ein undichtes Wasserhahnteerbaby, ein Maulwurf.

Wisst ihr, was Maulwurfshügel ist?

Jeder kennt das Spiel. Es wird wieder ein Leck entstehen. Es gibt noch eine Rechnung. Die habe ich bezahlt. Es gibt noch eine. Und dann bekommt man so viel, dass man sie nicht mal bezahlen kann.

Right, wrong, good and bad, POD and POC, all nine, shorts, boys and beyonds®.

Würden Sie also alle Bewertungen, vor denen Sie Angst haben, sie zu empfangen, 1 % mehr davon empfangen, so dass Sie tatsächlich den finanziellen Wohlstand und Überfluss empfangen könnten, der wirklich der Ihre ist?

Können wir alles, was das nicht erlaubt, zerstören und unkreieren?

Die Teilnehmer: Ja.

Dr. Lisa: Right, wrong, good and bad, POD and POC, all nine, shorts, boys and beyonds®.

Solange Sie also an den Bewertungen festhalten, begrenzen Sie den Geldbetrag, den Sie haben können, und Sie begrenzen den Geldbetrag, den Sie von Menschen empfangen können. Das ist das wirklich Merkwürdige, also ist das eine weitere Lüge.

Die Lüge ist, dass Sie, wenn Sie die Bewertungen blockieren, frei sein werden.

Aber was ich damit sagen will, ist, dass Sie, wenn Sie die Bewertungen finanziell empfangen, mehr Geld, mehr Bargeld und mehr Wahlen haben werden.

Right, wrong, good and bad, POD and POC, all nine, shorts, boys and beyonds®.

Was also wollen Sie nicht wählen und was wollen Sie nicht empfangen, das, wenn Sie es empfangen würden, Ihr finanzielles Nettovermögen um das Hundertfache von einer Gottzillion erhöhen würde?

Right, wrong, good and bad, POD and POC, all nine, shorts, boys and beyonds®.

Und was wäre nötig, um jeden Tag einhundert Millionen Dollar zu kreieren? Warum verwende ich hundert Millionen? Weil da so viele Bewertungen drin sind und weil es auch so viele Möglichkeiten gibt, die man nicht einmal in irgendeiner Form,

Struktur oder Bedeutung darum herum darstellen kann. Wenn Dichte auf Raum trifft, löst sich die Dichte auf. Wenn Raum auf Dichte trifft, überwiegt der Raum. Wenn Raum vorherrscht, dann überwiegt die Wahl, die Möglichkeit, der Beitrag. Cha-ching, cha-ching, cha-ching.

Geld komm, Geld komm, Geld komm, Geld komm, Geld komm.

Sagen Sie es mit mir: „Geld komm, Geld komm, Geld komm" die Schlampe und die Hure sein, die Sie sein wollen, oder das Klo oder was auch immer von dieser Realität.

Right, wrong, good and bad, POD and POC, all nine, shorts, boys and beyonds®.

Teilnehmerin: Ist es eine Bewertung, oder ‚wer' oder ‚was', dass ich heute Abend extrem müde bin, wenn ich mir das anhöre? Eigentlich bin ich jedes Mal, wenn ich mit Geld arbeite, möchte ich mich nur zusammenrollen und schlafen gehen.

Dr. Lisa: Großartig.

Wer kuschelt sich also zusammen und schläft ein und möchte weinen und fühlt sich ermüdet, wenn es um Geld geht in Ihrem Leben? Wahrheit.

Teilnehmerin: Meine Mutter.

Dr. Lisa: Ihre Mutter. Und wie alt hat sich Ihre Mutter im Umgang mit Geld verhalten? Wahrheit.

Teilnehmerin: 12.

Dr. Lisa: Also all die Arten, wie Sie Ihrem 12-jährigen Halbwüchsigen die Verantwortung für Ihre finanzielle Realität übertragen haben - das „Wer" und das „Was" - all diese Energie, können wir sie zerstören und unkreieren, und wer auch immer es ist und was auch immer es für Sie ist?

Right, wrong, good and bad, POD and POC, all nine, shorts, boys and beyonds®.

Das Kind kann nicht einmal Auto fahren, und es ist für Ihre finanzielle Realität verantwortlich.

Right, wrong, good and bad, POD and POC, all nine, shorts, boys and beyonds®.

Lassen Sie mich das Clearing noch einmal lesen:

Was haben Sie so vital und wertvoll und real gemacht, um die Betrugspatrouillen der Finanzen, der Realität, des Geldes, der Linearität, der Beziehungen, der Familien, der Spiritualität, des Geschlechts und der sexuellen Freiheit, der Ethnizität, des Rechts, der kulturellen Trennung, der humanoiden Verkörperung und der Heilung, dass Sie durch diese Ansichten der Betrugspatrouillen immer wieder nach Ihrer Falschheit suchen lässt?

Und alles, was sie sind, wie Sie Ihre finanzielle Realität und Wahrheit nennen?

Alles, was das hoch und runter bringt, können wir es zerstören und unkreieren?

Teilnehmerin: Ja.

Dr. Lisa: Right, wrong, good and bad, POD and POC, all nine, shorts, boys and beyonds®.

Wie sieht also Ihre finanzielle Realität aus?

Wir haben die ganze Zeit über die Lügen des Geldes gesprochen - über das „Wer", das Sie sind, was Sie sind, und über die Bewertungen, die Sie sich weigern zu empfangen. Klären Sie all das, oder fangen Sie an, mindestens 1° Klarheit in all das zu bringen.

Right, wrong, good and bad, POD and POC, all nine, shorts, boys and beyonds®.

Teilnehmer: Alles zeigt sich leicht. Es ist immer da.

Dr. Lisa: Und wenn Sie sagen, dass alles leicht auftaucht, ist das Geld immer da und mehr, mehr, mehr, mehr, ist es weiträumig und sprudelnd oder ist es ein wenig dicht und ein wenig bedürftig?

Teilnehmer: Weniger Raum für mich.

Dr. Lisa: Großartig. Mehr, mehr, mehr, mehr. Gut. Es kommt leicht hoch.

Sie müssen allerdings fragen, ob es überhaupt eine Ladung hat. Wenn es schwer oder dicht ist, ist es eine Lüge.

Wenn es wie Sekt ist, wie wirklich guter Champagner, und Sie sich leicht und luftig und leicht und mit Raum, Raum, Raum fühlen, dann ist es die Wahrheit.

Hier ist Ihre Aufgabe oder Ihre „ Hausaufgabe":

Fragen Sie: „Wie sieht meine finanzielle Realität aus?" Schreiben Sie es auf und kleben Sie es auf Ihren Spiegel, oder legen Sie es auf Ihren Notizblock oder sprechen Sie es auf Ihren Audiorecorder.

Beachten Sie, ob es sich um ein „Wer" oder ein „Was" oder eine „ Bewertung" handelt. Wenn es ein „Wer" oder ein „Was" ist, dann POD und POCen Sie es. Wenn es sich um eine Bewertung handelt, lernen Sie, wie man sie empfängt, und dann POD und POCen Sie sie.

Nun stellen Sie erneut die Frage: „Wie sieht meine finanzielle Realität aus? Und das ist Ihre eigentliche Leichtigkeit.

Dann fangen Sie also an, das zu kreieren. „Was wird das kreieren, wenn ich das bin? Was wird dies kreieren, wenn ich das bin?"

Wenn Sie sich in einem „Wer" oder „Was" befinden oder sich weigern, die Bewertungen zu sehen, fragen Sie sich: „Was wird das bewirken? Es ist die gleiche Frage, aber zwei verschiedene Perspektiven.

Sie wollen die Energie, den Raum und das Bewusstsein Ihrer finanziellen Realität aktualisieren, und Sie wollen die Aktualisierung des „Wer", des „Was" und die Weigerung, die Bewertungen zu empfangen, klären, so dass Sie Ihre finanzielle Realität tatsächlich empfangen können.

"Was kann ich also heute sein oder tun, um meine finanzielle Realität sofort zu empfangen?"

Kein Wunder, dass ihr schlafen müsst. Es ist, als wüsstet ihr nicht einmal, wie eure finanzielle Realität aussieht.

Right, wrong, good and bad, POD and POC, all nine, shorts, boys and beyonds®.

Teilnehmerin: Ich höre immer wieder: „Ich bekomme nicht meine eigene Realität." Es ist diese Energie des „Ausgelöschten". Ich bekomme meine Realität nicht.

Dr. Lisa: Wann haben Sie sich also selbst ausgelöscht und entschieden, dass Sie Ihre eigene Realität nicht haben dürfen? Wie alt waren Sie da? Wahrheit.

Teilnehmerin: Drei.

Dr. Lisa: Großartig. Also all die Wege, auf denen Sie im Alter von drei Jahren aufgehört haben, Sie selbst zu sein und nie zugelassen haben, dass eine finanzielle Realität oder irgendetwas anderes aus Ihrer Realität wirklich ist, können wir das zerstören und unkreieren?

Dr. Lisa: Right, wrong, good and bad, POD and POC, all nine, shorts, boys and beyonds®.

Und die ewige Verpflichtung, immer drei Jahre alt zu bleiben und nie über die Entscheidungen, Bewertungen, Schlussfolgerungen und Berechnungen hinauszugehen, die Sie damals getroffen haben und die Sie heute noch sind, widerrufen wir, heben wir auf, fordern wir zurück, kündigen wir auf, zerstören und unkreieren wir das?

Right, wrong, good and bad, POD and POC, all nine, shorts, boys and beyonds®.

Wer waren Sie mit drei Jahren? Was waren Sie mit drei? Und welche Bewertungen haben Sie abgelehnt zu sein, dass, wenn Sie das „Wer" und das „Was" und das, was Sie mit drei Jahren wirklich sind, das 1 % und der 1° Ihrer finanziellen Realität jetzt sein würden?

Right, wrong, good and bad, POD and POC, all nine, shorts, boys and beyonds®.

Wer waren Sie also mit drei Jahren? Was waren Sie mit drei? Wahrheit. Waren Sie sorglos? Waren Sie nicht sorglos? Erster Gedanke, bester Gedanke. Denken Sie nicht über Ihre Geschichte nach.

Oder an Ihre Moral.

Right, wrong, good and bad, POD and POC, all nine, shorts, boys and beyonds®.

Und vielleicht wissen Sie es nicht. Wovon bekommen Sie ein Gefühl?

Teilnehmerin: Nur ein Gefühl der Schwere und der Dichte, von der ich mich entfernt habe.

Dr. Lisa: Großartig. Wie schlau ist es also, von der Schwere und Dichte wegzugehen? Es war eine Lüge.

Waren Sie mit drei Jahren gewahr? Haben Sie mit drei Jahren eine gute Wahl für sich getroffen?

Teilnehmerin: Nein.

Dr. Lisa: Großartig. Können Sie jetzt Dankbarkeit für Sie mit drei Jahren empfinden?

Right, wrong, good and bad, POD and POC, all nine, shorts, boys and beyonds®

Und überall dort, wo diese Dreijährige sich weigert, jetzt aufzutauchen und Sie in das Gewahrsein und die Wahrnehmung und die Stärke des Wissens zu lenken, dass sie es ist, können wir sie einladen, sich Ihnen ewig anzuschließen?

Sehen Sie sich das Lächeln auf ihrem Gesicht an.

Können wir alles, was das hoch und herunterlässt, zerstören und unkreieren?

Right, wrong, good and bad, POD and POC, all nine, shorts, boys and beyonds®.

Jetzt sage ich nicht, dass eine Dreijährige ihre finanzielle Realität sein soll, sondern dass die Dreijährige kommen soll, die eine gute Entscheidung für sie treffen kann, die sich der Schwierigkeiten, der Dichte, der Schwere, der Scheiße bewusst war.

„Ich bin raus", das ist verdammt schlau. Und das müssen Sie mit Geld sein.

"Wenn ich das kaufe, bringst du mir dann Geld ein? Wenn ich das wähle, was wird das kreieren?"

Das ist die Energie, die sie hatte. Sie hatte diese Freiheit. Sie hatte nicht diese HEPADS und fixe Positionen und Wahlen, die wir als Erwachsene jetzt treffen. Ein Tölpel. Erwachsener.

Right, wrong, good and bad, POD and POC, all nine, shorts, boys and beyonds®.

Sie müssen wählen, Sie selbst zu sein. Wählen Sie, sich selbst gegenüber zu verpflichten. Wählen Sie, mit dem Universum zusammenzuarbeiten, das sich verschwört, Sie zu segnen und wählen Sie zu kreieren.

Also, noch einmal, die Fragen lauten:

Was wird dadurch kreiert?
Wer bin ich, was bin ich?

Wenn es ein Teil Ihrer finanziellen Realität ist, dann nehmen Sie die Bewertungen entgegen und wählen Sie weiter für sich, kreieren Sie für sich, arbeiten Sie mit dem Universum zusammen, das sich verschworen hat, Sie zu segnen, und verpflichten Sie sich dann zu dem, von dem Sie wissen, dass es wahr ist - wie die Dreijährige.

Können wir alles, was das nach oben und unten bringt, zerstören und unkreieren?

Die Teilnehmer: Ja.

Dr. Lisa: Right, wrong, good and bad, POD and POC, all nine, shorts, boys and beyonds®.

Was haben Sie so vital, wertvoll und real gemacht an den Betrugspatrouillen der Finanzen, der Realität, der Geldlinearität, der Beziehungen, der Familie, der Spiritualität, des Geschlechts und der sexuellen Freiheit, der Ethnizität, des Rechts, der kulturellen Trennung, der humanoiden Verkörperung und der Heilung, die Sie durch sie und alles, was sie sind, auf der Suche nach Ihrer Falschheit halten?

Werden Sie alles, was das ist, Gottzillionen mal zerstören und unkreieren?

Right, wrong, good and bad, POD and POC, all nine, shorts, boys and beyonds®.

Ich möchte Ihnen ein paar Fragen stellen......

Wie können Sie mit dem Geld, das Sie haben, Geld kreieren und generieren?

Right, wrong, good and bad, POD and POC, all nine, shorts, boys and beyonds®.

Und wie können Sie mit dem Bargeld, das Sie haben, Bargeld kreieren und generieren?

Können wir alles, was das hoch und runter lässt, zerstören und unkreieren?

Die Teilnehmer: Ja.

Dr. Lisa: Right, wrong, good and bad, POD and POC, all nine, shorts, boys and beyonds®.

Und was sind Sie nicht bereit zu tun oder zu sein, um alles, was Sie sich wünschen, mit absoluter Leichtigkeit zu haben?

Werden Sie alles, was hoch und runter bringt, zerstören und unkreieren?

Right, wrong, good and bad, POD and POC, all nine, shorts, boys and beyonds®.

Und wie viel Geld ist der grösste Geldbetrag, den Sie beschlossen haben, den Sie haben können?

Werden Sie alles, was das ist, widerrufen, aufheben, zurückfordern, aufkündigen, vernichten zerstören und und die ewige Verpflichtung unkreieren, bei der Sie abgeschlossen, bewertet, entschieden und zu dem Entschluss gekommen sind, dass das nur der Geldbetrag ist, den Sie haben können?

Dr. Lisa: Right, wrong, good and bad, POD and POC, all nine, shorts, boys and beyonds®.

Erinnern Sie sich daran, dass Sie ein unendliches Wesen sind, das unendliche Möglichkeiten mit Phänomenanz und Brillanz schaffen kann, die diese Welt noch nicht gesehen hat?

Begrenzen Sie sich selbst nie. Engen Sie sich niemals ein. Niemals sich selbst in einen Käfig sperren. Zerstören Sie sich niemals selbst.

Und gehen Sie da raus und verdienen Sie so viel Geld und teilen Sie es mit mir.

Können wir alles, was das hoch und runter lässt, zerstören und unkreieren?

Right, wrong, good and bad, POD and POC, all nine, shorts, boys and beyonds®.

Geld komm, Geld komm, Geld komm, Geld komm, Geld komm.

Ich danke Ihnen vielmals für Ihre Zeit. Ich schätze Ihre Fragen, Ihre Verletzlichkeit und Ihr Lächeln. Danke, dass Sie Ihr Unbewusstes mit mir geteilt haben. Das hat wirklich Spaß gemacht. Ich habe mich total amüsiert!

Bleiben Sie nie in irgendetwas stecken - Sie sind großartig

Seien Sie Sie selbst, jenseits von allem und kreieren Sie Magie...

Jetzt gehen Sie und verdienen Sie etwas Geld

Dallas

Redner: Dr. Lisa ist eine erstaunliche Facilitatorin. Bei ihr dreht sich alles um Ausgrabungen und darum, den Dingen auf den Grund zu gehen. Willkommen, Dr. Lisa.

Dr. Lisa: Hallo zusammen und danke, dass Sie heute Abend gekommen sind.

Ich möchte, dass Sie sich einen Moment Zeit nehmen und Ihren Körper und Ihren Geist wahrnehmen - wie Sie sich spüren und wie Sie sich fühlen - denn nachdem ich anfange zu reden und ein paar Clearings laufen lasse und etwas von diesem Zeug um Geld herum kläre, könnte es sich in 20 oder 30 Minuten anders anfühlen- weiträumiger.

In zwei Stunden werden Sie nicht einmal mehr bemerken, dass es hier Wände gibt

Right, wrong, good and bad, POD and POC, all nine, shorts, boys and beyonds®.

Ich werde Ihnen gleich sagen, was das bedeutet.

Ich bringe zu Beginn dieser Kurse immer mein Bündel heraus, weil es Spaß macht. Ich bin wirklich besessen von Hundert-Dollar-Scheinen. Wir geben diesem Stück Papier so viel Energie, nicht wahr? Und es ist wirklich cool, eine 14-karätige Goldgeldklammer zu haben, die dieses Geld zusammenhält.

Ich sage das, weil es so viele Projektionen, Bewertungen, Ängste, Wünsche und Wut hervorruft. Und damit verdiene ich meinen Lebensunterhalt - über all diese Dinge, über so etwas zu sprechen.

Ich bringe das hier mit Absicht zuerst zur Sprache.

Darüber werden wir sprechen, über die Lügen, die daraus entstehen. Es ist buchstäblich ein Stück Papier.

Wie viele von Ihnen, mich eingeschlossen, haben sich gebogen, gefaltet, verstümmelt und zusammengeheftet, um zu versuchen, hundert Dollar oder gar einen Dollar zu verdienen?

Die Teilnehmer: Ja.

Dr. Lisa: Right, wrong, good and bad, POD and POC, all nine, shorts, boys and beyonds®.

Dr. Lisa: Wären Sie bereit, jetzt nur 1° davon loszulassen?

Die Teilnehmer: Ja.

Dr. Lisa: Ich werde also das Clearing-Statement laufen lassen. Hat irgendjemand noch nie etwas vom Clearing Statement von Access Consciousness gehört?

Wenn nicht, können Sie auf ClearingStatement.com nachsehen, ob die Worte, die ich verwenden werde und die wie Mandarin klingen, tatsächlich eine Erklärung haben. Es sind Akronyme für etwas.

Dr. Lisa: Right, wrong, good and bad, POD and POC, all nine, shorts, boys and beyonds®.

Denken Sie mal so darüber nach...

Es ist wie wenn Ihr Computer stecken bleibt und die Sanduhr oder die Mac-Kugel sich zu drehen beginnt und Sie nicht wissen, was los ist. Also drückt man Control Alt Delete, oder man drückt einfach den Power-Knopf und fährt ihn herunter. Dann starten Sie ihn neu, und plötzlich funktioniert er wieder, aber Sie haben keine Ahnung, was passiert ist.

Ist das jemandem bekannt?

Die Teilnehmer: Ja.

Dr. Lisa: Das ist es, was das Clearing Statement macht.

Sie brauchen nicht zu wissen, was passiert ist. Sie sind sich nicht wirklich sicher, was genau passiert ist, aber Sie fühlen sich ein wenig besser. Sie spüren die Dinge ein wenig besser. Sie werden ein wenig klarer.

Was auch immer der Konflikt in Ihrem Leben vorher war - die Spannung, die Schwere, die Dichte - es wird klarer und dann gibt es Raum.

Meine Lieblingsworte heutzutage sind: „Wenn Dichte auf Raum trifft, dann löst sich die Dichte auf. Wären Sie also bereit, 1° mehr von der Dichte, die Sie um Geld herum halten, aufzulösen?

Die Teilnehmer: Ja.

Dr. Lisa: Rund ums Bargeld?

Die Teilnehmer: Ja.

Dr. Lisa: Rund um Ihre Investitionen?

Die Teilnehmer: Ja.

Dr. Lisa: Dass Sie sich um Ihre Mutter kümmern?

Die Teilnehmer: Ja.

Dr. Lisa: Dass Sie sich um Ihren Vater kümmern?

Die Teilnehmer: Ja.

Dr. Lisa: Dass Sie sich um Ihren Bruder und Ihre Schwester kümmern

Die Teilnehmer: Ja.

Dr. Lisa: Ihre Generationen vor Ihnen, nur 1%, jetzt wird es schwerer, und für die Generationen nach Ihnen, nur 1%, würden Sie noch etwas mehr davon loslassen?

Die Teilnehmer: Ja.

Dr. Lisa: Right, wrong, good and bad, POD and POC, all nine, shorts, boys and beyonds®.

Ich habe gerade das Access Consciousness Clearing Statement verwendet, um das zu klären.

Ich habe eine Menge Ausbildungen gemacht. Ich habe eine Lizenz als Psychologe, Ehe-/Familientherapeut, ich habe einen Master-Abschluss in Theta Heilung™, ich bin ein zertifizierter Facilitator von Access Consciousness™, und ich bin ein Body Class Facilitator. Ich habe auch eine Ausbildung in Psychodrama/Traumdrama.

Ich sage das nicht, um mir selbst auf die Schulter zu klopfen oder damit Sie mir auf die Schulter klopfen. Ich sage es, weil ich eine lebensbedrohliche Krankheit hatte, die ich mit einer Energieheilmethode namens Theta Healing™ geheilt habe.

Mit diesen Energiemodalitäten heilte ich eine lebensbedrohliche Krankheit, nachdem der Arzt mir gesagt hatte, dass ich drei Möglichkeiten habe: es zu töten, es herauszunehmen oder für den Rest meines Lebens mit Medikamenten zu leben.

Ich sagte ihm, dass es einen anderen Weg geben müsse, und er sagte: „Es gibt keinen."

Das war das erste und letzte Mal, dass ich ihn gesehen habe.

Und ich habe noch alle meine Organe und nehme keine Medikamente.

Als ich lernte, dass ich lebensbedrohliche Krankheiten ohne Medikamente, ohne Krankenhausaufenthalte, ohne Betäubung und ohne die Hilfe anderer Menschen außer mir und meiner Wahl heilen kann, beschloss ich, als Coach, Therapeut und Psychologe, dass meine Klienten davon wissen müssen.

Natürlich hatte ich anfangs ein wenig Angst davor, Beschwerden beim Board of Behavioral Health Services in Kalifornien zu bekommen, weil man ohne eine bestimmte gesonderte Zertifizierung, die das zulässt, nicht einmal Hand an die Leute legen darf.

Ich war nervös, diesen Weg einzuschlagen, aber es machte mir nichts aus, weil ich eine Krankheit hatte. Ich lag auf der Couch und kam nicht mehr davon los. Ich hatte Schmerzen.

Ich verlor mein Business, meine Praxis, meinen Rentenanspruch, meine Ersparnisse, mein Haus - ich verlor alles, in einer Hinsicht.

War jemand von Ihnen schon einmal an diesem Punkt mit Geld, wo er nichts hat? Wo Sie tatsächlich Nullen auf Ihrem Konto haben?

Die Teilnehmer: Ja.

Dr. Lisa: Ich wünsche es niemandem, aber das ist die wahre Geschichte.

Es gab eine Zeit in meinem Leben, da hatte ich nichts als Nullen, die mich ansahen. Es gab niemanden, an den ich mich wenden konnte, es gab niemanden, den ich fragen konnte, es gab nichts, was ich noch hatte, und ich musste eine Entscheidung treffen, dass ich, egal was es mich kostete, das ändern würde, was auch immer es war, das mich kein Geld haben ließ, das nicht zuließ, dass ich Geld bekam.

Und was ich herausfand, war, dass es nichts mit irgendetwas außerhalb meines Selbst zu tun hatte.

Es hatte alles mit dem zu tun, was in mir selbst war und was meine Glaubenssysteme waren.

Ich weiß nicht, ob Sie das wissen, aber wann immer Sie etwas glauben, lassen Sie Ihren Körper zurück.

Können wir alles, was das nach oben und unten bringt, zerstören und unkreieren?

Die Teilnehmer: Ja.

Dr. Lisa: Right, wrong, good and bad, POD and POC, all nine, shorts, boys and beyonds®.

Wie viele von Ihnen sind hierher gekommen, weil Sie dachten, dies würde Ihnen endlich die Antwort auf Ihr Geldproblem geben?

Teilnehmer: Zumindest ein bisschen.

Dr. Lisa: Wenigstens ein kleines bisschen, okay. Ein kleines bisschen Ehrlichkeit.

Right, wrong, good and bad, POD and POC, all nine, shorts, boys and beyonds®.

Was sind das für Lügen über Geld, die besagen: „Irgendwas muss mit mir nicht stimmen, dass ich nicht das bekomme, was alle anderen bekommen können?"

Nun, die Wahrheit ist, mit Ihnen ist alles in Ordnung. Es ist nur eine Wahl.

Was war es an mir, das kein Geld haben konnte? Ich meine, ich habe viel Geld verdient. Ich habe viele Abschlüsse, Ausbildung, Training. Ich könnte immer arbeiten. Ich habe mit 8 Jahren mit dem Zeitungsaustragen angefangen und mit 14 bei Dunkin' Donuts gearbeitet und Donuts hergestellt.

Ich hatte immer Geld, habe immer gearbeitet, aber ich hatte nie Leichtigkeit mit Geld.

Ich habe immer jeden Penny verdient, den ich je ausgegeben habe. Wenn ich nicht arbeiten konnte, habe ich kein Geld verdient. Das habe ich schon sehr früh von meinem Vater gelernt, dankbar, obwohl es später auch einige Probleme verursachte.

Er machte immer einen Witz, wenn ich Geld brauchte. Er sagte:„Also gut, ich gehe jetzt in den Keller, zur Druckerei, und es wird auf deinem Konto auftauchen."

So aufzuwachsen, schuf eine kleine Fantasie über Geld, denn ich dachte, jeder sollte einfach in den Keller gehen, das Geld drucken, und dann würde es einfach auf meinem Konto auftauchen.

Teilnehmer: Oh, Gott.

Dr. Lisa: Als er starb, war ich im Ausland in Australien. Ich wusste nicht einmal, dass er krank war oder mich als Testamentsvollstrecker eingesetzt hatte.

Alles, was er mir jemals gegeben hatte, wurde mir in dem Moment, als er starb, vollständig weggenommen. Das ist jetzt anders, aber in diesem Moment war die ganze Art und Weise, wie ich gelebt hatte, vorbei. Keine Unterstützung, kein Plan.

Und das nach der lebensbedrohlichen Krankheit.

Mein erster Moment mit null, als ich an einer Tankstelle stand und nicht wusste, wie ich als beruflich lizenzierte, gebildete Person tanken sollte, war eine ziemliche Pille zum Schlucken. Ich habe mir buchstäblich die Augen ausgeheult, als ich versuchte herauszufinden, was zum Teufel ich tun würde. Das war mir noch nie passiert.

Das, wovon ich spreche, mag für einige von Ihnen ziemlich extrem sein, und Sie fragen sich vielleicht:„Warum zum Teufel bin ich zu dieser Person gekommen, um ihr zuzuhören, wie sie darüber spricht. Diese Erfahrung habe ich nicht."

Ich verstehe schon.

Aber ich sage den Praktizierenden, mit denen ich arbeite, immer, dass man nur so weit lehren und etwas vermitteln kann, wie man selbst gegangen ist.

Die Teilnehmer: Ja.

Dr. Lisa: Haben Sie jemals Ihre Geschichte erzählt, und sie wissen nicht das Geringste von dem, was Sie sagen, aber sie sagen Ihnen, dass sie es wissen?

Sie können es fühlen.

Es ist, als könnten Sie Ihre Hand durch sie hindurchstecken und denken: „Ja, hier sind 225 Dollar. Sie werden mich nie wiedersehen, aber ich werde bezahlen und die Lektion lernen, nicht zu Ihnen zurückzukommen"

Geld ist etwas, mit dem ich gekämpft habe - und auch etwas, in dem ich sehr erfolgreich war. Und es ist etwas, mit dem ich immer noch wachse, weil ich nicht all das Geld habe, das ich mir in der Welt wünsche.

Ich bin nicht zu 100% so eingestellt, wie ich gerne eingestellt wäre, aber ich kann Ihnen dies sagen: Ich werde es schaffen, egal was passiert - egal, was es kostet, egal, was ich zu verlieren habe, egal was ich schließen muss, egal, was ich abschalten muss, egal, wohin ich umziehen muss, egal, was ich tun muss, egal, welcher Teil der Welt mich ruft.

Ich werde wählen, was leicht und richtig ist und was für mich finanziell, emotional, spirituell und physisch am besten funktioniert.

So kommt das Geld zu Ihnen.

Geld kommt auf die Party des Spaßes. Geld kommt zu dem, was leicht und richtig für Sie ist. Geld kommt, wenn man ehrlich zu sich selbst lebt. Geld kommt, wenn man authentisch ist. Geld kommt, wenn man glücklich ist. Geld kommt, wenn Sie Bars™ laufen lassen.

Die Teilnehmer: Yay!

Dr. Lisa: Wollen Sie wissen, welches das beste Defragmentierungswerkzeug für dieses Computerproblem ist? Lassen Sie Ihre Bars™ laufen.

Ich habe es nie gemocht, Leuten zuzuhören, die facilitieren, wenn sie sagen, dass sie alles zusammen haben. Ich vertraue eigentlich nicht darauf, wenn sie alles zusammen haben und alles wissen, oder wenn sie schon einmal dort waren und das getan haben. Ich traue dem nicht. Ich vertraue auf eine authentische, echte Geschichte.

Wir haben alle etwas. Wir alle haben Gepäck.

Es gibt all diese Bereiche Ihres Lebens - körperlich, geistig, emotional, spirituell, psychologisch, psychosomatisch, psychoenergetisch, psychisch, beziehungsmäßig. Es gibt immer vier oder fünf Bereiche, die wirklich gut für Sie laufen, und dann ein oder zwei oder drei, die nicht laufen.

Für mich und für viele der Klienten, mit denen ich gearbeitet habe, sind die Bereiche, mit denen ich die größten Schwierigkeiten hatte, Geld, Körper, Gesundheit und Beziehungen.

Einige von Ihnen kennen meine Geschichte, aber ich hatte als Kind eine sehr scheußliche Geschichte mit Geld.

Als Kind wurde ich gezwungen, in New York zu modeln - und wurde während dieser Zeit prostituiert. Als ich einem Familienmitglied erzählte, was hinter den Kulissen der Modelagentur vor sich ging, sagten sie mir, ich würde lügen, und ich ließ es dabei bewenden.

Aufgrund meines Aussehens weiß ich, was ich am Geld hasste.

Ich weiß, was ich am Empfangen hasste. Ich weiß, was ich an meinem Körper hasste.

Ich kenne meine Leichen und ich weiß, was in meinem Schrank ist - die Missbräuche, die ich erlitten habe - und ich spreche jeden Tag zu 205.000 Zuhörern in der Woche in meiner Sendung Voice of America darüber, wie ich über den Missbrauch, den finanziellen Missbrauch, den sexuellen Missbrauch, die Einschränkungen und Verengungen hinausgehen kann, zu dem, was ich als radikale Lebendigkeit bezeichnet habe, was bedeutet, für sich selbst zu wählen, sich selbst gegenüber zu verpflichten, mit dem Universum zusammenzuarbeiten, das sich verschworen hat, Sie zu segnen, und dann zu kreieren.

Heute gibt es nichts mehr, was sich irgendwo unter irgendeinem Teppich versteckt. Ich fürchte mich vor nichts. Ich kann mich allem stellen. Ich habe alles verloren. Ich habe alles gewonnen. Ich bin umgezogen. Ich habe mich von meiner Praxis gelöst. Ich habe ein Business losgelassen. Ich habe es wiederaufgebaut. Ich habe es geschlossen. Ich habe es wieder gegründet.

Ich habe Bücher geschrieben. Ich habe Bücher veröffentlicht. Ich habe keine Bücher veröffentlicht.

Ich wähle einfach immer wieder, was leicht und richtig für mich ist, egal welches Trauma, welche Tragödie und welche Geschichte ich habe.

Wären Sie bereit, 1 % Ihrer Tragödie, Ihres Traumas und Ihrer Geschichte aufzugeben, die tatsächlich verwirklicht, dass Sie mit Geld nicht alles haben, was Sie sich wünschen, und während Sie vielleicht nicht alles haben, was Sie sich mit Ihrem Körper wünschen, während Sie vielleicht nicht alles haben, was Sie sich mit Ihren Beziehungen, während Sie mit Ihrem Business vielleicht nicht alles haben, was Sie sich wünschen?

1%.

Wären Sie dazu bereit?

Die Teilnehmer: Ja.

Dr. Lisa: Right, wrong, good and bad, POD and POC, all nine, shorts, boys and beyonds®.

Und all die Entscheidungen, Bewertungen, Schlussfolgerungen und Berechnungen, die Sie in einem Alter, zu einer Zeit, an einem Ort, in einer Situation oder einer Person oder mit einer Person, bekannt oder unbekannt, getroffen haben, um Sie in diese vibrierenden, virtuellen Realitäten des „Nicht genug" einzuschließen: „Ich werde nie genug haben. Ich werde nie genug tun können. Egal, wie hart ich arbeite, ich werde nie das Ziel erreichen. Es ist leichter für alle anderen, nicht für mich. Sicherlich kann sie es tun, weil sie das hat, oder er kann es tun, weil er das hat, aber ich habe das nicht."

Wären Sie bereit, jene Entscheidungen, Bewertungen, Schlussfolgerungen, Berechnungen und Konfigurationen aufzugeben, die Sie tatsächlich daran hindern, für Sie zu wählen, sich Ihnen selbst zu verpflichten, mit dem Universum zusammenzuarbeiten, sich zu Ihrem Segen zu verschwören und dann für Sie zu kreieren? 1%

Die Teilnehmer: Ja.

Dr. Lisa: Alles, was das nicht erlaubt.

Right, wrong, good and bad, POD and POC, all nine, shorts, boys and beyonds®.

Teilnehemer: Warum lassen Sie uns 1% aufgeben? Ist das eine Lüge? Ich denke alles.

Dr. Lisa: Ich mache eine Telecallserie mit dem Titel _„Losing the Lack of Cash Flow"_ (Verlust des Mangels an Cash-Flow), und der Co-Facilitator bei dem Call mit mir stellte dieselbe Frage: „Lisa, warum sagst du immer 1%?"

Ich sage 1%, denn wer kann nicht 1% aufgeben? Ich sage auch 1%, weil ich weiß, wie Humanoide funktionieren. Humanoid ist ein Begriff in Access Consciousness™, der Sie in eine andere energetische Klasse einordnet.

Teilnehmer: Exakt.

Dr. Lisa: Also 1%, weil ich weiß, was es für uns alle braucht. Wir werden motiviert, wenn wir hören, dass wir nur eine bestimmte Menge tun können. Ich weiß nicht, warum das so ist, aber realistisch gesehen kann jeder 1% erreichen. In Access heißt es, dass Humanoide durch das motiviert werden, was man ihnen sagt, dass sie nicht tun können.

Ich denke, wenn ich 1 % sage, dann weiß ich, dass Sie alle 99 % anstreben werden. Das ist die Manipulation, nicht wahr?

Right, wrong, good and bad, POD and POC, all nine, shorts, boys and beyonds®.

Es gibt jedoch verschiedene Einschränkungen und Verengungen beim Missbrauch, so dass ich in meinen anderen Kursen, die nicht die Access Consciousness™ Kurse sind, wenn ich mich mit den Feinheiten des Traumas befasse - posttraumatische Belastungsstörung und Flashbacks und eine 3-Jährige, sagen wir, die vergewaltigt wird, dann werde ich sie nicht bitten, in diesem Moment ein Humanoid zu sein.

Ich werde sie zu einer Entscheidung führen - und alles, was ich von ihnen verlange, ist, 1% aufzugeben.

Und wenn Sie jemandem, der entmachtet und gezwungen wurde, etwas zu tun, was er nicht wollte, obwohl er vielleicht einen Anteil an der lockeren Entscheidung hatte, diese Ermächtigung zurückgeben, dann ist dieses 1% ein 100%iger Anteil.

Ich weiß von diesem Moment an - plötzlich, molekular, genetisch, Schaltkreise, Neurotransmitter, die Gehirnchemie - werden sie diesen Weg nie, nie, nie, nie, nie wieder nicht mehr gehen.

Nur von diesem 1 % an, und deshalb sage ich es.

Eines der Dinge, die ich in meiner Reihe „*Kunst der phantastischen Fazilitation*" tue, ist, mit Practitionern zu arbeiten und ihnen zu zeigen, wie sie das Clearing-Statement und all diese schönen Werkzeuge, die ich Ihnen im Laufe des Abends zeigen werde, anwenden können.

Wir haben immer noch den Rest der Welt, mit dem wir reden können, und wenn Sie eine Praxis haben wollen und Leute zu sich kommen lassen wollen, können Sie sie nicht mit einer Sprache vergraulen, die sie nicht verstehen, richtig?

Die Teilnehmer: Ja.

Dr. Lisa: Also manchmal benutze ich die Access-Sprache und manchmal nicht.

1% ist meine Art, damit ich jeden abdecke - Humanoide und den Rest der Welt.

Teilnehmer: Oh, das macht Spaß.

Dr. Lisa: Es macht Spaß, nicht wahr? Weil wir alle hier sind, um mehr Bewusstsein zu wählen.

Egal, was Sie tun, ich kenne Sie nicht alle, ich glaube, Sie sind eine Art Heiler - Practitioner, Akademiker, Bewusstseinssuchende.

Ich habe das wirklich tiefe Gefühl, dass jeder von Ihnen sein eigenes ROAR (BRÜLLEN) hat - die physische Verwirklichung Ihres eigenen Tsunamis, Vulkans, Erdbebens - das in Ihnen lebt, und dass Sie, indem Sie Sie Sie sind, die Welt verändern.

Wären Sie bei Safeway, bei Whole Foods, auf Ihrem Pferd, mit Ihren Kindern, mit Ihrem Partner, mit sich selbst, in Ihren Geldströmen und in Ihrem Business bereit, 1% mehr in Ihr eigenes ROAR zu investieren, ob Sie nun zum ersten Mal davon hören oder nicht, oder ob Sie zum achten Millionsten Mal die Energie dessen, was ich sage, spüren oder nicht?

Ja?

Die Teilnehmer: Ja.

Dr. Lisa: Alles, was das nicht zulässt, werden Sie zerstören und unkreieren?

Right, wrong, good and bad, POD and POC, all nine, shorts, boys and beyonds®.

Und all die Arten und Weisen, auf die Sie nicht glauben, dass Sie überhaupt ein BRÜLLEN haben, können wir das zerstören und unkreieren?

Die Teilnehmer: Ja.

Dr. Lisa: Right, wrong, good and bad, POD and POC, all nine, shorts, boys and beyonds®.

Was hat das alles mit Geld zu tun? Es hat mit dem hier zu tun: Wahrheit, leicht oder schwer?

Leicht ist irgendwie prickelnd und ausgedehnt wie wirklich guter Champagner. Sie wissen, dass die Sprudel oben gut sind.

Teilnehmerin: Ich kann es jetzt schmecken.

Dr. Lisa: Da haben Sie es. Ich habe mit der richtigen Frau gesprochen. Die Dichte, die Schwere, ist wie in einem Ball hochzukriechen. Vielleicht spüren Sie es in Ihrem Bauch. Er ist eingeengt. Es ist eine Einschränkung.

Vielleicht werden Sie ein wenig müde oder gähnen stark.

Also, hier ist meine Frage an Sie:

Leben Sie Ihre finanzielle Realität? Wahrheit? Leicht oder schwer? Eine Menge von Ihnen.

Wenn Sie nicht die Hand gehoben haben und Ihre finanzielle Realität leben, werde ich Sie Folgendes fragen:

Haben Sie alles, was Sie sich wünschen? Wahrheit? Leicht oder schwer? Kein Richtig oder Falsch.

Teilnehmer: Schwer.

Dr. Lisa: Exakt.

Hier ist die erste von drei Fragen, die Sie immer wieder verwenden können, wenn es um Geld geht. Schreiben Sie sie auf:

1. *Wer sind Sie?*
2. *Was sind Sie?*
3. *In welche Lüge kaufen Sie sich ein?*

Also: „Wer sind Sie, was sind Sie, und in welche Lüge kaufen Sie sich ein?

Ganz einfach...

Nun, das hat vielleicht nichts mit Geld oder Bargeld oder etwas Ähnlichem zu tun, aber ich kann Ihnen sagen, dass Sie heute Abend anfangen werden, etwas zu sehen - dass das, was Sie für Ihre finanzielle Realität hielten, es nicht ist, und die Energie, die Sie in Ihre finanzielle Realität stecken, die es nicht ist.

Und Sie werden die Lüge aufdecken, die Sie wahr gemacht haben, die es aber nicht ist.

Sie werden tatsächlich anfangen, die Scheuklappen, den Umhang, das Kostüm abzulegen, das Sie auf Ihrem Bankkonto, in Ihrem Geschäft, in Ihren sexuellen Beziehungen, in Ihrer

Beziehung, in Ihrer Elternschaft, in Ihrer Beziehung zu Ihren Tieren, in Ihrer Beziehung zu Ihren Autos, in Ihrer Beziehung zur Erde getragen haben.

Und wenn Sie beginnen, den Umhang zu enthüllen, dann beginnen Sie, sich zu enthüllen.

Das ist, wenn Sie BRÜLLEN, wenn die physische Verwirklichung des Rumpelns, des Erdbebens, des Tsunamis, des Vulkans - einzig und allein Sie - beginnt, hervorzukommen.

Das ist der Zeitpunkt, an dem auch die Vorsehung sich bewegt, und die Dinge beginnen, auf Sie zuzugehen.

Es sind nicht die Parkplatzengel, die euch die Parkplätze geben, meine Freunde.

Sie sind es, die sich aufmachen, um mehr von Ihnen zu sein.

Zum Beispiel habe ich nach einer 90tägigen Kündigungsfrist alle meine Mitarbeiter entlassen.

Jedem einzelnen Mitarbeiter.

Teilnehmerin: Stellen Sie ein?

Dr. Lisa: Nicht in diesen 10 Sekunden.

Es war das grösste Risiko, das ich je eingegangen bin, für mich in Bezug auf mein Business zu wählen - weil ich etwas war, das im Business nicht funktionierte. Der Versuch, Leute dazu zu bringen, für mich zu arbeiten, hat nicht funktioniert.

Es gab eine Energie, die ich war - es war wie ein Telefonspiel. Ich sagte: „Erledige Aufgabe A", und es wurde zu etwas in Mandarin und Russisch und Spanisch, und als es mir wieder einfiel, sagten sie: „Hier, ich habe es geschafft", und ich sagte: „Aber das ist nicht genau das, was ich wollte."

Es ist eine Art extremes Beispiel, aber ich kann es so am besten erklären.

Und dann war da noch diese andere Energie, die sich um die Lüge von der Art und Weise drehte, wie ich Geld verdienen musste, nämlich indem ich mich bis auf die Knochen abrackerte. Beachten Sie, was ich von Anfang an über meinen Vater sagte: „Arbeite wirklich hart und habe keine Leichtigkeit.

Das in 90 Tagen zu tun, war nicht so eine Art Gelage und Entleerung. Es war ein sehr pragmatisches Timing. Ich würde sagen: „Wir nähern uns den 30 Tagen, hier ist, was wir erreichen müssen. Hier ist das Ziel. Lass es uns tun, ba da da da da da da." Es war die ganze Zeit sehr klar, aber ich muss Ihnen sagen, ich habe eine Scheißangst.

Absolut, total verletzlich.

Ich muss Gary Douglas danken, denn er fragte mich: „Was kostet es dich, sie zu behalten? Wie viel kostet es dich, deine Mitarbeiter zu behalten?"

„Meine Gesundheit, meine grauen Haare. Ich bekomme noch mehr."

Dann sagte ich: „Ich möchte wirklich mit dieser anderen Marketingfirma gehen, von der ich denke, dass sie mich dorthin bringen kann, wo ich wirklich hin möchte und was ich wirklich mit den Büchern, dem Zertifizierungsprogramm und all dem tun möchte, um das Trauma des von diesem Planeten zu transformieren.

„An die Arbeit, mit dir. Wie viel kostet es dich, es nicht zu tun?" Das ist Gary Douglas für Sie.

Und es war so leicht für mich, als er das sagte, aber es war auch beängstigend, denn ich weiß nicht, wie es Ihnen geht, aber ich mag es nicht, Papierkram zu erledigen. Ich mag es nicht, mein InfusionSoft-System nach einem Kontakt zu durchsuchen.

Ich weiß nicht einmal, wie ich in mein InfusionSoft-System hineinkomme.

Ich teile Ihnen das mit, weil ich das, worüber ich heute Abend mit Ihnen spreche, tatsächlich lebe. Ich weigere mich, nach der Lüge des Geldes zu leben, und ich weigere mich, weiterhin ein Sklave des Geldes zu sein. Ich weigere mich, ein Sklave des Missbrauchs zu sein, so wie ich mich weigere, ein Sklave von etwas anderem zu sein als von dem, was leicht und richtig ist und Teil meiner ROAR (Radikal Orgasmisch Lebendigen Realität) ist.

Möchten Sie sich mir also alle anschließen?

Teilnhemer: Ja.

Dr. Lisa: Und alles loslassen, was es Ihnen nicht erlaubt, 1% mehr zu leben, zu wissen, zu sein, zu empfangen und wahrzunehmen, wer Sie jenseits dieser Realität wirklich sind, und es in diese Realität zu bringen. Ja?

Teilnhemer: Ja.

Dr. Lisa: Alles, was das nicht erlaubt.

Right, wrong, good and bad, POD and POC, all nine, shorts, boys and beyonds®.

Also beachten Sie... wird es hier drinnen schwerer und dichter oder leichter und freier?

Die Teilnehmer: Leichter.

Dr. Lisa: Möchten Sie etwas fragen?

Teilnehmerin: Meine Güte, so viele Dinge.

Fangen wir mit meiner Arbeit an. Ich verdiene einen Stundenlohn, und ich hätte gerne einen Job mit einem Gehalt für große Mädchen und letztlich meine eigene Firma. Ich bin einfach sehr, sehr sauer, dass ich hier bin, obwohl ich weiß, dass ich hier sein kann.

Dr. Lisa: Wer sind Sie also, wenn Sie hier sind?

Teilnehmerin: Meine Mutter.

Dr. Lisa: Und was lieben Sie daran, in Ihrem Job Ihre Mutter zu sein? Was lieben Sie daran, sie jeden Tag mit zur Arbeit zu schleppen? Ihre Arbeitspausen mit Ihrer Mutter zu verbringen.

Teilnehmerin: Es nervt.

Dr. Lisa: Für sie zu essen.

Right, wrong, good and bad, POD and POC, all nine, shorts, boys and beyonds®.

Und wie viele von Ihnen machen dasselbe mit Ihren Müttern? Und wer sind Sie als Ihre Mama? Was lieben Sie daran, Ihre Mama zu sein?

Teilnehmerin: Es ist sicher.

Dr. Lisa: Okay. Sagen Sie mir also, was eigentlich sicher ist, wenn Sie Ihre Mutter mit sich herumtragen, für sie essen, mit ihr denken, Ihre Wahlen über Ihr Business mit ihr treffen, wenn Sie hier drüben sein wollen, Sie aber hier bleiben.

Wahrheit.

Was ist die Lüge, nach der Sie leben?

Teilnehmerin: Ich bin nicht gut genug, bis Sie das haben.

Dr. Lisa: Sie sind nicht gut genug, um das zu haben, was sie will. Sie sind nicht gut genug, um das zu haben, was Sie wollen. Wahrheit?

Right, wrong, good and bad, POD and POC, all nine, shorts, boys and beyonds®.

Möchte noch jemand 1 % von „Ich bin nicht gut genug, um zu haben, was ich will" aufgeben?

Die Teilnehmer: Ja.

Dr. Lisa: Right, wrong, good and bad, POD and POC, all nine, shorts, boys and beyonds®.

Was lieben Sie also daran, nicht gut genug zu sein, um das zu haben, was Sie wollen?

Teilnehmerin: Ich muss mich nicht anstrengen.

Dr. Lisa: Wenn Sie sich nicht anstrengen müssen, was ist dann das Beste daran?

Teilnehmerin: Sie können sich verstecken.

Dr. Lisa: Und wenn Sie sich verstecken können und sich nicht anstrengen müssen, was ist dann das Beste daran, während Sie und Ihre Mutter hinter Ihrem Schreibtisch bleiben und Ihr Gehalt, Ihren Stundenlohn, Ihren Lohn behalten? Und Sie nie da sind, wo Sie sein wollen?

Teilnehmerin: Es tut so weh.

Dr. Lisa: Ich weiß.

Alles, was ich tue, ist, mich mit ihrer Energie zu verbinden, und die Worte kommen von dort. Ich kann die Verengung in ihrer Brust spüren, und sie gibt irgendwie nach, während sie ihre Bars laufen lässt.

Right, wrong, good and bad, POD and POC, all nine, shorts, boys and beyonds®.

Aber das ist es, was wir tun.

Sie trifft eine Entscheidung darüber, dass sie nicht hat, was sie will, indem sie sich dafür entscheidet, mit dem, was ihre Mutter ist, verbunden zu bleiben. Glauben Sie, dass sich das auf ihren Geldfluss auswirken wird?

Teilnehmerin: Ja.

Dr. Lisa: Energisch? Mochte Ihre Mutter Geld?

Teilnehmerin: Nein.

Dr. Lisa: Mochte Ihre Mutter ihre Arbeit?

Teilnehmerin: Nein.

Dr. Lisa: Blieb sie bei ihrer Arbeit, wenn sie nicht bei ihrer Arbeit sein wollte?

Teilnehmerin: Sie kann sofort in Rente gehen, aber sie tut es nicht.

Dr. Lisa: Blieb sie bei ihrer Arbeit, als sie nicht bei ihrer Arbeit bleiben wollte?

Teilnehmerin: Ja.

Dr. Lisa: Genau.

Bleiben Sie an Ihrer Arbeit, wenn Sie nicht an Ihrer Arbeit bleiben wollen?

Teilnehmerin: Ja.

Dr. Lisa: Right, wrong, good and bad, POD and POC, all nine, shorts, boys and beyonds®.

Bitte gehen Sie nicht von hier weg und kündigen Sie Ihren Job, wenn Sie nichts anderes haben, es sei denn, es ist leicht und richtig für Sie, denn ich denke, es gibt auch einen Weg, pragmatisch zu sein.

Ihr Job gibt Ihnen Geld, aber Ihr Business und Ihr ROAR ist dort, wo Sie wirklich sein wollen - und das gibt Ihnen alles, auch Geld. Die meisten von uns entscheiden sich wegen des Geldes zu bleiben, und wir vernachlässigen unser Sein, indem wir wählen, was Sie wählen.

Right, wrong, good and bad, POD and POC, all nine, shorts, boys and beyonds®.

Überall wo also Ihre Mutter das Schloss, und Sie der Schlüssel sind und Sie sind das Schloss, und Ihre Mutter ist der Schlüssel. Können wir das Schloss und den Schlüssel und den Schlüssel und den Schlüssel und das Schloss und den Schlüssel und den Schlüssel und den Schlüssel und das Schloss und alle

Schlösser und alle Schlüssel für euch alle zusammensetzen und anfangen, dies zu befreien?

Teilnehmerin: Ja.

Dr. Lisa: Right, wrong, good and bad, POD and POC, all nine, shorts, boys and beyonds®.

Wissen Sie, was ein Schloss und ein Schlüssel ist? Es öffnet Dinge, also setzen wir sie alle zusammen und schließen sie auf. Wir können damit beginnen, dies aufzuschließen.

Right, wrong, good and bad, POD and POC, all nine, shorts, boys and beyonds®.

Einige von Ihnen wollen Ihre Mütter nicht verlassen. Es gab einen Film mit dem Titel „Wirf Mama aus dem Zug". Vielleicht wollt ihr ihn euch ansehen.

Es ist ein wirklich lustiger Film, aber können Sie die Energie dieses Films im Raum wahrnehmen, und Sie sind ein großartiges Beispiel. Ich danke Ihnen also, dass Sie mir erlaubt haben, Sie in Verlegenheit zu bringen, und dass Sie gewählt haben dem zu folgen, weil dies die Energie ist, die die meisten von uns in Bezug auf Geld haben.

Ich habe 15 Jahre lang in Kalifornien einen Workshop namens LEAP durchgeführt—meine eigene Kreation, die für *Life Empowerment Action Program (das Aktionsprogramm zur Ermächtigung des Lebens)* stand. Eines Tages bekamen wir ein großes weißes Blatt Papier, auf das einer meiner Assistenten Geld gezeichnet hat. Ich ließ alle einen schwarzen Stift nehmen und sagte: „Schreibt alle eure Projektionen über Geld auf - all euren Hass, all eure was auch immer."

Ich dachte, es würden vielleicht drei sein.

Oh mein Gott, ich konnte das Geld nicht einmal mehr sehen.

Da waren die schrecklichsten Sätze, die ich je geschrieben gesehen habe - und ich bin in einer sehr laut sprechenden, ätzenden Umgebung aufgewachsen.

Ich war so erstaunt über all die Bewertungen und all den Hass, die Vorurteile, die Verdammungen, die Versklavungen, die Verpflichtungen, die Eide, die Gelübde, die Lehnseide, die Blutseide und die Flüche, die jeder in Bezug auf Geld empfand.

Was hat Ihre Mutter zum Beispiel über Geld geglaubt?

Teilnehmerin: Man muss seine Seele an den Teufel verkaufen, um weiterzukommen.

Dr. Lisa: Oh Gott, ja. Melden Sie mich an, verkaufen Sie meine Seele an den Teufel.

Reiben Sie es mir unter die Nase, ja?

Das wird Sie also dazu bringen, vom Geld wegzugehen.

Right, wrong, good and bad, POD and POC, all nine, shorts, boys and beyonds®.

Und Sie tragen sie in Ihrem Herzen, und jedes Mal, wenn Sie Geld verdienen, hören Sie das: „Verkaufe deine Seele an den Teufel."

Right, wrong, good and bad, POD and POC, all nine, shorts, boys and beyonds®.

Aber wir wählen dies die ganze Zeit im Verborgenen. Sie wussten nicht, dass Sie Ihre Mutter so herumtragen, oder?

Teilnehmerin: Nein.

Dr. Lisa: Nun, würden Sie gerne mehr Geld verdienen?

Teilnehmerin: Ja.

Dr. Lisa: Denn wenn Sie das hier weiterhin mit diesem Schlüssel-Schloss-Ding aufschließen, werden Sie tatsächlich mehr Empfangen erlauben, weil Sie mir sagen, dass sie im Grunde genommen glaubte, Geld sei der Teufel.

Teufel ist im englischen rückwärts buchstabiert gelebt, Leute. Desserts ist im englischen rückwärts buchstabiert gestresst. Das ist wie ein Trick dieser Realität.

Alles ist das Gegenteil von dem, was es zu sein scheint. Nichts ist das Gegenteil von dem, was es zu sein scheint.

Right, wrong, good and bad, POD and POC, all nine, shorts, boys and beyonds®.

Aber solange wir schlafwandelnd, betäubt und anästhesiert durchs Leben gehen, müssen wir niemals unsere Jobs ändern. Wir müssen nie unsere Geldströme ändern, und Sie müssen sich nie nach dem streben, was Sie wollen.

Sie wollen etwas Großes, nicht wahr?

Teilnehmerin: Zum Teufel, ja.

Dr. Lisa: Möchte noch jemand etwas Größeres als das, was Sie haben?

Die Teilnehmer: Ja.

Dr. Lisa: Sie müssen Mama und Papa und die ganze Kultur und den Vatikan und welche Kirche auch immer, an die Sie glauben, aus Ihrem Körper herausholen, damit Sie sich hören können.

Das ist die „Wer bin ich?"-Frage. Was sind Sie jetzt?

Wenn Sie Ihre Mutter sind, ist Geld die Wurzel des inkarnierten Teufels, mal eine Gottzillion, „was" sind Sie?

Teilnehmerin: Ein Weichei.

Dr. Lisa: Okay, wenn Sie das Wort Weichei als Energie Ihres Wesens aussprechen, was sind dann Ihre Gedanken? Was hören Sie dann?

Teilnehmerin: Ängstlich. Dünn.

Dr. Lisa: Was noch?

Teilnehmerin: Weichei.

Dr. Lisa: Was noch?

Teilnehmerin: Gelähmt.

Teilnehmerin: Schrumpfend.

Teilnehmerin: Es ist auch wie ein Niederhalten durch den Mann.

Dr. Lisa: Okay, also all diese Energie, wie viel können Sie empfangen, wenn Sie sich in dieser Energie befinden?

Teilnehmerin: Nicht so.

Dr. Lisa: So nicht.

Okay, das ist also „was" sind Sie. Sie sind eine niedergehaltene, verängstigte, gelähmte, eingeengte Pussy, die von dem Mann niedergehalten wird.

Das habe ich aber nicht gesagt - sie hat es gesagt.

Teilnehmerin: Ja.

Dr. Lisa: Right, wrong, good and bad, POD and POC, all nine, shorts, boys and beyonds®.

Checken Sie mit Ihrer Brust ein. Ist sie leichter oder schwerer? Ich weiß, Mama ist noch da, aber...

Teilnehmerin: Etwas mehr Raum, aber ich sehe Käfigstangen.

Dr. Lisa: Konzentrieren Sie sich also auf diesen Raum, denn wenn Raum auf Dichte trifft, löst sich die Dichte auf. Wenn Ihr Körper etwas mehr Raum spürt, obwohl dort Dichte herrscht, konzentrieren Sie sich auf den Raum.

Die meisten von uns konzentrieren sich auf die Dichte, und die Dichte ist die Lüge.

Eine Lüge kann man nicht ändern. Man kann nur den Raum und die Wahrheit ändern.

Der Raum, die Wahrheit, ist die Leichtigkeit in Ihnen, also konzentrieren Sie sich auf die Moleküle des Raums in Ihnen und bitten Sie sie, sich immer weiter zu drehen und zu drehen und zu drehen und zu drehen und zu drehen und zu drehen und zu drehen und zu drehen und zu drehen und zu drehen, bis mehr von Ihnen in Sie hineintritt. Und weniger von Ihrer Mutter in Ihnen bleibt.

Sehen Sie nur, wie Sie 1° machen. Das ist eine 1°-Verschiebung genau da, um so viel Raum zu bekommen. Das ist ein Erfolg, oder?

Right, wrong, good and bad, POD and POC, all nine, shorts, boys and beyonds®.

Also, in welchem Lebensbereich auch immer Sie Fazilitation betreiben, die besagt: „Solange ich nicht alles bekomme, habe ich keinen Erfolg gehabt oder es hat sich nichts geändert", können wir das zerstören und unkreieren?

Die Teilnehmer: Ja.

Dr. Lisa: Mein Vater war ein italienischer Typ. Sie wissen schon: „Man muss wirklich hart arbeiten." Das hat er nicht gesagt, aber ich sah ihn jeden Morgen das Haus verlassen. Also frage ich mich manchmal: „Arbeite ich wirklich hart für mein Geld?"

Dr. Lisa: Oh, das klingt lustig. „Lass mich mich mit dir einschränken. Lass mich mich biegen, falten, verstümmeln und mich an deine Begrenzung heften."

Überall dort, wo Sie alle das ein wenig, viel oder eine Megatonne Mochachoco-Latte getan haben, können wir diesen 1° zerstören und unkreieren?

Die Teilnehmer: Ja.

Dr. Lisa: Right, wrong, good and bad, POD and POC, all nine, shorts, boys and beyonds®.

Und all die Realitäten der Menschen, die finanziellen Realitäten, die Sie bewusst oder unbewusst, bekannt oder unbekannt verkörpert haben und die die künstliche Realität kreieren, die Sie als Sie selbst bezeichnen, können wir nur 1° davon widerrufen, aufheben, zurücknehmen, aufkündigen, abschwören, zerstören und unkreieren.

Teilnehmer: Ja.

Dr. Lisa: Right, wrong, good and bad, POD and POC, all nine, shorts, boys and beyonds®.

Und können wir ihnen die Energie mit Bewusstsein angehängt zurückschicken?

Die Teilnehmer: Ja.

Dr. Lisa: Das ist also etwas, was wir in Access tun.

Nehmen Sie bitte alle Ihre Hände und tun Sie so, als würden Sie nach etwas greifen. Nehmen Sie einfach etwas von der Energie und werfen Sie sie nach vor auf Drei. Schicken Sie die Energie dessen, den Sie tragen, mit Bewusstsein agehängt zu ihm zurück.

Bereit, eins, zwei, drei. Und noch einmal, eins, zwei, drei, eins, zwei, drei, eins, zwei, drei, eins, zwei, drei.

Und auf vier, wieder direkt vor Ihren Augen, öffnen wir die Tür zu einer neuen Möglichkeit. Eins, zwei, drei, vier, dehnen Sie Ihre Energie als Raum aus.

Denken Sie es einfach, nehmen Sie wahr, 500 Millionen Meilen hoch, runter, rechts, links, vorne und hinten.

Atmen Sie Energie durch Ihre Vorderseite ein, durch Ihren Rücken, durch Ihre Seiten, nach oben durch Ihre Füße und nach unten durch Ihren Kopf.

Denken Sie es einfach, nehmen Sie es wahr, wissen Sie es, seien Sie es, grüßen Sie Ihren Körper. Ja, das ist Ihr Körper direkt unter Ihnen.

Hallo, Körper, hallo, Körper, hallo, Körper.

Ich erzähle allen in meinen Kursen gerne, dass ich Hängematten für sie da draußen habe, mit Wärmelampen und Kokosnüssen, die von ihrem Lieblingsgeschlecht mitgebracht werden, männlich oder weiblich in knappen was auch immer, und sie werden den ganzen Tag lang mit Kokosnüssen direkt vom Baum gefüttert - und ich bitte sie nur um eines: Dass ihre Köpfe auf den Hängematten rollen und sie niemals ihren Kopf in meine Stunde mitbringen.

Ich will nur ihren Körper.

Warum tue ich das? Weil unser Geist 10 % unseres Körpers ausmacht und unser Körper 90 %, aber wir leben in unserem Kopf und treffen hier alle unsere Entscheidungen, aber alles, was etwas ändern kann, wird im Körper gespeichert.

Sie nehmen wahr, wissen, sind, empfangen, sein. Es ist hier in Ihrem Körper, und das sollte Ihren Geist informieren.

Dann, zusammen, bam!

Aber wenn wir nur aus unserem Geist kommen, unseren Körper hinter uns lassen, schränken wir unsere Wahlen ein.

Ich weiß nicht, wie es Ihnen geht, aber ich mag es, eine Fülle von Wahlen zu haben:

Was wird das kreieren?
Was wird dies kreieren?
Was wird das kreieren?
Was wird dies kreieren

Wenn Sie in Ihrem Kopf sind und eine fixe Position haben, können Sie nur die fixe Position kreieren.

Sie können nicht die Möglichkeit kreieren.

Überall dort, wo all Ihre fixen Positionen in Bezug auf Geld tatsächlich Zehntausende von Dollar begrenzen, die gerade jetzt zu Ihnen kommen, wären Sie dann bereit, 1% mehr von Ihren fixen Positionen aufzugeben?

Die Teilnehmer: Ja.

Dr. Lisa: Right, wrong, good and bad, POD and POC, all nine, shorts, boys and beyonds®.

Wissen Sie, was eine fixe Position ist?

Alles, was Sie wissen, mit dem Sie Recht haben und alle anderen sind Scheiße und falsch. Das ist eine fixe Position.

Die Teilnehmer: Ja.

Dr. Lisa: Right, wrong, good and bad, POD and POC, all nine, shorts, boys and beyonds®.

Dr. Lisa: Als Facilitatorin, wenn ich mit der Energie käme, dass alles, was Sie sagen, falsch ist und ich die richtige Antwort habe, könnte ich in einer Gruppe wie dieser niemanden unterstützen oder etwas ändern.

Als Facilitator habe ich keine Position. Ich teile nur mit, und dann höre ich zu, teile und höre zu, und ich arbeite immer noch mit ihr zusammen. Das war nur die erste Ebene.

Teilnehmerin: Ja.

Dr. Lisa: Darf ich Ihnen eine Frage stellen?

Ist Ihr Vater jetzt gerade bei Ihnen? Ja oder nein?

Teilnehmerin: Ja.

Dr. Lisa: Sagen Sie nein.

Teilnehmerin: Nein.

Dr. Lisa: Leicht oder schwer, was ist leichter?

Sie denken zu viel nach, Ihr Kopf liegt nicht auf der Hängematte.

Dr. Lisa: Also ist er bei Ihnen.

Teilnehmerin: Seine Schwere. Ich glaube schon.

Dr. Lisa: Absolut, er ist auf jeden Fall bei Ihnen. Er wollte nicht gesehen werden, aber ich sehe ihn. Er ist ganz bei Ihnen.

Sie ist nicht so abnormal, okay? Sie trägt ihren Vater mit sich herum, und wir alle tragen unsere Eltern mit uns herum. Aber werden Sie jeden los, den Sie mit sich herumtragen, und das ist das Beste, um Gewicht zu verlieren - wenn Sie einige Dinge loslassen wollen - und auch einige chronische Krankheiten.

Also Wahrheit, was wollen Sie damit machen? Was wollen Sie mit ihm machen, jetzt, wo Sie das wissen? Wollen Sie ihn in sich behalten?

Teilnehmerin: Nein.

Er ist leichter als Schwere.

Dr. Lisa: Ja, und wenn Sie Ihr Vater sind, wie sind Sie dann Ihr Vater mit Geld? Wahrheit?

Teilnehmerin: Ich arbeite härter für Dinge.

Dr. Lisa: Da haben wir's.

Was ist der ethnische Hintergrund Ihres Vaters?

Teilnehmerin: Italiener und Argentinier. Alles ist so schwer zu bekommen. Deshalb bin ich hier.

Dr. Lisa: Da haben Sie es. „Alles ist so schwer zu bekommen. Ich muss hart für mein Geld arbeiten."

Sagen Sie: „Ich muss wirklich hart arbeiten."

Teilnehmerin: Ich muss wirklich hart arbeiten.

Dr. Lisa: "Ich muss so hart arbeiten. Sagen Sie es noch einmal.

Teilnehmerin: Ugh, ich muss wirklich hart arbeiten.

Dr. Lisa: Und sagen Sie es noch einmal.

Teilnehmerin: Ich muss wirklich hart arbeiten.

Dr. Lisa: Und sagen Sie es noch einmal.

Teilnehmerin: Ich muss wirklich hart für mein Geld arbeiten.

Dr. Lisa: Und noch einmal.

Teilnehmerin: Ich muss wirklich hart für mein Geld arbeiten.

Dr. Lisa: Ist das leicht oder schwer?

Teilnehmerin: Schwer, schwer.

Dr. Lisa: Right, wrong, good and bad, POD and POC, all nine, shorts, boys and beyonds®.

Wenn Sie es sagen, ist es leicht für Sie oder ist es schwer für Sie?

Wahrheit?

Teilnehmerin: Es ist leicht.

Dr. Lisa: Es ist sehr leicht, denn das ist seine Wahrheit.

Teilnehmerin: Ja.

Dr. Lisa: Sagen Sie mir eines: Was lieben Sie an der Nachahmung der Mentalität Ihres Vaters, der hart arbeitet? Was sind drei Dinge, die Sie daran lieben? Wahrheit?

Die meisten Menschen tun das, was sie tun, nur, weil sie etwas davon haben, was bedeutet, dass sie es lieben. Und deshalb habe ich diese Frage immer unendlich oft gestellt.

Teilnehmerin: Wow...

Dr. Lisa: Genau aus diesem Grund - weil Sie herausfinden werden, was Sie wirklich tun.

Es gibt einen Satz: „Alles ist das Gegenteil von dem, was es zu sein scheint. Nichts ist das Gegenteil von dem, was es zu sein scheint ™, das trifft im Moment zu.

Haben Sie diesen Satz schon einmal gehört? Es ist die verrückte Redensart.

Die Teilnehmer: Ja.

Dr. Lisa: Ich habe vor langer Zeit gelernt, dass nichts, was aus dem Mund von irgendjemandem kommt, irgendeinen Sinn ergibt, auch nicht, wenn man mich fazilitiert. Es geht nur darum, was leicht oder schwer ist.

Es ist das, was wir nachgeahmt haben. Es ist das, was wir verkörpert haben.

Es ist das, was wir konstruiert haben und wie wir uns als Männer und Frauen in unserem Leben orientiert haben. Wenn wir zu Kursen wie diesem kommen oder Bars™ ausführen, wird uns das deutlich vor Augen geführt. Dann haben wir die Wahl, ob wir es weiterhin wählen wollen, auch wenn es verrückt ist oder nicht.

Und ich muss Ihnen sagen, dass ich immer noch öfter den Wahnsinn gewählt habe, als ich ihn nicht gewählt habe. Ich bin einfach an einem Ort und in einem Raum in meinem Leben, wo ich mich weniger für den Wahnsinn entscheide, als ich es je getan habe. Ich wähle mehr für mich und verpflichte mich für mich und kreiere für mich, auch wenn es mich zu Tode erschreckt - wie das Loslassen der 12 Menschen, mit denen ich arbeite.

Und, wissen Sie, ich habe es wirklich genossen, sie diese Woche vorerst nicht bezahlen zu müssen. Nicht, dass ich sie nicht gerne bezahlt hätte.

- Es war mehr die Energie von: „Oh, das ist schön, das nicht tun zu müssen"

Aber es macht mir immer noch Angst.

Es ist wie: „Oh, aber wenn man das nicht macht, wird das nicht gemacht und dann ist es nicht so schön."

Also ist es schön und dann ist es nicht so schön - das ist der Wahnsinn.

Ich muss da aussteigen und fragen: „Okay, was wird das bringen, wenn ich nicht mehr jemand anderes bin? Wenn ich mich nicht mehr belüge, was wird das kreieren?"

Und ich weiß es nicht genau.

Ich habe einen flüchtigen Blick darauf geworfen. Ich weiß, was enthalten sein wird. Ich weiß nicht, wie es entstehen oder sich in der Existenz zeigen wird, aber es ist leicht, wenn ich in fünf Jahren oder im nächsten Monat oder in drei Wochen oder sogar in 10 Sekunden in die Zukunft blicke.

Solange es leicht ist und sich in meinem Körper besser anfühlt und nicht eingeengt ist, und ich mich nicht selbst belüge, werde ich mich dafür entscheiden, immer und immer und immer und immer wieder.

Denn wenn ich das getan habe, hat mich das Universum immer gesegnet.

Und wenn ich es nicht getan habe, hat mich das Universum mit meiner Zerstörung gesegnet, weil ich darum gebeten habe.

Wären Sie also bereit, 1% mehr von Ihrem Leiden, Ihrer Zerstörung, Ihrem Trauma und Drama dessen, was Ihnen nicht mehr dienlich ist, aufzugeben.

Die Teilnehmer: Ja.

Dr. Lisa: Auf fünf, eins, zwei, drei, vier, fünf, alle Algorithmen, Berechnungen und Konfigurationen, eins, zwei, drei, vier, fünf. Eins, zwei, drei, vier, fünf, eins, zwei, drei, vier, fünf. Eins, zwei, drei, vier, fünf. Eins, zwei, drei, vier, fünf.

Right, wrong, good and bad, POD and POC, all nine, shorts, boys and beyonds®.

Und auf vier öffnen Sie die Tür und zu einer weiteren Möglichkeit.

Eins, zwei, drei, vier.

Teilnehmerin: Ich habe kapiert, dass ich mich mit vier oder fünf Jahren verkauft habe. Mein Vater nahm mich immer mit, wenn er auf dem Bau arbeitete. Es hat mir Spaß gemacht, mit meinem Vater zu arbeiten.

Und was ich jetzt bekomme, ist: „Wow! Habe ich nicht schon so viele verschiedene Wahlen getroffen? Ich investiere, also denke ich:„Ich werde wirklich hart für mein Geld arbeiten? Nein!"

Dr. Lisa: So gut. Das ist ihr 1%. Das ist ihr 1° genau da. So hat sie es noch nie gesehen.

Das ist der Raum von „Wenn Dichte auf Raum trifft, verflüchtigt sich die Dichte."

Darf ich Ihnen also eine Frage stellen?

Teilnehmerin: Ja.

Dr. Lisa: Haben Sie im Alter von vier Jahren entschieden, dass es irgendwo hart sein muss, um Geld zu verdienen, egal wie viel Geld man verdient. Wahrheit?

Teilnehmerin: Ja, dadurch blieb ich mit meinem Vater verbunden.

Dr. Lisa: Und wo ist die Vierjährige in Ihnen, die diese Entscheidung getroffen hat? Wahrheit?

Wo in Ihrem Körper?

Teilnehmerin: Sie ist hier..

Dr. Lisa: In Ihrem Herzen, Ihrem Solarplexus, in Ihrem Kopf, wo?

Teilnehmerin: Sie ist in meinem Herzen.

Dr. Lisa: Okay, also halten Sie diese Energie dort.

Jetzt stellen Sie sie sich vor, wie sie mit vier Jahren auf Ihre Portfolios schaut. Stellen Sie sich vor, sie schaut auf Ihre Immobilienplanung und auf die Entscheidung, eine Investition zu tätigen.

Wie gross ist die Vierjährige?

Teilnehmerin: Winzig.

Dr. Lisa: Winzig, richtig?

Wie gefällt ihr die Entscheidung, die Sie jetzt in ihr spüren? Wie ist die Energie im Raum? Leicht oder schwer?

Total schwer. Können Sie das spüren?

Teilnehmerin: Ja.

Dr. Lisa: Wären Sie bereit, ihr energisch zu sagen: „Ich werde jetzt die Verpflichtung, den Eid, das Gelöbnis, die Lehnseide, die Blutseide, die Verpflichtung, die Vereinbarung, den bindenden und verpflichtenden Vertrag, den verborgenen, geheimen, versteckten, unsichtbaren Vertrag, die Verpflichtung, das Gelöbnis, den Eid und die Ehe zu harter Arbeit widerrufen, aufheben, zurücknehmen, aufgeben, aufkündigen, zerstören und unkreieren?"

Teilnehmerin: Ja.

Dr. Lisa: Alles, was das nicht zulässt, und für Sie alle, egal in welchem Alter Sie alle Ihre jüngeren Ichs zu Ihren CFOs, den Finanzchefs, gemacht haben, können wir das zerstören und unkreieren?

Die Teilnehmer: Ja.

Dr. Lisa: Right, wrong, good and bad, POD and POC, all nine, shorts, boys and beyonds®.

Dr. Lisa: Und lassen Sie sie verdammt noch mal spielen.

Die Teilnehmer: Ja.

Dr. Lisa: Besorgen Sie ihnen eine Schaukel, gehen Sie in den Keller und drucken Sie Geld? Richtig?

Widerrufen, aufheben, zurücknehmen, aufgeben, aufkündigen, zerstören und unkreieren Sie die ewige Verpflichtung.

Right, wrong, good and bad, POD and POC, all nine, shorts, boys and beyonds®.

Danke für jede Entscheidung, Bewertung, Schlussfolgerung, Berechnung und Konfiguration, die Sie seit Ihrem vierten Lebensjahr, oder wie alt auch immer, bis zu Ihrem jetzigen Zeitpunkt getroffen haben und die verhindert und blockiert und gepanzert und verteidigt hat, dass ein Panzer mit Geld zu Ihnen kommt, Leichtigkeit zu Ihnen kommt, Freude Ihnen kommt, Freundlichkeit zu Ihnen kommt und Empfangen zu Ihnen kommt.

Können wir die ewige Verpflichtung dazu widerrufen, aufheben, zurücknehmen, aufkündigen, aufkündigen, zerstören und unkreieren?

Die Teilnehmer: Ja.

Dr. Lisa: Right, wrong, good and bad, POD and POC, all nine, shorts, boys and beyonds®.

Und all die künstlichen, virtuellen Realitäten und Konfigurationen, die Sie verkörpert haben, indem Sie diese Wahlen im Alter von 4, 5, 6, 7, bis hin zu 20 bis 30 und 40 bis 50 Jahren getroffen haben, egal, in welchem Jahrzehnt Sie sich jetzt befinden, können wir diese zerstören und unkreieren?

Die Teilnehmer: Ja.

Dr. Lisa: Right, wrong, good and bad, POD and POC, all nine, shorts, boys and beyonds®.

Und all die Dämonen oder Entitäten oder alle anderen
Energien, die Sie beschäftigt haben, um diese Entscheidungen,
Bewertungen, Schlussfolgerungen, Berechnungen und
künstlichen, vibrierenden, virtuellen Realitäten in Ihren
Bankkonten als Ihr CFO aufrechtzuerhalten, die Ihnen mehr
als eine Million, zehn Milliarden, was auch immer, vorenthalten.

Können wir das zerstören und unkreieren?

Die Teilnehmer: Ja.

Dr. Lisa: Right, wrong, good and bad, POD and POC, all
nine, shorts, boys and beyonds®.

Dr. Lisa: Truth who are you all, truth who were you before
that, and before that and before that and before that and before
that and before that and before that and before that and before
that and before that and before and before that, and who will
you be after that and after and after that and after that and after
that and after that and after that and after that.[2]

The deal is done, your services are no longer requested
required, desired, wanted or needed. You get to leave now
and be free. Take all your electromagnetic imprinting,
chemical imprinting, biological imprinting, hormonal
imprinting, imprinting, psychosomatic imprinting, genetic
imprinting, neurotransmitter imprinting, hormonal imprinting,
financial imprinting, and leave now. Go back from whence you
came, never return to this dimension, reality, body again. Go
back from when you came, never return to this dimension,
reality, body, again.

Right, wrong, good and bad, POD and POC, all nine, shorts,
boys and beyonds®.

---

[2] Das Clearing bleibt auf englisch, weil es laut Gary Douglas, dem Gründer von
Access Consciousness, nur auf Englisch wirkt

Und Sie alle, die Sie seit diesen Zeiten den Kräften der Armut, des Kampfes, des Bankrotts, der Krankheit, der Unruhe, des chronischen Schmerzes, der Unbequemlichkeit, der Knochenarbeit, der Knochenarbeit des Körpers, arbeiten Sie nicht daran, verstecken Sie es unter der Decke und betäuben Sie sich einfach mit psychotropen Medikamenten.

Right, wrong, good and bad, POD and POC, all nine, shorts, boys and beyonds®.

Können wir die ewige Verpflichtung dazu widerrufen, aufheben, zurücknehmen, aufgeben, anprangern, zerstören und unkreieren?

Right, wrong, good and bad, POD and POC, all nine, shorts, boys and beyonds®.

Teilnehmerin: Ich fühle mich, als hätte ich gerade mein Haus reinigen lassen.

Dr. Lisa: Es ist wie in der Roto Rooter Werbung, Baby! Sie sollten vorbeikommen. Ich mag ein sauberes Haus.

Right, wrong, good and bad, POD and POC, all nine, shorts, boys and beyonds®.

Und werden Sie alle Ihren Kindern eine große, große Dankbarkeit für das entgegenbringen, was sie für Sie auf ihren Schultern getragen haben? Lassen Sie sie wissen, dass ihre Arbeit getan ist.

Mit dem Universum zusammenzuarbeiten, das sich verschworen hat, um Sie zu segnen, bedeutet eigentlich zu wissen, dass das Universum Ihnen den Rücken freihält, aber Sie können nicht wissen, dass das Universum Ihnen den Rücken freihält, solange Sie ihm nicht den Rücken frei halten.

Wie viele Menschen haben versucht, Ihnen zu sagen, dass sie Ihnen den Rücken freihalten, und Sie sagen: „Fick dich. Geh weg."

Es liegt daran, dass Sie nicht wissen, was es bedeutet, seine eigene Rückendeckung zu haben. Keiner von uns weiß es wirklich, bis wir anfangen, für uns zu wählen, uns zu verpflichten.

Der einzige Weg, wie ich wusste, wie ich in der Welt existieren konnte, war, dass mich jemand buchstäblich und bildlich verarscht hat. Es hat viel Arbeit gekostet, das rückgängig zu machen und neu zu vernetzen und zu verbreiten, dass es tatsächlich gute Menschen auf der Welt gibt, die nicht darauf aus sind, mich zu bescheißen.

Der schwierigere Teil war, zu verbreiten, dass es tatsächlich Menschen auf der Welt gibt, denen ich scheißegal bin und die mich gerne über den Tisch ziehen würden.

Man muss sich über alles gewahr sein.

Ich weiß nicht, warum, aber es gibt einfach einige Leute, die mich nicht mögen. Wissen Sie nicht, dass es Menschen gibt, die Sie nicht mögen? Und gibt es nicht Leute, die Sie beim ersten Treffen nicht mögen und von denen Sie keine Ahnung haben, warum?

Die Teilnehmer: Ja.

Dr. Lisa: Right, wrong, good and bad, POD and POC, all nine, shorts, boys and beyonds®.

Dr. Lisa: Es ist so, wie mein kleiner Neffe sagte, als meine Mama versuchte, ihn im Zirkus auf den Elefanten zu setzen, als er vier Jahre alt war: „Nicht für mich, Omi. Nicht für mich."

Ich musste lernen, meinen eigenen Rückhalt zu haben und das zu ändern. Gary Douglas sagt immer zu mir: „Bei allem, was du durchgemacht hast, und den Missbräuchen, die du erlebt hast – gewählt und durchlebt hastv- wie kommt es, dass du so freundlich bist und dich tatsächlich um die Menschen kümmerst, und dass du in ihren Wandel und ihr Wachstum und ihre Transformation ebenso eingebunden bist wie in deine eigenen?"

Ich sagte: „Ich habe keine Ahnung. Ist das nicht bei jedem so?"

Da fing ich an, die Tatsache zu betrachten, dass es in mir einen Unterschied gibt. Ich sage nicht, dass das nicht bei jedem von Ihnen ein Unterschied ist. Ich habe tatsächlich eine Dissertation über diese Terminologie namens „ *Seelenabdruck*" geschrieben.

Ein Seelenabdruck ist unser eigener, einzigartiger Fingerabdruck, der einzigartige Charakter und die Kontur unserer Seele, unser ROAR (BRÜLLEN). Wenn wir einen Job, ein Ziel oder wie immer Sie es nennen wollen, haben wir die Absicht, dieses ROAR, Ihren Seelenabdruck auf den Lippen dieser Realität zu entfesseln.

Mein ROAR ist das, was ich mit meinem Unterricht, meiner Praxis, dem Schreiben, der Radiosendung und der Transformation des Traumas vom Planeten tue, wobei ich mich aus dem Käfig des Missbrauchs, der Einschränkung und der Verengung in radikale Lebendigkeit bewege. Das ist es, worum es mir geht. Ich spreche jeden Tag darüber. Ich schreibe jeden Tag darüber. Ich weiß nicht, wie zum Teufel ich über 100 Sendungen bei Voice of America zu genau diesem Thema bekommen habe, denn ich würde denken, dass ich mich jetzt langweilen würde, aber es werden immer wieder Sendungen produziert.

So viele Leute rufen in der Radiosendung an, um facilitiert zu werden. Kürzlich rief eine Dame aus Saudi-Arabien an, und sie musste unter einem Schreibtisch über Skype sprechen, denn wenn man herausfinden würde, dass sie Fragen dazu stellte, würde sie getötet. Ich lasse diese Sendung für eine andere Person wie diese auf Sendung, die vielleicht nie die Gelegenheit bekommt, zu sagen, was für sie wahr ist, außer in diesem einen Moment des Raumes in Saudi-Arabien. Das ist mein Seelenabdruck.

Ich weiß nicht, was Sie alle tun werden, aber es wird sich etwas ändern. Die Menschen und Dinge, in die Sie investiert und in die Sie involviert sind - Ihre Kinder, Ihre Familie, Ihre Geldströme - werden sich ändern, weil Sie es anders betrachten werden. Wenn Sie sehen, wie dieses Konto abstürzt und Sie dieses vertraute Gefühl in Ihrem Körper bekommen, werden Sie vielleicht sagen: „Wer bin ich jetzt gerade?"

Es ist mir egal, wenn Sie nicht das Access Consciousness™ Clearing Statement verwenden. Was auch immer es ist, das die Energie verändert und Sie aufweckt und dann sagt: „Okay, wenn ich jetzt so bin, wie fühlt sich das an?"

"Nun, das fühlt sich ziemlich schrecklich an, ängstlich. Was kann ich wählen, das leichter und richtiger für mich ist?"

Nehmen Sie den Hörer ab und rufen Sie jemanden an, machen Sie eine Sitzung, oder was auch immer. Verkaufen Sie eine Eigentumswohnung oder ein Haus. Was auch immer - da haben Sie Geld.

"Was bin ich, wenn dieses vertraute Gefühl und das Bankkonto zusammenbrechen?"

"Was bin ich jetzt gerade?"

Normalerweise ist es erbärmlich. Meistens ist man verängstigt, überwältigt, verschlossen, dicht.

"Okay, wie soll das dem dienen, was ich kreiere? Zerstört das meine Kreationen oder kreiert es meine Kreationen?"

Wenn es nicht darum geht, Ihre Kreationen zu kreieren, dann treffen Sie eine andere Wahl und tun Sie, was immer nötig ist: Gehen Sie aus dem Haus, gehen Sie spazieren, klettern Sie auf die Erde, steigen Sie auf ein Pferd, klettern Sie auf etwas anderes.

Right, wrong, good and bad, POD and POC, all nine, shorts, boys and beyonds®.

Was immer Sie zu tun haben. Es geht um das Tun, nicht um das Denken. Es geht darum, aus einem Raum des Wahrnehmens und Empfangens heraus zu tun. Dann ist die beste Frage, die man stellen kann: „Okay, das geht so. Welche Lüge kaufe ich mir gerade ein, von der ich angenommen habe, dass sie wahr ist?"

Und wenn Sie die Antwort bekommen, wenn sie schwer ist, glauben Sie ihr nicht. Es ist eine Lüge, weil man eine Lüge nicht ändern kann. Man kann die Schwere nicht ändern. Man kann sie nur ändern, indem man das tut, was leicht und richtig für einen ist.

Folgen Sie jedes Mal dem, was leicht für Sie ist. Licht bringt Licht hervor.

Wenn mir jemand eine verrückte Sache gibt, von der er weiß, dass er sie tut, dann führe ich Sie hindurch.

Teilnehmerin: Muss es mit Geld zu tun haben?

Dr. Lisa: Was immer Sie wollen.

Teilnehmerin: Rumsitzen und hoffen, dass ich kein Geschäft führen oder irgendetwas tun muss. Ich will mich einfach nur entspannen.

Dr. Lisa: Okay, großartig. Also, haben Sie Geld?

Teilnehmerin: Nein.

Dr. Lisa: Das ist ein großartiges Beispiel für die Sache mit dem Wahnsinn.

Teilnehmerin: Ich habe kein Einkommen. Ich habe keinen Job, und ich habe kein Auto.

Ich habe das Auto von jemand anderem gefahren. Ich habe kein Haus.

Dr. Lisa: Es funktioniert doch für Sie, oder?

Hier sagt sie also: „Ich habe keinen Job. Ich habe kein Haus. Ich habe kein Auto, und ich habe das Auto von jemand anderem gefahren. Ich habe kein Einkommen und ich will kein Geschäft haben."

Was gefällt Ihnen daran? Was lieben Sie an allem, was Sie gerade geteilt haben?

Und für den Rest von Ihnen, als sie das geteilt hat, war es leicht oder war es schwer im Raum? Sie müssen aus Ihrem eigenen Zeug über „Mann, das würde mich ausflippen lassen", weil ich einige Ihrer Köpfe gehört habe. Einige von euch sagten: „Was?"

Teilnehmerin: Der Raum wirkt heller.

Dr. Lisa: Das tat es, weil es ihre Wahrheit war.

Daran ist etwas, was für sie wirklich wahr ist, etwas Leichtes. Sie wollen kein Geschäft haben. Sie wollen kein Einkommen haben.

Teilnehmerin: Ich möchte ein Einkommen haben.

Dr. Lisa: Ah. Okay.

Teilnehmerin: Ich weiß es nicht.

Dr. Lisa: Und können Sie nur ein Einkommen haben, wenn Sie ein Business haben? Wahrheit?

Teilnehmerin: Nein.

Dr. Lisa: Okay, sagen Sie: „Ja."

Teilnehmerin: Ja.

Dr. Lisa: Was ist leichter?

Teilnehmerin: Das Nein.

Dr. Lisa: Okay. **Teilnehmerin:** Das Ja. **Teilnehmerin:** Das Ja?

Dr. Lisa: Lassen Sie mich Ihnen hier helfen.

Haben Sie jemals eine Lebensmittelvergiftung erlitten?

Teilnehmerin: Ja.

Dr. Lisa: Woran sind Sie erkrankt?

Teilnehmerin: Popcorn aus dem Wasserkocher.

Dr. Lisa: Und können Sie es jetzt gerade in Ihrem Körper spüren?

Teilnehmerin: Ja.

Dr. Lisa: Leicht oder schwer?

Teilnehmerin: Schwer.

Dr. Lisa: Sehr gut. Das ist Ihr schwer.

Teilnehmerin: Okay.

Dr. Lisa: Wann immer Sie also wissen wollen, was Ihr Schwer ist, fühlt es sich an wie eine Lebensmittelvergiftung durch Popcorn.

Ganz einfach. Geben Sie nicht 25.000 Dollar von dem Geld aus, das Sie nicht haben, um nach leicht oder schwer zu suchen.

Teilnehmerin: Richtig.

Dr. Lisa: Right, wrong, good and bad, POD and POC, all nine, shorts, boys and beyonds®.

Und Wahrheit, was ist Ihr Lieblingsessen?

Teilnehmerin: Pizza.

Dr. Lisa: Wie jeder gute New Yorker. Ich weiß nicht, ob Sie aus New York sind, aber ich liebe meine Pizza auch.

Wo nehmen Sie das in Ihrem Körper wahr?

Schauen Sie, wie sehr Sie gelächelt haben - also, genau da, mit diesem Gefühl und einem Lächeln, das ist Ihr Leicht. Wann immer Sie Pizza essen, sind Sie in Ihrem Leicht. Wann immer Sie sich über Popcorn übergeben, sind Sie im Schwer, okay?

Jetzt haben Sie es kapiert. Zumindest sind Sie hierher gekommen und verstehen jetzt Ihr leicht und schwer.

Also, besonders für Sie, legen Sie den Kopf auf die Hängematte, denn wir alle kennen die Antwort auf diese Frage. Bei den Lügen des Geldes geht es nicht darum, die Antwort zu kennen. Bei den Lügen des Geldes geht es darum, was Sie als Wahrheit verkörpert haben.

Das ist die Lüge, und ein Teil davon liegt in unseren Glaubenssystemen.

Also, Wahrheit, kann man nur Einkommen haben, wenn man ein Business hat?

Leicht oder schwer? Popcorn oder Pizza?

Teilnehmerin: Es ist schwer.

Dr. Lisa: Ja, für Sie ist es also die Wahrheit, dass man nur mit einem Business ein Einkommen haben kann.

Teilnehmerin: Ich habe es verstanden.

Dr. Lisa: Okay, jetzt wissen Sie, dass das nicht wahr ist. Sie können ein Einkommen haben, indem Sie für das Business von jemand anderem arbeiten

Teilnehmerin: Ja.

Dr. Lisa: Aber da ist etwas daran, während ich mit ihr spreche, das schwer ist. Können Sie es hören?

Für sie gibt es etwas Gemeinsames in Bezug auf Einkommen und Business, das sie irgendwie einschränkt und sie dazu zwingt, diese Position zu ändern: „Ich habe nicht dies, ich habe nicht das. Ich muss dies tun und ich muss das nicht tun. Und ich muss dies tun. Und ich muss das tun. Und ich sollte es einfach haben, verdammt."

Teilnehmerin: Meine Schwester gab mir die fünfzig Dollar für heute Abend

Dr. Lisa: Meine Schwester! Ja, ja, ja.

Teilnehmerin: Sie hat Geld.

Dr. Lisa: Genau, also was lieben Sie daran, Leute zu manipulieren, die Geld haben, um Ihnen Geld zu geben? Wahrheit.

Teilnehmerin: Ich möchte etwas davon haben.

Dr. Lisa: Das wollen Sie.

Teilnehmerin: Ich möchte etwas davon haben.

Dr. Lisa: Aber Sie tun es.

Teilnehmerin: Ich weiß.

Dr. Lisa: Die Sache ist die, dass Sie selbst nichts haben können.

Teilnehmerin: Stimmt.

Dr. Lisa: Sie müssen immer jemand anderen manipulieren, um das zu bekommen, was Sie wollen. Wer hat also mehr Macht? Die oder Sie?

Teilnehmerin: Sie.

Dr. Lisa: Genau. Wer ist also der machtlose Trottel?

Teilnehmerin: Ich.

Dr. Lisa: Was lieben Sie daran, der machtlose Trottel in Sachen Geld zu sein? Wahrheit?

Right, wrong, good and bad, POD and POC, all nine, shorts, boys and beyonds®.

Die einzige Antwort, die Sie nicht sofort geben konnten. Jetzt kommen wir voran.

Was lieben Sie daran, ein machtloser Schwachkopf in Sachen Geld zu sein?

Right, wrong, good and bad, POD and POC, all nine, shorts, boys and beyonds®.

So weiß ich, dass ich mit jemandem weiterkomme wenn sie ihren Abwehrmechanismus nicht über das, von dem sie wissen, dass es wahr ist, wiederkäuen können. Hier findet tatsächlich eine 1°-Verschiebung statt.

Darum geht es bei den „Jenseits" und dem Clearing Statement.

Wenn man es nicht in Worte fassen kann, ist es ein Jenseits. Es liegt so weit ausserhalb Ihres Bewusstseinsbereichs, dass Sie noch nicht einmal eine Form und eine Struktur oder ein Wort daraufsetzen können, weil Sie sich nie erlaubt haben, hierher zu gelangen.

Das ist ein großer Grad. Sehen Sie das richtig?

Teilnehmerin: Ja.

Dr. Lisa: Right, wrong, good and bad, POD and POC, all nine, shorts, boys and beyonds®.

Also, wenn Sie ein Practitioner sind, üben Sie das Zuhören. Sie haben nicht umsonst zwei Ohren und einen Mund. Die Person gibt Ihnen immer den Weg hinein, wenn Sie zuhören. Aber wenn Sie sich in Ihrem Kopf darüber Gedanken machen, was sie bekommen soll, dann haben Sie es verloren, Sie haben den Moment verloren. Sie werden einfach immer wieder zu dir zurückkommen und dir Geld zahlen, damit du nirgendwo hinkommst

Right, wrong, good and bad, POD and POC, all nine, shorts, boys and beyonds®.

Dr. Lisa: Was lieben Sie daran, der machtlose Schwachkopf in Sachen Geld zu sein?

Teilnehmerin: Ich weiß es nicht.

Dr. Lisa: Sagen Sie: „Ich weiß es nicht."

Teilnehmerin: Ich weiß es nicht.

Dr. Lisa: Noch mal.

Teilnehmerin: Ich weiß es nicht.

Dr. Lisa: Noch mal.

Teilnehmerin: Ich weiß es nicht.

Dr. Lisa: Right, wrong, good and bad, POD and POC, all nine, shorts, boys and beyonds®.

Also all die „Ich weiß es nicht", die eine künstliche, virtuelle Realität aus geheimen, versteckten, ungesehenen, unsichtbaren, verborgenen, ungenannten, unausgesprochenen und nicht enthüllten Absichten sind, um Sie dazu zu bringen, nur Geld von anderen zu bekommen, aber Sie erlauben sich nie, derjenige zu sein, der das Geld hat, können wir das widerrufen, aufheben, zurücknehmen, aufgeben, anprangern, zerstören und unkreieren?

Teilnehmerin: Yes.

Dr. Lisa: Right, wrong, good and bad, POD and POC, all nine, shorts, boys and beyonds®.

In welchem Alter haben Sie diese Entscheidung getroffen? Wahrheit?

Teilnehmerin: 10.

Dr. Lisa: Right, wrong, good and bad, POD and POC, all nine, shorts, boys and beyonds®.

Was lieben Sie also, wenn Sie über das „Ich weiß es nicht" hinaus wüssten? Was ist das Beste daran, das Geld von Ihrer Schwester zu bekommen, die Geld hat?

Teilnehmerin: Sie müssen gar nichts tun.

Dr. Lisa: Richtig, Sie müssen gar nichts tun. Und was gefällt Ihnen daran, nichts zu tun?

Teilnehmerin: Ich liebe es, nichts zu tun.

Dr. Lisa: Was lieben Sie daran?

Teilnehmerin: Ich liebe es.

Dr. Lisa: Was lieben Sie daran?

Teilnehmerin: Ich kann morgens aufwachen und einfach nur Kaffee trinken.

Dr. Lisa: Sie wachen morgens auf und trinken einfach nur Kaffee, richtig? Keine Verpflichtungen.

Teilnehmerin: Ja.

Dr. Lisa: Keine Verantwortung.

Teilnehmerin: Das ist der Grund.

Dr. Lisa: Richtig. Keine Verpflichtungen, keine Verantwortung, niemand klopft an Ihre Tür und niemand ruft Sie an.

Teilnehmerin: Niemand will dich.

Dr. Lisa: Right, wrong, good and bad, POD and POC, all nine, shorts, boys and beyonds®.

Dr. Lisa: Tatsächlich ruft Sie niemand an, weil sie wissen, dass Sie, wenn sie Sie anrufen, tatsächlich um Geld bitten werden.

Teilnehmerin: Ich bitte eigentlich nicht um Geld.

Dr. Lisa: Was?

Teilnehmerin: Ich bitte nicht um Geld.

Dr. Lisa: Was tun Sie?

Teilnehmerin: Ich weiß es nicht.

Dr. Lisa: Verströmen Sie einfach, dass Sie es nicht haben und die Leute einfach geben?

Teilnehmerin: Ja.

Dr. Lisa: Im Wesentlichen ist das also wirklich, auf eine bestimmte Art und Weise, eine Fähigkeit. Das ist eine Fähigkeit.

Dr. Lisa: Right, wrong, good and bad, POD and POC, all nine, shorts, boys and beyonds®.

Der 1° ist, dass Sie wirklich gut darin sind, nichts zu tun, sondern das zu bekommen, was Sie sich wünschen, wenn Sie es brauchen. Stimmt's?

Teilnehmerin: Ja.

Dr. Lisa: Das ist eine Fähigkeit. Das ist eine Ressource.

Teilnehmerin: Absolut.

Dr. Lisa: Könnten Sie sich also einfach selbst für diese Fähigkeit anerkennen, die in dieser Realität ganz anders ist? Verstößt sie irgendwie gegen die Norm? Es ist irgendwie respektlos?

Teilnehmerin: Ja.

Dr. Lisa: Und das gefällt Ihnen.

Teilnehmerin: Ja.

Dr. Lisa: Könnten Sie das anerkennen?

Teilnehmerin: Ja.

Dr. Lisa: Etwas mehr? Und noch ein bisschen mehr?

Teilnehmerin: Okay.

Dr. Lisa: Und noch ein bisschen mehr?

Ja, so ist es gut, atmen würde helfen. Und normalerweise hört sich das Atmen so an, weil es ein Einatmen gibt.

Right, wrong, good and bad, POD and POC, all nine, shorts, boys and beyonds®.

Teilnehmerin: Danke. Danke.

Dr. Lisa: Ich gebe nur Raum für die Anerkennung, weil es sich um eine echte Fähigkeit handelt. Es ist eine reale Fähigkeit. Allerdings gibt es das ‚aber'.

Stellen Sie sich vor, wenn Sie diese Fähigkeit in die entgegengesetzte Richtung drehen, d.h. alle anderen mächtig und Sie machtlos machen, so dass Sie mächtig werden. Nicht jeder andere ist machtlos, aber Sie sind auch mächtig.

Wie könnte Ihr Leben dann aussehen?

Teilnehmerin: 25 Millionen Dollar?

Dr. Lisa: Da haben Sie es. Ich fordere Sie heraus, das Molekül in die andere Richtung zu drehen und zu sehen, was Sie kreieren könnten, weil es Ihnen nicht gefällt. Einfach andersherum. Es ist nicht mehr genug für Sie. Sie wollen etwas anderes.

Teilnehmerin: Ja.

Dr. Lisa: Ja, aber Sie müssen bereit sein, sich dafür zu entscheiden. Und im Moment lieben Sie es, nichts mehr tun zu müssen.

Dr. Lisa: Right, wrong, good and bad, POD and POC, all nine, shorts, boys and beyonds®.

Teilnehemerin: Weil ich nicht will, dass es schwer wird.

Dr. Lisa: Welche Bedeutung hat das? Warum ist „hart" in unserer Welt so wichtig? Die Leute denken, dass es besser ist, hart für Geld zu arbeiten, als umsonst zu bekommen, als ob es bewundernswert wäre.

Dr. Lisa: Also, hier ist das, was Sie vielleicht übersprungen haben, worauf ich mit einer Taschenlampe leuchten werde.

Teilnehmerin: Bitte.

Dr. Lisa: Es war wirklich einfach für Sie. Sie müssen nicht einmal darum bitten und Sie bekommen das Geld. Sie werden es Ihnen einfach geben. Nicht wahr?

Sie wissen also bereits, wie Sie mit Leichtigkeit Geld kreieren können. Was wäre also, wenn Sie, während Sie das Molekül in die andere Richtung drehen, das Molekül tatsächlich benutzen, um das zu kreieren, was Sie genauso einfach haben möchten.

Right, wrong, good and bad, POD and POC, all nine, shorts, boys and beyonds®.

Dr. Lisa: Und überall wo Sie sich abgestimmt und zugestimmt und Widerstand geleistet und gegen das Geldverdienen reagiert haben, weil es schwer sein wird, und deshalb haben Sie sich darauf festgelegt, dass es nur schwer sein soll, was nun all diese Jahrzehnte vollständig überbrückt hat, die Fähigkeit der Leichtigkeit, die Ihnen natürlicherweise zuteil wird, widerrufen, aufheben, zurücknehmen, aufkündigen, abschwören, zerstören und unkreieren?

Teilnehmerin: Ja.

Dr. Lisa: Right, wrong, good and bad, POD and POC, all nine, shorts, boys and beyonds®.

Also mehr Raum oder weniger Raum im Inneren?

Teilnehmerin: Ich weiß nicht, ich glaube, mehr. Ich glaube, ich kann das nicht.

Dr. Lisa: Also Moment. Was ist Ihr leicht und schwer?

Erinnern Sie sich, ist es Popcorn-Kotze oder ist es Pizza?

Teilnehmerin: Ich bin auf der Pizza-Seite.

Dr. Lisa: Zeigt sich also der Schwindel, der sich verändert, auf eine andere Art und Weise, als Sie erwartet haben?

Teilnehmerin: Ja

Dr. Lisa: Großartig! Pizza, richtig?

Teilnehmerin: Ja

Dr. Lisa: Toll! Nun möchte ich noch folgendes sagen - Ihre Moleküle verschieben sich gerade in die andere Richtung, das ist das Schwindelerregende.

Teilnehmerin: Danke, denn das war meine Frage.

Dr. Lisa: Ja, ich weiß, deshalb habe ich auch gesagt, dass ich eigentlich hier bin, um zu facilitieren, ich bin eigentlich hier, um zu helfen. Wenn Sie es also einfach zulassen, wird es kommen.

Right, wrong, good and bad, POD and POC, all nine, shorts, boys and beyonds®.

Dr. Lisa: Im Ernst, können Sie sich vorstellen, wie einfach es für sie ist, das Geld zu bekommen?

Teilnehmerin: Ja, ja.

Dr. Lisa: Jetzt müssen Sie nur noch wählen, dass Sie es verdammt wert sind.

Teilnehmerin: Ja.

Dr. Lisa: Und dass Sie es einfach machen können.

Das ist die Sache, die einige von Ihnen bereits in Access gehört haben: Was ist die Sache, die Sie tun, die für Sie so einfach ist, die Ihnen nichts wegnimmt, die Ihnen sofort Geld einbringt.

Teilnehmerin: Ich habe das Gefühl, dass es etwas gibt, das ich tun muss, zum Beispiel Menschen beraten. Ich mache das sehr oft und verdiene keinen Cent. Ich bin wirklich gut darin, und ich habe mir angesehen, wie es ist, zur Schule zu gehen und durch alle Reifen zu springen, also, wie meine Schwester sagt: „Jetzt kannst du deine Kasse klingeln lassen.‟‟

Dr. Lisa: Ja.

Teilnehmerin: Aber, was ich wirklich tun möchte, der Grund, warum ich dem folgen würde, ist, weil ich etwas kreieren möchte. Ich liebe es, etwas zu kreieren. Es fließt einfach aus mir heraus. Ich fühle mich, als wäre ich eine Art Droge. Ich weiß nicht wirklich, wie sich das anfühlt, weil ich noch nie eine Droge genommen habe, aber ich glaube, so würde es sich anfühlen.

Dr. Lisa: Die Droge von Ihnen? Sie sind so offen. Ich verstehe es vollkommen.

Teilnehmerin: Ich schwebe einfach.

Dr. Lisa: Ja.

Teilnehmerin: Ich liebe es.

Dr. Lisa: Wenn Sie diese Kreation lieben, schauen Sie, ob Sie einen Atemzug nehmen und dies einatmen können.

Diese Kreation sind Sie, die Sie selbst sind. Diese Kreation ist die physische Verwirklichung Ihres besonderen ROAR (BRÜLLENS). Das heißt, Sie wählen für sich, kreieren für Sie, verpflichten sich Ihnen selbst, arbeiten mit dem Universum zusammen, verschwören sich, Sie zu segnen.

Molekül und Molekül, Raum trifft Raum. ATP befindet sich in unserem Körper, Adenosintriphosphat. Es befindet sich in jeder Zelle unseres Körpers.

Es ist das gleiche Molekül, die gleiche Energie, die aus dem Universum besteht, die in diesem Schreibtisch und den Stühlen, auf denen Sie sitzen, vorhanden ist.

Wir alle haben es.

Wenn Sie der Raum von Ihnen sind, arbeiten Sie mit dem Universum zusammen, das sich verschworen hat, Sie zu segnen, und es gibt keine Beschränkungen oder Käfige oder Einengungen. Es gibt nur ‚Pronoia‘, was ein tatsächliches Wort ist. Wir haben es falsch verstanden, es ist nicht „Paranoia".

Pronoia ist das Universum, das sich verschworen hat, Sie zu segnen. Deshalb lieben Sie es.

Teilnehmerin: Ich verstehe den Wert für mich. Ich bin wie Sie, ich mag es, Menschen glücklich zu sehen, und das ist mir wichtig. Das ist etwas, mit dem ich in Verbindung gebracht werde.

Ich werde wirklich frustriert, weil die Kreativität unbegrenzt ist. Es ist wie ein Restaurantbesuch - es gibt so viele Dinge zur Auswahl, dass ich mich nicht lange genug bremsen kann, um auf der Speisekarte auszuwählen, was ich machen möchte.

Und ich würde wirklich gerne etwas Geld verdienen, indem ich etwas tue, das ich liebe und das andere Menschen lieben. Wie cool kann das sein?

Dr. Lisa: Was ist, wenn andere Menschen es nicht lieben?

Teilnehmerin: Dann bekomme ich kein Geld dafür.

Dr. Lisa: Nun, warten Sie mal eine Sekunde, ich spreche jeden Tag über Missbrauch. Ich spreche über die Dinge, über die niemand sprechen will.

Teilnehmerin: Ja.

Dr. Lisa: Ich spreche über Vergewaltigung. Ich spreche über körperliche Gewalt. Ich habe ein Nummernschild, auf dem steht „Stoppt Kindesmissbrauch", und die Leute fragen mich ständig danach. Ich spende dafür. Ich habe ein Business jenseits der Radiosendung, jenseits des Missbrauchs, jenseits der Therapie, jenseits von allem.

Ich zertifiziere Menschen in Sachen Trauma. Ich habe ein Handbuch wie man sich über das Trauma hinausbewegt und wie man die Werkzeuge von Access Consciousness™ damit benutzt.

Darüber spreche ich jeden Tag. Glauben Sie, die Leute lieben es?

Eigentlich nicht. Die meisten Leute laufen vor mir weg, weil sie Angst haben, dass ich etwas sehe, über das sie nicht reden wollen.

Vor Jahren beschloss ich: „Na gut, ich mache nur noch Workshops über Geld. Aber das hat nicht so viel Spaß gemacht wie Workshops über Geld, Körper und Beziehungen, in denen es darum ging, über den Missbrauch hinauszugehen.

Denn ich kann jemanden aus einem Trauma herausholen. Jemand sagte mir, dass ich ihm innerhalb von 6 Minuten geholfen habe, 10 Jahre Therapie zu überwinden.

Das macht mir Spaß.

Sie können mir keine Geschichte über Missbrauch erzählen, die ich nicht selbst durchgemacht habe. Ich habe Ihnen nur einen Teil meiner Geschichte erzählt. Es gibt ein paar Jahrzehnte des Missbrauchs, die ich sehr gut kenne.

Und ich habe mich umgedreht und mich all dem gestellt. Deshalb kann jeder seine ganze Geschichte bei mir abladen.

Das bedeutet nicht, dass Sie Missbrauch haben müssen, um mit mir zu arbeiten. Ich hatte schon Hunderte von Leuten, sogar in Access Consciousness™,

die gesagt haben: „Ich hatte keine Ahnung, dass es das ist, was du tust. Als ich hörte, dass es um Missbrauch geht, drehte ich mich einfach um und ging in die andere Richtung, weil ich das in meiner Geschichte nicht habe."

Ich sage ihnen: „Gebt mir eine Chance. Gib mir 1°. Stellt mir eine Frage. Erzähl mir deine Begrenzung, sag mir, dass du eine Einengung bist, und wenn du misshandelt wirst, dann bin ich wahrscheinlich die Person, die mit dir das durchgehen kann.

Das macht mir Spaß. Und warum?

Weil die Leute frei werden. Sie sind nicht mehr in diesem Käfig. Es ist missbräuchlich, mit anderen Menschen in unseren Körpern zu leben.

Teilnehmerin: Ich verstehe das.

Dr. Lisa: Right, wrong, good and bad, POD and POC, all nine, shorts, boys and beyonds®.

Es gibt nichts, wovor ich mich betäuben, vor dem ich mich verstecken oder dessen ich mir nicht bewusst sein möchte. Bewusstsein umfasst alles und urteilt über nichts®.

Ich möchte wissen.

Ich bin ein Schaufelbagger. Ich möchte es wissen.

Und ich will wissen, was mich glücklich macht, und was mich glücklich macht, bringt die Menschen. Sie sagen: „Ich weiß nicht warum, aber ich möchte mit Ihnen über etwas sprechen, weil ich weiß, dass Sie mich durch etwas führen können."

Ich wette, Sie haben das auch in sich, wenn Sie dazu bereit sind.

Teilnehmerin: Mit Menschen über ihr Problem zu sprechen?

Dr. Lisa: Ich weiß nicht, was Sie gesagt haben.

Teilnehmerin: Das mache ich schon seit Jahren.

Dr. Lisa: Richtig, aber Sie sagten, dass Sie damit kein Geld verdienen.

Teilnehmerin: Richtig.

Dr. Lisa: Ich werde jeden Tag dafür bezahlt. Warum verdienen Sie kein Geld?

Teilnehmerin: Weil ich glaube, dass man eine Lizenz haben muss, um Geld zu verdienen.

Dr. Lisa: Okay, also ist alles das Gegenteil von dem, was es zu sein scheint, nichts ist das Gegenteil von dem, was zu sein erscheint™.

Teilnehmerin: Vergessen Sie nicht das Kreieren.

Mir ist klar, dass das Frieden für die Menschen kreiert, aber ich möchte wirklich etwas mit meinen Händen machen und es an die Wand hängen, wo die Menschen hingehen, oder wie auch immer das aussieht.

Ich scheine nie an einen Ort zu kommen, wo es den Leuten gefällt.

Dr. Lisa: Weil Sie Geld abgelehnt haben.

Teilnehmerin: Ich lehne Geld ab.

Dr. Lisa: Darum.

Teilnehmerin: Nett.

Dr. Lisa: Sie beraten also jeden Tag Menschen und verdienen kein Geld, weil Sie glauben, dass Sie eine Lizenz brauchen, um bezahlt zu werden. Können wir das zerstören und unkreieren?

Right, wrong, good and bad, POD and POC, all nine, shorts, boys and beyonds®.

Dr. Lisa: Wenn Sie das jeden Tag tun, verschenken Sie Ihr Geld.

Teilnehmerin: Ja.

Dr. Lisa: Aber ich sage Ihnen was, wenn die Leute ihr Geld hinlegen und Sie bezahlen, werden sie auftauchen.

Wenn Sie ihnen nichts berechnen und Sie Ihr Feedback geben, hören sie nicht zu und ändern sich nicht. Die Leute werden bezahlen, wenn Sie sich erlauben, sich darauf einzulassen, und dann, wenn Sie Ihre Bündel schnüren, gehen Sie zu Ihrem Wandbehang. Und dann ist es das Beste aus beiden Welten.

Teilnehmerin: Ich will es nicht behalten. Ich will, dass es jemand anderes will.

Dr. Lisa: Genau, verkaufen Sie es.

Jedes Mal, wenn ich etwas sage, das Ihnen gibt, was Sie sagen, um zu wählen, haben Sie eine Ablenkung davon.

Right, wrong, good and bad, POD and POC, all nine, shorts, boys and beyonds®.

Dr. Lisa: All die Ablenkungen, die wir alle haben und die uns davon abhalten, das zu tun, was wir wirklich sein und tun wollen, können wir also zerstören und unkreieren?

Die Teilnehmer: Ja.

Dr. Lisa: Right, wrong, good and bad, POD and POC, all nine, shorts, boys and beyonds®.

Ich stehe hinter Ihnen. Ich garantiere Ihnen, dass Sie Einsicht und eine Menge Brillanz haben, die Sie den Menschen bieten können. Und ich sage, berechnen Sie dafür.

Stellen Sie es in Rechnung.

Und ich garantiere, dass Sie mit Ihren Händen etwas kreieren können, was niemand sonst kreieren kann. Und ich sage, nutzen Sie das Geld, das Sie mit Ihrer Brillanz verdienen, um mehr Brillanz zu kreieren und mehr Brillanz zu verkaufen, damit mehr Brillanz von Ihnen in der Welt auftaucht.

Jedes Mal fließt und kreiert es mehr.

Denn Sie treten auf, um Ihr ROAR zu sein, und Sie als Sie selbst tun das.

Sie brauchen weder eine Lizenz noch ein Zertifikat. Kreieren Sie einen Bars™ Kurs, hängen Sie Ihre Bars™ Kursleiterlizenz an die Wand und sagen Sie: „Kommen Sie rein, Tag der offenen Tür, 50 Dollar pro Person, kein Tausch, nur Geld. Zeigen Sie mir das Geld, und ich werde Ihnen helfen" ist die Energie, die Sie ausstrahlen wollen, denn die Menschen, die bezahlen, wollen wirklich etwas verändern.

Und hier ist die Sache, die ich kürzlich gelernt habe, seit ich angefangen habe, dieses 1° zu benutzen, denn ich kann den Menschen die Welt geben, richtig?

Wenn jemand zu mir kommt und die Tür einen Grad öffnet, kann ich alles geben. Ich kann die Besten von ihnen retten. Ich bin ein mittleres Kind. Ich weiß, wie ich Dinge durchstehen kann. Ich habe eine Menge überlebt. Ich kann mit vielem umgehen, also präsentieren Sie mir etwas, kein Problem. Aber ich musste lernen, meine Energie zurückzuziehen, meinen Raum auszudehnen, meine beiden Ohren zu benutzen, und wenn jemand für Einzelarbeit hereinkommt, sage ich: „Also gut, wenn Sie hier weggehen, was wollen Sie, wenn Sie hier weggegangen sind zurücklassen, nur für heute?" Normalerweise sagen sie: „Ich weiß es nicht."

"Nun, Sie bezahlen mich. Was wollen Sie tun?"

Und ich bringe sie dazu, hervorzutreten und zu sagen, was sie gerne tun würden, damit wir dann in den Raum gehen können, der sie befähigt, immer mehr zu wählen, was Ihre Leichtigkeit ist.

Das Wichtigste für Sie ist, das zu tun, was Sie lieben, das zu tun, was leicht für Sie ist, dafür bezahlt zu werden und dann weiter zu kreieren - denn das ist radikale Lebendigkeit.

Wenn wir anders leben als das, sind wir tot.

Und ich weiß nicht, wie es Ihnen geht, aber tot ist kein Spaß.

Right, wrong, good and bad, POD and POC, all nine, shorts, boys and beyonds®.

Beachten Sie, wie wenig wir in diesem Geldschnupperkurs über Geld sprechen, denn das ist das Ganze. Das Geldproblem, das wir haben, hat wirklich nichts mit Geld zu tun. Es hat mit den Lügen zu tun, die wir als wahr gekauft haben.

Die Teilnehmer: Ja.

Dr. Lisa: Diese dritte Frage, die wir zu dem Kostüm konfiguriert haben, das wir alle uns oder Sie nennen.

Können wir alles, was das nach oben und unten bringt, zerstören und unkreieren?

Teilnehmer: Ja.

Right, wrong, good and bad, POD and POC, all nine, shorts, boys and beyonds®.

Wenn Sie jedoch speziell über Geld sprechen und Sie sich in Bezug auf Geld verengen oder wenn Sie versuchen, etwas zu kreieren, wer sind Sie dann? Und dann POC und POD es. Führen Sie das Clearing Statement aus.

„Was bin ich, wenn ich meine Mutter und meinen Vater wähle?" POC und POD das.

„Welche Lüge kaufe ich mir ein, die ich für wahr halte und die mich dazu bringt, gegen mich zu wählen?

Dr. Lisa: Right, wrong, good and bad, POD and POC, all nine, shorts, boys and beyonds®.

Jetzt, wo ich weiß, dass es meine Mutter und mein Vater sind und nicht ich". POC und POD das.

Das sind die einfachsten Dinge, die ich Ihnen sagen kann, durch die Sie sich selbst führen sollten. Das wird den Raum öffnen, eine andere Möglichkeit zu wählen.

Die Frage ist, ob Sie bereit wären, das für Sie zu tun. 1° mehr?

Die Teilnehmer: Ja.

Dr. Lisa: Alles, was das nicht zulässt, zerstören und unkreieren.

Teilnehmer: Ja.

Dr. Lisa: Right, wrong, good and bad, POD and POC, all nine, shorts, boys and beyonds®.

Hatten Sie eine Frage.

Teilnehmerin: Ja, ich bin an einem Ort, an dem ich wirklich feststecke. Ich bin in einem Geld-Business, das ich liebe.

Das Schwierige ist, dass ich meine Finanzplanungspraxis vor fünf Jahren in Chicago begonnen habe, und gerade als ich mich auf den Abflug vorbereitete, bekam ich ein Baby und erfuhr dann, dass ich wieder schwanger war - außerdem sind wir 1.000 Meilen weit weg umgezogen.

Mein Mann ist immer weg, also war es, als wäre ich alleinerziehend und verheiratet. Ich habe immer noch die Praxis in Chicago, die es mir ermöglichte, zu Hause zu sein und trotzdem zu arbeiten und ein gutes Leben zu führen. Mein Baby ist jetzt vier Jahre alt.

Im Januar dieses Jahres habe ich zum ersten Mal versucht, ein Geschäft in Texas aufzubauen, weil ich hier keine Kunden habe. Und ich fühle mich im Moment wie ein totaler Versager. Ich kriege einfach nichts zum Abschluss. Wir haben dieses Haus gekauft, und wir bauen es um - und in meinem Kopf dreht sich alles nur noch.

Dr. Lisa: Es geht eine Menge Geld raus.

Teilnehmerin: Ja.

Dr. Lisa: Kein ROI.

Teilnehmerin: Ja, und ich fühle mich so festgefahren.

Dr. Lisa: Also ist dieser Schnupperkurs heute Abend in Dallas der ‚harte Vorgeschmack'. Alle haben gesagt: „Hart, hart, hart, hart, hart, hart, hart, hart".

Tun Sie mir also einen Gefallen und sagen Sie einfach: „Ich stecke fest, ich stecke fest, ich stecke fest, ich stecke fest."

Teilnehmerin: Ich stecke fest, ich stecke fest, ich stecke fest.

Dr. Lisa: Und wieder.

Teilnehmerin: Ich stecke fest, ich stecke fest, ich stecke fest.

Dr. Lisa: Sagen Sie: „Ich bin die beste, die ich kenne, wenn es darum geht, festzustecken."

Teilnehmerin: Ich bin die beste, die ich kenne, wenn es darum geht, festzustecken.

Dr. Lisa: "Ich bin Expertin im Steckenbleiben."

Teilnehmerin: Ich bin Expertin im Steckenbleiben.

Dr. Lisa: "Ich kann stecken bleiben wie die besten von ihnen."

Teilnehmerin: Ich kann stecken bleiben wie die besten von ihnen.

Dr. Lisa: Right, wrong, good and bad, POD and POC, all nine, shorts, boys and beyonds®.

Sagen Sie also noch einmal: „Ich stecke fest, ich stecke fest, ich stecke fest.

Teilnehmerin: Ich stecke fest, ich stecke fest, ich stecke fest.

Dr. Lisa: "Ich bin die beste, die ich kenne, wenn es darum geht, festzustecken."

Teilnehmerin: Ich bin die beste, die ich kenne, wenn es darum geht, festzustecken.

Dr. Lisa: Niemand kann so gut stecken bleiben wie Sie, nicht wahr?

Teilnehmerin: Nein.

Dr. Lisa: Sie könnten sich besser als jeder andere feststecken, oder?

Right, wrong, good and bad, POD and POC, all nine, shorts, boys and beyonds®.

Sie sind natürlich aus Chicago.

Dr. Lisa: Right, wrong, good and bad, POD and POC, all nine, shorts, boys and beyonds®.

Teilnehmerin: Verheiratet mit einem Italiener.

Dr. Lisa: Verheiratet mit einem Italiener. Da haben wir's.

Right, wrong, good and bad, POD and POC, all nine, shorts, boys and beyonds®.

Also, Wahrheit, als Ihr Unternehmen kurz vor dem Start stand, kurz vor dem zweiten Kind, waren Sie im „Halleluja". Alles funktioniert, das Geschäft läuft gut, und Sie haben herausgefunden, dass Sie was sind?

Teilnehmerin: Schwanger.

Dr. Lisa: Genau.

Teilnehmerin: Ja.

Dr. Lisa: Es war also die Schwangerschaft, und dann der Umzug, der alles verändert hat.

Teilnehmerin: Ja.

Dr. Lisa: Verstanden

Teilnehmerin: Vor allem, wenn man bedenkt, dass ich schwanger bin.

Dr. Lisa: Richtig.

Teilnehmerin: Ich bin im Begriff, wieder schwanger zu werden.

Dr. Lisa: Wie sehr haben Sie in diesem Moment existiert?

Teilnehmerin: Gar nicht.

Dr. Lisa: Genau.

Teilnehmerin: Überhaupt nicht.

Dr. Lisa: Und wie viel haben Sie existiert, bevor Sie wussten, dass Sie schwanger sind?

Teilnehmerin: Viel mehr.

Dr. Lisa: Ja, hier geht es also nicht um Kinder.

Teilnehmerin: Ja.

Dr. Lisa: Das ist ein sehr sensibles Thema, um das ich hier herumtanze.

Teilnehmerin: Ja.

Dr. Lisa: Aber ich möchte nur, dass Sie es sehen und ein Gespür dafür bekommen, während ich es mit Ihnen erforsche.

Teilnehmerin: Richtig.

Dr. Lisa: In diesem Moment schien sich also alles zu ändern.

Teilnehmerin: Richtig.

Dr. Lisa: Bei Access nennen wir das ein ‚dreifaches Sequenzsystem‘. Es ist eine Schleife.

Es ist eine Schleife, in der Menschen etwas datieren, das in ihrem Leben passiert ist und das ihr Leben damals in diesem Moment verändert hat.

Dr. Lisa: Right, wrong, good and bad, POD and POC, all nine, shorts, boys and beyonds®.

Ich gebe Ihnen ein extremes Beispiel.

Nach dem Tod meines Vaters, monatelang, und bis heute, wann immer wir über ihn sprechen, beschimpft meine Mutter ihn mit demselben obszönen Namen, den sie ihm gab, als er noch lebte.

Zuerst, als er starb, sagte ich: „Mama, er ist tot. Kann er auch sterben?"

Sie sagte: „Nein, dieser Bastard, da, da, da, da, da, da, da, da".

Das ist ein Beispiel für ein extremes dreifaches Sequenzsystem. Es wiederholt immer und immer und immer und immer und immer und immer und immer und immer und immer wieder dasselbe, egal wie oft Sie versuchen, es zu unterbrechen.

Sie datieren es auf diesen Moment zurück.

Können wir diesen Moment hier also einfach ein wenig unterbrechen? 1°? Und alles, was in diesem Moment gestorben ist, damals vor vier Jahren, als Sie kurz davor waren, aufzusteigen

- Sie und alles um Sie herum - Ihr Mann, das Kind, das Business, der Umzug - hat dort das Ruder übernommen, wo Sie nicht mehr wie früher existierten.

Teilnehmerin: Richtig.

Dr. Lisa: Können wir das zerstören und unkreieren?

Teilnehmerin: Ich denke schon.

Dr. Lisa: Right, wrong, good and bad, POD and POC, all nine, shorts, boys and beyonds®.

Dr. Lisa: Warum sagen Sie: „Ich glaube schon"

Teilnehmerin: Ich habe das Gefühl, dass ich die Art und Weise, wie ich meine Geschäfte erledige, nicht wieder kreiert habe.

Dr. Lisa: Ich verstehe.

Aber Sie bringen „damals" immer noch in die Gegenwart.

Das ist es, worum ich Sie bitte, loszulassen.

Teilnehmerin: Okay.

Dr. Lisa: Welche geheime, versteckte, verdeckte, unsichtbare, uneingestandene, unausgesprochene und nicht aufgedeckte Agenda, das Sie immer noch potentiell festhält.

Teilnehmerin: Ja.

Dr. Lisa: Würden Sie jetzt 1% davon aufgeben?

Teilnehmerin: Ja.

Dr. Lisa: Right, wrong, good and bad, POD and POC, all nine, shorts, boys and beyonds®.

Und all die Wege, die Sie damals waren, die Sie heute nicht mehr sind, und die Sie ändern mussten, um sich an die damalige Realität anzupassen, sich in diese neue Realität zu falten, zu verstümmeln, zu heften. Weil Sie erstaunlich sind und Sie können das tun, aber Sie lieben immer noch einiges davon und haben einiges davon nicht mitgenommen, weil das alles neu ist.

Teilnehmerin: Ja.

Dr. Lisa: Können wir das zerstören und unkreieren?

Damit etwas davon mit Ihnen hierher kommen kann, anstatt in der Vergangenheit zu bleiben, ohne Sie festzustecken.

Teilnehmerin: Ja.

Dr. Lisa: Alles, was hoch und runter kommt, können wir es zerstören und unkreieren.

Teilnehmerin: Ja.

Dr. Lisa: Right, wrong, good and bad, POD and POC, all nine, shorts, boys and beyonds®.

Dieser Geld-Kram ist trickreich.

Man muss wirklich auf den Wahnsinn und die Brillanz der Leute hören, sonst kommt man nicht weiter. Und das liegt nicht daran, dass ich Sie beobachte.

Sie hören wirklich zu und sehen sich das an, und das ist wunderbar - denn alles, was ich versuche zu facilitieren, ist, dass Sie mehr von Ihnen sind. Und wenn Sie mehr von sich mitbringen, von der, die die damals zurückgelassen wurde, ins hier und jetzt, denke ich, werden Sie einen Höhenflug machen.

Teilnehmerin: Es geht darum, diese Energie freizusetzen, damit Sie aus dem Heute und nicht aus der Vergangenheit kreieren können.

Dr. Lisa: Was ich damit sagen will, ist, nicht die Verbindung wiederherzustellen.

Teilnehmerin: Okay.

Dr. Lisa: Was ich damit sagen will, ist, die Entscheidung zu zerstören und unzukreieren, dass sie tatsächlich verloren und futsch ist, um nie wieder zurückzukehren.

Teilnehmerin: Okay.

Dr. Lisa: Das Sie, das damals vollständig existierte und heute nicht mehr existiert.

Teilnehmerin: Okay.

Dr. Lisa: Right, wrong, good and bad, POD and POC, all nine, shorts, boys and beyonds®.

Überall, wo also die Entscheidung, die Sie in der Vergangenheit getroffen haben, Einfluss auf das hat, was Sie in der Gegenwart und in der Zukunft nicht kreieren können. Können wir das zerstören und unkreieren?

Teilnehmerin: Ja.

Dr. Lisa: Right, wrong, good and bad, POD and POC, all nine, shorts, boys and beyonds®.

Alles, was Sie in der Vergangenheit hatten, das Sie nicht nach Texas bringen konnten, können wir es bitten, Ihnen jetzt zu folgen? Ja?

Teilnehmerin: Ja.

Dr. Lisa: Können wir alles, was das nicht zulässt, für Sie zerstören und unkreieren?

Teilnehmerin: Ja.

Dr. Lisa: Right, wrong, good and bad, POD and POC, all nine, shorts, boys and beyonds®.

Denn wie sehr kann Texas Ihre Brillanz nutzen?

Teilnehmerin: Sehr viel.

Dr. Lisa: Ja, genau.

Teilnehmerin: So wie ich sehe.

Dr. Lisa: Und wie sehr nutzt Chicago Ihre Brillanz?

Teilnehmerin: Sehr viel.

Dr. Lisa: Und gibt es mehr von Ihrer Brillanz in Chicago oder mehr von Ihrer Brillanz in Texas? Wahrheit.

Teilnehmerin: Ich denke jetzt in Texas.

Dr. Lisa: <u>Right, wrong, good and bad, POD and POC, all nine, shorts, boys and beyonds®.</u>

Können wir also überall dort, wo Sie sich geweigert haben, dieses Land zu beanspruchen, zu besitzen, als Ihre Schlampe zu betrachten, zerstören und unkreieren?

Teilnehmerin: Ja.

Dr. Lisa: <u>Right, wrong, good and bad, POD and POC, all nine, shorts, boys and beyonds®.</u>

Und überall dort, wo Sie in Chicago Ihre Potenz vergessen haben und in Texas vergessen haben, sie zu entfesseln, können wir es jetzt hervorrufen?

Teilnehmerin: Ja.

Dr. Lisa: <u>Right, wrong, good and bad, POD and POC, all nine, shorts, boys and beyonds®.</u>

Dr. Lisa: Und auf vier, öffnen Sie die Tür, zu einer neuen Möglichkeit. Eins, zwei, drei, vier. Und was ich gerne tue, ist, auf der Vier zu ROAR (BRÜLLEN).

Würden Sie das mit mir machen?

Teilnehmerin: Ja.

Dr. Lisa: Eins, zwei, drei, vier, ROAR. Alle zusammen. Eins, zwei, drei, vier.

Alle: ROAR!

Dr. Lisa: Eins, zwei, drei, vier.

Alle: ROAR!

Dr. Lisa: Eins, zwei, drei, vier.

Alle: ROAR!

Dr. Lisa: Eins, zwei, drei, vier.

Alle: ROAR!

Dr. Lisa: Eins, zwei, drei, vier.

Alle: ROAR!

6

Dr. Lisa: Das ist die Energie, die Sie mit sich bringen:

„Egal, was es kostet, egal, mit wem ich reden muss, egal, was es mich kostet, solange es leicht und richtig ist, dann wähle ich es."

Und was wird etwas für Sie kreieren? Leicht und richtig. Pizza, kein Popcorn.

Das werden Sie für immer wissen.

Right, wrong, good and bad, POD and POC, all nine, shorts, boys and beyonds®.

Und wenn es sich nicht in Bewegung setzt, wer sind Sie dann? Sind Sie das alte Chicago-Ich? Oder sind Sie das neue Texas Ich?

Was sind Sie? Sind Sie das alte Unternehmen, oder sind Sie das neue Unternehmen?

Welche Lüge sind Sie? Ich kann es in Texas nicht haben, weil ich es damals dort hatte.

Right, wrong, good and bad, POD and POC, all nine, shorts, boys and beyonds®.

Und nur zum Spaß, alles zwischen Ihnen und Ihrem Mann, Ihnen und dem Business Ihres Mannes und Ihnen und Ihrem Kind. Ist es eine Tochter oder ein Sohn?

Teilnehmerin: Tochter.

Dr. Lisa: Tochter, okay, die in dieser Entscheidung, Bewertung, Schlussfolgerung und Berechnung so konfiguriert wurde, dass Sie nicht ganz Sie selbst von damals sind, können wir das alles einfach widerrufen, aufheben, zurückfordern, aufkündigen, aufgeben, zerstören und unkreieren?

Teilnehmerin: Ja.

Dr. Lisa: Right, wrong, good and bad, POD and POC, all nine, shorts, boys and beyonds®.

Und können wir alle Entscheidungen, Bewertungen, Schlussfolgerungen und Berechnungen zwischen Ihnen allen zerstören und unkreieren? Verdeckt und offen.

Right, wrong, good and bad, POD and POC, all nine, shorts, boys and beyonds®.

Und alle kausale Einkerkerung, kausale Inkarnation, kausale Inkongruenz und Widersprüche, die eines dieser bekannten oder unbekannten Dinge kreieren, können wir das zerstören und unkreieren?

Teilnehmerin: Ja.

Dr. Lisa: Right, wrong, good and bad, POD and POC, all nine, shorts, boys and beyonds®.

Alle frei, auf fünf. Eins, zwei, drei, vier, fünf. Eins, zwei, drei, vier, fünf. Eins, zwei, drei, vier, fünf. Eins, zwei, drei, vier, fünf. Eins, zwei, drei, vier, fünf. Eins, zwei, drei, vier, fünf. Und bei drei, auflösen und auf die Erde loslassen. Eins, zwei, drei, vier, fünf, drei. Eins, zwei, drei. Eins, zwei, drei.

Und bei vier, Tür öffnen, neue Möglichkeit.

Teilnehmerin: Ja.

Dr. Lisa: Leichter oder schwerer?

Teilnehmerin: Leichter.

Kann ich Ihnen eine weitere Frage stellen?

In Texas befinde ich mich in einer anderen Lebensphase. Ich habe Kinder. Meine Tochter hat Skoliose, also bin ich in diese eingewickelt. Die Zeit ist begrenzter. Ich habe keine 24 Stunden, um hinauszugehen und dieses Netzwerk aufzubauen, um einen neuen Anspruch zu erhalten.

Dr. Lisa: Genau das habe ich über das alte Sie und das neue Sie gesagt.

Teilnehmerin: Ja.

Dr. Lisa: Überall, wo Sie als altes Sie hinausgehen und das Netzwerk aufbauen würden, müssen Sie als neues Sie eine neue Art des Business kreieren.

Teilnehmerin: Und das ist riesig, ja.

Dr. Lisa: Das ist es, was geschehen muss. Es ist eine neue Art und Weise, und wenn irgendjemand es kreieren kann, dann können Sie es auch kreieren. Sie wissen, wie man mit der Zeit umgeht. Nicht wahr? Sie können in 30 Minuten mehr schaffen als irgendjemand sonst. Ich habe also keinen Zweifel daran, dass Sie ein Business kreieren können, unabhängig davon, wo Sie sich befinden. Es geht nur darum, es zu tun und es zu wählen, und nicht Sie in Chicago zu sein, sondern Sie in Texas, das Sie, das Sie jetzt sind.

Teilnehmerin: Okay.

Dr. Lisa: Probieren Sie es aus. Und wenn Sie nicht weiterkommen, wie Sie gesagt haben, fragen Sie: „Wer bin ich, was bin ich, und in welche Lüge kaufe ich mich ein?"

Und dann: „Ist dies die Kreation, für die ich mich entscheide? Oder zeigt es nur, was ich mir wünsche?"

Right, wrong, good and bad, POD and POC, all nine, shorts, boys and beyonds®.

Teilnehmerin: Ich habe dieses große - etwas -, das von innen kommt und es ist erdrückend. Ich muss es loswerden.

Dr. Lisa: Und wer sind Sie mit diesem großen unsichtbaren Ding, das Sie erdrückt? Wer sind Sie? Wahrheit.

Und „Ich weiß es nicht" ist nicht die Antwort. Es ist nicht erlaubt.

Right, wrong, good and bad, POD and POC, all nine, shorts, boys and beyonds®.

Wer sind Sie? Erster Gedanke, bester Gedanke? Sie haben es bereits gehört. Wer sind Sie? Wahrheit.

Right, wrong, good and bad, POD and POC, all nine, shorts, boys and beyonds®.

Was sind Sie? Wahrheit.

Right, wrong, good and bad, POD and POC, all nine, shorts, boys and beyonds®.

Welche Lüge kaufen Sie sich da ein?

Right, wrong, good and bad, POD and POC, all nine, shorts, boys and beyonds®.

Wahrheit. Wer sind Sie?

Teilnehmerin: Klein.

Dr. Lisa: Right, wrong, good and bad, POD and POC, all nine, shorts, boys and beyonds®.

Was gefällt Ihnen daran, klein zu sein mit diesem großen Ding, das Sie erdrückt? Was lieben Sie daran, klein zu sein? Was ist das Beste am Kleinsein?

Teilnehmerin: Wir können uns verstecken.

Dr. Lisa: Right, wrong, good and bad, POD and POC, all nine, shorts, boys and beyonds®.

Was lieben Sie daran, dieses große Ding, das Sie erdrückt, zu verstecken?

Teilnehmerin: Ich kann mich dahinter verstecken.

Dr. Lisa: Sie können also klein sein. Sie können sich dahinter verstecken und dann können Sie es verstecken. Sie mögen es wirklich, sich zu verstecken.

Was verstecken Sie also?

Right, wrong, good and bad, POD and POC, all nine, shorts, boys and beyonds®.

Wahrheit. Was verstecken Sie?

Teilnehmerin: Meine Größe.

Dr. Lisa: Was verbergen Sie vor Ihrer Größe? Wahrheit.

Teilnehmerin: Gesehen werden.

Dr. Lisa: Großartig. Was lieben Sie also daran, sich davor zu verstecken, mit einem großen erdrückenden Ding, das Sie erdrückt, gesehen zu werden? Wahrheit.

Was macht es so vorteilhaft, Sie alle zu verstecken und sich wie Scheiße zu fühlen, so wie Sie sich fühlen, wenn Sie kotzen wollen?

Das ist, das ist die Lüge. Genau das ist es.

Es immer noch zu tun, obwohl wir uns dadurch krank, schlecht, schwer oder als ob uns dieser Felsbrocken erdrücken würde.

Das ist uns lieber als die Leichtigkeit, die Freude und die Herrlichkeit, für uns zu wählen, uns zu verpflichten, mit dem Universum zusammenzuarbeiten, uns zu segnen und zu kreieren.

Das ist das Verrückte am Wahnsinn.

Right, wrong, good and bad, POD and POC, all nine, shorts, boys and beyonds®.

Und die Epidemie des Missbrauchs in dieser Realität besteht darin, dass er die Norm dieser Realität ist - das Unwohlsein, wir zu sein.

Bei den Lügen des Geldes geht es in Wirklichkeit darum, sich mit der Frage zu konfrontieren: „Wer bin ich, was bin ich, welche Lüge kaufe ich mir ein, die ich wahr gemacht habe? Es ist keine Arbeit für die Schwachen. Es ist Arbeit für das böse BRÜLLEN in Ihnen, das sagt:„Nicht mehr. Es ist es nicht mehr wert, sich dahinter zu verstecken."

Das habe ich gesagt, als ich mich umdrehte, mich dem stellte und all die Jahrzehnte der Täterschaft und all die Scheiße, mit der ich konfrontiert war, ansah.

Nicht mehr.

Ich wollte kein Sklave dessen sein.

Und wenn ich einer Person durch das, was ich sage, helfen kann, dann werde ich darüber reden. Und ich werde da rausgehen, weil es viele andere Leute wie mich gibt, die auch da rausgehen werden, weil ich darüber spreche. Sie können sehen, dass sie nicht sterben werden, wenn sie sagen, was für sie wahr ist.

Aber wir verstecken uns hinter unseren Felsbrocken und unseren Glaubenssystemen und unseren Standpunkten und unserer Mutter und unserem Vater und unseren Jobs und unserer Armut und unserer Erstarrung und unserem Versagen und unserem Dies und Das.

Und wir halten uns selbst bemitleidenswert.

Wenn Sie hier in diesem Kurs sitzen, gibt es an Ihnen nichts Bemitleidenswertes. Ihr seid die Menschen, die verlangen, Geld zu haben, weil Geld in euren Händen diese Welt verändern wird.

Geld in Ihren Händen wird die Welt um ihre Achse kippen, nur nicht um die Verwerfungslinien. Und wenn es das tut, ist es in Ordnung, weil Sie brüllen werden.

Right, wrong, good and bad, POD and POC, all nine, shorts, boys and beyonds®.

Leichter oder schwerer?

Teilnehmerin: Schwerer.

Dr. Lisa: Verkörpert das Schwere Sie mehr oder Sie weniger? Wahrheit? Sagen Sie: „Mehr."

Teilnehmerin: Mehr.

Dr. Lisa: Sagen Sie „weniger".

Teilnehmerin: Weniger.

Dr. Lisa: Welches ist leichter?

Teilnehmerin: Weniger.

Dr. Lisa: Toll, Sie lieben es also wirklich, sich nicht zu verkörpern? Können Sie sich selbst als einen wunderbaren Schöpfer des Nicht-Verkörperns anerkennen?

Right, wrong, good and bad, POD and POC, all nine, shorts, boys and beyonds®.

Ich denke, volle Offenlegung und Transparenz ist nur eine Frage der Wahl der Möglichkeit.

Was wählen Sie?

Right, wrong, good and bad, POD and POC, all nine, shorts, boys and beyonds®.

Sie sind also ein wirklich großartiger Schöpfer von „ Verstecken Sie sich". Sie sind die beste, die Sie kennen, wenn es darum geht, Sie zu verstecken. Was lieben Sie daran, weil es alle im Raum umhaut? Was lieben Sie daran, jeden im Raum außer Gefecht zu setzen? Sie eingeschlossen. Wahrheit.

Teilnehmerin: Ich muss gesehen werden.

Dr. Lisa: Aber ist das wahr? Denn ich sehe Sie gerade jetzt und alle anderen auch. Also, Wahrheit, lieben Sie die Aufmerksamkeit, die das bekommt? Dass Sie darüber reden können, wie nicht gesehen Sie sind und wie viel Sie sich verstecken können?

Leicht oder schwer? Aufmerksamkeit.

Teilnehmerin: Schwer.

Dr. Lisa: Sagen Sie: „ Aufmerksamkeit."

Teilnehmerin: Aufmerksamkeit.

Dr. Lisa: Sagen Sie: „Es verschafft mir Aufmerksamkeit."

Teilnehmerin: Es verschafft mir Aufmerksamkeit.

Dr. Lisa: Sagen Sie: „Es verschafft mir keine Aufmerksamkeit."

Teilnehmerin: Es verschafft mir keine Aufmerksamkeit.

Dr. Lisa: Welches ist leichter?

Teilnehmerin: Es verschafft mir keine Aufmerksamkeit.

Dr. Lisa: Okay. Also, was ist das Beste daran, dass Sie sich verstecken? Denn hier ist die Sache …

Ich habe nicht den Eindruck, dass Sie dies ändern wollen.

Sie haben die Frage gestellt, aber was wollen Sie verändern?

Right, wrong, good and bad, POD and POC, all nine, shorts, boys and beyonds®.

Was ist Ihre Veränderung um 1° hier im Moment - dass, wenn Sie gehen, Sie wissen, dass Sie eine Veränderung gemacht haben?

Teilnehmerin: Ich möchte mich verändern. Seit wir uns heute Abend hingesetzt haben, hat es nur noch zugenommen und zugenommen und zugenommen und zugenommen und zugenommen. Ich möchte es loswerden.

Dr. Lisa: Sie wollen den Felsbrocken loswerden, hinter dem Sie sich früher versteckt haben, so dass Sie immer wieder verstecken, dass Sie es gerne tun? Wahrheit? Verstehe ich Sie richtig?

Teilnehmerin: Ja.

Dr. Lisa: Right, wrong, good and bad, POD and POC, all nine, shorts, boys and beyonds®.

Teilnehmerin: Es ist etwas anderes.

Dr. Lisa: Was ist es?

Teilnehmerin: Einiges davon gehört mir nicht.

Dr. Lisa: Was lieben Sie daran, etwas zu tragen, das Ihnen nicht gehört? Von dem Sie wissen, dass es nicht Ihnen gehört, aber Sie tragen es trotzdem bei sich, und Sie können es nicht loswerden. Wahrheit.

Teilnehmerin: Ich kann es.

Dr. Lisa: Ausgezeichnet. Werden Sie es los.

Right, wrong, good and bad, POD and POC, all nine, shorts, boys and beyonds®.

Sind zwei Stunden lang genug für Sie, um damit zu sitzen? Oder wollen Sie es noch zwei weitere Stunden machen? Oder 24 Jahrzehnte?

Right, wrong, good and bad, POD and POC, all nine, shorts, boys and beyonds®.

Zerstreuen Sie sich und lassen Sie es auf die Erde los. Wenn Raum auf Dichte trifft, löst sich die Dichte auf. Hat sich etwas verändert?

Teilnehmerin: Es hat sich mehr in meinem Gesicht ausgebreitet.

Dr. Lisa: Sie sind es also nicht losgeworden, sondern haben es verstärkt? Und Sie haben es behalten.

Teilnehmerin: Ja.

Dr. Lisa: Also noch einmal, wie kann ich Ihnen helfen? Weil es nicht so aussieht, als würde ich das tun.

Teilnehmerin: Ich weiß es nicht. Es scheint etwas anderes zu sein.

Dr. Lisa: Großartig.

Teilnehmerin: Ich weiß es nicht.

Dr. Lisa: Was bedeutet „Es ist etwas anderes"?

Teilnehmerin: Ein Felsbrocken.

Dr. Lisa: Also was ist es? Sie kennen sich am besten.

Was ist das für ein Felsbrocken, der nicht Sie sind, der sich dahinter versteckt und nicht gesehen wird oder nicht gesehen werden will, dass er etwas anderes ist? Alle dehnen sie ihre Energieräume aus, denn ich weiß, dass alle hier drin müde werden. Es ist dicht, aber Sie können dieser Energie helfen, indem Sie Ihre Energie des Raumes 500 Millionen Meilen nach oben, unten, rechts, links, vorne, hinten ausdehnen. Atmen Sie Energie in Ihre Vorderseite, durch Ihren Rücken, in Ihre rechte Seite, in Ihre linke Seite ein. Nach oben durch Ihre Füße. Nach unten durch den Kopf.

Right, wrong, good and bad, POD and POC, all nine, shorts, boys and beyonds®.

All das ist Dichte, Schwere - es ist eine Lüge, in die Sie sich eingekauft haben.

Und solange wir alle daran teilhaben, werden wir zu dem. Je mehr Sie also Ihren Energieraum ausdehnen können, desto mehr wird sich die Dichte auflösen.

Wenn Sie atmen, hilft das wirklich.

Right, wrong, good and bad, POD and POC, all nine, shorts, boys and beyonds®.

Also, was ist es? Was ist das jetzt alles?

Wenn man es in Worte fassen würde, was würde es sagen?

Teilnehmerin: Schwer. Heiß.

Dr. Lisa: Also, sagen Sie: „Ich bin schwer und mir ist heiß." Ich möchte Sie wirklich fragen, ob Sie sich hier Fazilitation wünschen?

Teilnehmerin: Ja, das möchte ich.

Dr. Lisa: Wenn ich also bitte sage: „Ich bin schwer und mir ist heiß", dann sagen Sie es bitte, denn das ist wirklich dick, also bleiben Sie hier bei mir.

Sagen Sie also: „Ich bin schwer und mir ist heiß."

Teilnehmerin: Ich bin schwer und mir ist heiß.

Dr. Lisa: Sagen Sie es noch einmal.

Teilnehmerin: Ich bin schwer und mir ist heiß.

Dr. Lisa: Und noch einmal.

Teilnehmerin: Ich bin schwer und mir ist heiß.

Dr. Lisa: Etwas lauter, damit es der Energie entspricht, die wir alle im Raum spüren.

Teilnehmerin: Ich bin schwer und mir ist heiß.

Dr. Lisa: Und ihr da hinten, sagt mir, wenn sie es trifft. Lauter.

Teilnehmerin: Ich bin schwer und ich bin heiß.

Dr. Lisa: Lauter, Baby!

Teilnehmerin: Ich bin schwer und mir ist heiß.

Dr. Lisa: Sag es noch einmal, Sam!

Teilnehmerin: Ich bin schwer und mir ist heiß.

Dr. Lisa: Und noch einmal.

Teilnehmerin: Ich bin schwer und mir ist heiß.

Dr. Lisa: Jetzt kommen wir weiter. Noch einmal.

Teilnehmerin: Ich bin schwer und mir ist heiß.

Dr. Lisa: Right, wrong, good and bad, POD and POC, all nine, shorts, boys and beyonds*.

Und alle Entscheidungen, Bewertungen, Schlussfolgerungen und Berechnungen, um sich selbst schwer zu halten, um sich heiß zu halten, um sich einzuengen, um sich zu verstecken, um sich hinter sich zu verstecken, um sich hinter sich zu verstecken, um niemals Sie zu sein, so dass es immer „etwas anderes" ist, und niemals jemandem zu erlauben, Ihnen zu helfen, etwas anderes zu durchschauen, das Sie als Sie gebaut haben, können wir widerrufen, aufheben, zurücknehmen, aufkündigen, aufgeben, zerstören und unkreieren zu ewiger Verpflichtung durch ein Labyrinth von Leiden.

Right, wrong, good and bad, POD and POC, all nine, shorts, boys and beyonds®.

And all the artificial, vibrational, virtual reality that you've created on top of that and underneath that and underneath that and underneath that and underneath that and underneath that and underneath that and underneath that and underneath that and underneath that and underneath that and underneath that and underneath that and underneath that and underneath that and underneath that.

All the demons and entities you've employed to keep that in place that you can never get beyond it, never get facilitation beyond it, and never allow yourself beyond it because you can't even see what's beyond it because it's so far beyond you, truth, who are you, truth, who're you before that and before that and before that and before that and before that and before that and before that, and who'll you be after that and after that and after that and after that and after that and after that and after that.

The deal is done. Your service is no longer requested, required, desired, wanted, or needed. You get to leave now and be free. Take all your electromagnetic imprinting, chemical imprinting, biological imprinting, hormonal imprinting, genetic imprinting, ancestral imprinting, psychological imprinting, psychosomatic imprinting, psychophysiological imprinting, boulder imprinting, and leave now. Go back from whence you came. Never return to this dimension, reality, body again.[3]

---

[3] Das Clearing bleibt auf englisch, weil es laut Gary Douglas, dem Gründer von Access Consciousness, nur auf Englisch wirkt

Können wir dieses „etwas andere" bitte aus seiner Position entlassen?

Teilnehmerin: Ja.

Dr. Lisa: Und könnten wir ihm seine Abfindung geben, um von hier zu verschwinden?

Teilnehmerin: Ja.

Dr. Lisa: Und könnten Sie dann Ihre Abfindung für das Tragen empfangen?

Teilnehmerin: Ja.

Dr. Lisa: Right, wrong, good and bad, POD and POC, all nine, shorts, boys and beyonds®.

Jetzt kommen wir voran.

Das ist alles, was Sie tun müssen - über Geld reden.

Right, wrong, good and bad, POD and POC, all nine, shorts, boys and beyonds®.

Überall wo das das Schloss ist, und Ihr Körper ist der Schlüssel. Ihr Körper ist das Schloss, das ist der Schlüssel mit dem Schloss und dem Schlüssel, und Schloss und Schlüssel, und Schloss und Schlüssel und Schloss, und Schlüssel und Schloss, und Schlüssel und Schloss, Schlüssel und Schloss, Schlüssel und Schloss, und Schlüssel und Schloss zusammen und befreien es?

Teilnehmerin: Ja.

Dr. Lisa: Eins, zwei, drei. Und alle, die den Kräften der Felsbrocken dieses anderen Etwas die Treue geloben.

Right, wrong, good and bad, POD and POC, all nine, shorts, boys and beyonds®.

Und überall dort, wo Ihr Körper der Vorratsbehälter für „etwas anderes" war, das nicht Sie sind, würden Sie gerne 1% davon aufgeben?

Teilnehmerin: Ja.

Dr. Lisa: Alle auf sechs. Eins, zwei, drei, vier, fünf, sechs! Eins, zwei, drei, vier, fünf, sechs! Eins, zwei, drei, vier, fünf, sechs! Eins, zwei, drei, vier, fünf, sechs! Eins, zwei, drei, vier, fünf, sechs!

Und all die kausale Einkerkerung, die kausale Inkarnation, die kausalen Inkongruenzen, Inkonsistenzen und Einschärfungen, um den Vorratsbehälter für den Mist der anderen zu verkörpern und zu sein, um Sie davon abzuhalten, Sie selbst zu sein, können wir es jetzt zerstörenund unkreieren?

Teilnehmerin: Ja.

Dr. Lisa: Right, wrong, good and bad, POD and POC, all nine, shorts, boys and beyonds®.

Dr. Lisa: Und lassen Sie uns das ganze Geld zu Ihnen locken. Alle mit mir:

Und lassen Sie uns das ganze Geld zu Ihnen locken. Alle mit mir:

Geld komm! Geld komm!

Welche Energie, Raum und Bewusstsein können ich und mein Körper sein? Können wir und unser Körper so sein, dass wir alle finanziellen Währungen bedingungslos und mit absoluter Leichtigkeit empfangen können? Alles und jedes, was das nicht zulässt, können wir es zerstören und unkreieren?

Teilnehmerin: Ja.

Dr. Lisa: Right, wrong, good and bad, POD and POC, all nine, shorts, boys and beyonds®.

Wenn Sie jetzt mehr in sich hineinatmen und sich nach unten, oben, nach rechts, nach links, vorne und hinten ausdehnen, atmen Sie Energie ein, atmen Sie Energie ein, atmen Sie Energie ein, atmen Sie Energie nach oben, atmen Sie Energie nach unten.

Besser, schlechter, gleich

Teilnehmerin: Viel besser.

Dr. Lisa: In Ordnung.

Teilnehmerin: Yay!

Die Teilnehmer: Yay!

Dr. Lisa: Also, nicht vergessen:

Wer sind Sie?

Was sind Sie?

In welche Lüge kaufen Sie sich ein?

Ich danke Ihnen vielmals für Ihre Aufmerksamkeit. Vielen Dank für Ihre Verletzlichkeit. Vielen Dank für Ihr Mitteilen. Danke, dass Sie gekommen sind und mir die Freude und die Möglichkeit geschenkt haben, eine Veränderung von 1° in Ihrem Leben zuzulassen.

Right, wrong, good and bad, POD and POC, all nine, shorts, boys and beyonds®.

Das war energetisch gesehen gut, nicht wahr?

Teilnehmerin: Woohoo!

Die Teilnehmer: Dankeschön!

Dr. Lisa: Right, wrong, good and bad, POD and POC, all nine, shorts, boys and beyonds®.

Danke schön, danke schön, danke schön.

Die lügen des geldes:

Geld komm, Geld komm, Geld komm, Geld komm, Geld komm, Geld komm, Geld komm, Geld komm.
Sei du, jenseits von allem und kreiere Magie!

Orlando

Sprecher: Ich heiße Sie alle hier willkommen.

Wir haben die Ehre und das Privileg, Gastgeber von Dr. Lisa zu sein, einer wunderschönen und erstaunlichen, unglaublichen Facilitatorin von Access Consciousness, Bestsellerautorin Nr. 1 und Moderatorin einer erstaunlichen Show von Voice America. Sie befindet sich auf einer internationalen Tournee, und wir haben sie für die Facilitation mit uns eingefangen.

Wir sind so gesegnet, Sie bei uns zu haben, und vielen Dank, dass Sie die Lügen des Geldes heute Abend zu uns gebracht haben, gefolgt von ROAR und einem dreitägigen Körperkurs.

Bitte einen großen Applaus für Dr. Lisa!

Dr. Lisa: Vielen Dank!

Hallo allerseits, hier sind die Lügen des Geldes, eine zweistündige ‚Kostprobe'. Ich werde Ihnen einen Vorgeschmack auf meine Version der Geldlügen geben, indem ich das Energie-Clearing-Statement von Access Consciousness™ und auch andere Werkzeuge von Access verwende. Wenn Sie mehr über Access Consciousness™ und insbesondere das Clearing-Statement erfahren möchten, gehen Sie einfach zuwww. theclearingstatement.com. Ich werde dieses Statement im Laufe dieser 2 Stunden oft verwenden, und für viele von Ihnen wird es wie Mandarin klingen, vor allem, wenn Sie brandneu sind. Ich spreche kein Mandarin, aber für Sie wird es wie Mandarin klingen.

Meinen Sinn für Humor werden Sie am Anfang wahrscheinlich nicht verstehen, aber ich garantiere Ihnen, dass es mein Ziel und meine Absicht ist, Sie zumindest für die Zeit, die wir zusammen verbringen, zum Lachen zu bringen.

Geld ist für die Menschen ein so schweres Thema.

Es bringt so viel Schrott und Dreck, Negativität und Zerstörung, Blockaden und Schwere und Dichte und Angst mit sich - im Grunde alles unter der Sonne.

Warum beginne ich also meine Woche mit diesem Thema? Ich bin mir nicht wirklich sicher.

Ich habe daran gedacht, als ich heute hier hereingekommen bin. Und ich dachte: „Vielleicht sollte ich über Sex oder so reden. Aber das wäre wahrscheinlich genauso schwer wie das Thema Geld.

Ich benutze das Clearing-Statement von Access Consciousness™, weil es so umfassend ist, dass es die Sache aus der Welt schafft.

Und glauben Sie mir, ich habe schon viele Werkzeuge verwendet.

Wie einige von Ihnen wissen, verfüge ich über eine ganze Reihe von Lizenzen, Ausbildungen und Schulungen außerhalb der Access Consciousness™ Modalität an sich, darunter einige Master-Abschlüsse, eine Lizenz für Ehe- und Familientherapie und einen Abschluss in Psychologie.

Ist Ihr Computer jemals hängen geblieben?

Erinnern Sie sich noch an die AOL-Tage, wo es immer hieß: „Datei nicht gefunden, tuut, tuut? Da gab es diese kleine Sanduhr, und dann, ganz plötzlich, startet man den Computer neu, und was immer dieses Problem war, wo immer es auch feststeckte, es ist verschwunden.

Und Sie wissen nicht warum, weil Ihr Computer nicht sprechen kann. Das ist es, was das Clearing-Statement von Access Consciousness™ für mich tut. Wenn ich also um die Welt gehe und über die Dinge spreche, die ich so mache, dann finde ich, wenn ich das benutze, macht das alles so viel leichter und einfacher und „lustiger" - wenn das überhaupt ein Wort ist.

Und dann kommen die Menschen tatsächlich leichter, schneller, müheloser aus ihrem Käfig und aus ihrer Begrenzung und aus ihrer Enge heraus.

Theta Heilung™ ist auch eine gute Technik, die ich schon lange benutze und die ich immer noch sehr liebe und genieße. Wenn Sie damit vertraut sind, werden Sie es in einigen der Dinge sehen, über die ich spreche, insbesondere in den Anfängen der Hypnotherapie, Somatik und Traumatraining, die ich habe.

Ich nutze alles, was ich gelernt habe, um Menschen zu bewegen, auch mich selbst, wenn sie bereit sind, aus ihren eigenen Käfigen und Beschränkungen herauszukommen.

Und Geld ist für mich der größte Käfig.

In über 20 Jahren privater Praxis, Gruppenpraxis, internationaler Praxis sind Menschen aus drei Gründen zu mir gekommen: Geld, Gesundheit und Beziehung.

Zuerst habe ich mich mit dem Gesundheitsbereich beschäftigt und war in meiner Praxis in San Francisco sehr erfolgreich dabei, Menschen dabei zu helfen, ihre lebensbedrohlichen Krankheiten und Leiden buchstäblich loszulassen. Ich hatte auch einmal eine lebensbedrohliche Krankheit und Erkrankung, über die ich sprechen werde, weil es eine Wahl war, die ich getroffen habe und die mich zum ersten Mal erleben liess, was es eigentlich bedeutete, mein Bankkonto bei Null zu sehen.

Hat das irgendjemand hier schon einmal erlebt?

Die Teilnehmer: Ja.

Dr. Lisa: Es ist eine ziemliche Erfahrung, und wie ich sehe, haben auch Sie überlebt.

Darauf werde ich noch etwas näher eingehen, aber ich fühlte mich wirklich gut dabei, die Sache mit der Gesundheit zu tun, vor allem als die Krankheiten, mit denen die Leute in mein Büro kamen, eher naturheilkundlich als allopathisch ausgingen, mich eingeschlossen.

Es war wie: „Okay, das ist cool. Das habe ich verstanden."

Als nächstes ging es um die Frage der Beziehungen. Die Leute kamen, arbeiteten sich durch den Konflikt und all das, und ich war wirklich erfolgreich damit. Die Menschen waren entweder aus der Beziehung raus oder in einer Beziehung, aber sie waren glücklich.

Meine Kunden waren erfolgreich, ich selbst eingeschlossen, und dann diese Geldsache.

Egal, was im Leben der Menschen besser wurde, auch in meinem eigenen Leben, irgendwann änderte sich Geld nie. Es waren die gleichen Seitwärtsbewegungen - sah gut aus, hatte Erfolge, hatte immer Geld, meinen Klienten ging es auch besser, aber dann ging es immer irgendwie weg und es gab ein Fest oder eine Hungersnot.

Ich weiß nicht, ob jemand von Ihnen so etwas erlebt hat.

Ich konnte immer Geld verdienen, aber ich konnte mir nie einfach erlauben, es zu haben. Und dann bemerkte ich, dass es bei meinen Kunden, die das gleiche „Darstellungsproblem" hatten, ein Muster gab, nach dem sie Geld verdienen konnten, es aber nie behielten oder hatten.

Einige meinten, sie könnten kein Geld verdienen - und deshalb konnten sie kein Geld verdienen und sie konnten es auch nicht haben.

Ich begann zu beobachten und zu mit anzusehen, wie diese Menschen, mit denen ich zusammenarbeitete, wirklich großartige Menschen, dieser Guru-Gott-Sache erlagen, und ich dachte: „Na gut, ich habe die Gesundheitssache, ich habe die Beziehungssache. Ich werde mich für diese Geldsache einsetzen."

Dann, vor einiger Zeit, hat sich für mich finanziell und energetisch etwas völlig verändert, und viele der Dinge, über die ich hier gesprochen habe, sind einfach verschwunden. Ich weiß nicht einmal, was passiert ist.

Es war nicht wie eine Trennung der Meere, Moses und die ganze Sache.

Es schien sich einfach zu ändern.

Nun, das bedeutet nicht, dass es perfekt ist oder dass ich es nicht besser machen kann, denn für mich bedeutete es, dass ich ständig wachse, nicht wahr? Ich werde immer besser.

Wenn Sie sich von einer lebensbedrohlichen Krankheit ohne Schulmedizinische Medikamente heilen, haben Sie etwas davon. Ich habe etwas davon gehabt und dafür finanziell alles aufs Spiel gesetzt.

Es war die beste finanzielle Entscheidung, die ich je getroffen habe, und was ich daraus gelernt habe, ist, dass man immer mehr Geld verdienen wird.

Und das habe ich getan.

Solange Sie mit dem gehen, was leicht und richtig ist und was vor Ihnen liegt, und Sie dieser Energie folgen, wird Ihnen das Geld folgen– wegen dem, was in Ihnen steckt.

Als sich jedoch meine Energie für die finanzielle Realität verlagerte, sah ich, dass so viele Menschen, mit denen ich zusammenarbeitete, und meine Kollegen nicht davon abwichen.

Da beschloss ich, meine Energie und Aufmerksamkeit wirklich auf die Frage zu richten: „Was ist diese Geldsache?

Also wirklich, was ist das?

Ich gebe nicht vor, hier oben zu stehen und zu sagen, dass ich alle Antworten habe, aber wenn es für Sie in Ordnung ist, werde ich Ihnen mitteilen, was für mich funktioniert hat und was mir bewusst geworden ist.

Wäre das für Sie in Ordnung?

Die Teilnehmer: Ja.

Dr. Lisa: Einige von Ihnen lächeln.

Okay, und überall dort, wo Sie versuchen, nicht zu lächeln, nur um mir zu beweisen, dass ich falsch liege, weil es in diesem Raum keine Kontrollfreaks gibt, können wir das zerstören und unkreieren?

Die Teilnehmer: Ja.

Dr. Lisa: Right, wrong, good and bad, POD and POC, all nine, shorts, boys and beyonds®.

Da ist dieses Mandarin-Statement.

Das ist das Clearing-Statement von Access Consciousness™, und ich werde es oft sagen, auch wenn es keinen Sinn ergibt, warum ich es sage. Ich benutze es genauso, wie ich dieses Beispiel des Computers benutze.

Durch das, was wir glauben, lassen wir uns selbst zurück - nicht nur uns selbst, sondern auch unseren Körper - so dass, wenn wir das Clearing-Statement von Access Consciousness™ verwenden, all das Zurücklassen von uns, all die Einschränkungen, all die Entscheidungen, all die

Bewertungen, all die Schlussfolgerungen, all die Berechnungen, all die Konfigurationen, all die Schwüre und Gelübde, und die Lehenseide und die Verpflichtungen und die bindenden Bürgschaftsverträge und all die geheimen und verborgenen und unsichtbaren und verdeckten, unsichtbaren, uneingestandenen, nicht enthüllten Agenden, um in diesem Fall keine Leichtigkeit, Freude, Herrlichkeit, Geld in Ihrem Leben zu haben, werden geklärt und Sie haben mehr Raum, um zu wählen, wann Ihr „Ja" Ihr „Ja" und wann Ihr „Nein" Ihr „Nein" ist.

Ist das also in Ordnung für Sie? Können wir das hier machen?

Die Teilnehmer: Ja.

Dr. Lisa: Right, wrong, good and bad, POD and POC, all nine, shorts, boys and beyonds®.

Wenn Sie nichts von dem verstehen, was ich sage, ist das in Ordnung. Ich schätze es, wenn die Leute es nicht verstehen, denn wenn man es versteht, steht man einfach unter der Ansicht eines anderen.

Und ich möchte nicht, dass Sie unter der Ansicht eines anderen stehen, weil wir alle schon so viele Jahrzehnte uns unter der Ansicht eines anderen verkörperten und umarmten - und das dann unsere Realität nannte.

Überall dort, wo Sie Ihre Realität physisch, psychologisch, somatisch, energetisch oder finanziell als Ihre Realität bezeichnet haben, wo es doch eigentlich die Ansicht eines anderen war, mit der Sie Ihren Körper, Ihren Verstand, Ihre Psyche, Ihr Leben gestaltet haben, können wir das zerstören und unkreieren?

Dr. Lisa: Right, wrong, good and bad, POD and POC, all nine, shorts, boys and beyonds®.

Nur 1%.

Zerstören und unkreieren Sie nur 1%.

Es braucht nur 1° oder 1% eines Wunsches zur Veränderung, der alles unterbrechen kann, in das wir uns eingesperrt haben.

Wären Sie alle bereit, heute Abend hier eine Veränderung von 1° vorzunehmen?

Die Teilnehmer: Ja.

Dr. Lisa: Ich weiß, dass einige von euch Wettbewerbsfreaks sagen werden: „Aber ich kann 99,9% schaffen."

Nur zu, aber ich suche nur einen.

Right, wrong, good and bad, POD and POC, all nine, shorts, boys and beyonds®.

Was ich bei diesem Geldschnuppern gelernt habe, ist sehr interessant. Es ist jedes Mal anders. Ich lerne noch mehr darüber, wie die Energie dieser Geldsache im ganzen Land bei jedem Menschen, bei jedem Einzelnen so unterschiedlich ist - und es ist einfach erstaunlich.

Teilnehmerin: Spüren Sie die Energie in Orlando anders als an anderen Orten, an denen Sie das Seminar durchführen, nur wegen der Ströme?

Dr. Lisa: Nun, darüber werde ich mehr wissen, wenn wir heute Abend weitergehen.

Es mag Sie vielleicht überraschen, dass vieles von dem, worüber ich heute Abend sprechen werde, nichts mit tatsächlichem Bargeld oder Geld zu tun hat, aber es hat alles damit zu tun, was Sie tatsächlich nutzen, um Ihren „Geldfluss" - oder das Fehlen eines solchen - auf Ihrem Bankkonto, in Ihrem Portfolio, in Ihren Anlagen, in Ihrem Scheckbuch und in Ihrer Brieftasche zu erzeugen.

Alles, worüber wir sprechen werden, ist das, was sich als Ihre finanzielle Realität aktualisiert.

Und mein Ziel ist es, jedem von Ihnen nach besten Kräften zu gestatten, dieses 1% oder dieses 1° zu ändern, so dass Sie aus diesem Raum herausgehen und 1° mehr darüber wissen, was Ihre finanzielle Realität ist und was nicht.

Dr. Lisa: Einer der Gründe, warum ich vor Ihnen auftreten kann, ist wegen meines Vaters. Ich bin mit einem Mann aufgewachsen, der Unternehmer war, und meine Aufgabe als Kind war es, mit ihm im Keller zu sitzen. Dort befand sich zu dieser Zeit sein Büro.

In den frühen 80er Jahren verdiente er viel Geld durch Zwangsvollstreckungen und Immobilien in New York und im Raum New Jersey. Irgendwann hatte er 16 verschiedene Mehrfamilienhäuser, die er besaß, und das war der Zeitpunkt, an dem sich die Dinge in unserem Leben zu ändern begannen.

Für mich war das sowohl ein Fluch als auch ein Segen, denn seit ich 23 war, war ich als Unternehmer auf mich allein gestellt.

Ich konnte für niemanden arbeiten.

Aber etwas, was ich dank ihm tue, ist richtig, und ich erwähne ihn immer wieder und bedanke mich bei ihm.

Wenn Sie einen Teil meiner Geschichte kennen - über den Schwerpunkt, den ich hatte, um über Missbrauch und Einschränkung und Enge hinauszukommen, den ich persönlich sehr gut kenne -, dann war er der einzige große Lichtblick in meinem ganzen Leben, denn in diesen Momente, wenn ich mit ihm im Keller saß, zählte ich den Geldstapel.

Und das war damals alles in bar.

Erinnern Sie sich noch an die grünen Buchblöcke und die alten Rechenmaschinen? Und was war damals ein Computer? Ich weiß es nicht einmal. Ich glaube, es war kurz vor der Zeit der Mikrowellen. Ich stapelte das Geld und ordnete es in das Hauptbuch ein, und er sagte: „Lisa, das ist nicht nur eine Männerwelt. Es ist die Welt einer Frau. Tu, was du liebst. Sei dein eigener Chef. Arbeite nie für jemanden.

Und gib deine Träume niemals auf.

Ich könnte mit ihm über diesen Teil sprechen, denn er stellte in gewisser Weise ein kleines Problem dar, ein kleines bisschen einen Anspruch.

Aber er trieb auch eine Potenz in mir an, als er es sagte.

Er erzählte mir auch immer von der Beziehung. Er sagte: „Man sagt, Gegensätze ziehen sich an. Das ist es, was ich habe. Und siehst du, wie das für uns funktioniert hat?" Er sprach über seine Ehe.

Das war ein weiteres Problem, und deswegen habe ich eine Menge Therapie gemacht.

Deshalb habe ich einen Abschluss in Psychologie, damit ich andere Menschen davon abhalten kann. Man lernt auf eine bestimmte Art und Weise, was man im Leben tun muss.

Er sagte mir etwas in der Richtung: „ Geh wirklich mit jemandem zusammen, mit dem du zusammenarbeiten kannst, mit dem du arbeiten kannst, auf den du hinarbeiten kannst und auf den du zusteuern kannst, und gemeinsam etwas kreiert. Aber setze nicht alles auf und in jemanden, um dein Leben zu gestalten."

Ich betrachtete die Dinge, die er mir in diesen Momenten sagte, als die beste Wirtschafts- und Finanzausbildung, die ich haben konnte.

Ich war kein Wirtschafts -Profi. Ich war Psychologie-Profi. Ich habe am Gymnasium Wirtschaft belegt und wollte mir in den Kopf schießen. Ich konnte es nicht tun.

Ich erinnere mich an meine frühen Tage in New York, als ich alle zum Bahnhof gehen sah, weil man von mir erwartete, in New York in der Stadt zu arbeiten. Man erwartete von mir, jeden Tag in den Zug zu steigen und irgendwo im Geschäft zu arbeiten. Man erwartete von mir, dass ich jeden Tag ein Kostüm trage, Turnschuhe oder Sportschuhe anziehe und meine hochhackigen Schuhe in meiner Aktentasche trage, zur U-Bahn gehe und in die Stadt komme.

Das war es, was ich tun sollte.

Ich erinnere mich, wie ich den Mond aus meinem Schlafzimmerfenster betrachtete und sagte: „Gott, was immer du tust, was immer du tust, lass mich nicht ein seelenloses Leben führen."

Ja, ein kleines bisschen eine Bewertung.

Denn was ich sah - alle, die zum Bahnhof gingen, Männer und Frauen - niemand war glücklich.

Niemand hatte ein Lächeln im Gesicht. Alle sahen verzweifelt aus.

Er hat mir in diesen Momenten im Keller beigebracht, wirklich glücklich zu sein und das zu tun, was ich liebe.

Ich verließ New York, sobald ich konnte, und ging nach Westen. Als ich in Kalifornien ankam, sagten alle: „Ja, es ist ein Freitag und ein Montag. Lasst uns Fahrrad fahren. Und es ist ein Dienstag und ein Mittwoch oder Donnerstag... Lasst uns Fahrrad fahren. Lasst uns eine Wanderung machen."

Ich dachte: „Gehen die Leute nicht zu Fuß zum Zug und fahren in die Stadt und arbeiten den ganzen Tag?"

Nein, sie arbeiten in Jeans und Shorts, und sie verdienen viel Geld.

Diese Momente mit meinem Vater waren wirklich wichtig, und da habe ich die Liebe zum Geld bekommen.

Wissen Sie, wie Geld schmeckt?

Die Teilnehmer: Nein.

Dr. Lisa: Nein? Ich schon. Ich fordere Sie heraus.

Ich weiß, es ist nicht so appetitlich, aber ich muss Ihnen sagen, ich würde das Geld schmecken, sogar die Münzen, wenn ich das Geld stapeln würde.

Glauben Sie mir, alle meine Freunde wissen, dass ich ihre Brieftasche holen und ihr Geld sehr schön zusammen stapeln werde, mit $100-Scheinen zuerst, und dann dahinter $20-Scheine, dann $10-, $5- und $1-Scheine - genau wie mein Vater es tat.

Alles geordnet, nicht zerknüllt, als ob es Ihnen egal wäre, und werfen Sie es auf den Boden oder irgendwo auf den Boden Ihres Portemonnaies.

„Hier ist ein Dollar, was auch immer."

Ich habe all diese Dinge genossen. Es ist nicht so, dass er mir das gesagt hätte, aber ich habe einfach nachgeahmt, was er getan hat, und ich habe mich in das Geld verliebt.

Ich ging an die Fairfield University in Connecticut, und in den Sommern, als ich nach New York zurückkam, arbeitete ich in einer Bank. Ich liebte es, in den Tresorraum zu gelangen, wenn der Lastwagen von Brinks kam. Sie hatten dort all das Geld und die Juwelen. Ich habe es einfach geliebt.

Wenn die Leute, vor allem die Anwälte, am Freitag all ihre Einzahlungen tätigten, kamen sie mit Hunderten und Hunderten und Hunderten von Dollars.

Ich liebte das Geld.

Ich liebe die Energie des Geldes und ich liebe es, mit Geld beschenkt zu werden.

Und ich liebe 100-Dollar-Scheine - ich bete sie an. Ich würde sie, wenn ich könnte, am ganzen Körper tragen. Ich habe keine Ahnung, warum, und wahrscheinlich werde ich es um nichts in der Welt tun.

Diese Liebe aus diesen Momenten mit meinem Vater über Geld hat für mich alles verändert.

In einigen dieser Jahre gab es ein wenig Kampf, aber jetzt, da ich mich an diese Geschichten und die Energie meiner Liebe zum Geld erinnere, kreiert sie tatsächlich mehr Geld, mehr Business, mehr Spaß, mehr Freude, mehr Gemeinschaft mit der Erde, besseren Sex und eine glücklichere Beziehung in mir selbst - eine gesunde Beziehung in mir und meinem Körper.

Es hatte also etwas mit diesen frühen Momenten zu tun, mit dem Wissen, wie sich Geld anfühlt, riecht und schmeckt, und die Liebesaffäre, die ich mit ihm hatte, war wirklich der Schalter, der den Geldhahn für mich aufgedreht hat. Sonst hätte ich das nie erfahren.

Und wie bin ich hierher gekommen?

Ich habe eine Menge Clearings von Beschränkungen und Verengungen in meinen Glaubenssystemen durchgeführt, die mich in einer Realität eingekapselt oder gefangen gehalten hatten, die für mich nicht wahr war.

All die Realitäten und Ansichten, die Sie Ihnen aufgezwungen haben, die Sie als Sie selbst verkörpert haben, die Sie als Ihr Leben kreiert und Sie genannt haben, können wir das jetzt zerstören und unkreieren?

Teilnehmer: Ja.

Dr. Lisa: Right, wrong, good and bad, POD and POC, all nine, shorts, boys and beyonds®.

Und all die Entscheidungen, Bewertungen, Schlussfolgerungen und Berechnungen, die Sie vor Ihrem zweiten Lebensjahr darüber angestellt haben, was Geld für Sie und was Sie für Geld, was Bargeld für Sie und was Sie für Bargeld bedeuteten, können wir das zerstören und unkreieren?

Right, wrong, good and bad, POD and POC, all nine, shorts, boys and beyonds®.

Und alles, was alle Ihnen als Frau gesagt haben, was Geld für Sie bedeutet und Geld zu haben für Sie bedeutet, können wir das aufgeben?

Nur 1% mehr?

Die Teilnehmer: Ja.

Dr. Lisa: Right, wrong, good and bad, POD and POC, all nine, shorts, boys and beyonds®.

Warum bitte ich Sie, das aufzugeben?

Weil alles, was Sie von jemand anderem glauben, das Ihnen nicht gehört, Sie für sich als wahr machen, und dann können Sie es niemals ändern oder darüber hinausgehen, weil es nicht Ihnen gehört. Etwas, was nicht Ihnen gehört, können Sie nicht ändern.

Dr. Lisa: Right, wrong, good and bad, POD and POC, all nine, shorts, boys and beyonds®.

Hat jemand etwas in Ihrem Leben, das sich nicht ändert? Ich hoffe, dass Sie von diesem Tag an fragen: „Ist es meins?"

Denn wenn Sie nicht kapieren, dass es leicht und funkelnd und sprudelnd und expansiv ist, wenn Sie die Frage „Ist es meins?" stellen, und es sich stattdessen dicht und eingeengt im Bauch und schwer anfühlt, dann ist das eine Lüge, die Sie kaufen.

Wenn es sich leicht, expansiv, frei und freudig anfühlt - dann ist es wahr.

Können wir also all die Entscheidungen, Bewertungen, Schlussfolgerungen und Berechnungen, die Ihnen jeder erzählt hat, was es bedeutet, ein Mann/Frau mit Geld zu sein, und was es bedeutet, Geld als Mann oder als Frau zu haben, zerstören und unkreieren?

Right, wrong, good and bad, POD and POC, all nine, shorts, boys and beyonds®.

Sehen Sie, hier gibt es ein Muster.

Ich sage all diese Dinge, um alles zu zerstören und unzukreieren, was ich nur irgendwie schaffen kann.

Ich wünsche mir nach besten Kräften, dass Sie alle nur noch 1 % mehr haben, dass Sie alle etwas offener sind, als Sie hier hereingekommen sind. Denn wir alle kommen mit unseren Ansichten, unserer Realität, unseren Wünschen, unseren Problemen, unseren Themen, für die wir unser Taschentuch brauchen - all die Dinge, über die wir unfähig waren, darüber hinauszugehen.

Und was ich bei meinen Klienten und für mich selbst festgestellt habe, ist, dass sie nicht einmal unsere sind.

Wir haben sie adoptiert.

Es ist, wie wenn wir sagen: „Oh, ich habe die Augen oder die Haare oder den Hintern meiner Mutter oder die Wangen meines Vaters.

Genauso verhält es sich mit Glaubenssystemen und Ansichten.

Was haben Ihnen Ihre Mütter über Geld erzählt? Was hat Ihnen Ihr Vater über Geld erzählt? Was hat Ihnen diese Realität darüber erzählt, dass Sie eine Frau mit Geld sind, und was haben Sie als Männer angenommen und über Geld erzählt bekommen?

Right, wrong, good and bad, POD and POC, all nine, shorts, boys and beyonds®.

Keines dieser Dinge hat etwas mit Ihnen zu tun.

Ich führe nicht nur Kaffeegespräche mit Ihnen und sage diese Dinge ohne Grund. Ich teile sie mit Ihnen, damit wir das 1% für Sie erreichen können - und ich hoffe, dass das dazu beiträgt, dass Sie hier rausgehen und einen Anruf bekommen, dass derjenige, der Ihnen Geld schuldet, eine Einzahlung auf Ihr Konto vornehmen wird. Oder, wenn Sie nach einer neuen Stelle suchen, dass es irgendwie per Post, E-Mail oder Telefonanruf kommt.

Oder dass Sie vielleicht morgen die Zeitung aufschlagen oder im Internet nachsehen und etwas, das Sie sich gewünscht haben, ohne zu wissen, dass Sie es sich wünschen, erscheint direkt auf Ihrem Bildschirm... so etwas in der Art.

Wären Sie alle bereit, sich jetzt für dieses 1 % mehr der unendlichen Möglichkeiten, die Ihnen zur Verfügung stehen, zu öffnen?

Right, wrong, good and bad, POD and POC, all nine, shorts, boys and beyonds®.

Üben Sie mit mir.

Wenn Sie sich nur einen Moment Zeit nehmen, um Ihren Energieraum auszudehnen - und was ich damit meine, denken Sie es einfach - 500 Millionen Meilen. Beachten Sie, dass die

Zahl zu groß ist, als dass sich Ihr Gehirn darum wickeln könnte, denn in meinem Unterricht geht Ihr Gehirn nach hinten.

Ich sage den Leuten immer, dass sie ihren Kopf auf den wunderschön farbigen Hängematten, die ich für Sie dorthin zurückgelegt habe, zurückrollen sollen, und lassen Sie Ihren Kopf dort und behalten Sie Ihren Körper hier, denn Ihr Körper ist das Tor zu Ihren Möglichkeiten mit Geld, Bargeld und allem, was sich in Ihrem Leben verändert - nicht Ihr Verstand.

Das ist ein wenig anders als in dieser Realität, nicht wahr?

Right, wrong, good and bad, POD and POC, all nine, shorts, boys and beyonds®.

Ihr Geist ist 10% von Ihnen Ihr Körper ist 90% von Ihnen. Warum sollte unsere gesamte Verkörperung nur die 10% in unserem Kopf sein?

Right, wrong, good and bad, POD and POC, all nine, shorts, boys and beyonds®.

Wäre es also für Sie in Ordnung, wenn Sie erwarten würden, dass etwas Magisches geschieht? Und wäre es in Ordnung, wenn es nicht morgen ist?

Die Teilnehmer: Ja.

Dr. Lisa: Wäre es in Ordnung, wenn es in 10 Jahren passiert?

Die Teilnehmer: Ja.

Dr. Lisa: Wäre es in Ordnung, wenn es nächsten Monat geschähe?

Die Teilnehmer: Ja.

Dr. Lisa: Überall dort, wo Sie innerlich vielleicht «Nein» gesagt haben, aber hier draußen «Ja» sagen, eliminieren und verengen Sie die Möglichkeiten. Es wird sich nie so zeigen, wie Sie denken. Vertrauen Sie mir. Ich wusste nicht einmal, wo Texas liegt, und ich bin einfach dorthin gezogen.

Dr. Lisa: Right, wrong, good and bad, POD and POC, all nine, shorts, boys and beyonds®.

Das Einzige, was ich über Texas wusste, waren meine eigenen Bewertungen über George Bush, und ich habe mich ihm nie genähert. Und ich wusste nicht einmal, dass ich eine solche Bewertung darüber hatte.

Als ich dann tatsächlich nach Texas kam, dachte ich: „Hey, irgendwie gefällt es mir hier."

Ich verstehe es immer noch nicht, und ich brauche es auch nicht zu verstehen. Es gibt dort eine Geräumigkeit, und viel davon liegt daran, dass ich auf einer 25 Hektar großen Pferderanch bin.

Es taucht nie so auf, wie Sie denken, wie die Einladung zu dieser Möglichkeit und dem Leben, das ich kreiert habe.

Ich habe alles verkauft, alles losgelassen, alles und jeden, der nicht mit mir kommen wollte, als ich Kalifornien verließ. Ich habe nicht einmal alles verkauft. Ich habe etwas davon verkauft und das meiste davon verschenkt. Es war nicht einmal wichtig für mich.

Ich wusste nur, dass es Zeit war zu gehen, und als die Einladung kam, ging ich.

Was mich durch das Universum aus dieser Wahl, dem zu folgen, was leicht und richtig ist, gesegnet hat, machte mich glücklich. Und es war keine Arbeit und kein Geld, für die ich mich entschieden habe.

Es war die Erde. Es waren Pferde. Es war mein Körper. Es war die Entscheidung für eine mögliche Beziehung, und es hat funktioniert. Ich hätte es mir nicht einmal vorstellen können.

„Wow, das passiert also, wenn es leicht und richtig ist und man ihm folgt."

Und die Vorsehung bewegt sich auch. Das Universum verschwört sich, Sie zu segnen. Ich bin wirklich dahinter gekommen, denn, darf ich Ihnen ein kleines Geheimnis verraten? Das Schlimmste war, dass ich ein wenig deprimiert war, denn nachdem ich umgezogen war und alles so gut lief, musste ich mir jede Wahl ansehen, die ich nicht getroffen hatte, die leicht und richtig für mich war.

Und das ist ein Teil dessen, was ich hier bei Lügen des Geldes tue. Ich spreche über Dinge, die ich tatsächlich durchgemacht habe. Ich entnehme es nicht einfach einem Buch oder einer Vorgabe, oder es ist einfach einprägsam, einen Geldworkshop zu machen. „Hey, komm zu mir. Ich habe Ihre Antworten rund um die Lügen des Geldes."

Dieser Lügen des Geld-Schnupperkurs ist das, was ich durch mich gelernt und gesehen habe, indem ich genau dem gefolgt bin, was ich hier sage, es bei meinen Kunden angewendet habe und dabei zugesehen habe, wie sich mein ganzes Leben ausdehnt und wie sich mein Körper verändert und meine Gesundheit und mein Glück und meine Geldflüsse und meine Kurse und mein Bargeld verändern.

Ich habe Ideen, die wachsen, Bücher, die ich geschrieben habe und an denen ich mitgewirkt habe, und andere Dinge, die getan werden, von denen ich nie gedacht hätte, dass ich sie tun würde. Dinge, von denen ich dachte, dass sie in 20 bis 30 Jahren geschehen würden, geschehen tatsächlich gerade jetzt - nur weil ich „Ja" zu dieser einen Möglichkeit gesagt habe.

Wie viele Möglichkeiten, zu denen Sie „Nein" gesagt haben, waren eigentlich Ihr „Ja", das alles ändern würde, was Sie jetzt in Ihrem Leben als falsch bezeichnen?

Alles, was nach oben bringt, es sei denn nach unten, können wir es zerstören und unkreieren?

Right, wrong, good and bad, POD and POC, all nine, shorts, boys and beyonds®.

Hier ist also die größte Lüge des Geldes - und ich werde Sie wirklich enttäuschen, und es tut mir leid.

Die größte Lüge des Geldes Nr. 1 ist, dass es nichts mit Geld zu tun hat.

Es hat alles mit Ihren Glaubenssystemen und Annahmen darüber zu tun, was Geld für Sie bedeutet, was Bargeld für Sie bedeutet und was Ihnen in Ihren Ansichten über Geld erzählt wurde.

Das meiste davon, wie ich heute Abend hier gesagt habe, drehte sich um mich und meinen „Prozess" in Bezug auf das, was mir diese Realität, oder Mutter oder Vater oder wer auch immer, über Geld erzählt hat.

Aber es geht nie um Geld.

Dieses kleine Stück Papier, das eigentlich nichts bedeutet. Diese Sache hier, das ist es, was Sie sagen, ist der Ruin, der Zerstörer, das Problem in Ihrem Leben. Das haben wir alle.

Wir sagen, das gibt uns Glück. Wir sagen, dies ist die Wurzel allen Übels.

Wir sagen, wir müssen hart dafür arbeiten.

Wir sagen, dass wir nur wertvoll sind, wenn wir es haben, dass wir jemandem nur etwas wert sind durch das, was wir fahren, durch das, was wir tragen, durch das, womit wir uns schmücken, durch die Ferien, die wir machen können. Nun, ich sage nicht, dass all diese Dinge schön oder nicht schön sind, denn sie gefallen mir auch. Aber wie viele von Ihnen sind von

Geld abhängig geworden, um ihre Freude zu befriedigen, oder um alles, alles zu beenden oder Ihr Glück oder Ihr Wert?

Dr. Lisa: Right, wrong, good and bad, POD and POC, all nine, shorts, boys and beyonds®.

Ich habe in Kalifornien einen von mir geschaffenen Workshop namens LEAP, The Life Empowerment Action Program, durchgeführt, und eines Tages hatten wir ein ganzes Wochenende über Geld. Ich ließ meine Assistenten große Dollar Scheine zeichnen und dann bekam jeder einen Marker und ich sagte: „Schreiben Sie alle Ihre Bewertungen über Geld auf".

So etwas hatte ich noch nie zuvor gesehen. Ich konnte nicht einmal den Dollarschein sehen, den wir gezeichnet haben. Er war schwarz und sah aus wie ein Spinnennetz. Da waren Dinge drauf, die ich hier drin nicht wiederholen kann, weil das so schrecklich klingen würde. Aber das wissen Sie ja bereits - die Bewertungen, Projektionen, Trennungen, Erwartungen, Verbitterungen, Ablehnungen und das Bedauern über das Geld waren außergewöhnlich.

Und ich dachte mir in diesem Moment, dass es kein Wunder war, dass sie nicht genug hatten, dass sie hart arbeiten mussten, und egal, wie sehr sie es auch versuchten, sie kamen nie aus den Schulden heraus, dass sie immer verschuldet sind.

Es war kein Wunder, dass sie in der Lage waren, Geld zu verdienen, aber nie in der Lage waren, es zu haben, zu sparen oder auszugeben, dass sie nie in Urlaub fahren konnten, und dass sie drei Jobs haben oder jemanden heiraten mussten, um ihnen Geld zu geben, weil sie nicht allein leben konnten, oder dass sie sich Geld leihen mussten und sich weiterhin Geld von ihrer Familie oder Kreditkarten oder Institutionen leihen mussten und immer und immer und immer wieder in Konkurs gehen mussten.

Sie kennen diese Geschichten, nicht wahr? Alles für diese eine Sache.

Und das alles nur, weil sie sich um diese eine Sache drehten. Aber in Wirklichkeit geht es um Sie. Es geht um mich.

Wären Sie also bereit, nur 1% mehr von Ihrer Lüge aufzugeben, dass Geld etwas über Sie bedeutet, dass Geld Ihr Gott oder Ihr Guru ist oder dass Geld etwas mit Ihrem Selbstwertgefühl zu tun hat?

Wären Sie bereit, dieses 1 % mehr aufzugeben?

Right, wrong, good and bad, POD and POC, all nine, shorts, boys and beyonds®.

Und können wir überall dort, wo Sie glauben, dass Ihr Nettovermögen etwas mit Ihnen zu tun hat, dieses zerstören und unkreieren?

Die Teilnehmer: Ja.

Dr. Lisa: Right, wrong, good and bad, POD and POC, all nine, shorts, boys and beyonds®.

Und überall wo Sie die Karottensache gemacht und gesagt: „Wenn ich nur diesen Geldbetrag habe, dann wird es besser sein. Wenn ich nur das tue, dann werde ich glücklich sein. Wenn ich nur 50.000 Dollar bekomme, dann werde ich glücklich sein. Wenn ich die nächste Monatsmiete bezahlt bekomme, dann werde ich glücklich sein." Können wir all das zerstören und unkreieren?

Right, wrong, good and bad, POD and POC, all nine, shorts, boys and beyonds®.

„Wenn ich diesen Betrag auf meinem Bankkonto habe, gebe ich dieser Person ein Trinkgeld."

Right, wrong, good and bad, POD and POC, all nine, shorts, boys and beyonds®.

„Ich werde nicht 20% geben, weil sie mir auf den Zeh getreten sind", aber in Wirklichkeit ist es, weil Sie diese zusätzlichen 20% nicht in Ihrer Denkweise haben.

Können wir das zerstören und unkreieren?

Teilnehmer: Ja.

Dr. Lisa: Right, wrong, good and bad, POD and POC, all nine, shorts, boys and beyonds®.

Ich werde Ihnen einen meiner kleinen Tricks verraten.

Jedes Mal, wenn ich diese Enge oder diesen Käfig um das Geld spüre, gebe ich mehr.

Manchmal ist es wirklich schwer, mehr zu geben, und manchmal ist es nicht einmal mit Geld, das ich gebe. Manchmal ist es mit Essen oder Kleidung. Ich mache viele Dinge durch - als ich früher viele Dinge hatte - und sage: „Hey, ich will das nicht mehr. Willst du es?"

Meine Freunde liebten mich. „Ich will diesen Stuhl nicht. Ich will diese Couch nicht. Hier ist sie. Nimm es."

Ich sitze lieber ohne etwas, als mit etwas zu sitzen, das für mich nicht mehr funktioniert. Es hat eine Weile gedauert, aber ich habe eine Entscheidung getroffen. Ich habe die Forderung gestellt, dass sich alles, das mich umgibt - worauf ich sitze, was ich berühre oder auf meinen Körper lege - auf eine bestimmte Art und Weise anfühlen muss. Ich muss mich gut fühlen, oder ich muss mich schön fühlen. Es ist weich, nicht eng. Und wenn es das ist, dann trage ich es erst beim nächsten Mal oder was auch immer.

Das sind die Art von Dingen, die Lügen uns avergessen lassen - der Komfort, die Leichtigkeit, das Glück.

Right, wrong, good and bad, POD and POC, all nine, shorts, boys and beyonds®.

Warum machen wir es also wegen Geld?

Diese Realität zeigt gerne mit dem Finger. Solange es um die andere Person in der Beziehung geht, oder um den Arzt, der Sie nicht diagnostiziert hat, als Sie feststellten, dass Sie etwas haben, oder um das, was nicht auf Ihrem Bankkonto ist, sind Sie aus dem Schneider.

Aber es ändert nichts daran, wie Sie mit Geld umgehen.

Wären Sie bereit, Ihren Umgang mit Geld nur um 1% mehr zu ändern?

Die Teilnehmer: Ja.

Dr. Lisa: Right, wrong, good and bad, POD and POC, all nine, shorts, boys and beyonds®.

Was meine ich damit? Mein Verhalten mit Geld ändern? Fangen wir also damit an, noch eine Lüge, Nr. 2. Ich komme auf die erste zurück, über die ich gesprochen habe, aber lassen Sie uns nicht über das Geld sprechen.

Die zweite Lüge ist, dass Ihr Nettovermögen gleich Ihrem Selbstwert ist.

Erzählen Sie mir darüber, wie kommt es, dass man Geld haben muss, um würdig zu sein?

Teilnehmer: FERNSEHEN.

Dr. Lisa: Nun, wissen Sie, alles, was Sie im Fernsehen erfahren, ist korrekt, oder?

Teilnehmer: Ja.

Dr. Lisa: Überall dort, wo Sie sich dumm gestellt haben, um zu kaufen, was im Fernsehen läuft, was eine Lüge ist, und das die Wahrheit genannt und zu Ihrer Realität gemacht haben, können wir sie zerstören und unkreieren?

Die Teilnehmer: Ja.

Dr. Lisa: Right, wrong, good and bad, POD and POC, all nine, shorts, boys and beyonds®.

Wie kommt es, dass Sie, nur weil Sie Sie sind, finanziell nicht in Ordnung sind?

Teilnehmer: Menschen, mit denen Sie ausgehen.

Dr. Lisa: Nun, Sie kennen all die Menschen, mit denen Sie sich verabredet haben und mit denen Sie diese biologischen, hormonellen Bindungen, diese Intimität geteilt haben? Wissen Sie, dass Sie tatsächlich ihre DNA und ihre Glaubenssysteme und ihre Ansichten teilen.

Teilnehmer: Ich verstehe das jetzt.

Dr. Lisa: Und wenn sie Sie verlassen und Sie nicht mehr mit ihnen verheiratet oder in einer Beziehung mit ihnen sind, raten Sie mal, was dann passiert?

Teilnehmer: Sie bleiben bei ihnen.

Dr. Lisa: Sie bleiben bei Ihnen und sie bleiben bei Ihnen.

Teilnehmer: Ja.

Dr. Lisa: Oh, ich habe einen Haufen Schlampen in diesem Raum. In Ordnung! Wenn ich Schlampe sage, bedeutet das nur, dass Sie alles bekommen, OK?

Die Hure bekommt das Geld und die Schlampe empfängt alles. Ich nehme das alles.

Right, wrong, good and bad, POD and POC, all nine, shorts, boys and beyonds®.

Ich weiß, das wird einige Köpfe verdrehen. Ich sage es absichtlich, weil ich weiß, dass es eine andere Ansicht ist.

Teilnehmer: Sagen Sie es noch einmal.

Dr. Lisa: Eine Hure bekommt das Geld und eine Schlampe empfängt alles.

Right, wrong, good and bad, POD and POC, all nine, shorts, boys and beyonds®.

Können wir also all Ihre Entscheidungen, Bewertungen, Schlussfolgerungen und Berechnungen darüber, was Sie wissen, um eine Hure zu sein, und was Sie wissen, um eine Schlampe zu sein, oder was Sie bewertet haben, um eine Hure und eine Schlampe zu sein, jetzt zerstören und unkreieren?

Die Teilnehmer: Ja.

Dr. Lisa: Right, wrong, good and bad, POD and POC, all nine, shorts, boys and beyonds®.

Ich werde gleich noch einmal darauf zurückkommen, aber vorher möchte ich Ihnen sagen, dass ich ein paar sehr schmutzige, schreckliche erste Jahrzehnte in meinem Leben hatte, in denen ich eine Reihe verschiedener Missbräuche erlebt habe, darunter auch finanziellen Missbrauch.

Und als ich Gary Douglas, den Gründer von Access Consciousness, zum ersten Mal traf, führte er in einem 7-tägigen Workshop in Neuseeland einige Facilitationen mit mir durch und sagte: „Liebling, du bist eine Schlampe."

Ich fing an zu weinen, weil ich glaubte, es sei schlimm, eine Schlampe zu sein, und ich wusste nicht, dass ich es auf dieser Ebene glaubte, oder dass ich glaubte, der Grund für meinen Missbrauch sei, dass ich eine Schlampe sei. Ich glaubte, dass ich etwas falsch gemacht hatte.

Und so sagte er zu mir: „Liebling, möchtest du wissen, was ich damit meine?

Ich sagte: „Auf jeden Fall."

Er sagt: „ Hast du eine Bewertung über jemanden oder etwas?"

„Nein, nicht wirklich."

Und er sagte: „Selbst bei all den Misshandlungen, die du durchgemacht hast, hast du die Menschen gehasst? "Nein."

Er sagte: „ Weißt du, dass das selten ist und dass es anders ist? „Ja, ich weiß."

Und er sagte: „ Du kannst von jedem empfangen. Und du kannst alles empfangen, und das bist du. Möchtest du also die Schlampe verkörpern, die du wirklich bist?"

Und ich sagte: „Zur Hölle, ja!"

Aber ich musste meine Bewertung dessen, was es heißt, eine Schlampe zu sein, ändern, weil sie sich bis dahin auf meine früheren Misshandlungen bezog.

Als jemand, die viel Missbrauch erlebt hat, dauerte es lange, bis ich meinem Körper erlaubte, von Kopf bis Fuß eine vollständige orgasmische Verkörperung zu genießen. Und ich habe immer noch ein paar Sachen drum herum, aber es ist 99,9 % besser.

Dann sagte ich: „Aber was ist eine Hure?"

Und er sagte: „Hey, Baby, die Hure bekommt das Geld."

Und das ist die Wahrheit, denn wenn er oder sie es nicht bekommt, hat er oder sie jemanden, der es holt.

Das ist es, was ich sein möchte.

Ich sage nicht, dass ich mich aufmotzen oder unauthentisch, nicht echt sein muss. Ich sage nicht, dass ich Leute bescheißen oder töten soll. Und das hat er auch nicht gesagt, er hat mir etwas so Ungeheuerliches angehängt, um mich dazu zu bringen, außerhalb meines eigenen Käfigs darüber nachzudenken, was ich nicht bekommen würde. Es war unglaublich befreiend, und ich bete ihn dafür an.

Ich sage, dass alles, was wir denken, unsere Fähigkeit zu kreieren und zu verwirklichen zerstören könnte, wenn wir eine feste Bewertung daran geknüpft haben.

Und wenn es nicht kreiert, wenn Sie nicht das kreieren, was Sie zu verwirklichen bereit sind, wenn Sie etwas am Laufen haben, dann gibt es einige Entscheidungen und Bewertungen, die Sie zerstören und unkreieren können, selbst diejenigen, denen gegenüber Sie sich ein wenig überlegen fühlen, wie Huren und Schlampen.

Hier ist etwas Gutes: Donald Trump. Mögen Sie ihn oder hassen Sie ihn?

Teilnehmer: Oh, mein Gott. Schlampe, Hure.

Dr. Lisa: Right, wrong, good and bad, POD and POC, all nine, shorts, boys and beyonds®.

Hier ist die Sache...

Werden Sie mich für seltsam halten oder mich verurteilen, weil ich glaube, dass er mit Geld etwas Geniales an sich hat, über das ich gerne mehr erfahren möchte? Ich will ihn nicht als meinen Präsidenten. Aber in finanzieller Hinsicht hat er etwas Geniales an sich, das er aus dem Nichts immer und immer und immer wieder in Milliardenhöhe kreiert hat. Er hatte Konkurse und solche Dinge.

„Whoa. Das will ich lernen."

Können Sie von jemandem lernen, den Sie hassen, den Sie verachten? Einige von Ihnen wissen, dass Sie es können. Aber einige von Ihnen weigern sich, sich der Ebene und Tiefe des Empfangens zu öffnen, die möglich ist, selbst bei denen, die Sie bewerten.

Verurteilt jemand von Ihnen Ihre Mutter?

Die Teilnehmer: Ja.

Dr. Lisa: Wie viel können Sie von ihr empfangen, wenn Sie sie beurteilen?

Die Teilnehmer: Nichts.

Dr. Lisa: Nicht sehr viel.

Dr. Lisa: Right, wrong, good and bad, POD and POC, all nine, shorts, boys and beyonds®.

Sie werden es merken, wenn Sie jemanden bewerten, es ist, als ob Ihr Herz sich zusammenzieht oder Ihr Körper sich zusammenzieht, oder Sie fühlen sich irgendwie dicht, oder Sie wollen sich zurückziehen.

Wie viel können Sie von ihnen empfangen? Mit Geld ist es dasselbe.

Wie viel können Sie von ihnen empfangen? Mit Geld ist es dasselbe.

Je mehr Bewertungen Sie empfangen können und je mehr Bewertungen Sie loslassen können, desto mehr Geld fließt und desto mehr Geld wird in Ihr Leben kommen, das Sie empfangen werden.

Dr. Lisa: Right, wrong, good and bad, POD and POC, all nine, shorts, boys and beyonds®.

Ich bin irgendwie nach vorne gesprungen, zur Lüge Nr. 3 - es geht ums Empfangen. Die erste Lüge ist also, dass es um Geld geht.

Die zweite Lüge ist, dass Ihr Nettovermögen irgendetwas mit Ihrem Selbstwert zu tun hat.

Und bei der dritten Lüge geht es um das Empfangen und Bewerten in Ihrem Leben.

Je mehr Bewertungen Sie erhalten - Sie können Ihr Gehalt sogar um 5.000 Dollar pro Monat erhöhen. Würde Ihnen das gefallen?

Die Teilnehmer: Ja.

Dr. Lisa: Ich sage nicht, dass Sie im Saal aufstehen und sagen sollen: „Können Sie mich alle bewerten? Werft eure Pfeile auf mich."

Neulich Abend saß ich gerade bei einem Teenager, der seine Mutter anschrie, und ich ging zu ihnen und fragte: „Wie viel mehr kann eine Person noch ertragen? Sind Sie fertig? Wollen Sie, dass ich sie am Feuer aufhänge und verbrennen lasse? Was zum Beispiel? Es ist schon genug."

Richtig? Teenager.

Right, wrong, good and bad, POD and POC, all nine, shorts, boys and beyonds®.

Lassen Sie uns noch einmal darauf zurückkommen:

Also, all die Beziehungen, in denen Sie nicht mehr sind und die Sie sexuell geprägt haben - die sexuellen Beziehungen, in denen Sie nicht mehr sind, einschließlich der Ehen, die Sie geprägt haben, über ihre Ansichten über Geld, über ihre Ansichten über Sie, über ihre Ansichten über Geld, über ihre Bewertungen über Sie, die immer noch in Ihrem zellulären Bewusstsein herumschwimmen, möchten Sie davon energetisch getrennt werden?

Die Teilnehmer: Ja.

Dr. Lisa: Würden Sie das gerne zerstreuen und auf die Erde loslassen?

Die Teilnehmer: Ja.

Dr. Lisa: Möchten Sie alles, was ihnen gehört, mit Bewusstsein angehängt zurückgeben?

Die Teilnehmer: Ja.

Dr. Lisa: Right, wrong, good and bad, POD and POC, all nine, shorts, boys and beyonds®.

Möchten Sie Ihr ganzes sexuelles System von deren Realität befreien?

Die Teilnehmer: Ja.

Dr. Lisa: Und Ihre Sexualness gedeihen lassen, aufblühen lassen? Mit neuen Möglichkeiten?

Right, wrong, good and bad, POD and POC, all nine, shorts, boys and beyonds®.

Überall wo sie das Schloss sind und Sie der Schlüssel, und Sie das Schloss sind und sie der Schlüssel, können wir die Schlösser und den Schlüssel und der Schlüssel und das Schloss und alle Schlösser und alle Schlüssel und alle Schlüssel und Schlösser zusammen und befreien Sie?

Die Teilnehmer: Ja.

Dr. Lisa: Right, wrong, good and bad, POD and POC, all nine, shorts, boys and beyonds®.

Und alles, was Sie von ihnen für Ihre finanzielle Realität hielten, was Sie lernen, ist nicht mehr Ihre finanzielle Realität und sie waren, können wir das zerstören und unkreieren?

Die Teilnehmer: Ja.

Dr. Lisa: Right, wrong, good and bad, POD and POC, all nine, shorts, boys and beyonds®.

Und alles, was sie über Sie bewerten, schlussfolgern und entscheiden, was sie in Ihnen hinterlassen haben, und Sie haben das aus Ihnen gemacht, können wir das zerstören und unkreieren?

Die Teilnehmer: Ja.

Dr. Lisa: Right, wrong, good and bad, POD and POC, all nine, shorts, boys and beyonds®.

Haben Sie bemerkt, wie der Raum und die Energie im Raum sich vor einer Stunde „gefühlt" haben, und wie es sich jetzt anfühlt?

Was fällt Ihnen auf?

Dr. Lisa: Leichter, mehr Raum, schwerer, dichter?

Teilnehmer: Leichter.

Dr. Lisa: Sie fühlen sich schwerer, Sie fühlen sich leichter, es gibt kein richtig oder falsch.

Teilnehmer: Ja, das ist gut. Es gibt eine andere Mischung der Energie, des Leichten und des Schweren.

Dr. Lisa: Ja.

Teilnehmer: Im Augenblick.

Dr. Lisa: Ja.

Teilnehmer: Weil ich mich mit dem, was Sie sagen, nicht verbunden fühle.

Dr. Lisa: Richtig, also werden sich einige von Ihnen leicht fühlen. Einige von Ihnen werden sich im Moment etwas schwerer fühlen, aber ich kann Ihnen Folgendes sagen.

Am Anfang kann ich normalerweise nicht bis zu einem bestimmten Punkt im Raum sehen, und wenn ich dann anfange zu facilitieren, öffnet sich der Raum irgendwie und ich kann mehr von den Gesichtern sehen. Wenn wir mehr klären, fangen einige von Ihnen, die hinten sitzen, einfach an, ein bisschen mehr aufzutauchen.

Teilnehmerin: Ich erinnere mich an alle Bewertungen, über die Jackie Onassis in den letzten 30 Jahren. Ich habe immer gesagt, dass ich nie so sein würde wie sie, dass ich mit jemandem gehen würde, weil ich ihn liebe und nicht wegen des Geldes. Sie ist jetzt tatsächlich meine Heldin.

Sie war eine Schlampe und Hure.

Sie machte tatsächlich einen Deal mit Onassis und sagte: „Okay, ich ficke dich einmal im Monat und du gibst mir alles." Sie hatte eine Jacht, ein Flugzeug und alles - und sie wird ihn einmal im Monat ficken.

Teilnehmerin: Nur einmal im Monat?

Teilnehmerin: Ja, einmal im Monat.

Dr. Lisa: Hätten Sie gerne eine Milliarde Dollar dafür, jemanden einmal im Monat zu ficken?

Teilnehmerin: Ja.

Dr. Lisa: Right, wrong, good and bad, POD and POC, all nine, shorts, boys and beyonds®.

Überall dort, wo Sie nicht bereit sind, das zu wissen, zu sein, zu empfangen und wahrzunehmen, können wir es zerstören und unkreieren?

Teilnehmerin: Ja.

Dr. Lisa: Right, wrong, good and bad, POD and POC, all nine, shorts, boys and beyonds®.

Überall dort, wo ein Arrangement keine Beziehung ist, können wir das zerstören und unkreieren?

Teilnehmerin: Ja.

Dr. Lisa: Right, wrong, good and bad, POD and POC, all nine, shorts, boys and beyonds®.

Überall dort, wo ein Arrangement keine Ehe ist, können wir das zerstören und unkreieren?

Teilnehmerin: Ja.

Dr. Lisa: Right, wrong, good and bad, POD and POC, all nine, shorts, boys and beyonds®.

Mein Papa sagte immer zu mir: „Tu, was du liebst, sei glücklich. Es spielt keine Rolle, wie es sich zeigt. Es wird nie so auftauchen, wie du denkst, dass es auftauchen wird."

Was, wenn Sie einfach nur glücklich sind? Was, wenn sie einfach nur glücklich war mit der Wahl dessen, was sie getan hat?

Teilnehmerin: Ich wette, das war sie.

Dr. Lisa: Sie hat eine Beziehung mit jemandem, mit dem sie nur einmal im Monat schlafen muss oder gerne schläft, und sie kann den Rest ihres Lebens frei leben, nicht nur, weil sie neben jemandem stand, der angeschossen wurde. Aber, hey, warum nicht?

Überall dort, wo das ein Unrecht und keine Stärke ist, können wir es zerstören und unkreieren?

Die Teilnehmer: Ja.

Dr. Lisa: Right, wrong, good and bad, POD and POC, all nine, shorts, boys and beyonds®.

Und überall wo es in Ihrem Verstand oder in dieser Realität oder in der Sichtweise eines anderen falsch sein könnte, dass Sie Ihre Ansicht, eine Hure oder eine Schlampe zu sein, vertreten und wählen etwas, das ein wenig anders aussieht, als Sie es kennen, der schwarze Smoking und das weiße Kleid auf einem Kuchen, können wir es zerstören und unkreieren?

Die Teilnehmer: Ja.

Dr. Lisa: Right, wrong, good and bad, POD and POC, all nine, shorts, boys and beyonds®.

Weiß jemand, wie hoch die Scheidungsrate in diesem Land ist? Ich werde für den Rest meines Lebens einen Job haben.

Was wäre also, wenn wir alle einfach Vereinbarungen treffen würden, die für uns beide funktionieren.

Teilnehmerin: Das wird funktionieren.

Dr. Lisa: Richtig, wird das Ihr Nettovermögen beeinträchtigen?

Teilnehmerin: Vielleicht.

Dr. Lisa: Der gesamte Reinvermögenswert, den es abschrecken wird, wenn Sie eine Vereinbarung treffen, können wir ihn zerstören und unkreieren?

Teilnehmerin: Ja.

Dr. Lisa: Right, wrong, good and bad, POD and POC, all nine, shorts, boys and beyonds®.

Das geht also auf Lüge Nr. 1 zurück, dass es nichts mit dem Geld zu tun hat.

Hier ist etwas, das ich gerne mache, weil mein ursprünglicher Hintergrund Ehe- und Familientherapie war: Geld und Sie gehen in die Paartherapie, okay?

Der Therapeut fragt Geld: „Warum sind Sie heute hierher gekommen? Was möchten Sie Ihrem Partner sagen? Was möchten Sie Ihrem Geliebten, Ihrem netten Gegenüber, Ihrem Mann, Ihrer Frau, demjenigen, den Sie hassen, ich meine lieben, sagen? Was möchten Sie ihnen sagen?"

Wenn also Ihr Geld in der Therapie mit Ihnen sprechen könnte, was würde es Ihnen sagen?

Teilnehmerin: Wenn Sie auf mein Portemonnaie schauen würden, würde es überall verschüttet und völlig durcheinander sein, so dass meines sagen würde: „Sie organisiert mich nicht und hält mich in ihrem Portemonnaie nicht schön ordentlich."

Ich respektiere es nicht.

Dr. Lisa: Also würde Geld zu Ihnen sagen:„ Du respektierst mich nicht."

Teilnehmerin: Ja.

Dr. Lisa: „Du wirfst mich herum, du hältst mich unten in deiner Brieftasche, du zerknüllst mich. Ich kann nicht einmal in die Reinigung gehen und mich ausbügeln lassen, weil du mich zerknittert hast."

Right, wrong, good and bad, POD and POC, all nine, shorts, boys and beyonds®.

Können wir also all die Missachtung des Geldes, all die Wege, auf denen Sie es verschenkt haben, all die Wege, auf denen Sie es sich nie erlaubt haben, es zu besitzen, all die Wege, auf denen Sie es sich zu eigen gemacht haben und nie der Eigentümer davon waren, zerstören und unkreieren?

Right, wrong, good and bad, POD and POC, all nine, shorts, boys and beyonds®.

Wer noch? Wenn Geld Sie zur Therapie bringen würde, was würde es Ihnen sagen?

Teilnehmerin: Ich höre: „Du liebst mich nicht genug."

Aber ich tue alles - ich habe meine 1.000 Dollar in meiner Tasche. Ich schlafe damit, ich küsse sie.

Dr. Lisa: Also hier ist, was ich gehört habe: Ihr Geld sagte: „Du liebst mich nicht genug", und dann ging sie in alle Abwehrhaltung darüber, was sie tut, und sie tut so viel.

Es ist genau wie eine Beziehung mit Ihren Ehepartnern, nicht wahr?

Die Teilnehmer: Ja.

Dr. Lisa: Das ist es, was wir tun.

Ihr Ehepartner sagt: „Du liebst mich nicht genug". Man hört eine halbe Sekunde lang zu, und bevor sie „genug" sagen, sagt man: „Aber ich mache doch alles. Ich tue alles, oh mein Gott. Ich tue dies und ich tue das und ich tue das und du hörst mir überhaupt nicht zu. Keine Anerkennung, blah, blah, blah, blah, blah. Was wirst du tun, um das wieder in Ordnung zu bringen?

Du bist das Problem, nicht ich, du bist das Problem, nicht ich, du bist das Problem, nicht ich, du bist das Problem, nicht ich."

Dr. Lisa: Right, wrong, good and bad, POD and POC, all nine, shorts, boys and beyonds®.

Danke, dass Sie mir ein gutes Beispiel für meine Geldlüge Nr. 1 gegeben haben.

Wir machen es wegen Geld, aber es geht nicht um Geld, also hier ist meine Frage an Sie: Sie haben keine Forderung in Ihrer Welt und keine Kontrolle in Ihrer Welt, nicht wahr?

Right, wrong, good and bad, POD and POC, all nine, shorts, boys and beyonds®.

Also „Ich tue alles" - kommt das von Ihrem Kopf oder Ihrem Körper, wenn Sie sagen, dass Sie alles tun?

Teilnehmerin: Mein Kopf.

Dr. Lisa: Also überall, wo Sie in Ihrer Beziehung versucht haben, herauszufinden, nicht nur in Bezug auf Geld, sondern in der Beziehung zu Geld, was Sie sonst noch tun können, um die Veränderung vorzunehmen, anstatt zu fragen: „Was weigere ich mich zu sein, um die Veränderung, die ich suche, zuzulassen", können wir es zerstören und unkreieren?

Teilnehmerin: Ja.

Dr. Lisa: Right, wrong, good and bad, POD and POC, all nine, shorts, boys and beyonds®.

Denn ich sage Ihnen was: Wenn jemand von Ihnen verlangt, etwas anderes zu sein, gehen Sie darauf zu oder laufen Sie in die andere Richtung?

Teilnehmerin: In die andere Richtung laufen.

Dr. Lisa: Ich weiss, dass ich es tun würde, wenn mir jemand sagt, dass ich etwas tun muss.

Im Hinterkopf denke ich: „Mal sehen, ich wurde etwa zwei oder drei Jahrzehnte lang gefoltert und misshandelt, ich muss etwas anderes tun".

Right, wrong, good and bad, POD and POC, all nine, shorts, boys and beyonds®.

Was weigern Sie sich zu sein, wenn Sie das Geld in Ihr Portemonnaie stecken und es fragen, was es sagen möchte, und es sagt: „Du liebst mich nicht".

Was weigern Sie sich zu sein, das, wenn Sie es wären, diese Energie sofort ändern würde?

Dr. Lisa: Right, wrong, good and bad, POD and POC, all nine, shorts, boys and beyonds®.

Was weigern Sie sich alle, mit Geld zu sein, das, wenn Sie es einfach nur sein würden - wenn Sie es lieben würden, wenn Sie es reiben würden, wenn Sie es ehren würden, wenn Sie es respektieren würden, wenn Sie es küssen würden - es ist mir egal, was Sie damit machen - aber wenn Sie es lieben, es aus der Freude der Möglichkeit heraus kreieren, wer Sie sind und was Sie sich als Ihre Realität wünschen, wird es kommen.

Dr. Lisa: Right, wrong, good and bad, POD and POC, all nine, shorts, boys and beyonds®.

Das Universum wird sich verschwören, um Sie zu segnen, aber Sie müssen sich für Sie entscheiden und Sie müssen sich sich selbst verpflichten.

Verpflichten Sie sich selbst - nicht nur, weil ich es Ihnen sage.

Sonst nutzen Sie Ihr Geld nicht als Möglichkeit. Und Sie nutzen Ihr Geld nicht als Möglichkeit, weil Sie nicht bereit sind, die Möglichkeit zu sein.

Was wäre, wenn Sie die wandelnde Möglichkeit wären, und das ist Ihre finanzielle Realität?

Teilnehmerin: Das klingt wie ein Western.

Dr. Lisa: Absolut. Die wandelnde Möglichkeit.

Right, wrong, good and bad, POD and POC, all nine, shorts, boys and beyonds®.

Teilnehmerin: Geld wurde in meiner Familie immer als Strafe benutzt.

Meine Eltern ließen sich scheiden, und mein Vater bestrafte meine Mutter, indem er ihr das ganze Geld wegnahm, weil er sie liebte. Er wollte bei ihr bleiben und sie nicht, so dass sie am Ende in Paris lebte, aber in einer winzigen Wohnung, arm. Das war, nachdem sie die Tochter eines Botschafters war, die in einem riesigen Haus am besten Ort in Paris lebte.

Dr. Lisa: Lassen Sie mich Ihnen also eine Frage stellen...

Wie haben Sie sich damals und dort für Geld entschieden, nach dem, was Sie bei Ihrer Mutter und Ihrem Vater gesehen haben? Wahrheit?

Erster Gedanke, bester Gedanke, kein Gedanke.

Teilnehmerin: Das Geld gemein war.

Dr. Lisa: Right, wrong, good and bad, POD and POC, all nine, shorts, boys and beyonds®.

Dr. Lisa: Genau. Kann ich jetzt etwas mit Ihnen teilen?

Die Art und Weise, wie Sie dort gerade mit Ihrem Geld geredet haben, „Aber ich mache alles", - das ist gemein.

Teilnehmmerin: Das ist gemein, ja.

Dr. Lisa: Und deshalb ändert sich das, was Sie mit Geld verändern wollen, nicht, und es hat nichts mit Geld zu tun.

Es hat etwas damit zu tun, dass Sie gemein sind und sich dafür entscheiden, so gemein zu sein, wie es Ihre Mutter und Ihr Vater miteinander waren.

Überall dort, wo die Beziehung Ihrer Mutter und Ihres Vaters in der Energie Ihres Geldes liegt, können wir die ewige Verpflichtung dazu widerrufen, aufheben, zurückziehen, aufkündigen, zerstören und unkreieren?

Teilnehmerin: Ja.

Dr. Lisa: Right, wrong, good and bad, POD and POC, all nine, shorts, boys and beyonds®.

Dr. Lisa: Und all die vibrierenden, virtuellen Realitäten, die Persona, die Sie erschaffen, die Art und Weise, wie Sie Ihr Leben als die Beziehung Ihrer Eltern gestaltet haben.

Teilnehmerin: Ja.

Dr. Lisa: Right, wrong, good and bad, POD and POC, all nine, shorts, boys and beyonds®.

Dr. Lisa: Und ich würde es wagen, in all Ihren Beziehungen zu sagen Ihre Beziehung zu sich selbst und Ihre Beziehung zu anderen - aber wir sagen nur Geld für den Moment, können wir das zerstören und unkreieren?

Teilnehmerin: Ja.

Dr. Lisa: Right, wrong, good and bad, POD and POC, all nine, shorts, boys and beyonds®.

Dr. Lisa: Und all die geheimen, versteckten, unsichtbaren, verdeckten, ungesehenen, uneingestandenen, unausgesprochenen, nicht enthüllten Agenden, um die Scheidung Ihrer Eltern und Ihre Geldflüsse und dann Ihre Beziehung viele Jahrzehnte später noch einmal zu erleben und das als Vernunft zu bezeichnen, können wir das zerstören und unkreieren?

Teilnehmerin: Ja.

Dr. Lisa: Right, wrong, good and bad, POD and POC, all nine, shorts, boys and beyonds®.

Und all der Wahnsinn der finanziellen Realität Ihrer Eltern, dass Sie zu Ihrer Realität gemacht und sich CFO (Chief Financial Officer) genannt haben, können wir das zerstören und unkreieren?

Teilnehmerin: Ja.

Dr. Lisa: Right, wrong, good and bad, POD and POC, all nine, shorts, boys and beyonds®.

Wie viel Wahnsinn sind Sie bereit, heute Abend in Bezug auf Ihre Eltern aufzugeben und ihnen keine Schuld zu geben?

Dr. Lisa: Right, wrong, good and bad, POD and POC, all nine, shorts, boys and beyonds®.

Wie viel Wahnsinn? Denn man kann hören, wenn man anfängt, die Geschichte zu erzählen, es war wie: „Verdammtes Paris, Geld, Scheidung. Hol mich hier raus, rette mich, rette mich."

Aber die Realität ist, dass wir alle diesen Wahnsinn um Geld haben.

Deshalb ist die Lüge Nr. 2, dass unser Nettovermögen etwas mit unserem Selbstwert zu tun hat. Deshalb machen wir es mit Geld, und wir gehen zu all diesen Geld-Workshops, wo wir glauben, dass uns jemand die Antwort auf Ihren Geldfluss geben wird.

Nun, die Antwort ist nicht eine Konfiguration oder eine Berechnung, die Antwort ist, dass Sie Sie selbst sind.

Sind Sie gemein.

Teilnehmerin: Ja, das bin ich offensichtlich.

Dr. Lisa: Aber innerlich gesehen, sind Sie gemein? Als Sie als Kind zusahen, was Ihre Eltern taten, hat es Ihnen gefallen?

Teilnehmerin: Nein, ich wollte sagen, ich war so gemein, aber, ja.

Dr. Lisa: Warten Sie eine Sekunde... das ist gut.

Teilnehmerin: Ja.

Dr. Lisa: Also sagen Sie: „Ich bin gemein."

Teilnehmerin: Ich bin gemein.

Dr. Lisa: Sagen Sie: „Ich bin gemein."

Teilnehmerin: Ich bin gemein.

Dr. Lisa: „Ich bin wirklich verdammt gemein."

Teilnehmerin: Ich bin wirklich verdammt gemein.

Dr. Lisa: Ich weiß definitiv, dass ich nicht auf Ihrer anderen Seite sein möchte, auf dieser gemeinen Seite, denn Sie könnten mich in zwei Hälften schneiden, nicht wahr?

Teilnehmerin: Oh, ja.

Dr. Lisa: Können wir alles, was ist, zerstören und unkreieren?

Teilnehmerin: Ja.

Dr. Lisa: Right, wrong, good and bad, POD and POC, all nine, shorts, boys and beyonds®.

Geld kommt auf die Party des Spaßes. Es kommt nicht zu Gemeinheit und Zerstückelung, alle werden laufen.

Sind Sie fertig mit Leuten, die vor Ihnen weglaufen?

Teilnehmerin: Ja.

Dr. Lisa: Und sind Sie fertig damit, vor Ihnen wegzulaufen?

Teilnehmerin: Ja.

Dr. Lisa: Sind Sie fertig damit, vor Ihnen wegzulaufen?

Teilnehmerin: Nein, ich habe noch eine Sache.

Dr. Lisa: Natürlich haben Sie das.

Right, wrong, good and bad, POD and POC, all nine, shorts, boys and beyonds®.

Teilnehmerin: Da mein Vater meiner Mutter nicht genug Geld gab, hat meine Mutter mich aus Rache in die teuersten

Schulen der Welt gesteckt, damit er die Schulen bezahlen und das Geld ausgeben musste.

Dr. Lisa: Die andere Lüge, über die ich heute Abend sprechen wollte, ist also, dass Geld Ihr Feind ist - Geld als Ihr Täter, nicht als Ihr Verbündeter, und genau das ist es, worüber sie hier spricht.

Teilnehmerin: Ja.

Dr. Lisa: Würden Sie gerne 1% mehr darauf verzichten?

Teilnehmerin: Ja.

Dr. Lisa: Überall wo Sie projiziert haben, dass, wenn Ihr Geld mit Ihnen in die Paartherapie geht, Sie sagen würden: « Du hasst mich. Du willst mich zerstören. Du denkst, ich werde dich töten», können wir das zerstören und unkreieren?

Teilnehmerin: Ja.

Dr. Lisa: Right, wrong, good and bad, POD and POC, all nine, shorts, boys and beyonds®.

Mein Vater war in mancher Hinsicht brillant. Er war in gewissen Dingen nicht der Beste, zum Beispiel in Beziehungen. Tatsächlich hatte er sogar eine ganz andere Beziehung, von der wir irgendwann erfuhren.

Also, ja, meine Mutter hatte einen berechtigten Ärger, aber es gab noch andere Dinge.

Er ließ immer einen Stapel Geld auf dem Tresen liegen, 100-Dollar-Scheine für meine Mutter am Anfang der Woche auf dem Tresen vor der Seitentür, und es war ihr Vertrag, zu schweigen.

Es ist ein bisschen peinlich, aber meine Mutter hat uns nie gefragt, was wir wollten. Sie gab das Geld meines Vaters nur aus, damit sie ihn um mehr bitten konnte, denn das war alles, was sie von ihm bekommen konnte. Geld war eine Strafe, Geld war Kontrolle, Geld war Manipulation, und ich musste all das rückgängig machen - um den Wahnsinn zu entwirren.

Es würde sie sozusagen zum Schweigen bringen.

Ich erinnere mich, dass sie mir eines Tages 8 Kohlkopfpuppen geschenkt hat. Erinnert ihr euch an Kohlkopfpuppen.

Die Teilnehmer: Ja.

Dr. Lisa: Ich war ein bisschen ein Wildfang und wollte eigentlich keine Kohlkopfpuppen, aber es waren die 80er Jahre und es war damals eine große Sache.

Ich werde es nie vergessen. Eines Tages kam ich in mein Schlafzimmer und sie lagen alle oben auf dem Regal. Meine Mutter erzählte meinem Vater davon und sagte: „Ich brauche mehr Geld dafür. Lisa, erzähl deinem Vater von da, da, da, da, da, da."

Und ich sagte: „Ich habe nicht einmal, was? Ja, ich habe Kohlkopfpuppen, danke Dad."

Ich ging weg und ging irgendwohin. „Oh mein Gott, diese Leute sind verrückt. Was ist das für eine Realität?"

Es ist verrückt, wie Menschen Geld verwenden.

Wusste sie es besser? Nein, das waren ihre Dynamik, ihr Groll, ihre Ablehnung, ihr Bedauern um Geld.

Also all die Verbitterung, all die Ablehnung, all das Bedauern um Geld, das Sie als Ihre finanzielle Realität verkörpern, indem Sie Geld als Ihren Feind und nicht als Ihren Verbündeten betrachten, würden Sie es gerne zerstören und unkreieren?

Dr. Lisa: Right, wrong, good and bad, POD and POC, all nine, shorts, boys and beyonds®.

Würden Sie sich gerne aus der Realität Ihrer Mutter und der Ihres Vaters oder der Realität des Polizisten oder des Finanzamtes oder Ihres Ex herausziehen?

Teilnehmerin: Ja.

Dr. Lisa: Right, wrong, good and bad, POD and POC, all nine, shorts, boys and beyonds®.

Und wären Sie bereit, die Gemeinheit, die Sie als Ihr Kostüm, Ihre Persona gewählt haben, aufgrund dessen, was Sie gesehen haben, fallen zu lassen.

Teilnehmerin: Ja.

Dr. Lisa: Und herauszutreten und Sie selbst zu sein?

Dr. Lisa: Right, wrong, good and bad, POD and POC, all nine, shorts, boys and beyonds®.

Nur 1% mehr, weil in Ihnen eine Schönheit und Weichheit steckt, die Ihr wahres Ich ist. Das kann ich sehen, aber sie liegt unter der ganzen Panzerung dieser Gemeinheit. Und es gibt nichts Schmerzhafteres, als mit dieser Panzerung als nicht Sie zu leben.

Ich weiß das, weil ich auch so gelebt habe.

Wenn sie weg ist, wenn Sie sich aus ihr herauslösen und in Sie hineingehen, wird sich auch die Vorsehung bewegen.

Right, wrong, good and bad, POD and POC, all nine, shorts, boys and beyonds®.

Sie sind also mit Ihrem Geld in der Paartherapie. Was würden Sie ihm oder es Ihnen sagen?

Teilnehmerin: „Du lässt mich dich nie haben", oder so etwas in der Art.

Dr. Lisa: Wie viele von Ihnen haben das von jemandem gehört, der Sie angeblich liebt? Oder den Sie lieben?

Oder wie viele von Ihnen haben das zu jemandem gesagt? Was ist also das Beste daran, kein Geld zu haben?

Teilnehmerin: Ich kann tun, was ich will.

Niemand kümmert mich.

Dr. Lisa: Überall wo Sie alle Geld von sich fern halten, damit Sie tun können, was Sie wollen - die Kontrolle haben und alles von Ihnen fern halten, auch das Geld, können wir es zerstören und unkreieren?

Right, wrong, good and bad, POD and POC, all nine, shorts, boys and beyonds®.

Das ist, als würde man sagen: „Damit ich die Kontrolle habe, kann ich das nicht haben."

Teilnehmerin: Ja.

Dr. Lisa: „Ich muss Sie also blockieren und mich von Ihnen zurückziehen, damit ich die Kontrolle habe und tun kann, was ich will."

Aber Sie verdrängen etwas, das Ihnen in dieser Realität mehr Wahl bietet, nicht wahr?

Die Teilnehmer: Ja.

Dr. Lisa: Geld gibt Ihnen mehr Freiheit, richtig?

Die Teilnehmer: Ja.

Dr. Lisa: Diese Realität pulsiert daran, richtig?

Die Teilnehmer: Ja.

Dr. Lisa: Sie können dagegen ankämpfen, so viel Sie wollen, und alles kreieren, was Sie wollen, aber wissen Sie was?

Wenn Sie das weiterhin tun, werden Sie verlieren, weil diese Realität anders schwingt.

Was wäre, wenn Sie Ihre ganze Energie darauf verwenden würden, es tatsächlich zu empfangen, anstatt es wegzustoßen? Wer wären Sie dann? Welche Ebene würden Sie besitzen? Wie würde die Welt anders sein? Welchem Präsidentenrennen würden Sie beitreten? Was würden Sie schaffen, das etwas ändern, eine Krankheit heilen, Ihnen erlauben würde, glücklich zu sein?

Stattdessen werden Sie genau das bekämpfen, was Ihnen Freiheit gibt.

Es ist also eine Wahl.

Right, wrong, good and bad, POD and POC, all nine, shorts, boys and beyonds®.

Ich sage all diese Dinge, weil ich sie kenne.

Glauben Sie mir, wenn Sie jede Woche einen Stapel Geld auf dem Tresen haben und beobachten, was passiert, entwickeln Sie einige Einschränkungen. Man entwickelt eine Einkerkerung und dann erschafft man jeden Tag eine Inkarnation.

Es ist immer und immer wieder der gleiche Wahnsinn, bis man tatsächlich vergisst, dass man eine andere Wahl hat und dass, was Sie kreieren, ist nicht das, was Sie sind, bis Sie in diesem Moment aufwachen und sagen: „Ich weigere mich, das noch zu tun. Ich bin ich."

Right, wrong, good and bad, POD and POC, all nine, shorts, boys and beyonds®.

Teilnehmerin: Ich bin wirklich gut darin, Geld zu kreieren, wenn ich es brauche, zum Beispiel sehr schnell. Und ich bin sehr gut darin, von Menschen Geld zu leihen. Wenn es dann an der Zeit ist, es allen zurückzuzahlen, denke ich: „Das ist scheiße!"

Es macht keinen Spaß, Leuten etwas zurückzuzahlen oder meine Schulden zu begleichen, und ich möchte wissen, wie ich es zum Spaß machen kann?

Dr. Lisa: Was gefällt Ihnen also daran, das Zurückzahlen zu hassen?

Teilnehmerin: Es ist so, wenn ich ihnen einmal etwas zurückgezahlt habe, dann können sie verschwinden.

Dr. Lisa: Does it have anything to do with money?

Teilnehmerin: Nein.

Dr. Lisa: Nein. Lüge Nr. 1 in Aktion.

Right, wrong, good and bad, POD and POC, all nine, shorts, boys and beyonds®.

Sagen Sie es noch einmal: „Wenn ich ihnen also zurückzahle..."

Teilnehmerin: Wenn ich ihnen das Geld zurückzahle, dann können sie gehen.

Dr. Lisa: Richtig, und wenn sie weggehen, was passiert dann?

Teilnehmerin: Dann verliere ich sie.

Dr. Lisa: Und wenn Sie sie verlieren, was bedeutet das für Sie?

Teilnehmerin: Dass mich niemand mag.

Dr. Lisa: Und wenn Sie niemand mag, was bedeutet das dann für Sie?

Teilnehmerin: Ich bin leer.

Dr. Lisa: Gut, denn jetzt kommen wir an einen Punkt, den Sie noch nicht kennen. Das ist der Blick auf das, was sie nicht weiß, und ein bisschen Schmerz.

Right, wrong, good and bad, POD and POC, all nine, shorts, boys and beyonds®.

Was lieben Sie daran, keine Leute um sich zu haben, und Sie können allein sein und nichts sein.

Teilnehmerin: Dann kann ich tun, was ich will.

Dr. Lisa: Oh, da sind wir wieder.

Hat das also etwas mit Geld zu tun?

Nein, sie hat es auf Geld projiziert, also ist ihr ganzes Motto, allein zu sein und zu tun, was immer sie will. Sie muss diesen ganzen Mist auf Geld projizieren, diese ganze Dynamik, es bis zum letzten Moment zu schaffen, mit der ganzen großen Katastrophe und dem ganzen Drama und Geld zu bekommen und sich Geld zu leihen und es sich von Leuten geben zu lassen und es ihnen dann zurückzahlen zu müssen. Sie tritt auf die Bremse, damit sie die Kontrolle behalten kann und niemand bei ihr sein muss.

Vielleicht entscheidet sie sich dafür, es mit Kleidung statt mit Geld zu tun.

Right, wrong, good and bad, POD and POC, all nine, shorts, boys and beyonds®.

Es ist, als würde man sagen: „Lasst mich genau das nehmen, worauf sich diese Realität konzentriert und funktioniert, und einen solchen Kampf und ein solches Drama und Trauma darüber kreieren, so dass ich nie wirklich darüber hinausgehen kann, und nie in Beziehung damit treten kann, und nie ein Verbündeter damit sein kann, so dass ich immer im Kampf mit genau der Sache sein kann, auf der diese Realität pulsiert. Prost".

Right, wrong, good and bad, POD and POC, all nine, shorts, boys and beyonds®.

Wie viele von Ihnen machen das auch? Was noch?

Teilnehmerin: Meine Geschichte ist ein bisschen anders.

Ich bin in der Lage, das Geld für den Kurs oder was immer es ist, aufzubringen, und dann ist es, als hätte ich den Empfang abgeschnitten.

Dr. Lisa: Alles, worüber wir hier sprechen, ist ein Abschneiden des Empfangs.

Wo liegt also das Problem? Zu welchem Thema möchten Sie einen Beitrag erhalten?

Teilnehmerin: Nicht genug kreieren. Ich kreiere gerade genug, um dorthin zu gelangen, und dann höre ich auf. Aber ich brauche mehr, um mich um all die alltäglichen Dinge kümmern zu können, die immer wieder passieren.

Dr. Lisa: Was sie damit sagen will, ist, dass sie wirklich gut kreiert, aber sie kreiert für das, was direkt vor ihr liegt, und nicht für die Zukunft.

Also, Wahrheit, wie ist Ihre Bewertung der Zukunft?

Teilnehmerin: Ich bewerte sie aus meiner Vergangenheit.

Dr. Lisa: Das ist Ihr Kopf, der gerade spricht, aber die Wahrheit ist, wie bewerten Sie die Zukunft?

Erster Gedanke, bester Gedanke, kein Gedanke.

Teilnehmerin: Das ist beängstigend für mich.

Dr. Lisa: Ich danke Ihnen.

Right, wrong, good and bad, POD and POC, all nine, shorts, boys and beyonds®.

Was ist Ihre Bewertung der Zukunft? Wie können Sie für etwas kreieren, vor dem Sie Angst haben?

Right, wrong, good and bad, POD and POC, all nine, shorts, boys and beyonds®.

Was ist Ihre Bewertung der Zukunft?

Teilnehmerin: Immer noch beängstigend.

Dr. Lisa: Right, wrong, good and bad, POD and POC, all nine, shorts, boys and beyonds®.

Was ist Ihre Bewertung der Zukunft, Wahrheit?

Teilnehmerin: Es ist nicht genug.

Dr. Lisa: Right, wrong, good and bad, POD and POC, all nine, shorts, boys and beyonds®.

Für diejenigen unter Ihnen, die mit Access nicht vertraut sind: Jedes Mal, wenn ich das Clearing-Statement ausführe, wird eine andere Ebene geklärt.

Wir sind noch nicht an der Drehscheibe - danach suche ich im Moment - wir sind an einigen der Speichen.

Was ist Ihre Bewertung der Zukunft? Was bedeutet Zukunft für Sie?

Das ist wirklich gut, dass sie tatsächlich etwas nicht bekommen kann, denn jetzt weiß ich, dass ich an etwas dran bin, an dem sie noch nicht dran war und das noch nicht herausgekommen ist.

Und wenn es herauskommt, wird es ihre Realität verändern, wie auch die von Ihnen allen.

Right, wrong, good and bad, POD and POC, all nine, shorts, boys and beyonds®.

Was bedeutet Zukunft für Sie? Wahrheit?

Teilnehmerin: Es ist Armut.

Dr. Lisa: Armut?

Teilnehmerin: Ja.

Dr. Lisa: Wow.

Right, wrong, good and bad, POD and POC, all nine, shorts, boys and beyonds®.

„Lassen Sie mich hier versuchen, etwas für die Zukunft zu kreieren, wenn ich glaube, dass es Angst, Angst, Angst und Armut ist. Klingt nach Spaß. Los geht's."

Teilnehmerin: Willkommen an Bord.

Dr. Lisa: Right, wrong, good and bad, POD and POC, all nine, shorts, boys and beyonds®.

Was ist Ihre Bewertung der Zukunft?

Teilnehmerin: Wow!

Dr. Lisa: Genau.

Right, wrong, good and bad, POD and POC, all nine, shorts, boys and beyonds®.

Was ist Ihre Bewertung der Zukunft?

Teilnehmerin: Es ist nicht so beängstigend.

Dr. Lisa: Können Sie die ganze somatische Auflösung wahrnehmen, die hier vor sich geht? Sie klopft mit den Füßen und zappelt in ihrem Körper.

Teilnehmerin: Ich habe Angst.

Dr. Lisa: Sie kann es nicht einmal aushalten. Sie hat Tränen in den Augen. Ich weiß nicht, ob Sie versuchen, die richtige Antwort zu bekommen, aber Sie sind sich auch bei etwas nicht sicher, und das ist das Öffnen für eine andere Möglichkeit.

Teilnehmerin: Es ist beides.

Dr. Lisa: Ich erwarte nicht, dass Sie das wissen, und ich erwarte, dass Sie genau das sind, was Sie sind.

Es gibt hier noch etwas anderes.

Teilnehmerin: Ja.

Dr. Lisa: Es ist, als ob sie gerade aus der Haut fahren würde. Das ist das Gold, richtig?

Der ganze Raum wird sich verschieben, wenn sie hierhin kommt. Was bedeutet Zukunft für Sie? Wahrheit? Furcht, Armut, Angst, Armut, Angst, Armut, was ist die richtige Antwort?

Gibt es etwas Leichtes, Luftiges oder Ausdehnendes, das von ihrem Körper abfällt?

Teilnehmerin: Nein.

Dr. Lisa: Oder darüber, warum sie die Zukunft kreieren möchte? Verstehen Sie, warum sie das Thema hat, über das sie spricht – dass sie großartig darin ist, 10 Sekunden voraus zu generieren oder den nächsten Tag oder den nächsten Kurs, aber nichts darüber hinaus? Sie zeigt es Ihnen genau hier.

Da ist eine Wand, wie „bumm", richtig?

Teilnehmerin: Ja.

Dr. Lisa: Right, wrong, good and bad, POD and POC, all nine, shorts, boys and beyonds®.

Teilnehmerin: Das ist wie aus Eiche gemacht und 100 Lichtjahre dick oder so.

Dr. Lisa: Also helfen Sie mir hier aus.

Teilnehmerin: Okay.

Dr. Lisa: Es ist etwas, das wir bei Access Consciousness™ tun.

Wir schnappen uns die Energie und werfen sie dann vor Ihnen raus. Ich zähle bis 5 und bei 5 werfen wir die Energie einfach raus. Tun Sie einfach so, als ob Sie die Energie aufheben und mit Ihren Händen werfen würden.

Okay, 1, 2, 3, 4, 5...1, 2, 3, 4, 5...1, 2, 3, 4, 5...1, 2, 3, 4, 5...1, 2, 3, 4, 5.

Ihr macht weiter.

All die algorithmischen Berechnungen und Konfigurationen der Zukunft, die euch in Angst und Armut und in der Klemme halten - 1, 2, 3, 4, 5. 1, 2, 3, 4, 5...1, 2, 3, 4, 5...1, 2, 3, 4, 5...1, 2, 3, 4, 5.

Und bei 3, werfen Sie es auf die Erde hinunter. 1, 2, 3...1, 2, 3. Was werfen wir runter?

Ich habe keine Ahnung, außer dass ich weiß, dass es eine Blockade ist. 1, 2, 3...1, 2, 3...1, 2, 3

Und auf 4, direkt vor Ihnen. 1, 2, 3, 4... öffnen Sie die Tür zu einer neuen Möglichkeit. Was ist Ihre Angst vor der Zukunft?

Teilnehmerin: Erfolg.

Dr. Lisa: Bitte sehr.

Right, wrong, good and bad, POD and POC, all nine, shorts, boys and beyonds®.

Machen Sie die Energie frei, bewegen Sie sie ein wenig, und sie bekommt, was sie gesucht hat, anstatt sich in ihrem Sitz zu winden.

Right, wrong, good and bad, POD and POC, all nine, shorts, boys and beyonds®.

Alles, was Erfolg für Sie bedeutet, alles, was Sie für den Erfolg bedeuten, und jede Entscheidung, jede Bewertung, jede Schlussfolgerung, jede Berechnung und Konfiguration, die Sie verkörperten, um die Begrenzung, die Einkerkerung und die Inkarnation zu kreieren, die man niemals für die Zukunft kreieren kann - finanziell, physisch, physiologisch, somatisch, energetisch - können wir es zerstören und unkreieren?

Teilnehmerin: Zum Teufel, ja.

Dr. Lisa: Right, wrong, good and bad, POD and POC, all nine, shorts, boys and beyonds®.

Was für eine Energie, Raum und Bewusstsein können Sie und Ihr Körper sein, um eine Zukunft jenseits dieser Realität zu verkörpern, die Sie fähig sind zu wählen, aber nur ablehnen.

Right, wrong, good and bad, POD and POC, all nine, shorts, boys and beyonds®.

Das war ein großer Wurf.

Also jemand anders... wenn Sie Ihr Geld zur Paartherapie mitnehmen würden?

Teilnehmerin: Ich spare es für einen Regentag.

Dr. Lisa: Was bedeutet das eigentlich? Wenn es regnet, ist das der einzige Tag, an dem Sie das Geld ausgeben können?

Right, wrong, good and bad, POD and POC, all nine, shorts, boys and beyonds®.

Ich weiß, was es bedeutet, aber ich stelle nur etwas vor. Es ist, als ob die Katastrophe kommen wird.

Sie wissen nicht, wann sie kommen wird, aber diese Realität ist so unsicher, dass Sie besser jeden Cent gespart haben sollten, damit Sie, wenn die Katastrophe zuschlägt und der Tsunami-Vulkan, das Erdbeben, der V. Weltkrieg und ein Autounfall und eine Krankheit kommen, gerade genug haben, um am ersten Tag das zu bezahlen, was Sie brauchen, um das tatsächlich zu überleben.

Teilnehmerin: Ja.

Dr. Lisa: Right, wrong, good and bad, POD and POC, all nine, shorts, boys and beyonds®.

Was sagt es über Sie aus, wenn Sie nicht für einen regnerischen Tag sparen?

Teilnehmerin: Nachlässig.

Dr. Lisa: Und wenn Sie nachlässig sind, was sind Sie dann? Wenn Sie unvorsichtig mit Geld sind, was sind Sie dann?

Teilnehmerin: Frei.

Dr. Lisa: Right, wrong, good and bad, POD and POC, all nine, shorts, boys and beyonds®.

Dr. Lisa: Wenn Sie nicht sparen, was sind Sie dann?

Teilnehmerin: Ich habe verdammt viel Pech.

Dr. Lisa: Right, wrong, good and bad, POD and POC, all nine, shorts, boys and beyonds®.

Dr. Lisa: Das sind Sie von Ihrem Kopf her, aber was sind Sie?

Teilnehmerin: Das ist das, was mir gesagt wurde

Dr. Lisa: Ich weiß, aber zu was hat Sie das gemacht? Wenn jemand zu Ihnen sagt: „Sie haben verdammtes Pech", was gibt es über Sie bekannt?

Teilnehmerin: Ich bin nicht verantwortlich.

Dr. Lisa: Right, wrong, good and bad, POD and POC, all nine, shorts, boys and beyonds®.

Dr. Lisa: Und wenn Sie nicht verantwortlich sind, was gibt es dann über Sie bekannt?

Teilnehmerin: Ich bin nicht würdig.

Dr. Lisa: Right, wrong, good and bad, POD and POC, all nine, shorts, boys and beyonds®.

Dr. Lisa: Sie sind also nicht würdig, Sie sind nicht wertvoll, alles nur, weil Sie kein Geld für einen Regentag sparen?

Teilnehmerin: Ich bin nicht würdig.

Dr. Lisa: Right, wrong, good and bad, POD and POC, all nine, shorts, boys and beyonds®.

Dr. Lisa: Sie sind also nicht würdig, Sie sind nicht wertvoll, alles nur, weil Sie kein Geld für einen Regentag sparen?

Dr. Lisa: Right, wrong, good and bad, POD and POC, all nine, shorts, boys and beyonds®.

Teilnehmerin: Ja.

Dr. Lisa: Sie nicken alle.

Überall, wo wir alle schlafwandlerisch hypnotisiert wurden, um zu glauben, dass das wahr ist, und um eine Realität zu kreieren, in der es nicht um Sie geht, können wir das zerstören und unkreieren?

Teilnehmerin: Ja.

Dr. Lisa: Right, wrong, good and bad, POD and POC, all nine, shorts, boys and beyonds®.

Auch hier hat Ihr Nettovermögen nichts mit Ihrem Selbstwert zu tun, und was Sie nicht haben, hat nichts damit zu tun, wer Sie sind, was Sie sind, was Sie tun, was Sie wissen, was Sie wahrnehmen und was Sie empfangen.

Aber in dieser Realität, wie wir aufgezogen wurden, hat es etwas damit zu tun. Ist das die Wahrheit oder ist das eine Lüge?

Es ist eine Lüge, also überall dort, wo Sie sich selbst zu Lügen geformt haben und das Ihre Realität, Ihre Wahrheit genannt haben und sich erlauben, dieser Finanzchef einer Lügenrealität zu sein, können wir das zerstören und unkreieren?

Dr. Lisa: Right, wrong, good and bad, POD and POC, all nine, shorts, boys and beyonds®.

Teilnehmerin: Ja.

Dr. Lisa: Was noch?

Teilnehmerin: Ich wollte sagen, ist das finanzieller Missbrauch? Würde man das so nennen? Ich missbrauche mich finanziell?

Dr. Lisa: Das könnte es sein.

Finanzieller Missbrauch liegt dann vor, wenn jemand Finanzen benutzt oder sie auf irgendeine Weise über Sie hält, wo Sie keine Macht haben. Alles mit Missbrauch ist eine Machtdynamik.

Das ist wahrscheinlich eine energischere und psychologische Schlussfolgerung.

Teilnehmerin: Wie eine Bewertung?

Dr. Lisa: Ja, dass Sie irgendwie weniger als oder wertlos sind, weil Sie nicht sparen.

Teilnehmerin: Ja, nicht genug.

Dr. Lisa: Right, wrong, good and bad, POD and POC, all nine, shorts, boys and beyonds®.

Dr. Lisa: Auf jeden Fall.

Als mein Vater starb, hinterließ er mir ein Chaos zum Aufräumen - ein Chaos jenseits von Chaos - und ich räume immer noch auf. Gott sei Dank ist es fast fertig.

Als er jedoch noch lebte, sagte er sehr deutlich: „Ich möchte, dass ihr es alle habt und es benutzt, und ich würde mich freuen, wenn ihr es alle benutzen und haben würdet, und wie kann ich euch unterstützen?

Er hat den Plan gemacht. Wir haben einfach nicht zugehört.

Aber er hatte ein Thema - er konnte nichts haben.

Er musste es allen geben. Er gab es meiner Mutter, er gab es mir, meinem Bruder und meiner Schwester. Er hat viele Hochzeiten meiner Cousins und Cousinen bezahlt. Er bezahlte für die Hochzeiten anderer Leute.

Er war einfach so ein Geber, übermäßig großzügig, aber es war, weil er nicht glauben konnte, dass er es wert war, irgendetwas davon zu haben. Werden Sie also alles und jedes, was für Sie wahr sein könnte, zerstören und unkreiere?

Dr. Lisa: Right, wrong, good and bad, POD and POC, all nine, shorts, boys and beyonds®.

Teilnehmerin: Meine Mutter macht das sehr oft.

Dr. Lisa: Was bedeutet es für diese Realität, es zu haben?

Wenn Sie Geld haben, sind Sie sicher. Nun, ich kenne eine Menge Leute, die Geld haben, und ihnen passieren immer noch schreckliche Dinge.

Wie ist es, wenn man kein Geld hat, ist man nicht sicher? Nun, ich kenne viele Leute, die nicht viel Geld haben, und mit ihrem Leben ist alles in Ordnung. Sie sind einfach nur glücklich.

Diese Dinge, die die Menschen projizieren, sind also alles Andeutungen und Bewertungen und Ansichten, die darauf abzielen, Sie zu kontrollieren und Sie in die Sichtweise eines anderen Menschen zu versetzen.

Wenn Sie sich in die Ansicht eines anderen Menschen hineinkonfigurieren, wie passen Sie da hinein?

Sie passen nicht hinein.

Wie sehr haben Sie sich von Ihrer finanziellen Realität abgewandt, um sich dieser finanziellen Realität anzupassen?

Right, wrong, good and bad, POD and POC, all nine, shorts, boys and beyonds®.

Wo sind Sie? Wollen Sie für einen regnerischen Tag sparen?

Teilnehmerin: Ja.

Dr. Lisa: Okay, hat ihr irgendjemand geglaubt?

Teilnehmerin: Was ist die richtige Antwort?

Dr. Lisa: Was ist die richtige Antwort? Oh, mein Gott, ist das eine Sache in Florida? Jeder sucht nach der richtigen Antwort?

Teilnehemerin: Ja.

Dr. Lisa: Weil ich Ihnen sagen werde, dass ich wahrscheinlich der schlechteste Facilitator bin, der je hierher gekommen ist, wenn Sie nach der richtigen Antwort suchen.

Ich werde Sie verrückt machen - es gibt keine richtige Antwort. Es geht darum, was wahr, leicht und richtig für Sie ist.

Das ist wie das Schulsystem in diesem Land, in dem es heißt: „Du bekommst diese Antwort, pack sie in die Box, du bekommst ein A. Du bekommst so viele falsche Antworten, du bekommst ein B, so viele falsche Antworten bekommst du ein C, so viele falsche Antworten bekommst du ein D."

Oder, wenn man wie ich in Geometrie ist, fällt man immer wieder durch und bekommt einen Tutor, bis man besteht, richtig?

Das ist diese Realität. Man muss die richtige Antwort haben, um vorwärts zu kommen.

Es ist nicht anders, als wenn man Geld braucht, um sein Selbstwertgefühl zu haben, etwas Besseres zu sein als was auch immer, wie ich vorhin schon sagte. Es ist alles rückwärts gerichtet.

Sie sagten: „Ja, ich möchte für einen Regentag sparen." Stimmt das?

Fühlen Sie sich dadurch gut?

Teilnehmerin: Nein.

Dr. Lisa: Wer hat Ihnen das gesagt?

Teilnehmerin: Mein Vater.

Dr. Lisa: Es macht also Sinn, dass wir die Realität unserer Mutter und unseres Vaters verkörpern, richtig?

Teilnehmerin: Ja.

Dr. Lisa: Right, wrong, good and bad, POD and POC, all nine, shorts, boys and beyonds®.

Dr. Lisa: Nun, wir sind nicht mehr drei oder vier oder sieben Jahre alt, und was wir vergessen, ist, dass wir tatsächlich wählen können, was leicht und richtig für uns ist.

Wenn ich sie frage, ob sie das tun will, sagt sie: „Nein", aber dann kommt der Trick: „Wenn ich nicht tue, was meine Eltern gesagt haben, auch wenn ich 40 oder 30 oder 20 oder 60 bin, was bedeutet das dann für mich?

„Und was sagt das über sie aus? Und was bedeutet es über mich in Bezug auf sie und sie in Bezug auf mich? Bedeutet es, dass ich eine schlechte Tochter bin? Bedeutet es, dass ich ein guter Sohn bin oder dass ich kein guter Sohn bin? Bedeutet es: „Bin ich eine gute Mutter oder keine gute Mutter?"

Also all diese Bewertungen, Schlussfolgerungen, geheimen, versteckten, unsichtbaren, verdeckten, ungesehenen, uneingestandenen, unausgesprochenen und nicht enthüllten Agenden, die Sie glauben lassen, es sei besser, für einen regnerischen Tag zu sparen, wenn Ihr Körper sagt: „Ich will das nicht tun", können wir es zerstören und unkreieren?

Right, wrong, good and bad, POD and POC, all nine, shorts, boys and beyonds®.

Was ROAR ist, was wir morgen tun werden, ist, Ihr radikaler Verbündeter zu sein - Ihr orgasmischer Verbündeter - für die Kreation einer lebendigen Realität, die in Ihnen und aus Ihnen besteht, sich sich selbst zu verpflichten, für Sie zu kreieren, mit dem Universum zusammenzuarbeiten, das sich verschworen hat, Sie zu segnen, und dann für Sie zu wählen.

Diese Kohlkopfpuppen... wurde ich jemals nach ihnen gefragt?

Nein, ich wollte GI Joe, verdammt!

Ich liebte Superman, ich liebte es, Fußball zu spielen, ich liebte es, in die Stadt zu gehen.

Ich habe in der Stadt als Kindermodel gearbeitet, aber ich wollte das nicht machen. Mir gefiel der Hubschrauberflug, aber das Modeln war scheiße, weil man da stehen und anziehen musste, was immer man anziehen sollte.

Man hatte keine Wahl.

Meine Mutter wollte es, sie wollten es. Man steht auf, man tut es. So viele Menschen erkranken an lebensbedrohlichen Krankheiten, und so viele Beziehungen enden schrecklich, und die Menschen haben Probleme mit dem Geldfluss - weil wir alle wählen, unser Leben auf der Grundlage von etwas oder jemandem zu gestalten, das für uns eine Lüge ist.

Dr. Lisa: Right, wrong, good and bad, POD and POC, all nine, shorts, boys and beyonds®.

Und ich sage: „ROAR. Nicht mehr." Seien Sie der Knaller. Seien Sie der Tsunami, das Erdbeben.

Sein Sie der Fluss, der die physische Realität allein durch Ihre Anwesenheit verändert. Sagen Sie „Ja", wenn Sie ja meinen, und „Nein", wenn Sie nein meinen.

Hören Sie auf zu glauben, dass Geld die Wurzel all Ihrer Probleme ist. Hören Sie auf, alles zu glauben, was man Ihnen über Geld gesagt hat. Sagen Sie einfach: „Verdammt, wenn das meine finanzielle Realität ist, was würde ich wähle? Wenn ich meine finanzielle Realität heute leben würde, was würde ich wählen?"

Dr. Lisa: Right, wrong, good and bad, POD and POC, all nine, shorts, boys and beyonds®.

Denn dann weiß man wenigstens, dass man sich in der Gegenwart befindet. Sage ich, nicht zu sparen?

Nein.

Ich sage, nichts zu verkörpern, zu konfigurieren, auszurichten, zuzustimmen, sich zu widersetzen oder auf etwas zu reagieren, das nicht Ihr „Ja" ist - das ist leicht und richtig und macht Ihnen Spaß.

Dr. Lisa: Right, wrong, good and bad, POD and POC, all nine, shorts, boys and beyonds®.

Das bedeutet, Ihr radikal orgasmischer Verbündeter einer lebendigen Realität zu sein. Tun Sie das und das Universum wird sich verschwören, Sie zu segnen.

Das ist es, was das ist.

Teilnehmerin: Amen, Schwester.

Teilnehmerin: Amen dazu.

Teilnehmerin: "Hallelujah!"

Dr. Lisa: War das hilfreich?

Teilnehmerin: Ja, ich danke Ihnen.

Dr. Lisa: Okay, war das für Sie alle hilfreich?

Die Tielnehmer: Ja!

Dr. Lisa: Ich schließe immer gerne mit einem großen Dankeschön für Ihr Erscheinen. Danke, dass Sie mit mir gelacht haben. Danke für Ihre Verletzlichkeit und Ihren Mut. Danke, dass Sie einfach nur gekommen sind.

Ich weiß das wirklich zu schätzen und ich sage immer: "*Sei du, jenseits von allem und kreiere Magie.*"

San Francisco

Dr. Lisa: Ich danke Ihnen allen. Danke, dass Sie bei uns sind.

Ich habe diesen Schnupperkurs schon einmal gemacht - es ist mein achter in den letzten sechs Monaten, und jedes Mal hat er sich verändert. Wie viele von Ihnen sind mit Access Consciousness nicht vertraut?

Wie viele von Ihnen haben das Clearing Statement noch nie gehört? Noch besser.

Wie viele von Ihnen erinnern sich tatsächlich an das Clearing Statement? Oh, gut!

Wie viele von Ihnen hatten schon einmal einen Bars™ Kurs?

Okay, ausgezeichnet, wir können also an viele verschiedene Orte gehen. Wie kann es noch besser werden?

Ich werde, wenn Sie so wollen, meine interessante Perspektive auf Geld und die Lügen des Geldes geben, und dann werde ich die Tools von Access Consciousness™ benutzen, um den verworrenen Netz- und Geldwahnsinn rückgängig zu machen, den wir auf uns selbst, unsere Bankkonten, unser Business und in unserem Leben sowie in unseren Familien verursachen. Wir werden einen Teil davon rückgängig machen. Ich bitte Sie nur um eines. Sind Sie bereit?

Die Teilnehmer: Ja.

Dr. Lisa: Alles, was Sie tun müssen, ist eine Frage zu stellen - das ist alles. So bekomme ich ein Maß für den Raum und wofür Sie wirklich hier sind. In einer kleineren, intimen Gruppe wie dieser können Sie spielen und etwas zu bekommen, von dem Sie vielleicht nicht einmal wissen, dass Sie deshalb hergekommen sind.

Ich bin wie ein Hund mit einem Knochen, wenn es um Fazilitation geht. Ich nehme es gerne auseinander, zerreiße es nach links und rechts und werde es los - und hole Sie so schnell wie möglich da raus und in etwas Neues hinein. Wie klingt das?

Die Teilnehmer: Ja!

Dr. Lisa: Ja, und wie viele von Ihnen sind wirklich, wirklich glücklich mit der Art und Weise, wie Ihre Geldsituation im Moment ist? Mindestens einer im Raum.

Teilnehmer: Ja.

Dr. Lisa: Das ist großartig. Ich danke Ihnen, dass Sie hier sind, denn ich weiss nicht, was passieren würde, wenn niemand die Hand hebt.

Wie viele von Ihnen möchten Ihr Gewahrsein und Ihre Bankkonten stärken - im wörtlichen und übertragenen Sinne? Okay, jetzt haben wir alle, also sind Sie am richtigen Ort.

Wie viele von Ihnen hätten gerne mehr Bargeld? Also gut. Wie viele von Ihnen hätten gerne weniger Geld.

Right, wrong, good and bad, POD and POC, all nine, shorts, boys and beyonds®.

Wie viele von Ihnen stammen aus sehr wohlhabenden Familien?

Cool.

Wie viele von Ihnen kamen aus Familien, in denen es wirklich Probleme und Konflikte in Bezug auf Geld gab? Okay, das ist also interessant. Alle haben die Hand gehoben, als sie aus einer Art Konflikt oder Kampf oder einer problematischen Situation in Bezug auf Geld kamen. Das ist der größte Teil der Erfahrung,

Definition, Perspektive und des Verständnisses dieser Realität in Bezug auf Geld.

Wären Sie also zuallererst bereit, 1° aufzugeben? Nur 1° ist alles, was ich verlange. Sie können sich Ihren Prozentsatz aussuchen, aber wären Sie bereit, 1° von dem aufzugeben, was auch immer es ist, dass Sie über das, was Geld ist, entschieden, bewertet, gefolgert und berechnet haben?

Die Teilnehmer: Ja.

Dr. Lisa: Wären Sie bereit, 1° davon aufzugeben? Hier und jetzt?

Right, wrong, good and bad, POD and POC, all nine, shorts, boys and beyonds®.

Wären Sie bereit, auf 1° dessen zu verzichten, was Sie bereits als Bargeld festgelegt haben?

Die Teilnehmer: Ja.

Dr. Lisa: Right, wrong, good and bad, POD and POC, all nine, shorts, boys and beyonds®.

Dr. Lisa: Ich schwöre, als ich hier reinkam, hatte ich das Gefühl, in einem Kaninchenbau unter der Erde zu sein, versteckt, wo ich nicht atmen kann. Es gibt keine Luft und ich werde sterben. Es ist, als wäre ich in einem Sarg.

Überall dort, wo jemand glaubt, dass Geld etwas mit dem Tod und einem Sarg zu tun hat und mit dem Sterben in jeder Lebenszeit, Dimension, jedem Körper und jeder Realität, können wir dies widerrufen, aufheben, zurückfordern, abschwören, anprangern, zerstören und unkreieren?

Die Teilnehmer: Ja.

Dr. Lisa: Was auch immer es ist.

Right, wrong, good and bad, POD and POC, all nine, shorts, boys and beyonds®.

Okay, Sie alle sagten, dass Sie mit dem Clearing-Statement und mit Access vertraut sind, und jeder hatte schon einmal eine Bars™ Klasse.

Haben Sie von den Energiebewegungen von 1, 2, 3 klären der Energie gehört?

Dadurch wird die Energie zerstreut und an die Erde abgegeben, und es wird alles zerstreut, was mit der Vergangenheit in Bezug auf sie zu tun hat. Es öffnet die Tür zu einer neuen Möglichkeit. Sie greift auch nach der Zukunft und bringt sie zurück. Also, nur zum Spaß - um mir beim Atmen zu helfen und um Ihnen zu helfen, ein bisschen besser zu atmen und heute Abend eine lustigere Erfahrung zu machen - können wir ein paar 1, 2, 3s machen, um das zu öffnen, was immer es ist, was hier über Geld ist?

Was auch immer es ist, was es auf eine bestimmte Art und Weise gemacht hat - diesen Raum von weiträumig, leicht, luftig und voller Möglichkeiten zu dicht, eingeengt und sehr schwer - würden Sie mir dabei helfen?

Die Teilnehmer: Ja.

Dr. Lisa: Okay, auf drei, nehmen Sie einfach die Energie, tun Sie so, als ob Sie etwas greifen würden. Wir werden es auf die Erde werfen, bereit?

1, 2, 3. 1, 2, 3. 1, 2, 3. 1, 2, 3.

Erinnern Sie sich, dass ich sagte, nur 1° lösen, richtig? Das ist alles, worum ich bitte. Das wird für einige von euch neu sein. Wenn Sie es auflösen und loslassen, versuchen Sie Ihren Mund zu öffnen und spucken Sie es irgendwie aus.

1, 2, 3. Ja, so ist es gut. Jetzt haben wir Spaß. 1, 2, 3. 1, 2, 3. Bewegen Sie Ihren Körper. Bewegen Sie Ihren Körper. 1, 2, 3. 1, 2, 3. 1, 2, 3. 1, 2, 3. 1, 2, 3. 1, 2, 3.

Teilnehmerin: Cool.

Dr. Lisa: Wie kann es noch besser werden?

Right, wrong, good and bad, POD and POC, all nine, shorts, boys and beyonds®.

Wir machen es gemeinsam auf vier, direkt vor unseren Augen, und öffnen die Tür zu einer neuen Möglichkeit. Lassen Sie uns das ein paar Mal machen und denken Sie dabei an das Atmen mit Ihren Lippen.

1, 2, 3, 4. 1, 2, 3, 4. 1, 2, 3, 4. 1, 2, 3, 4. 1, 2, 3, 4. 1, 2, 3, 4. 1, 2, 3, 4.

Öffnen Sie die Tür zu einer neuen Möglichkeit. Dehnen Sie Ihre Energie des Raumes für eine Minute aus, nach oben, unten, rechts, links, vorne und hinten. Atmen Sie Energie durch Ihre Vorderseite ein, durch Ihren Rücken, durch Ihre Seiten, nach oben durch Ihre Füße, nach unten durch Ihren Kopf.

Hallo, Körper. Hallo, Körper. Hallo, Körper. Hallo, Körper. Hallo, Körper. Hallo, Körper. Hallo, Körper.

Bemerken Sie gerade einen Unterschied in Ihrem Körper?

Teilnehmerin: Mehr Platz.

Dr. Lisa: Mehr Raum? Fällt Ihnen irgendetwas auf? Es ist in Ordnung, wenn nicht.

Teilnehmerin: Lebhaft und ein bisschen lebendiger.

Dr. Lisa: Etwas lebhafter, ein wenig lebendiger.

Danke. Ich kann Sie jetzt tatsächlich alle sehen. Bevor wir die 1, 2, 3 und 1, 2, 3, 4 gemacht haben, hatten Sie alle diesen grauen Schleier um sich herum. Ich weiß nicht, was es mit dem Geld auf sich hat, oder mit dem Reden über Geld und Bargeld, das diese Dichte erzeugt, aber ich weiß, dass dies einer der Gründe ist, warum dieser Schnupperkurs recht erfolgreich war und die Leute immer wieder danach fragen.

Es ist ein Dunst, der über uns alle liegt, wenn wir Geld wahrnehmen oder unsere Scheckbücher, unsere Budgets, unser Business um Geld, um Bargeld, um Investitionen ausgleichen. Wissen Sie, wovon ich spreche?

Die Teilnehmer: Ja.

Dr. Lisa: Right, wrong, good and bad, POD and POC, all nine, shorts, boys and beyonds®.

Dr. Lisa: Sie sind auf ein Thema gestoßen, an das viele Projektionen, Bewertungen, Trennungen, Erwartungen, Verbitterung, Ablehnung und Bedauern geknüpft sind. Diese Energien rund ums Geld färben ab, worum es bei der Energie des Geldes wirklich geht.

Dr. Lisa: Right, wrong, good and bad, POD and POC, all nine, shorts, boys and beyonds®.

In meiner persönlichen interessanten Ansicht geht es bei der Energie des Geldes um Freiheit, Ausdehnung, Bewusstsein. Es geht um das Licht, die Fülle und die Freiheit der einzigartigen Gabe und Fähigkeit, die man in der Welt ist, und das in der Welt zu sein und zu tun, was immer man tut, was immer man liebt, das einfach ist und macht Spaß. Und, was am wichtigsten ist, dass Sie draußen in der Welt sind, wo die Menschen, die in einzigartiger Weise qualifiziert sind, mit Ihnen zu arbeiten und zu Ihnen zu kommen, Sie empfangen dürfen, und Sie dürfen das auch empfangen.

Dr. Dain Heer, Mitbegründer von Access Consciousness™, sagt: „Im Wesentlichen besteht die wahre Energie des Geldes in dieser Realität darin, dass Sie Sie selbst sind und die Welt verändern."

Geld zu haben ist die Freiheit und die weitreichende Möglichkeit, diese Realität zu verändern, je nachdem, was für

Sie leicht, richtig, lustig und ausdehnend ist. Was würden Sie gerne sein und tun, wenn Sie all das Geld hätten, das Sie sich wünschen, und Sie hätten 10 Sekunden Zeit, um den Rest Ihres Lebens zu leben?

Wofür würden Sie sich entscheiden?

Right, wrong, good and bad, POD and POC, all nine, shorts, boys and beyonds®.

Was ich in meinem Leben herausgefunden habe, ist, dass es für mich einfach ist, Geld zu generieren und zu kreieren. Bis vor ein paar Jahren war es wirklich schwierig, Geld zu haben und mir zu erlauben, es beständig und kontinuierlich zu haben, mit Investitionen, mit Reisen, mit Spaß, mit dem Vergnügen, mit Reisen durch die ganze Welt.

Right, wrong, good and bad, POD and POC, all nine, shorts, boys and beyonds®.

Sie wissen, dass Sie aus San Francisco kommen, wenn es Ihnen nichts ausmacht, die Preise hier zu bezahlen. Meine Partnerin ist seit ein paar Tagen hier, und sie ist erst gestern abgereist. Sie meinte: „Das ist lächerlich." Sie ist an die Preise in Texas gewöhnt, wo es Pfannkuchen für 25 Cent gibt.

Right, wrong, good and bad, POD and POC, all nine, shorts, boys and beyonds®.

Das Generieren und Kreieren war also einfach für mich, aber das Haben war etwas, das ich kultivieren musste. Hier kam meine erste Lüge von Geld zu mir - das ich nur generieren und kreieren konnte und nicht haben konnte. Habe ich das nun selbst kreiert?

Nein. Ich habe die Realität meines Vaters nachgeahmt.

Mein Vater war dieser arme Kerl, der von einem Alkoholiker aufgezogen wurde und ein Selfmade-Multimillionär war, aber alles verschleuderte, weil er mir immer sagte: „Ich war ein armer Junge aus Brooklyn. Ich hatte nie erwartet, etwas zu verdienen. Ich habe es nie verdient. Ich hatte niemanden. Ich hatte niemanden, der mir jemals etwas Freundliches zeigte, und alles, was ich mir wünsche, ist, dass ihr (d.h. mein Bruder, meine Schwester, meine Mutter und ich) alles habt, was ihr wollt, solange ihr lebt. Ich will, dass alles bis zu meinem Tod aufgebraucht ist, weil ich es nicht verdiene."

Er konnte nichts für sich selbst haben, aber er konnte jedem alles von sich geben. Das machte ihn glücklich, zu sehen, wie andere Menschen über das strahlen, von dem sie dachten, dass sie es nie haben würden. Wir gingen ins Yankee-Stadion oder in den Madison Square Garden oder zum Super Bowl oder zur World Series, egal welche Sportsaison es war, es spielte keine Rolle, und wir hatten diese Plätze ganz vorne. Sie waren großartig, und er würde uns Kindern die besseren Plätze geben und er würde einen Tribünenplatz bekommen und uns vorne besuchen kommen. Meine Freunde liebten ihn. Er sagte: „Hole deine Freunde, egal wen Du dabei haben willst." Er war so großzügig, aber er konnte nichts für sich selbst haben.

Wie viele von Ihnen hier sind so? So großzügig, aber es ist schwer, etwas für sich selbst zu haben?

Right, wrong, good and bad, POD and POC, all nine, shorts, boys and beyonds®.

Nachdem ich Ihnen ein wenig von meiner Geschichte erzählt habe, um die Energie aufzubringen, stellen Sie bitte Ihre Fragen zu allem, was Ihnen hier einfällt und was Sie vielleicht ändern möchten. Jemand wird eine Frage stellen, die damit zusammenhängt, dass wir etwas haben, und das wird den ganzen Raum aufräumen. Sie werden in der Lage sein, all das zu spüren. Ergibt das einen Sinn?

Die Teilnehmer: Ja.

Dr. Lisa: Okay, also zurück zur Geschichte.

Ich würde sagen: „Dad, komm, setz dich zu uns. Komm, sei hier."

„Nein, amüsiert euch gut, Kinder. Ich amüsiere mich prächtig. Ich mag eure fröhlichen Gesichter", würde er sagen. Er machte Fotos und machte all diese Sachen. Es gab nur diese Traurigkeit, dass es großartig war, ihn dabei zu haben und all das zu tun, aber als Kind wünschte ich mir wirklich, ihn dabei zu haben, es zu genießen, anders als nur die „High Fives" eines Tors oder eines Touchdowns oder „Hey, wir brauchen ein Bier" oder „Hey, wir brauchen einen Hot Dog".

Right, wrong, good and bad, POD and POC, all nine, shorts, boys and beyonds®.

Was auch immer diese Energie aus der Wahl besteht, nicht zu haben, aber zu wissen, dass man kreieren und generieren kann, das ist eine doppelte Bindung. Die Mitte des Double-Bind ist Geld. Die eine Seite ist: „Ich kann nicht haben. Ich habe es nicht verdient zu haben. Ich bin nicht gut genug, um zu haben" oder irgendeine Version davon. Die andere Seite ist: „Ich möchte, dass du es hast."

Die Teilnehmer: Ja.

Dr. Lisa: "Was kann ich Ihnen noch geben? Lassen Sie mich das tun. Lassen Sie mich dies tun."

Alle Doppelbindungen von der Mitte und von beiden Seiten. Alle Doppelbindungen von beiden Seiten der Mitte aus. Können wir alle Doppelbindungen, die die Doppelbindungen kreieren, widerrufen, aufheben, zurückfordern, aufgeben, aufkündigen, zerstören und unkreieren, die ewig doppelt gebunden sind zwischen dir und deinem Vater, dir und deiner Mutter, dir und deiner Familie, dir und deinen Kindern, dir und deinen Vorfahren, dir und deinen Großeltern, dir und deinen Genen von hier oder Russland oder wo auch immer du bist.

Können wir das widerrufen, aufheben, zurückfordern, aufkündigen, abschwören, anprangern, zerstören und unkreieren?

Die Teilnehmer: Ja.

Dr. Lisa: Right, wrong, good and bad, POD and POC, all nine, shorts, boys and beyonds®.

Alle dreifachen Sequenzsysteme - wenn Sie noch nie einen Körperkurs oder Foundation-Kurs oder so etwas belegt haben, haben Sie das vielleicht noch nie gehört - aber alle dreifachen Sequenzsysteme sperren diese Doppelbindungen ein, um sicherzustellen, dass Sie niemals Geld haben, oder wenn doch, dann ist das wie ein Fest oder eine Hungersnot. Fressorgie und Kotzen. Aber Sie wissen immer, was das Ergebnis für Sie ist. Sie müssen da rausgehen und arbeiten, damit Sie zurückgehen und mehr Spaß haben können, und es gibt diese Arbeit, Spaß, Spaß, Arbeit, Arbeit, Spaß, Spaß, Arbeit, aber es gibt nie diese breitbandige Harmonie mit Geld.

Können wir das zerstören und unkreieren?

Die Teilnehmer: Ja.

Dr. Lisa: Right, wrong, good and bad, POD and POC, all nine, shorts, boys and beyonds®.

All das System der automatischen Reaktionsmatrizen, die Systeme, die Schaltkreise, die biochemische Reaktion durch Ihre Muskeln, Bänder, Zellen, Sehnen, Organe, Systeme, Faszien Ihres Körpers, die das an Ort und Stelle festhalten, so dass Sie immer in einer Doppelbindung leben und nie in Harmonie mit dem Geld, dem Bargeld in dieser Realität kommen, können wir das zerstören und unkreieren?

Die Teilnehmer: Ja.

Dr. Lisa: Right, wrong, good and bad, POD and POC, all nine, shorts, boys and beyonds®.

Bemerken Sie, ist es in Ihrer Welt leichter oder verdichtend? Wahrheit?

Teilnehmerin: Es ist leichter geworden.

Dr. Lisa: Leichter, ja. Es ist leichter geworden. Die Dichte ist immer noch da, oder?

Aber während ich spreche, was ich spreche, trifft etwas von der Wahrheit - nicht die Wahrheit, sondern die Energie der Wahrheit, die leicht ist - auf die Dichte im Raum und dann bumm!

Die Teilnehmer: Ja.

Dr. Lisa: Einer meiner Lieblingssätze vom Fazilitieren in diesen Kursen lautet: „Wenn Dichte auf Raum trifft, löst sich die Dichte auf.

Wäre es in Ordnung, wenn sich Ihre Dichte in diesen paar Stunden um mindestens 1° in Bezug auf die Lügen des Geldes auflösen würde?

Die Teilnehmer: Ja.

Dr. Lisa: Bargeld?

Die Teilnehmer: Ja.

Dr. Lisa: Right, wrong, good and bad, POD and POC, all nine, shorts, boys and beyonds®.

Wäre es in Ordnung, wenn die bekannten und unbekannten Entscheidungen, Bewertungen, Beschlüsse und

Schlussfolgerungen und Berechnungen, sich auch in Bezug auf die Geld- und Geldanlagen zerstreuen würden?

Right, wrong, good and bad, POD and POC, all nine, shorts, boys and beyonds®.

Wäre es in Ordnung, wenn mindestens 1° der Eide, Gelübde, Lehnseide, Blutseide, Vereinbarungen, bindenden und verpflichtenden Verträge in dieser Lebenszeit, dieser Dimension, diesem Körper oder dieser Realität oder in jeder anderen Lebenszeit, Dimension, Körper und Realität, die Sie verkörpert haben, bekannt oder unbekannt, in Bezug auf Geld, Bargeld, Portfolios, Investitionen und Energieflüsse um das Geld herum verschwindet?

Könnten wir es jetzt zerstören und unkreieren?

Die Teilnehmer: Ja.

Dr. Lisa: Nur 1°.

Die Teilnehmer: Ja.

Dr. Lisa: Right, wrong, good and bad, POD and POC, all nine, shorts, boys and beyonds®.

Dr. Lisa: Wird jemand ein wenig kühler? Spürt jemand ein bisschen mehr Luft?

Die Teilnehmer: Ja.

Dr. Lisa: Das liegt daran, dass wir die Dichte aus Ihnen heraus und von Ihnen weg bewegen. Das ist das Beste an Access, ehrlich gesagt, wenn Sie das Clearing-Statement immer und immer wieder durchgehen und etwas von der Terminologie der dreifachen Sequenzsysteme oder Eide, Gelübde, Lehnseide oder Entscheidungen, Bewertungen, Schlussfolgerungen und Berechnungen verwenden. Es ist wie ein Energievakuum, das einfach „Shroooo!" sagt!"

Wir befreien uns von den „Staubhäschen" - der Verwirrung. Access Consciousness™ könntesie Ablenkungsimplantate nennen, jene Dinge, auf die Sie sich in Bezug auf Geld ausgerichtet haben und mit denen Sie einverstanden waren oder die Sie in Bezug auf Geld ablehnten und auf die Sie reagierten, die tatsächlich in Ihren Körper eindrangen und Ihre physische Struktur in Bezug auf Geld veränderten.

Right, wrong, good and bad, POD and POC, all nine, shorts, boys and beyonds®.

Macht das Sinn?

Die Teilnehmer: Ja.

Dr. Lisa: Interessiert?

Die Teilnehmer: Ja.

Dr. Lisa: Gut, jetzt kommen wir voran.

Right, wrong, good and bad, POD and POC, all nine, shorts, boys and beyonds®.

Wir werden über das Haben und Verweigern von Hilfe sprechen. Wir werden auch über das Empfangen sprechen.

Gary Douglas, Gründer von Access Consciousness, hat ein Arbeitsbuch mit dem Titel „*Money Isn't the Problem, You Are*" (Geld ist nicht das Problem, Sie sind es). Als ich das zum ersten Mal sah, dachte ich: „Nicht ich bin das Problem, sondern das Geld."

Aber, Wahrheit, wenn Geld Ihr Geliebter war, schläft es dann auf der Couch? Oder liegt es bei Ihnen im Bett?

Right, wrong, good and bad, POD and POC, all nine, shorts, boys and beyonds®.

Wissen Sie, als Kind habe ich immer Geld geleckt. Ich hatte eine kleine Affäre damit. Ich liebte Geld, ich wusste nicht, wie ich es haben sollte.

Ich wuchs in New York auf und ging in Connecticut zur Schule. Meine Freunde kamen zu mir nach Hause und wir fuhren zusammen zurück zum College. Ihre Väter sagten: „Hier sind deine 20 Dollar", und mein Vater würde sagen: „Hier sind ein paar Hundert?"

Es war mir so peinlich und ich hatte ehrlich gesagt keine Ahnung, wie ich es behalten oder benutzen sollte. Es war die willkürlichste Erfahrung. Es ist wirklich eine schöne Geschichte. Ich liebe es, über ihn zu sprechen, denn gleich am Ende der Straße habe ich seine Asche verstreut. Deshalb komme ich so gerne nach San Francisco zurück.

Ich habe über 20 Jahre lang hier gelebt. Bis vor etwa 11 oder 12 Monaten hatte ich hier eine Klinik und eine Praxis. Es ist ein sehr bedeutungsvoller Ort für mich, und es ist das erste Mal, dass ich so nah an dem Ort bin, an dem ich seine Asche gehen ließ. Dort wollte er es so. Es war sehr schön, hier zu sein.

Wie auch immer, ich habe auf jeden Fall eine Menge Geld verschwendet. Ich war die Königin der Lügen des Geldes.

Right, wrong, good and bad, POD and POC, all nine, shorts, boys and beyonds®.

Ich dachte, es hieße: „ Komm groß raus oder geh nach Hause". Das ist eines der Dinge, die er mir zu meinem Nachteil beigebracht hat.

Eine andere Sache war, dass er jedes Mal, wenn ich ihn um Geld bat oder darum, wie ich es kreieren sollte, sagte: „In Ordnung, Lisa. Denk daran, was ich dir gesagt habe. Es ist nicht nur eine Männerwelt. Es ist die Welt einer Frau. Tu, was du liebst. Gib dich niemals mit irgendjemandem oder irgendetwas zufrieden. Was immer du tust, arbeite für niemanden. Sei dein eigener Chef. Es ist nicht nur eine Männerwelt. Und während ich mit dir rede, heirate auch nicht. Aber wenn du es tust, dann tu nicht, was die Gegensätze anzieht, weil es nicht funktioniert."

Ich dachte: „Danke, Dad."

Es gibt einen Grund, warum ich einen Doktortitel in Psychologie habe - wegen allem, was ich durchmachen muss, um es rückgängig zu machen.

Die Teilnehmer: Ja.

Right, wrong, good and bad, POD and POC, all nine, shorts, boys and beyonds®.

Der Punkt ist, dass er, wenn ich ihn nach Geld fragte, sagte: „Gut, ich gehe runter zur Druckerei und sehe, was mir einfällt. Wortwörtlich. Und das Nächste, was ich wusste, war, dass ich „x" Geldbeträge auf meinem Bankkonto sehen würde, Tausende von Dollars oder was auch immer er zu schenken wünschte. Mein ganz eigener Geldautomat.

Jahrelang habe ich nie gelernt, selbst Geld zu haben oder es zu generieren und zu kreieren, obwohl er mir immer und immer wieder sagte, dass es nicht nur eine Männerwelt ist, sondern dass man sein eigener Chef sein muss. Er liebte, was ich tat. Er kam sogar hierher und machte diese Atemworkshops, die ich mit mir facilitierte. Er war so unterstützend und offen.

Er hatte einen solchen Einfluss auf mein Leben, und als er ging, war es ein ziemlicher Mist. Er machte diese andere seltsame Sache mit Geld, die eine doppelte Verpflichtung war. Man kann alles kreieren, was man will, aber ich bin die Quelle davon. Das hat er nicht gesagt, aber das ist es, was ich interpretiert und angedeutet und modelliert und erzeugt habe. Es hat wirklich lange gedauert, bis ich mich finanziell so abgesichert hatte.

Alles, was das hoch und runter holt für Sie, für Sie alle hier drinnen, die vielleicht nicht wissen, wie es sich anfühlt, riecht und schmeckt, wie es ist, seinen eigenen Rücken zu stärken oder die Quelle für die Kreation und Generierung nicht nur von Geld, nicht nur von Bargeld, zu sein, sondern auch Ihr „Ja" zu kennen, wenn Sie Ja meinen, und Ihr „Nein", wenn Sie Nein meinen. Lassen Sie uns einen Schritt in Richtung der unendlichen Möglichkeiten gehen, der Vielzahl von Möglichkeiten, die Ihnen in den Weg kommen, die leicht und richtig sind, und auch „Nein" zu sagen, wenn Ihnen etwas in den Weg kommt, von dem Sie wissen, dass es eine Lüge ist.

Right, wrong, good and bad, POD and POC, all nine, shorts, boys and beyonds®.

Denn ich bin sicher, dass keiner von Ihnen hier drin jemals „ja" gesagt hat, wenn Sie „nein" meinten, und „nein", wenn Sie „ja" meinten. Ich bin sicher, dass ich die Einzige bin, die das jemals getan hat. Nicht wahr?

Right, wrong, good and bad, POD and POC, all nine, shorts, boys and beyonds®.

Nehmen wir also an, Sie bringen Ihr Geld zur Paartherapie mit, was würde es Ihnen sagen? Erzählen Sie.

Teilnehmerin: Oh, vielleicht „Ugh", wie Charlie Brown.

Teilnehmerin: Was zum Teufel machen Sie da?

Dr. Lisa: Was zum Teufel machen Sie da? Oh, ja, Geld kommt auf die Party des Spaßes, nicht des Urteils.

Right, wrong, good and bad, POD and POC, all nine, shorts, boys and beyonds®.

Teilnehmerin: Warum mögen Sie mich nicht?

Dr. Lisa: Warum mögen Sie mich nicht?

Right, wrong, good and bad, POD and POC, all nine, shorts, boys and beyonds®.

Was noch?

Teilnehmerin: Du liebst mich nicht wirklich.

Dr. Lisa: Du liebst mich nicht wirklich, mein liebster Satz. Du liebst mich nicht wirklich. Was würde es sonst noch sagen?

Dr. Lisa: Right, wrong, good and bad, POD and POC, all nine, shorts, boys and beyonds®.

Teilnehmerin: Wo bist Du?

Dr. Lisa: Wo bist Du? Wo bist du hingegangen? Oh, schon wieder weg?

Right, wrong, good and bad, POD and POC, all nine, shorts, boys and beyonds®.

Teilnehmerin: You only like when I'm here.

Dr. Lisa: Du magst nur, wenn ich hier bin.

Right, wrong, good and bad, POD and POC, all nine, shorts, boys and beyonds®.

Dr. Lisa: Wie oft fühlen Sie sich alle in dieser Welt nur dann sicher oder geborgen, wenn Sie tatsächlich Geld auf dem Konto haben und wenn es auf Ihrem Konto ist, sehen Sie es an und Sie fühlen sich wie, „Ugh." Dann fangen Sie an, Rechnungen zu bezahlen, und denken, dass Sie mehr haben als Sie haben. Das nächste Mal, wenn Sie es sich anschauen, haben Sie einen Dollar auf dem Konto und denken: „Whoa!"

Teilnehmerin: Mistkerl, immer verlässt du mich.

Dr. Lisa: Right, wrong, good and bad, POD and POC, all nine, shorts, boys and beyonds®.

Okay, die dritte Lüge des Geldes: Welche Lüge kaufe ich mir ein, die nicht wahr ist? Die Lüge ist alles, was schwer, dicht und einschnürend ist.

Teilnehmerin: Ich fühle mich nur sicher, wenn ich kein Geld habe und auf dem Boden unter einem Baum sitze. Das ist das, was aufgetaucht ist. Das ist, wenn ich mich sicher fühle.

Dr. Lisa: Okay. Nun, der Wahnsinnsteil des Geldkurses ist morgen.

Right, wrong, good and bad, POD and POC, all nine, shorts, boys and beyonds®.

All der Wahnsinn des Geldes, also die Lüge, in die Sie sich einkaufen, die Sie von jemandem gekauft haben oder die Sie verkauft haben, um auch zu kaufen, können wir das zerstören und unkreieren?

Die Teilnehmer: Ja.

Dr. Lisa: Right, wrong, good and bad, POD and POC, all nine, shorts, boys and beyonds®.

Was würden Sie Ihrem Geld in der Paartherapie sonst noch sagen?

Teilnehmerin: Du bist schmutzig.

Dr. Lisa: Wenn Sie anfangen zu gähnen, wenn Sie im Kurs sind, ist das eine Lüge, eine unbewusste Lüge, die aufkommt. Das sind die so genannten SHICUUUUU Implantate und Explantate in Access Consciousness™. SHICUUUU means secret (geheime), hidden (versteckte), invisible (unsichtbare), covert (verborgene), unseen (ungesehene), unacknowledged (nicht anerkannte), unspoken (unausgesprochene), undisclosed (unentdeckt) Agendas™.

All die unausgesprochenen Lügen um Geld und Bargeld, bekannte und unbekannte, können wir diese jetzt zerstören und unkreieren?

Die Teilnehmer: Ja.

Dr. Lisa: 1° davon.

Right, wrong, good and bad, POD and POC, all nine, shorts, boys and beyonds™.

Und alles und jedes, was es Ihnen nicht erlaubt, zu sein, zu wissen und zu empfangen und wahrzunehmen, dass diese Dichte nicht die Ihre ist, weil Sie etwas nicht ändern können, was Ihnen nicht gehört, also können Sie es genauso gut loslassen - es sei denn, Sie mögen die Folter, was Sie in San Francisco tun könnten, richtig? Es gibt eine ganze unterirdische Welt. Sie alle lachen, weil Sie davon wissen. Ich wusste, dass ich hier die richtigen Leute angezogen habe.

Right, wrong, good and bad, POD and POC, all nine, shorts, boys and beyonds®.

Sie müssen sich daran erinnern, dass ich 20 Jahre lang hier lebte und jede Geschichte unter der Sonne gehört habe. Ich weiß über alles hier Bescheid.

- die überirdischen, die unterirdischen und die dazwischen liegenden Bereiche.

Right, wrong, good and bad, POD and POC, all nine, shorts, boys and beyonds®.

Ich bin an die Vertraulichkeit gebunden und liebe es. Wenn Sie nicht vorhaben, ein Verbrechen zu begehen oder sich zu Hause umzubringen, kein Wort darüber, gehen Sie und haben Sie Spaß. Schaut, ihr seid jetzt alle so glücklich. Ich hätte das die Lügen des Sexes nennen sollen. Nicht wahr?

Right, wrong, good and bad, POD and POC, all nine, shorts, boys and beyonds®.

Irgendwelche anderen Lügen des Geldes? Was sagt Ihnen Ihr Geld in der Paartherapie sonst noch? Gibt es sonst noch etwas, das im Moment auftauchen möchte? Wir können es einfach dalassen und es wird zurückkommen. Wissen Sie, eine Therapie kann jahrzehntelang andauern.

Teilnehmer: Du lädst mich nie nach Hause ein.

Dr. Lisa: Du lädst mich nie nach Hause ein.

Right, wrong, good and bad, POD and POC, all nine, shorts, boys and beyonds®.

Was ist das erste Wort, das alle in der Paartherapie gesagt haben?

Die Teilnehmer: Du.

Dr. Lisa: Du (zeigt mit dem Finger).

Teilnehmerin: Ja.

Dr. Lisa: Sie wissen, dass Sie, wenn Sie mit dem Finger zeigen, das, was in Ihnen wahr ist, abwerten und verleugnen. Das erzeugt tatsächlich diese Bewertung, die Sie außerhalb von Ihnen projizieren.

Teilnehmerin: Aha.

Dr. Lisa: Wenn jemand in einer Beziehung nicht glücklich ist, möchten Sie sich diesen Teil der Aufnahme vielleicht noch einmal anhören.

Right, wrong, good and bad, POD and POC, all nine, shorts, boys and beyonds®.

Wenn Sie auf jemanden zeigen, sind Sie bewertend. Und wenn Sie bewerten, nehmen Sie wirklich das, was Ihnen gehört, und behalten es nicht als Ihre Wahrheit und tun etwas damit, um es zu ändern. Sie setzen es auf das Geld, die Person, die Beziehung, den Job, das Business, was auch imme.

Right, wrong, good and bad, POD and POC, all nine, shorts, boys and beyonds®.

Welchen Zweck hat es, jemand anderen dessen zu beschuldigen, was Sie selbst tun, so dass Sie sich selbst und das, was Sie selbst tun, niemals anschauen müssen? Sie müssen nie ändern, was Sie selbst tun, so dass alles beim Alten bleiben kann, was Sie und Sie selbst tun. Sie können immer die gleiche

Geschichte von „Egal, wie sehr ich mich anstrenge, für mich funktioniert nie etwas. Ich habe es versucht" haben.

Sie haben eine geheime Agenda oder eine Lüge, die als wahr eingesperrt bleiben, das dreifache Sequenzsystem, und wir kommen nie an den Spiegel, der Sie sind.

Right, wrong, good and bad, POD and POC, all nine, shorts, boys and beyonds®.

Das ist es, was ich an Access Consciousness™ liebe. Es funktioniert schnell. Es bringt Sachen hoch. Sie erhalten Einsicht nach Einsicht nach Einsicht. Manchmal sehr schnell, dorthin, wo man nach draußen möchte, um eine Pause zu machen und zu rauchen oder was auch immer zu tun.

Die Teilnehmer: Richtig.

Dr. Lisa: Es hat auch so viele Werkzeuge, mit denen Sie jederzeit ändern können, was es ist, was Sie mit Ihnen machen, d.h. was Sie mit Ihnen kreieren und generieren.

Right, wrong, good and bad, POD and POC, all nine, shorts, boys and beyonds®.

Wie viele Lügen kaufen Sie sich ein, die Sie Kreation und Generation nennen und die Sie eigentlich zerstören? Ein wenig, viel oder eine Megatonne Mokka-Schoko-Latte?

Teilnehmer: Eine Megatonne Mokka-Schoko-Latte.

Dr. Lisa: All die Megatonnen Mokka-Schoko-Latte aus Lügen, in die Sie sich eingekauft haben und die Sie kreieren und generieren und als Finanzchef Ihrer Realität einsetzen, können wir das widerrufen, aufheben, zurückfordern, aufkündigen, abschwören, anprangern, zerstören und unkreieren?

Right, wrong, good and bad, POD and POC, all nine, shorts, boys and beyonds®.

Wenn ich von etwas spreche, das wir viel getan haben, nennen wir es in Access „Betrugspatrouille". Viele Leute denken, ich sage ‚Froschpatrouille', wie der Froschkönig, aber in Wirklichkeit ist es Betrug, Fälschung, Lüge, Patrouille. Im Grunde genommen braucht es den Algorithmus und die Berechnung, die Entscheidung und das Urteil - die algorithmische Berechnung, wie wir die Dinge in unserer Realität biochemisch, hormonell, genetisch, ahnenkundlich und physisch ordnen - nur indem wir es „Betrugspatrouille" nennen und behaupten, und es heißt „Rrreeerrr, rrreeerrr".

Womit ich also in den Kursen gespielt habe, ist, dass Sie alle ein paar Mal „Betrugspatrouille" sagen und ich die 1, 2, 3, 4, 5s mache. Wollen Sie spielen?

Die Teilnehmer: Ja.

Dr. Lisa: Spielen Sie einen Moment damit. Sagen Sie: „Betrugspatrouille. Betrugspatrouille. Betrugspatrouille. Betrugspatrouille."

Alle: Betrugspatrouille.

Dr. Lisa: 1, 2, 3, 4, 5. 1, 2, 3, 4, 5. 1, 2, 3, 4, 5. 1, 2, 3, 4, 5. 1, 2, 3, 4, 5. 1, 2, 3, 4, 5. 1, 2, 3, 4, 5. 1, 2, 3, 4, 5. 1, 2,

3, 4, 5. 1, 2, 3, 4, 5. 1, 2, 3, 4, 5. 1, 2, 3, 4, 5. 1, 2, 3, 4, 5. 1, 2, 3, 4, 5. 1, 2, 3, 4, 5.

Dr. Lisa: Right, wrong, good and bad, POD and POC, all nine, shorts, boys and beyonds®.

Welchen Sinn hat es, das zu tun?

Es geht nur darum, die Lügen zu benennen, bekannte oder unbekannte, geheime oder versteckte, die gerade jetzt im Raum sind, seit ich spreche, seit Sie antworten, und ich kläre nur die Energie mit der Energiebewegung. 1, 2, 3, 4, 5 macht das, und die Betrugspatrouille ist damit verbunden.

Schauen Sie, ob Sie im Moment etwas anderes bemerken. Leichter oder schwerer, mehr Raum, weniger Raum?

Teilnehmerin: Offen.

Dr. Lisa: Offen. Ist das ein bisschen anders als das, wie es sich vor fünf Minuten angefühlt hat?

Es ist, als ob man den Computer neu startet, und dann startet man ihn einfach neu, und alles beginnt wieder zu funktionieren. Das ist es, was die Betrugspatrouille ist. Das ist auch das Clearing Statement.

Right, wrong, good and bad, POD and POC, all nine, shorts, boys and beyonds®.

Hat irgendjemand irgendwelche Fragen?

Teilnehmerin: Ich weiß, dass wir taten, was Geld uns sagen würde, aber tun wir auch, was wir dem Geld sagen würden?

Dr. Lisa: Auf jeden Fall. Legen Sie los.

Was würden Sie zu Geld sagen? Niemanden erschrecken?

Right, wrong, good and bad, POD and POC, all nine, shorts, boys and beyonds®.

Teilnehmerin: Warum kommst du nie mit mir nach Hause?

Teilnehmerin: Warum bist du nicht warm und freundlich zu mir?

Dr. Lisa: Komm mit mir nach Hause. Sei warm und freundlich mit mir.

Right, wrong, good and bad, POD and POC, all nine, shorts, boys and beyonds®.

Nehmen wir an, Sie haben eine Verabredung, und Sie glauben, dass sie schon bald stattfinden wird. Würden Sie sagen: „Warum kommst du nicht mit mir und X, Y, Z nach Hause?"

Ist das schwer? Ist das für Sie leicht?

‚Warum' ist die Bewertung - ‚Warum tust du's nicht' ist die Bewertung. Es ist nichts Falsches an dem, was Sie gesagt haben. Ich benutze es nur als Beispiel.

„Warum bist du nicht X, Y, Z?'

Wie viele Bewertungen haben Sie auf Ihre Geldströme angewendet?

Teilnehmerin: Oh, wow!

Dr. Lisa: Right, wrong, good and bad, POD and POC, all nine, shorts, boys and beyonds®.

Dr. Lisa: Lassen Sie mich Sie folgendes fragen...

Wenn Sie bewertet werden, bringt Sie das jemandem näher? Oder ist es wie: „Ich entferne mich von dieser Schlampe."

Die Teilnehmer: Ja.

Dr. Lisa: Alle Bewertungen, die Sie auf Geld gelegt haben und die Sie über das Geld, das Sie gehabt oder nicht gehabt haben, abgegeben haben. Können wir diese zerstören und unkreieren?

Die Teilnehmer: Ja.

Dr. Lisa: Right, wrong, good and bad, POD and POC, all nine, shorts, boys and beyonds®.

Denn was Bewertungen bewirken, ist, dass sie Energie weghassen.

Sie hassen Menschen weg.

Die Teilnehmer: Ja.

Dr. Lisa: Right, wrong, good and bad, POD and POC, all nine, shorts, boys and beyonds®.

Wie viele von Ihnen haben Geld von sich weg gehasst? Das führt mich zur ersten Lüge über Geld, die lautet: „Wer sind Sie?"

Wer sind Sie, wenn Sie sagen: „Warum kommst du nicht mit mir nach Hause und behandelst mich warm und begehrst mich? Wahrheit.

Teilnehmerin: Mein erster Gedanke war meine Mutter und dann, ich bin wie mein Vater.

Dr. Lisa: Wenn Sie zuhören, was ist leichter? Mutter oder Vater? Leicht oder schwer? Mutter oder Vater? Wahrheit. Jeder kann mitspielen.

Die Teilnehmer: Mutter.

Dr. Lisa: Okay, Mutter. Wie viele von Ihnen haben hier Probleme mit Ihrer Mutter?

Die Teilnehmer: Ja.

Dr. Lisa: Right, wrong, good and bad, POD and POC, all nine, shorts, boys and beyonds®.

Wenn Sie mit Ihrem Geld in der Paartherapie sind und Sie all diese Dinge sagen, und es sagt Ihnen das Gleiche zurück, sind Sie dann in dieser Interaktion mit Ihrem Geld Ihre Mutter?

Teilnehmerin: Ja.

Dr. Lisa: Okay, wir tun also nur Dinge, die uns einen Nutzen bringen.

Wir haben etwas davon.

Right, wrong, good and bad, POD and POC, all nine, shorts, boys and beyonds®.

Nennen Sie mir also drei Vorteile, wenn Sie Ihre Mutter mit Geld sind?

Was bringt es Ihnen? Der erste Gedanke?

Teilnehmerin: Dass sie welches hat.

Dr. Lisa: Right, wrong, good and bad, POD and POC, all nine, shorts, boys and beyonds®.

Dr. Lisa: Was ist ein weiterer Vorteil?

Teilnehmerin: Sie wusste, wie sie damit umgehen musste.

Dr. Lisa: Right, wrong, good and bad, POD and POC, all nine, shorts, boys and beyonds®.

Dr. Lisa: Gute Arbeit.

Teilnehmerin: Sie würde es hinbekommen. Das tue ich nicht oft.

Dr. Lisa: Sie wusste, wie sie es hinbekommen hat. Sie hatte welches. Was war ein weiterer Vorteil? Was haben Sie noch empfangen?

Was glaubten Sie zu bekommen, wenn Sie Ihre Mutter mit Geld imitierten?

Sie wusste, wie sie damit umzugehen hatte, und sie hatte etwas davon, also wohin hat Sie das gebracht?

Ich weiß nur, dass immer dann, wenn wir mindestens drei Vorteile haben, etwas ins Schwarze trifft, und dann können wir es einfach mit den Access-Tools herausholen.

Teilnehmerin: Das ist es, wonach ich suche.

Dr. Lisa: Das ist das 1°. Das ist das einzige Ziel, das ich jemals für jemanden aus dem Kurs habe. Der Rest liegt bei Ihnen, aber das ist es, was mir Spaß macht.

Was ist es? Was ist das?

Teilnehmerin: Gehört zu werden.

Dr. Lisa: Okay, gehört zu werden. Ist das für Sie ausdehnend?

Teilnehmerin: Oh, nein.

Dr. Lisa: Okay, großartig.

Wann haben Sie die Entscheidung getroffen, sie zu sein? In welchem Alter? Erster Gedanke, bester Gedanke.

Teilnehmerin: Fünf.

Dr. Lisa: Mit fünf Jahren ahmten Sie also nach, dass Sie etwas Geld haben, und Sie ahmten nach, wie Sie mit Geld umgehen. Sie wusste, wie man damit umgeht, also ahmten Sie das bio-mimetisch nach, duplizierten, replizierten das. Das ist großartig.

Was gibt Ihnen das in Bezug auf sie als Fünfjährige? Wahrheit.

Teilnehmerin: Mehr Wahlen, mehr Optionen.

Dr. Lisa: Großartig.

Teilnehmerin: Mit Familie.

Dr. Lisa: Mehr Wahlen, mehr Optionen, Familie.

Dr. Lisa: Right, wrong, good and bad, POD and POC, all nine, shorts, boys and beyonds®.

Ich weiß nicht, ob ihr das seht oder spürt, aber das sind fünf verdammt gute Gründe, als Fünfjährige etwas zu wählen, nicht wahr? Das ist eine ziemlich schlaue Fünfjährige.

Aber hier ist das Thema. Ich habe jede Menge Taschentücher für Ihre Themen.

Right, wrong, good and bad, POD and POC, all nine, shorts, boys and beyonds®.

Ich muss das immer sagen, weil ich mit Anfang 20 in einem stationären Behandlungszentrum gearbeitet habe und es einen kleinen Jungen gab, der in Schwierigkeiten geriet. Er musste aufschreiben, weswegen er in Schwierigkeiten geriet, und er schrieb: „Ich wurde über so und so wütend, weil er mir meine i-Schuhe ins Gesicht warf. So buchstabiert er die Themen: i-shoes.

Teilnehmerin: I-shoes.

Dr. Lisa: Das fand ich am süßesten, und wenn ich das im Kurs sage, denke ich immer an ihn und wünsche ihm alles Gute. Er ist jetzt wahrscheinlich ungefähr 33 Jahre alt.

Right, wrong, good and bad, POD and POC, all nine, shorts, boys and beyonds®.

Es ist lustig, wie man Dinge assoziiert und sich an sie erinnert. Also, wessen finanzielle Realität lebt sie? Die ihrer Mutter.

Also, von fünf bis - sind Sie jetzt etwas älter als fünf?

Teilnehmerin: Ja, nur ein kleines bisschen.

Dr. Lisa: In Ordnung, wir haben also fünf Jahrzehnte eingesperrt, gut abgenutzt, Lügen um Geld.

Right, wrong, good and bad, POD and POC, all nine, shorts, boys and beyonds®.

Alle Eide, Gelübde, Lehnseide, Blutseide, Vereinbarungen, bindenden und verpflichtenden Verträge, um die finanzielle Realität Ihrer Mutter als Ihre Realität zu verpflichten, können wir widerrufen, aufheben, zurückfordern, aufgeben.

Teilnehmerin: Ja.

Dr. Lisa: Anprangern, zerstören und unkreieren.

Teilnehmerin: Ja.

Dr. Lisa: Für alle.

Right, wrong, good and bad, POD and POC, all nine, shorts, boys and beyonds®.

Teilnehmerin: Ja.

Dr. Lisa: Alle Entscheidungen, Bewertungen, Schlussfolgerungen und Berechnungen, die Sie als Fünfjährige getroffen haben und die Sie als 57-Jährige immer noch treffen.

Teilnehmerin: Ja.

Dr. Lisa: Können wir diese zerstören und unkreieren?

Teilnehmerin: Ja, vollständig.

Dr. Lisa: Right, wrong, good and bad, POD and POC, all nine, shorts, boys and beyonds®.

Dr. Lisa: All die künstlichen, vibrierenden, virtuellen Realitäten, die Sie in diesen mehr als fünf Jahrzehnten immer und immer und immer wieder kreiert haben.

Right, wrong, good and bad, POD and POC, all nine, shorts, boys and beyonds®.

All die geheimen, versteckten, unsichtbaren, verdeckten, ungesehenen, uneingestandenen, unausgesprochenen, nicht enthüllten Absichten dazu - können wir das zerstören und unkreieren?

Teilnehmerin: Ja.

Dr. Lisa: Right, wrong, good and bad, POD and POC, all nine, shorts, boys and beyonds®.

Geht es Ihnen gut? Das ist wirklich intensiv, weil ihre Mutter im Raum ist.

Teilnehmerin: Ja.

Dr. Lisa: Right, wrong, good and bad, POD and POC, all nine, shorts, boys and beyonds®.

Wer sind Sie? Wahrheit. Wenn sie mit fünf Jahren die Entscheidung getroffen hat und jetzt 57 Jahre alt ist, hat sie den größten Teil ihres Lebens damit verbracht, die Geldflüsse ihrer Mutter buchstäblich nachzuahmen.

Für eine 5-Jährige ordnet dieses Zeug ihre Realität und formt ihre Glaubenssysteme. Es geht darum, dass wir mit 57 Jahren immer noch an dieser 5-Jährigen-Mentalität festhalten.

Teilnehmerin: Sie hatte Geld dabei, wenn ich etwas wollte, wenn ich etwas wünschte, würde es zu ihr gehen.

Dr. Lisa: Cool.

Teilnehmerin: Weil mein Vater meinte: „Gib es nicht aus."

Dr. Lisa: Okay, da haben wir's.

Teilnehmerin: Sie war diejenige, bei der ich neue Schuhe, ein neues Kleid oder eine Schuluniform bekam - oder eine Exkursion, was auch immer es war.

Dr. Lisa: Ist sie tot?

Teilnehmerin: Ja, sie ist tot.

Dr. Lisa: Haben Sie was bekommen Ja oder nein

Teilnehmerin: Nein.

Dr. Lisa: Okay, hier sind Sie also mit fünf Jahren immer noch am Leben, aber dann starb sie, und Sie bekamen nichts davon, unabhängig von der Geschichte.

Teilnehmerin: Richtig.

Dr. Lisa: Das passiert mit uns, wenn wir das unbewusst wählen. Es hat ihr damals geholfen. Es macht in diesem Moment mit fünf Jahren Sinn, aber dann ändern wir diese Entscheidungen nie, und wir kreieren und generieren immer irgendwo aus ihnen - gewöhnlich im hinteren Teil unseres Computers, in unserem Verstand.

Teilnehmerin: Ja.

Dr. Lisa: Wir verkörpern nie wirklich unsere wahre finanzielle Realität.

Alles, was das hoch und runter bringt.

Right, wrong, good and bad, POD and POC, all nine, shorts, boys and beyonds®.

Alles, was Sie über Ihre Mutter gelernt haben, über Geld, können wir es zerstören und unkreieren??

Teilnehmerin: Ja.

Dr. Lisa: Right, wrong, good and bad, POD and POC, all nine, shorts, boys and beyonds®.

Alles, was Sie falsch identifiziert und in Bezug auf Geld und Bargeld von Ihrer Mutter falsch angewendet haben, können wir das zerstören und unkreieren?

Die Teilnehmer: Ja.

Dr. Lisa: Right, wrong, good and bad, POD and POC, all nine, shorts, boys and beyonds®.

Überall dort, wo Ihre Mutter gerade auf Ihrem Körper lebt, in Ihrem Körper, in Ihrem zellulären Gedächtnis von Muskeln, Bändern, Zellen, Sehnen, Organen, Systemen, bis hinunter zur Faszie und zurück nach oben, im Kreislaufsystem des Systems, pumpen Sie ihr Blut durch Sie hindurch.

Wussten Sie, dass die Forschung besagt, dass 80% Ihrer Gene von Ihrer Mutter stammen, obwohl sie denken, es wäre halb und halb?

Die Teilnehmer: Wow.

Dr. Lisa: Würden Sie das gerne ein wenig aufgeben?

Teilnehmerin: Ja.

Dr. Lisa: Alles, was Sie durch Ihren Körper pulsieren und vibrieren, das ist Ihre Mutter und nicht Sie, können wir sagen: „Werfen Sie Mama aus dem Zug? Ich meine, können wir sagen: „Mama kehrt mit angehängtem Bewusstsein zu dir selbst zurück?"

Teilnehmerin: Ja.

Dr. Lisa: Alle auf drei, 1, 2, 3. 1, 2, 3. 1, 2, 3. Jetzt

Sie sind bei drei, weil es Ihre Mutter ist. 1, 2, 3. 1, 2, 3. 1, 2, 3. 1, 2, 3. 1, 2, 3. 1, 2, 3. 1, 2, 3. 1, 2, 3. 1, 2, 3.

Alle: 1, 2, 3. 1, 2, 3. 1, 2, 3. 1, 2, 3. 1, 2, 3. 1, 2, 3. 1, 2, 3. 1, 2, 3. 1, 2, 3. 1, 2, 3. 1, 2, 3. 1, 2, 3. 1, 2, 3. 1, 2, 3.

Dr. Lisa: Wir sind noch nicht fertig. 1, 2, 3. 1, 2, 3. 1, 2, 3. 1, 2, 3. 1, 2, 3. Auf vier möchten Sie die Tür zu einer neuen Möglichkeit mit Geld öffnen?

Teilnehmerin: Ja.

Dr. Lisa: Aus Ihrer Verkörperung?

Teilnehmerin: Ja.

Dr. Lisa: Ihre Wahl, Ihr finanzielles Wissen. 1, 2, 3, 4. Right, wrong, good and bad, POD and POC, all nine, shorts, boys and beyonds®.

Leichter, schwerer, mehr Raum, weniger Lügen?

Teilnehmerin: Mehr Raum.

Dr. Lisa: Ja, mehr Raum.

Okay, es ist so wie bei mir mit meinem Vater, denkend, dass, als er starb, die Druckerpresse für Geld starb. Er war wie mein Geldautomat.

Ich hatte diese ganze Sache am Laufen: „Oh mein Gott, es gibt niemanden, den ich anrufen kann. Mein persönlicher Bankier ist weg."

Sie wissen, was ich meine?

Die Teilnehmer: Ja.

Dr. Lisa: Ehrlich gesagt, gibt es kein richtig oder falsch, kein gut oder schlecht. Es wäre nur vielleicht etwas vorteilhafter gewesen, wenn ich das etwas früher gelernt hätte.

Die Teilnehmer: Ja.

Dr. Lisa: Right, wrong, good and bad, POD and POC, all nine, shorts, boys and beyonds®.

Oder wenn ich mir etwas mehr darüber bewusst gewesen wäre, was ich kreiert habe - und wie ich dieses Geld wirklich nutzen könnte, um mein Business wirklich zu kreieren.

Mein Vater war ein Unternehmer, ein Selfmade-Millionär. Er war brillant mit Zahlen. Er kam aus dem Nichts und kreierte alles.

Er ging zur Armee, und sie bezahlten alles. Er tat all diese verschiedenen Dinge, um seine Ausbildung zu erhalten, um seinen Master-Abschluss zu machen, und er verdiente seine Millionen, indem er in den 80er Jahren zu Auktionen im westlichen Newark, New Jersey, ging und zwangsversteigerte Mehrfamilienhäuser kaufte. Sie können sie in der Auktion für 10.000 Dollar oder mehr ersteigern. Er kaufte 16 von ihnen.

Meine Aufgabe als Kind war es, das Geld zu stapeln, die Mieten zu bezahlen und die Mieten einzutreiben. Das Geld lecken, wie wir alle, mit der Rechenmaschine. Erinnert ihr euch an Rechenmaschinen?

Die Teilnehmer: Ja.

Dr. Lisa: Benutzen Sie den grünen Notizblock und einen Bleistift.

Die Teilnehmer: Ja.

Dr. Lisa: Das Geld kam alles in bar. Nichts davon waren Schecks.

Wir hatten sie immer in Stapeln auf dem Tisch im Keller. Ich hatte meinen Schreibtisch und er hatte seinen Schreibtisch, und wir verbrachten Jahre auf diese Weise. Das war mein Job. Ich liebte es, ihm beim Geschäftemachen zuzuhören.

Ich liebe Business. Ich liebe Geld. Nach dem College habe ich in einer Bank gearbeitet, weil ich es liebte, im Tresorraum zu sitzen, und ich liebte die Brinks-Lastwagen, die da reinkamen. Ich liebte die Freitage. Alle Anwälte kamen mit ihren Umschlägen voller 100-Dollar-Scheine herein. Ich bin eine Hure für 100-Dollar-Scheine. Ich will nicht die alten, die verknittert und eklig sind - ich liebe knusprig, richtig? Natürlich werde ich keine nicht-knusprigen $100-Scheine verschicken, wissen Sie.

Mein Vater hat mir beigebracht, wie man sein Geld organisiert. Ich ging in die Brieftaschen meiner Freunde und dachte: „Lasst uns ihr Geld sehen." Und ich würde sagen: „Nein, nein, streckt es, organisiert es!" Es war einfach etwas, das er getan hat, und ich habe es geliebt. Ich habe es geliebt, wenn er dieses Bündel Geld abgezogen hat, und vieles davon waren ein Dollar Noten. Es war immer in Ordnung. Es steckte eine Energie dahinter, die wohlhabend war, auch wenn er diese Energie der Großzügigkeit des Geistes nicht unbedingt empfangen konnte. Es war einfach etwas, das ich aufgegriffen und verkörpert habe. Er war gut - nur ein wenig verwundet und weigerte sich, darüber hinauszugehen.

Die Teilnehmer: Ja.

Dr. Lisa: Right, wrong, good and bad, POD and POC, all nine, shorts, boys and beyonds®.

Also, die zweite Lüge des Geldes ist: „Was sind Sie? Für mich ging es nicht darum, Geld zu haben, sondern es irgendwie zu fressen und zu speien, wobei ich meinen Vater als Quelle benutzte, als ich aufwuchs.

Ich erinnere mich daran, als ich in Arizona lebte und gerade meinen Master-Abschluss machte. Ich leitete ein stationäres

Behandlungszentrum, in dem ich 30 Dollar pro Stunde verdiente. Damals bestand meine Art, mit Geld und Menschen in Kontakt zu treten, darin, zu sagen: „Ich bezahle. Kommen Sie raus."

Und ich würde Geld in die Mitte des Tisches legen - nicht nur einen 100-Dollar-Schein - und wir gingen aus, bis das Geld weg war.

Was war ich?

Ich war mein Vater, ohne es überhaupt zu wissen.

Dann fing ich an, mich wirklich in seine Psychologie hineinzuversetzen, denn die einzige Möglichkeit, eine Verbindung herzustellen, war, Geld zu haben. Wenn ich kein Geld hatte, wollte niemand mit mir ausgehen oder mit mir befreundet sein und ohne Geld einfach nur mit mir zusammen sein.

Dr. Lisa: Right, wrong, good and bad, POD and POC, all nine, shorts, boys and beyonds®.

Niemand hat mir das gesagt. Ich habe das kreiert, weil es das ist, was mein Vater auf seine eigene Art und Weise angedeutet hat. Er dachte, er sei nicht liebenswert. Er dachte, er hätte nichts verdient. Und das habe ich jahrelang immer und immer und immer und immer und immer und immer und immer wieder gemacht. Es ging so weiter, bis etwas passierte.

Right, wrong, good and bad, POD and POC, all nine, shorts, boys and beyonds®.

Ich erinnere mich gut an diesen Tag.

Ich schaltete meinen Computer ein, ging in mein Online-Banking und rate mal, was mein Kontostand war?

Null.

Ich geriet in Panik. Ich stand unter Schock, und ich hatte niemanden, den ich anrufen konnte, weil es mir zu peinlich war, meinen Vater anzurufen, nach all dem Geld, das er mir gegeben hatte. Ich wollte meine Mutter auf keinen Fall anrufen, weil ich wusste, dass es in einer Litanei italienischer Schimpfwörter und darüber hinaus enden würde.

Was sind Sie?

Ich war mein Vater, immer und immer und immer wieder. Dann war da diese Einsamkeit, die mich befiel, selbst als wir unterwegs waren, Party machen oder was auch immer. Es machte keinen Spaß mehr, weil ich nicht mehr ich selbst war. Ich war er und man kann nur ein paar Mal etwas anderes sein, bevor die Gedankenschaltkreise sich einfach irgendwie abschalten und dann nicht mehr funktionieren. Genauso ist es mit Süchten. Man kommt auf eine bestimmte Ebene, aber dann verschwindet das Hochgefühl und man muss auf die nächste Ebene gehen. Ihre Toleranzgrenze ändert sich.

Right, wrong, good and bad, POD and POC, all nine, shorts, boys and beyonds®.

Sie brauchen mehr, Sie brauchen mehr, Sie brauchen mehr. Zum Glück entschied ich, dass ich mehr brauchte, um herauszufinden, wer ich war und wer ich war. Ich musste mich dafür entscheiden, loszulassen, er zu sein. Und das kam mit einer ganzen Dose Würmer. Musste ich seine Liebe zur Arbeit loslassen? War seine Liebe zur Arbeit tatsächlich gesund? Und ist das wirklich meine Liebe zur Arbeit oder das, was ich von seiner Liebe nachgeahmt habe?

Es wird hier drin wieder neblig, nicht wahr? Ich schätze, ich spreche hier über etwas die Wahrheit.

Right, wrong, good and bad, POD and POC, all nine, shorts, boys and beyonds®.

War es seine Liebe zum Geld oder meine Liebe zum Geld? War ich wegen mir oder wegen ihm auf dem College im Bankwesen und in der Handelsschule? Sollte ich Psychologie studieren oder sollte ich wie meine Familie in New York im Business arbeiten?

Eigentlich hätte das nie passieren können. Ich erinnere mich noch, wie ich aus meinem Schlafzimmerfenster schaute und alle beobachtete - Frauen und Männer, die zum Zug gingen, denn ich wohnte gleich die Straße runter vom Bahnhof. Sie gingen mit ihrer Aktentasche zum Zug, und die Frauen hatten ihre Stöckelschuhe in einer Tasche liefen mit ihren Turnschuhen oder Sneakers zum Zug. Und wissen Sie was? Niemand lächelt bei der Arbeit. Ich habe mir versprochen, dass ich nie den Wunsch verspüren würde, ein Leben zu führen, in dem ich nicht glücklich mit meinem Business bin oder nicht jeden Tag davon begeistert bin.

Right, wrong, good and bad, POD and POC, all nine, shorts, boys and beyonds®.

Wer waren sie?

Right, wrong, good and bad, POD and POC, all nine, shorts, boys and beyonds®.

All die Lügen, in die Sie sich gerade einkaufen, darüber, wer Sie waren, und all die Wesen, die tatsächlich hier hereingekommen sind und sagen: „Ja, das ist richtig. Ich habe sie verstanden. Ich habe ihn verstanden. Sagen Sie ihm nicht, wer sie sind. Ich will hier bleiben" - all diese Energie - können wir sie zerstören und unkreieren?

Die Teilnehmer: Ja.

Dr. Lisa: Okay, auf drei. 1, 2, 3. 1, 2, 3. 1, 2, 3. 1, 2, 3. 1, 2, 3. 1, 2, 3. 1, 2, 3. 1, 2, 3. 1, 2, 3. 1, 2, 3. 1, 2, 3. 1, 2, 3. 1, 2, 3.

Alle: 1, 2, 3. 1, 2, 3. 1, 2, 3. 1, 2, 3. 1, 2, 3. 1, 2, 3. 1, 2, 3. 1, 2, 3. 1, 2, 3. 1, 2, 3. 1, 2, 3. 1, 2, 3.

Dr. Lisa: Auf fünf sagen Sie „Betrugspatrouille" und werfen Sie die Energie hinaus. 1, 2, 3, 4, 5.

Teilnehmerin: Betrugspatrouille.

Dr. Lisa: 1, 2, 3, 4, 5.

Teilnehmerin: Betrugspatrouille.

Dr. Lisa: 1, 2, 3, 4, 5.

Teilnehmerin: Betrugspatrouille.

Dr. Lisa: 1, 2, 3, 4, 5.

Teilnehmerin: Betrugspatrouille

Dr. Lisa: 1, 2, 3, 4, 5.

Teilnehmerin: Betrugspatrouille.

Dr. Lisa: 1, 2, 3, 4, 5.

Teilnehmerin: Betrugspatrouille.

Dr. Lisa: 1, 2, 3, 4, 5.

Teilnehmerin: Betrugspatrouille.

Dr. Lisa: 1, 2, 3, 4, 5.

Teilnehmerin: Betrugspatrouille.

Dr. Lisa: 1, 2, 3, 4, 5.

Teilnehmerin: Betrugspatrouille.

Dr. Lisa: 1, 2, 3, 4, 5.

Teilnehmerin: Betrugspatrouille.

Dr. Lisa: 1, 2, 3, 4, 5.

Teilnehmerin: Betrugspatrouille.

Dr. Lisa: 1, 2, 3, 4, 5.

Teilnehmerin: Betrugspatrouille.

Dr. Lisa: Right, wrong, good and bad, POD and POC, all nine, shorts, boys and beyonds®.

Dr. Lisa: Wer sind Sie im Moment? Bekannt oder unbekannt?

Teilnehmerin: Stabilität und die Vorhersehbarkeit.

Dr. Lisa: Right, wrong, good and bad, POD and POC, all nine, shorts, boys and beyonds®.

Dr. Lisa: Großartig. Lassen Sie uns kurz darüber sprechen. Danke, dass Sie das in den Raum gestellt haben. Stabilität und Vorhersehbarkeit. Wahrheit. Wer hat Ihnen das beigebracht?

Teilnehmerin: Mein Papa und meine Mama.

Dr. Lisa: Großartig. Wahrheit, welche ist leichter? Mama oder Papa?

Teilnehmerin: Mama.

Dr. Lisa: Was ist also aus der Sicht Ihrer Mutter das Beste an Stabilität und Vorhersehbarkeit in Bezug auf Geld?

Teilnehmerin: Es ist bekannt.

Dr. Lisa: Ja.

Teilnehmerin: Das Budget steht fest.

Dr. Lisa: In Ordnung.

Wer möchte nicht wissen, dass es festgelegt ist? Wem gefällt das Budget hier drin? Wer ist die Budgetperson? Niemand.

Dr. Lisa: Right, wrong, good and bad, POD and POC, all nine, shorts, boys and beyonds®.

Teilnehmerin: Ich lerne.

Dr. Lisa: Sie lernen. Das klingt so lustig, so wie Sie es gesagt haben.

Teilnehmerin: Oh, ja.

Dr. Lisa: Ich lerne.

Right, wrong, good and bad, POD and POC, all nine, shorts, boys and beyonds®.

Dr. Lisa: Wir reden viel über die Zwänge, die Missbräuche und Traumata und solche Dinge, und ich habe gelernt, einen Sinn für Humor zu kultivieren und die Last sozusagen zu lindern. Ich bin an dichte und schwere Themen gewöhnt, vor denen die Leute gerne weglaufen und wie Staubhäschen unter den Teppichen halten.

Right, wrong, good and bad, POD and POC, all nine, shorts, boys and beyonds®.

Es ist festgelegt, es ist bekannt, es ist stabil, wir haben das Budget. Sie wissen, was hereinkommt. Sie wissen, was hinausgeht. Und was ist das Beste daran?

Teilnehmerin: Es ist sicher.

Dr. Lisa: Ah, sicher. Wie alt waren Sie, als Sie diese Entscheidung getroffen haben? Wahrheit. Bekannt oder unbekannt.

Teilnehmerin: Acht.

Dr. Lisa: Right, wrong, good and bad, POD and POC, all nine, shorts, boys and beyonds®.

Dr. Lisa: Acht, ausgezeichnet.

Sie sind jetzt etwas älter als acht, oder?

Teilnehmerin: Ja.

Dr. Lisa: Toll, bedeutet das, dass sie etwas an diesem Zeug ändern müssen, an den Vorteilen?

Nein, das Einzige, was ich hier zu erklären versuche, ist, dass, wenn Sie noch immer diese Entscheidungen aus diesen Altersgruppen treffen und Sie nicht mehr in diesen Altersgruppen sind - Sie suchen immer noch danach - dann verpflichten Sie Ihre Geldströme zu und von einer 5- oder

8-jährigen Perspektive. Das bedeutet, dass Sie einem 5- oder 8-Jährigen die Verantwortung für Ihre finanzielle Realität übertragen.

Wer hat Kinder in diesem Raum? Wie gross ist ein 5-Jähriger? Wie gross ist ein 8-Jähriger? In welchen Klassen sind sie?

Die Teilnehmer: Kindergarten.

Teilnehemerin: Zweite Klasse.

Teilnehemerin: Dritte Klasse.

Dr. Lisa: Kindergarten und zweite und dritte Klasse. Macht es Sinn, einem 5- oder 8-Jährigen die Verantwortung für Ihre finanzielle Realität zu übertragen?

Dr. Lisa: Right, wrong, good and bad, POD and POC, all nine, shorts, boys and beyonds®.

Überall wo Sie die Art und Weise, wie Ihre Mutter mit Geld umgeht, zu Ihrer Art und Weise, wie Sie mit Geld umgehen, verpflichtet haben, so dass Sie Sicherheit kannten, und das tun Sie immer noch von damals bis heute - können wir Ihren 8-Jährigen aus diesem Job entlassen?

Die Teilnehmer: Ja.

Dr. Lisa: Right, wrong, good and bad, POD and POC, all nine, shorts, boys and beyonds®.

Dr. Lisa: Geben Sie ihm ein Abfindungspaket aus Spaß und Freiheit?

Teilnehmerin: Freiheit.

Die Teilnehmer: Ja.

Dr. Lisa: Right, wrong, good and bad, POD and POC, all nine, shorts, boys and beyonds®.

Dr. Lisa: Sexy, luxuriöse, geldbringende Vorhaben auf höchstem Niveau eines 8-Jährigen?

Die Teilnehmer: Ja.

Dr. Lisa: Oder können Sie einfach nur spielen und auf den Wellen surfen und frei sein und den Erwachsenen das Budget verwalten lassen?

Die Teilnehmer: Ja.

Dr. Lisa: e nachdem, wie Sie sind, die in dieser Welt, die anders ist als die Welt Ihrer Mutter, die Geld kennt, empfängt und wahrnimmt?

Right, wrong, good and bad, POD and POC, all nine, shorts, boys and beyonds®.

Haben Sie die Energie bemerkt? Sie wird immer leichter und leichter und leichter, freier, freier und freier.

Die Teilnehmer: Ja.

Dr. Lisa: Right, wrong, good and bad, POD and POC, all nine, shorts, boys and beyonds®.

Die Sache ist die...

Sie haben Ihre Mutter verpflichtet, Ihre Stabilität in Bezug auf Geld zu sein, Ihre Berechenbarkeit in Bezug auf Geld zu sein, Ihr fixes Wissen in Bezug auf Geld zu sein, das Bekannte in Bezug auf Geld zu sein, Ihr Budget zu sein.

Dr. Lisa: Right, wrong, good and bad, POD and POC, all nine, shorts, boys and beyonds®.

Aber das hat doch einen Vorteil, oder? Wenn ich also sage, dass Sie die Verpflichtungen auflösen, dann nehmen Sie im Grunde genommen die Einimpfung, Sie in einen Mixer zu stecken, Ihre Mutter in einen Mixer, und wenn Eis das Geld war, dann zerkleinern Sie es einfach und es wird ein Teil von Ihnen.

Und Sie denken, Sie sind es, aber es ist eine Lüge.

Teilnehmerin: Ja.

Dr. Lisa: Denn wenn man unter die Stabilität Ihrer Mutter schaut, gibt es das „feste, bekannte, budgetierte, sichere".

Teilnehmerin: Ja.

Dr. Lisa: Wahrheit. War sie erschrocken?

Teilnehmerin: Ja.

Dr. Lisa: Wahrheit. War sie ängstlich?

Teilnehmerin: Ja.

Dr. Lisa: Also, was Sie mit den Eiswürfeln wirklich einschärfen, sind die Ablenkungsimplantate der Angst und Furcht.

Teilnehmerin: Ja.

Dr. Lisa: Und Sie nennen das Sicherheit, die kein Geld auf die Party des Spaßes kommen lassen wird.

Teilnehmerin: Ja.

Dr. Lisa: Das wird es ablehnen und Sie in einem Kreislauf von fressen und speien halten, haben und nicht haben, Gutes tun und dann passiert etwas richtig. Das nennt man ein Überflussleck oder ein Geldleck oder so etwas. Es gibt irgendwo ein Loch.

Dr. Lisa: Right, wrong, good and bad, POD and POC, all nine, shorts, boys and beyonds®.

Es ist, wie in diesen Kurs zu kommen. Man ist etwas, man kauft sich in etwas ein. Es ist eine Energie des „Wer" und eine Energie des „Was", und dann ist es eine Energie der Lüge.

Die Teilnehmer: Ja.

Dr. Lisa: Das ist es, was Sie kreiert haben, als Ihr Geldfluss. Nichts davon ist wahr.

Nichts davon ist wahr, also was ist, wenn Sie in Bezug auf Geld nicht so abgefuckt sind, wie Sie glauben, dass Sie es sind?

Was ist, wenn es nicht so schlimm ist, wie Sie glauben, dass Sie es sind?

Dr. Lisa: Right, wrong, good and bad, POD and POC, all nine, shorts, boys and beyonds®.

Was wäre, wenn Sie hier mit nichts anderem herausgehen als mit Ihnen und dem Raum, in dem Sie sind und der Sie tatsächlich zu öffnen beginnt, um die Möglichkeit und den Beitrag in Frage zu stellen, zu dem, was Sie jeden Augenblick und in allen 10 Sekunden mit Geld kreieren würden?

Wenn Sie einen Zauberstab hätten - und Sie wären Sie selbst, was würden Sie jetzt wählen?

Dr. Lisa: Right, wrong, good and bad, POD and POC, all nine, shorts, boys and beyonds®.

Würden Sie Ihr Budget einhalten oder würden Sie jemanden kommen lassen, der mit Ihnen zusammenarbeitet und Ihnen etwas zeigt, das ihnen Spaß mach?

Dr. Lisa: Right, wrong, good and bad, POD and POC, all nine, shorts, boys and beyonds®.

Ich habe diese Frau gefunden, die Zahlen liebt, und sie spricht mit mir in Zahlen. Sie macht mir alles so klar, über alle meine Konten, über alles, und hat mich auf diese ganze QuickBooks Online-Sache gebracht. Es ist fantastisch. Diese Verengung hat sich gerade geöffnet.

Und ich fange an, mich so ausdehnend generativ zu fühlen, nur weil ich weiß, dass sie alles für mich erledigt, und dass ich mit ihr darüber reden kann. Wenn sie also um etwas bittet, kommt eine Aufregung auf: „Ja, hier ist es", oder wenn sie sagt: „Sieh dir das an", dann sage ich: „Ja, lass uns das machen."

Da ist diese Aufregung darüber, während ich, nachdem mein Vater gestorben war und ich ihn nicht mehr als Quelle hatte, total erschrocken war. Ich wusste nicht, was ich tun sollte. Ich musste meine eigene finanzielle Realität kreieren, und es war weder schön noch einfach. Jetzt ist es viel einfacher.

Jetzt bin ich der „Ja, nein, ja, nein, ja, nein, ja, nein. Wie viel existiert? Das wollen wir ändern. Verschieben Sie das, hier ist, wonach ich suche. Machen Sie das. Sagen Sie mir nicht mehr, als ich wissen muss. Besorgen Sie mir das. Sagen Sie mir das. Sie erzählen mir zu viel. Seien Sie still. Sagen Sie mir nur das."

Ich weiß, was ich sagen muss. Ich weiß, was zu tun ist. Ich weiß, worum ich bitten kann. Ich sage ihr, sie soll mir dies zeigen, zeigen Sie mir das.

„Das ist meine Projektion. Das ist es, was ich möchte. Wie mache ich mich? Wie sieht die Gewinn- und Verlustrechnung hier aus? Wie gehen wir damit um? Wo ist die Gewinn- und Verlustrechnung dafür? Wie sieht es mit meinen Ausgaben aus? Wie steht es damit? Wie viel gebe ich dafür aus? Wie viel weniger könnte ein Hotel kosten als dieses? Was könnte es noch kosten? Wie viel kann ich für ein Ticket für eine Überseereise bekommen?"

Jemand macht das für mich. Ich bekomme nur die Informationen. Es macht Spaß. Es macht Spaß. Das ist toll. Aber meine Energie steckt in all dem. Ich bin die Quelle, auch wenn es vielleicht jemand anderes für mich organisiert.

Dr. Lisa: Ich weiß sofort, wenn es ein „Nein, verschwinden Sie, ich rufe Sie nicht einmal zurück" ist."

Ich weiß, wann eine Öffnung vorhanden ist, und ich sage: „Ja." Ich weiß, wann diese Öffnung jetzt so ist: „Das ist mein Zeug. Ich brauche sie oder ihn auf jeden Fall."

Sie wissen, was ich meine? Das weiß ich jetzt. Ich wusste das damals nicht, weil ich unter all dem steckte.

Also, wenn Sie hier rausgehen und sich etwas leichter, ausgedehnter und freier fühlen, großartig. Wenn Sie sich schrecklich fühlen und hier rausgehen und denken: „Oh, Scheiße. Ich muss noch ein paar Dinge erledigen", großartig, denn dann gestehen Sie wenigstens die Lügen ein.

Wenn man die Lügen anerkennt, sind 50% des Problems gelöst, denn wenn man etwas sieht, steht die Wahl unmittelbar bevor. Die Wahl schafft Gewahrsein.

Right, wrong, good and bad, POD and POC, all nine, shorts, boys and beyonds®.

Macht das Sinn? Haben Sie etwas gelernt? Geht es Ihnen gut?

Right, wrong, good and bad, POD and POC, all nine, shorts, boys and beyonds®.

Wer sind Sie? Was sind Sie? In welche Lüge kaufen Sie sich ein? Wahrheit, Fragen, Kommentare, Gedanken?

Teilnehmerin: Was ist der Unterschied zwischen Lüge eins und zwei?

Teilnehmerin: Wer und was.

Dr. Lisa: Wer und was. Das Wer ist in der Regel jemand, das Was ist eine Energie.

Wie sehr ordnet Sie diese Realität um das Geld herum? Was Sie tun sollten? Was Sie sein sollten? Was man haben sollte? Von jedem Alter an - z.B. wenn Sie 20 bis 30, 30 bis 40, 40 bis 50, 50 bis 60 Jahre alt sind, ob Sie nun Mann oder Frau sind - können wir alle Lebensstationen, die Ihnen diese Realität auferlegt, mit denen Sie in Ihrem jeweiligen Jahrzehnt mit Geld oder Ihrer Kultur, Familie, Genetik oder Ihrem Geschlecht zu tun haben sollten, widerrufen, aufheben, zurückfordern, aufkündigen, anprangern, zerstören und unkreieren?

Die Teilnehmer: Ja.

Dr. Lisa: Right, wrong, good and bad, POD and POC, all nine, shorts, boys and beyonds®.

Was auch immer Sie für die Sicherheit, für die Kontrolle, für den Schutz, für die Sicherheit, für die Macht sind, all die Wege, auf denen Sie diese Eigenschaften dafür genutzt haben, um das Wer in Ihnen zu halten, das Sie von Ihnen abdrängt und Sie von Ihnen trennt, und Sie werden niemals der Finanzminister für Sie und Ihren Lebensunterhalt sein - können wir das zerstören und unkreieren?

Teilnehmerin: Ja.

Dr. Lisa: Right, wrong, good and bad, POD and POC, all nine, shorts, boys and beyonds®.

Dr. Lisa: Truth. Who are you all? Truth. Who were you before that and before that and before that and before that and before that and before that and before that and before that and before that and before that, and who will you be after that and after that and after that and after that and after that and after that and after that. The deal is done, your services are no longer requested, required, desired, wanted, or needed.

Alle bitte atmen.

You get to leave now and be free. Take all of your electromagnetic imprinting, chemical imprinting, biological imprinting, hormonal imprinting, genetic imprinting, and ancestral imprinting, psychological imprinting, biochemical imprinting, ancestral imprinting, lifetime imprinting, and leave now. Go back from whence you came never return to this dimension, reality, body again. What's the value of holding on to this body?

This is not your body, what's the value of holding onto this body, this is not your body. What's the value of holding on to this body, this not your body, what's the value of holding on to this body, this is not your body, what's the value of holding on to this body, this is not your body, what's the value of holding on to this body, this body is waking up. It does not want you to hold on to this body anymore. It no longer gives you permission to be in its body and it no longer wishes to be a multilevel marketing hostel for all of you so we're exterminating and fumigating, get out. Go back from whence you came never return to this dimension, reality, body, again.[4]

Alle, 1, 2, 3. 1, 2, 3. 1, 2, 3. 1, 2, 3. 1, 2, 3.

Alle: 1, 2, 3. 1, 2, 3. 1, 2, 3. 1, 2, 3.

Dr. Lisa: Go back from whence you came. Never return to this dimension, reality, body again.[5]

Alle: 1, 2, 3. 1, 2, 3. 1, 2, 3. 1, 2, 3.

Dr. Lisa: Go back from whence you came. Never return to this dimension, reality, body again.[6]

Alle: 1, 2, 3. 1, 2, 3. 1, 2, 3. 1, 2, 3.

Dr. Lisa: Go back from whence you came. Never return to this dimension, reality, body again.[7]

Dr. Lisa: Right, wrong, good and bad, POD and POC, all nine, shorts, boys and beyonds®.

Alle, die den Kräften die Treue geloben, wer sie sind, was sie sind, und in welche Lüge sie sich in Bezug auf Geld, ihre Cashflows und ihre Portfolios einkaufen - können wir sie widerrufen, aufheben, zurückfordern, aufkündigen, abschwören, zerstören und unkreieren?

[4-7] Das Clearing bleibt auf englisch, weil es laut Gary Douglas, dem Gründer von Access Consciousness, nur auf Englisch wirkt

Die Teilnehmer: Ja.

Dr. Lisa: Right, wrong, good and bad, POD and POC, all nine, shorts, boys and beyonds®.

Dr. Lisa: Jetzt kommen wir zu dem hier: Was bedeutet Sex mit Geld für Sie?

Teilnehmerin: Spaß.

Teilnehmerin: Verwirrung.

Dr. Lisa: Right, wrong, good and bad, POD and POC, all nine, shorts, boys and beyonds®.

Dr. Lisa: Und Sie dachten, wir wären fertig. Ich musste es nur noch ein wenig einwerfen.

Teilnehmerin: Besser als vorher.

Teilnehmerin: Gefühle.

Dr. Lisa: Gefühle.

Teilnehmerin: Besser als vorher.

Dr. Lisa: Right, wrong, good and bad, POD and POC, all nine, shorts, boys and beyonds®.

Wenn ich Sex" sage, wird eine ganz andere Ebene angesprochen. Wir sprechen jetzt über Sex, aber erinnern Sie sich an das Buch „*Geld ist nicht das Problem, sondern Sie?* Gary, der Gründer und Vater von Access Consciousness, spricht immer davon, dass Sex gleichbedeutend mit Empfangen ist. Wenn wir also „Sex" in Bezug auf etwas sagen, dann trifft es die Stelle in Ihrem Gehirn, die die Spinnweben des Unbewussten, ob bekannt oder unbekannt, wegwischt, und dann können wir es klären.

Hier sind Sie in der Paartherapie. Paare gehen immer zur Therapie, zumindest in meinem Büro. Sie kommen zur Therapie und erzählen mir, dass sie gerade erst begonnen haben, sich voneinander zu trennen und viel zu streiten. Meistens geht es um Geld, und wenn wir dann mit dem Geld fertig sind, raten Sie mal, was sich darunter verbirgt?

Teilnehmerin: Sex.

Dr. Lisa: Das ist ein Synonym.

Also, was bedeutet Sex mit Geld für Sie? Spielen Sie einfach hier.

Teilnehmerin: Nicht genug.

Dr. Lisa: Nicht genug.

Right, wrong, good and bad, POD and POC, all nine, shorts, boys and beyonds®.

Teilnehmerin: Zuerst fühlt es sich so an: „Ja, gut", und dann fühlt es sich so an: „Nein", weil es schmutzig ist. Geld ist schmutzig.

Dr. Lisa: Gut und dann schmutzig.

Right, wrong, good and bad, POD and POC, all nine, shorts, boys and beyonds®.

Was ist für Sie Sex mit Geld?

Teilnehmerin: Nicht genug Arbeit.

Dr. Lisa: Nicht genug?

Teilnehmerin: Arbeit.

Dr. Lisa: Ich weiß nicht, wie es Ihnen geht, aber wenn Sex Arbeit ist, bin ich da raus, aber viele von uns bleiben dort und denken: „Oh, mein Gott. Ich bin erschöpft."

„Ja, Baby, du hast so viel Spaß. Mach weiter so. Ja, das ist es, was du morgen auf meinem Treppengeländer machen wolltest."

Right, wrong, good and bad, POD and POC, all nine, shorts, boys and beyonds®.

Das ist nicht anders, als wenn Sie Ihr Geld auf der Couch in Ihrem Wohnzimmer liegen lassen.

Teilnehmerin: Ja.

Teilnehmerin: Es ist, als würde man im Auto schlafen.

Dr. Lisa: Richtig, oder im Auto schlafen.

Right, wrong, good and bad, POD and POC, all nine, shorts, boys and beyonds®.

Was bedeutet Sex mit Geld für Sie?

Teilnehmerin: Das lässt sich nicht berechnen.

Dr. Lisa: Das lässt sich nicht berechnen.

Dr. Lisa: Right, wrong, good and bad, POD and POC, all nine, shorts, boys and beyonds®.

Sie meinen, man legt kein Geld aus und verteilt es auf dem Bett und legt sich einfach so darauf: „Hallo, Körper. Hallo, Körper. Hallo, Körper. Hallo, Körper. Hallo, Körper?" Wenn Sie lachen, gefällt es Ihrem Körper, denn Körper lieben Geld. Körper lieben es zu spielen. Körper lieben es, begehrt zu werden. Sie können lachen, es ist okay. Es ist nur diese Üppigkeit des Empfangens, und wie oft lassen wir uns das nicht mit Geld empfangen?

Ich sage den Leuten immer, dass sie sich einen frischen, knackigen 100-Dollar-Schein besorgen sollen, mindestens einen, und ihn in ihre Brieftasche stecken und nie ausgeben sollen. Wann immer Sie in einer Art Geldsorgen oder so etwas stecken, öffnen Sie Ihre Brieftasche und wissen Sie, dass Sie immer Geld haben. Sie werden immer in der Lage sein zu tanken. Sie werden immer etwas zu essen bekommen können.

Okay, Sie sollten vielleicht aus San Francisco wegziehen. War nur ein Scherz.

Right, wrong, good and bad, POD and POC, all nine, shorts, boys and beyonds®.

Im Ernst, ich habe vielleicht sechs 100-Dollar-Scheine zusammen oder mehr, vor allem, wenn ich auf Reisen bin. Selbst wenn ich zu Hause bin, habe ich normalerweise 1000 $ in 100 $-Scheinen. Auf meiner letzten Reise, als ich unterrichtend unterwegs war, hatte ich etwa 3.000 Dollar in 100-Dollar-Scheinen.

Ich wollte sie in mein Haus bringen und dachte: „Nein, ich will sie in meiner Brieftasche haben, damit ich immer weiß, dass ich wohlhabend bin. Ich kann Ihnen sagen, es hat wirklich Spaß gemacht, die 3.000 Dollar da drin zu haben. Ich schaute es mir immer wieder an, egal, was los war, und dankte dem Beitrag desjenigen, der es mir geschenkt hat. Ich bin dankbar dafür. Ich krieche vor ihm. Ich danke ihm. Ich liebe es. Ich kann es kaum erwarten, dass noch jemand anderes als Benjamin Franklin dabei ist, aber ich weiß es zu schätzen, dass es mir einfach gefällt.

Spüren Sie die Resonanzenergie?

Die Teilnehmer: Ja.

Dr. Lisa: Glücklicher Körper.

Die Teilnehmer: Ja.

Dr. Lisa: Das haben Sie jetzt auch.

Teilnehmerin: Ja, das gefällt Ihrem Körper sehr gut.

Dr. Lisa: Ja.

Wie wäre es also, wenn Sie dem Geld erlauben würden, nach Ihnen zu lüsten, und sich erlauben würden, nach ihm zu lüsten und zu sagen: „Hallo, meine Schöne, danke, dass du welche Energie auch immer hast."

Oder „Hi sexy" - was auch immer es ist, was Sie Ihrem Geld sagen wollen.

Teilnehmerin: Richtig.

Dr. Lisa: Right, wrong, good and bad, POD and POC, all nine, shorts, boys and beyonds®.

Dr. Lisa: In Access Consciousness™ sprechen wir über ein Konto mit 10%. Einige Leute nennen es ein „Wertschätzungs"-Konto. Ich habe 30% - 10% für mein Business, 10% für mich, 10% für meinen Körper.

Teilnehmerin: Oh, wow!

Teilnehmerin: Schön.

Dr. Lisa: Ich kann nicht sagen, dass ich nichts davon ausgegeben habe. Ich gehe mit ihm auf und ab. Man sagt, ich soll es nicht ausgeben, aber ich habe damit angefangen, das mit den 30% zu tun. Ich fing an zu merken, dass ich sie anschauen und denken konnte: „Huh, so fühlt es sich an, wenn man hat."

Die Teilnehmer: Ja.

Dr. Lisa: Es war nicht leicht für mich, die 30% zu machen. Ich musste mit den 10% anfangen, aber darauf habe ich mich letztes Jahr wirklich konzentriert, als ich mein gesamtes Business neu geordnet habe. Aber fangen Sie mit den 10% an und ja, tun Sie, was sie sagen: „Geben Sie es nicht aus. Lassen Sie es zu Ehren Ihres Kontos aufbauen."

Wenn Sie wählen, es auszugeben, ehren Sie Sie einfach wieder und legen Sie es wieder ein.

Es sind 10% von allem, was Sie verdienen. Wenn Sie 1000 Dollar bekommen, 10% davon. Wenn Sie 500 Dollar bekommen, 10% davon. Wenn Sie 10 Dollar bekommen, 10% davon. Es spielt keine Rolle, wie klein oder wie groß. Gary sagt, er weiß nicht warum, aber es funktioniert immer. Es sagt dem Universum, dass Sie sich wünschen, etwas zu haben.

Wenn man bittet, wird es gegeben, und dann bewegt sich auch die Vorsehung.

Teilnehmerin: Richtig.

Teilnehmerin: Ich habe diese Aufregung einfach nicht. Es ist wie: „Das ist nichts."

Dr. Lisa: Right, wrong, good and bad, POD and POC, all nine, shorts, boys and beyonds®.

Dr. Lisa: Großartig! Durch wessen Augen blicken Sie auf Ihr Geld? Wahrheit?

Teilnehmerin: Russen.

Dr. Lisa: Großartig. Ein bestimmter Russe oder das ganze Land?

Teilnehmerin: Vielleicht das ganze Land.

Dr. Lisa: Okay, nehmen wir an, es wäre das ganze Land. Wie steht der Russe zu Geld? Vielleicht ist es deshalb so schwer.

Teilnehmerin: Ich schalte ab.

Dr. Lisa: Ausdehnend oder einengend?

Teilnehmerin: Einengend.

Dr. Lisa: All die einengenden Farbgläser, durch die Sie Geld betrachten und durch die Sie nicht gespannt sind zu sehen, was Sie für Ihre brillante Arbeit tatsächlich kreieren und generieren, können wir es zerstören und unkreieren? Ja?

Teilnehmerin: Ja.

Dr. Lisa: Right, wrong, good and bad, POD and POC, all nine, shorts, boys and beyonds®.

Überall wo Sie sich diesem russischen Standpunkt verpflichtet haben, um sich einzuengen und niemals die Brillanz dessen zu verkörpern, was Sie tatsächlich kreiert haben ...

Teilnehmerin: Es ist, als ob es draußen ist.

Dr. Lisa: Es ist außerhalb von Ihnen?

Kommt es durch die Quelle von Ihnen oder kommt es von außerhalb?

Teilnehmerin: Es ist außerhalb.

Dr. Lisa: Großartig, also muss all Ihr Geld zu Ihnen außerhalb von Ihnen kommen, mit dem Sie niemals in Verbindung treten können; deshalb können Sie niemals glücklich sein oder es als Sie betrachten - können wir das zerstören und unkreieren?

Teilnehmerin: Ja.

Dr. Lisa: Right, wrong, good and bad, POD and POC, all nine, shorts, boys and beyonds®.

Teilnehmerin: Ja.

Dr. Lisa: Alle Eide, Gelübde, Lehnseide, Blutseide, Vereinbarungen, bindenden, verpflichtenden Verträge aus vielen Lebenszeiten, Dimensionen, Körpern und Realitäten, in denen Sie das kreiert haben, können wir es widerrufen, aufheben, zurückfordern, aufkündigen, abschwören, zerstören und unkreieren?

Dr. Lisa: Right, wrong, good and bad, POD and POC, all nine, shorts, boys and beyonds®.

Teilnehmerin: Ja.

Dr. Lisa: Überall außerhalb von Ihnen ist das Schloss, und Ihr Geld zu sehen, ist der Schlüssel, und Ihr Geld von innen zu sehen, ist das Schloss, und außerhalb von Ihnen ist der Schlüssel, können wir das Schloss in den Schlüssel und den Schlüssel in das Schloss stecken oder was auch immer das ist, das Schloss in den Schlüssel und den Schlüssel in das Schloss und den Schlüssel und das Schloss und den Schlüssel und den Schlüssel und den Schlüssel und das Schloss zusammen und beginnen, dies freizusetzen und dies ewig, energetisch, bidirektional, bikulturell aufzuschließen.

Right, wrong, good and bad, POD and POC, all nine, shorts, boys and beyonds®.

Wer sind Sie? Was sind Sie? In welche Lüge kaufen Sie sich ein?

Nun schauen Sie auf Ihr Geld. Leichter, schwerer, mehr Raum, weniger Raum?

Teilnehmerin: Aufregender.

Dr. Lisa: Aufregender?

Teilnehmerin: Ja.

Dr. Lisa: Wie viele Barrieren ihrer Ansichten können Sie noch fallen lassen, damit es noch spannender wird? Und wie viele „Wer" können Sie noch fallen lassen, damit es noch spannender wird? Und wie viele „Was" können Sie noch fallen lassen, damit es noch spannender wird? Wie viele Lügen können Sie noch loslassen, damit es noch spannender wird? Wie viel mehr Chaos kann man noch einflößen, damit es noch aufregender wird?

Right, wrong, good and bad, POD and POC, all nine, shorts, boys and beyonds®.

Teilnehmerin: Es ist, als ob es falsch wäre, Geld zu haben.

Dr. Lisa: Da haben wir's.

„Es ist falsch, Geld zu haben." Sagen Sie das drei Mal.

Teilnehmerin: Es ist falsch, Geld zu haben. Es ist falsch, Geld zu haben. Es ist falsch, Geld zu haben. Es ist falsch, Geld zu haben. Es ist falsch, Geld zu haben.

Dr. Lisa: Jetzt sagen Sie es auf Russisch laut.

Teilnehmerin: Es ist falsch, Geld zu haben. Es ist falsch, Geld zu haben. Es ist falsch, Geld zu haben. Es ist falsch, Geld zu haben. Es ist falsch, Geld zu haben.

Dr. Lisa: Was auch immer das ist. Was auch immer das ist. Was auch immer das ist, all die geheimen, versteckten, unsichtbaren, verdeckten, ungesehenen, uneingestandenen, unausgesprochenen und nicht enthüllten Agenden von Russisch zu Englisch, von Englisch zu Russisch, können wir diese zerstören und unkreieren?

Teilnehmerin: Ja.

Dr. Lisa: Right, wrong, good and bad, POD and POC, all nine, shorts, boys and beyonds®.

Es wird hier drin etwas leichter.

Die Teilnehmer: Ja.

Dr. Lisa: All die vibrierenden, virtuellen Realitäten, verdammt, diese Russen nehmen sehr viel Raum ein - dadurch fühlt es sich dicht an hier und all die künstlichen, vibrierenden Realitäten. Aber jetzt lachen Sie alle. Woo hoo, wir sind sie losgeworden. All die vibrierenden, virtuellen Realitäten, können wir die zerstören und unkreieren?

Teilnehmerin: Ja.

Dr. Lisa: Right, wrong, good and bad, POD and POC, all nine, shorts, boys and beyonds®.

All die dreifachen Sequenzsysteme, die diese Ansicht in Ihnen festhalten, schaltungstechnisch, hormonell, genetisch, von den Vorfahren her, biochemisch - können wir das widerrufen, aufheben, zurückfordern, aufkündigen, abschwören, zerstören und unkreieren?

Teilnehmerin: Ja.

Dr. Lisa: Right, wrong, good and bad, POD and POC, all nine, shorts, boys and beyonds®.

All die Doppelbindungen, die Kreation der Doppelbindungen, die ewig doppelt gebunden sind, als ob man es nicht haben kann, man will es aber, es ist nicht aufregend, aber man will aufgeregt sein. Ich habe es geschafft. Ich liebe, was ich tue. Ich kann es nicht haben. All das. Ich lasse es einfach im Laden liegen und gebe es für jemand anderen aus, außer für mich, vielleicht für

Sie. Trinken Sie ein bisschen Wodka, angeln Sie ein bisschen und gehen Sie in die Sauna. Es ist ein ganz normaler Tag in Russland.

Right, wrong, good and bad, POD and POC, all nine, shorts, boys and beyonds®.

Besser, schlechter oder das Gleiche. Aufregender?

Teilnehmerin: Besser.

Dr. Lisa: Besser, gut.

Right, wrong, good and bad, POD and POC, all nine, shorts, boys and beyonds®.

Teilnehmerin: Kann ich mir etwas anderes ansehen? Wenn ich mir das Geld ansehe, haben die meisten Dollars, Rubel, eine andere Energie.

Dr. Lisa: Was denn?

Teilnehmerin: Rubel. Russische Währung.

Dr. Lisa: Das gefällt mir. Sagen Sie es noch einmal.

Teilnehmerin: Wie bitte?

Dr. Lisa: Rubel.

Teilnehmerin: Rubel.

Dr. Lisa: Machen Sie es noch einmal.

Teilnehmerin: Rubel.

Dr. Lisa: Noch einmal?

Teilnehmerin: Rubel. Rubel. Rubel. Rubel. Es ist so viel leichter.

Dr. Lisa: Das ist es.

Teilnehmerin: Es ist so viel leichter.

Die Teilnehmer: Ja.

Dr. Lisa: Wenn Sie „Geld" sagen, ist es schwer, aber wenn Sie „Rubel" sagen, ist es leicht. Wie wäre es also damit? Sehen Sie Ihr Geld in Rubeln.

Teilnehmerin: Genau das sage ich. Bei russischem Geld kann ich mich nicht mit amerikanischem Geld identifizieren.

Dr. Lisa: Richtig.

Wie gewahr sind Sie sich der amerikanischen Ansicht über Geld? Das lässt Sie ein wenig, viel oder eine Megatonne ‚frrrrrt' machen?

Teilnehmerin: Alles davon. Sehr viel davon.

Dr. Lisa: Right, wrong, good and bad, POD and POC, all nine, shorts, boys and beyonds®.

Mögen Amerikaner Geld oder arbeiten sie gerne für ihr Geld?

Teilnehmerin: Ja.

Dr. Lisa: Ja. Mögen Russen Geld oder arbeiten sie gerne für ihr Geld?

Teilnehmerin: Ich weiss es nicht.

Dr. Lisa: Ja, das wissen Sie.

Right, wrong, good and bad, POD and POC, all nine, shorts, boys and beyonds®.

Wie viel amerikanische Ansicht haben Sie als Ihre Ansicht über Geld verkörpert, wenn in Wirklichkeit die russische Sichtweise für Sie in Bezug auf Geld leichter ist. Können wir widerrufen, aufheben, zurückrufen, aufkündigen, abschwören, zerstören und unkreieren, wo Sie das Erbrochene Amerikas um das Geld herum verkörpert haben, anstatt die Liebe zum Geld aus Ihrer Heimat. Ich sehe nur die Energie. Ich weiß nicht, ob es ein Richtig oder Falsch gibt.

Right, wrong, good and bad, POD and POC, all nine, shorts, boys and beyonds®.

Teilnehmerin: Ich habe viele Leute sagen hören: „Geld ist böse, Geld ist schlecht", und ich versuche, die Dinge zu sehen, wo, wenn man es zulässt oder es nicht um Geld geht. Es geht darum, wie man es verwendet. Was ist, wenn man es dort und dort einsetzt, und trotzdem sagen sie: „Es ist böse. Es ist böse. Es ist böse. Es ist böse. Es ist böse. Es ist böse."

Dr. Lisa: Sagen Sie von dort drüben oder von hier?

Teilnehmerin: Aus Russland. Meine Freunde, persönlich.

Dr. Lisa: Wissen Sie, evil - böse ist im Englischen einfach „live" - leben rückwärts buchstabiert.

Right, wrong, good and bad, POD and POC, all nine, shorts, boys an beyonds®.

Was bringt es, zu glauben oder zu projizieren, dass Geld böse ist?

Teilnehmerin: Böses fernhalten.

Dr. Lisa: Right, wrong, good and bad, POD and POC, all nine, shorts, boys and beyonds®.

Was hält Sie vom Leben ab? Was ist der Vorteil, der Sie davon abhält zu leben?

Teilnehmerin: Sie können nicht Sie selbst sein.

Dr. Lisa: Sie können nicht Sie selbst sein.

Teilnehmerin: Selbst sterbend.

Dr. Lisa: Sterbend.

Teilnehmerin: Es macht keinen Spaß.

Dr. Lisa: Es macht keinen Spaß.

Teilnehmerin: Verängstigt.

Teilnehmerin: Intuition.

Teilnehmerin: Käfig.

Dr. Lisa: Richtig, jetzt benennen wir eigentlich die Energie, mit der wir die Nacht begonnen haben, oder kommen zu ihr.

Right, wrong, good and bad, POD and POC, all nine, shorts, boys and beyonds®.

Was ist der Nutzen davon? Sie sind in einem Käfig, Sie leben nicht, Sie sind tot.

Teilnehmerin: Ich darf meine Mama sein.

Dr. Lisa: Und was ist der Vorteil davon?

Teilnehmerin: Es ist besser.

Dr. Lisa: Was ist daran besser?

Teilnehmerin: Sie rechtfertigen es, nicht zu leben.

Dr. Lisa: Das ist genau das, was Sie tun.

Sie rechtfertigen es, kein Geld zu haben; deshalb rechtfertigen Sie es, nicht zu leben; deshalb rechtfertigen Sie es, am Leben zu sein, aber tot; daher haben Sie eine Ausrede, nicht Ihre eigene finanzielle Realität zu kreieren.

Das ist der einzige Vorteil, wenn man glaubt, dass Geld böse ist, und wenn man glaubt, dann lässt man seinen Körper zurück.

Right, wrong, good and bad, POD and POC, all nine, shorts, boys and beyonds®.

Wie viele dieser Überzeugungen haben Sie schon gehört? Dass Geld böse ist? Dass man sich nicht über seinen Lebensstandard hinaus bewegen kann? Wenn Sie mehr als Ihre Familie verdienen, werden Sie verbannt oder ins Exil geschickt? Oder wenn Sie mehr als Ihre Freunde verdienen, werden Sie nicht mehr geliebt?

Und wie viel von dem, was Sie sind, ist der Verzicht auf Ihren finanziellen Scharfsinn für etwas, das nicht einmal Sie selbst sind?

Right, wrong, good and bad, POD and POC, all nine, shorts, boys and beyonds®.

Denn wenn ich Sie das fragen würde, wüssten Sie jenseits Ihres Verstandes und jenseits Ihrer tatsächlichen Bankkonten, dass Sie brillant mit Geld umgehen können?

Die Teilnehmer: Ja.

Dr. Lisa: Weiß das jemand nicht? Wahrheit?

Es ist okay, Sie werden keinen Ärger bekommen. Sagen Sie: „Ich kann gut mit Geld umgehen."

Teilnehmerin: Ich kann hervorragend mit Geld umgehen.

Dr. Lisa: Leicht oder schwer?

Teilnehmerin: Schwer.

Dr. Lisa: Schwer. Sagen Sie: „Früher war ich brillant im Umgang mit Geld."

Teilnehmerin: Ich war früher brillant im Umgang mit Geld.

Dr. Lisa: Leicht oder schwer?

Teilnehmerin: Leicht.

Dr. Lisa: Ja, also wann haben Sie aufgehört? Wer sind Sie, als Sie aufgehört haben? Was sind Sie? Was sind Sie, als Sie aufgehört haben? In welche Lüge kaufen Sie sich ein?

Denn hier ist die Sache. Wenn sie früher einmal brillant mit Geld umgegangen ist, dann ist sie es jetzt immer noch. Es ist nur versteckt.

Die Teilnehmer: Ja.

Dr. Lisa: Welche Entscheidungen, Bewertungen, Schlussfolgerungen und Berechnungen Sie auch immer getroffen haben, um Sie in einem dreifachen Sequenzsystem gefangen zu halten, so dass Sie nie dazu kommen, Ihre eigene finanzielle Realität zu leben und zu kreieren und Ihren finanziellen Scharfsinn zu kennen. Können wir sie zerstören und unkreieren?

Right, wrong, good and bad, POD and POC, all nine, shorts, boys and beyonds®.

Es klingt ein bisschen wie eine Verschwörungstheorie, aber es ist nur eine Möglichkeit, Ihre Realität zu ordnen und Sie zu unterdrücken. Das ist es, was diese Realität tut. Sie sperrt Sie in eine Box und entledigt sich Ihrer. Es ist wie mit dem Kinderspielzeug, mit dem man spielte, als man anfing, Kreise und Quadrate zu lernen, und man nahm den Kreis und versuchte, ihn in das Quadrat zu schlagen. Das ist wie „Geld ist böse" und „Ich kann nicht gut mit Geld umgehen". Und man sagt es immer wieder und wieder und wieder und wieder, aber der Kreis geht nie in das Quadrat über, weil man der Kreis ist. Der Kreis geht in den Kreis über, weil du brillant bist. Du bist ein Kreis.

Right, wrong, good and bad, POD and POC, all nine, shorts, boys and beyonds®.

Ich habe eine Vorgeschichte mit Missbrauch und Trauma und posttraumatischem Stress. Ich traf an einem Punkt eine Entscheidung, die, egal, was mit meinem Körper gemacht wurde oder was ich wählte oder was mir jemand anderes antun wollte, nie und nimmer konnten sie mich wegnehmen.

Ich schrieb eine ganze 420-seitige Dissertation mit dem Titel „Seelenabdruck" über das Finden und Formen Ihrer spirituellen Identität durch eine Technik namens „kooperative Untersuchung"

Ihr Seelenabdruck wird mit dem Ihrer Fingerabdrücke verglichen, der für uns alle einzigartig ist. Das Einzige, was wir mit unserem Seelenabdruck tun müssen, ist, ihn den Lippen der Realität mit unserer Brillanz, mit unseren Phänomenen einzuprägen - mit unserer innewohnenden, unendlichen Natur der Brillanz, die wir sind, und den Lügen ein Ende zu setzen, die wir als wir gekauft haben und die niemals wir sind.

Niemals.

Macht das Sinn? Sind Sie brillant im Umgang mit Geld?

Teilnehmerin: Ja.

Dr. Lisa: Ja, und würden Sie 1° dessen aufgeben, was auch immer es war, das Sie nicht sein wollten.

Teilnehmerin: Ja.

Dr. Lisa: Was auch immer dieses Gefühl ist, das Sie aufgeben, surfen Sie damit, als ob Sie auf einer Welle im Ozean surfen würden. Atmen Sie durch Ihren Mund. Emotion, Energie in Bewegung. Was passiert, wenn Sie versuchen, eine Welle im Ozean zu erzwingen und zu bekämpfen?

Teilnehmerin: Sie verlieren.

Teilnehmerin: Schwierigkeiten.

Dr. Lisa: Sie verlieren, richtig? Surfen Sie, denn was auch immer es ist, es bricht jetzt zusammen, und jetzt können Sie anerkennen, was auch immer es ist, und sich einer neuen Möglichkeit öffnen.

Right, wrong, good and bad, POD and POC, all nine, shorts, boys and beyonds.®

Ich arbeite mit diesem brillanten Aktienhändler zusammen, der in Australien Tonnen und Tonnen und Tonnen und Tonnen und Tonnen und Tonnen von Geld verdient. Dann passierte etwas, und er traf eine schlechte „Wahl", und danach war jede Wahl danach schlecht, bis zu dem Punkt, wo er fast alles verloren hätte und aussteigen und sechs Monate Urlaub nehmen und eine Menge persönlicher Arbeit leisten musste, um sein Vertrauen zurückzugewinnen.

Es war verheerend - verheerend für ihn und seine Frau. Sie waren beide Händler, und sofort konnten sie ihre Brillanz nicht einmal mehr hören oder wahrnehmen. Sie war verschwunden.

Wenn so etwas passiert, aus welchem Grund auch immer, denn die Geschichte spielte keine Rolle, und man beginnt, immer und immer und immer wieder das Gegenteil von dem zu wählen, was man ist, fängt man an, das Gegenteil von dem zu glauben, was man ist. Man vergisst, dass man eine Million Dollar verdient hat oder erfolgreich war. Nicht nur mit Geld, mit allem. Und für mich ist das der größte Missbrauch dieser Realität.

Es nimmt uns all unsere Erstaunlichkeit, nur weil wir Sie sind, und verdreht und verfälscht sie zu etwas anderem, das Ihnen nicht einmal ähnlich sieht. Dann schaut man in den Spiegel und fragt sich: „Wer zum Teufel bist du?" Und dann sagen Sie: „Oh ja, ich bin es. Lass mich in mein Loch krabbeln. Ich werde in einem erbärmlichen Land leben."

Right, wrong, good and bad, POD and POC, all nine, shorts, boys and beyonds®.

Für mich ist das die größte Entmachtung dieser Realität. Es ist die Sache, die ich am meisten verachte, und es ist die Sache, die ich am meisten liebe, wenn Sie alle zu einer Schnupperstunde wie dieser kommen, oder zu den Kursen, die wir machen, und sagen: „Ich entscheide mich verdammt noch mal für etwas anderes.

Die Teilnehmer: Ja.

Dr. Lisa: Einfach so. Fühlen Sie sich anders?

Die Teilnehmer: Ja.

Dr. Lisa: Es müssen nicht 20 Jahre in der Therapie mit diesen Werkzeugen sein. Glauben Sie mir, ich weiß, dass ich einige Dinge losgeworden bin. Ich weiß, wie es ist, Dinge anzuschauen, die man nie wieder anschauen oder fühlen oder schmecken oder riechen möchte.

Ich weiß, dass ich, wenn ich es ansehe, die Macht habe, weil ich eine Wahl haben könnte. Das bedeutet nicht, dass wir nicht in jedem Augenblick eine Wahl haben, es bedeutet, dass wir vergessen, aber es ist eine Wahl, zu vergessen. Sie kommen in einen Kurs wie diesen oder einen der anderen, und Sie wählen, sich zu erinnern.

Die Teilnehmer: Ja.

Dr. Lisa: Wird es immer Spaß machen?

Die Teilnehmer: Nein.

Dr. Lisa: Wird es manchmal nach Galle schmecken? Ja. Wird es nur ein bisschen nach Galle schmecken? Ja.

Right, wrong, good and bad, POD and POC, all nine, shorts, boys and beyonds®.

Sie müssen keine weiteren 20 Jahre damit verbringen, etwas zu sein, das Sie nicht sind, und das Anti-Du zu kreieren. Sie können den heutigen Tag und alle 10 Sekunden von jetzt an so verbringen, wie Sie sind. Sie zu sein, das wirkliche Sie, Ihr Seelenabdruck, Ihre Phänomenanz - Ihre Brillanz und was immer die Russen dort drüben tun.

Right, wrong, good and bad, POD and POC, all nine, shorts, boys and beyonds®.

Ja oder nein?

Die Teilnehmer: ja.

Teilnehmerin: Ich habe eine Frage.

Ich habe definitiv viel von dem Zeug meines Vaters darüber, dass ich es nicht verdiene. Ich bin verwirrt, wenn ich das Gefühl habe, dass jemand etwas darüber sagt, dass ich etwas tue.

Dr. Lisa: Right, wrong, good and bad, POD and POC, all nine, shorts, boys and beyonds®.

Dr. Lisa: Weil Sie Geld haben, können Sie etwas tun?

Teilnehmerin: Ja.

Dr. Lisa: Bringt es Sie dazu, teilen zu wollen, was Sie tun, oder zu verstecken, was Sie tun?

Teilnehmerin: Es bringt mich dazu, mich verstecken zu wollen.

Dr. Lisa: Ja.

Was hat es mit dieser Realität auf sich, dass Sie, wenn Sie Geld haben, es verstecken müssen - denn wie glücklich sind die Menschen für Sie, wenn Sie Geld haben? Wie neidisch sind sie auf Sie? Und wie viel projizieren sie auf Sie, weil Sie Geld haben? Ein bisschen, eine Menge oder eine Megatonne?

Teilnehmerin: Eine Megatonne.

Dr. Lisa: Right, wrong, good and bad, POD and POC, all nine, shorts, boys and beyonds®.

Dr. Lisa: Wie viel von dem, was Sie wahrnehmen, hat überhaupt nichts mit Ihnen zu tun, aber Sie haben darauf reagiert, und das ist eigentlich Ihre Bewertung. Wie viele Bewertungen von anderen Menschen tragen Sie für das Geld, das Sie haben? Und wie sehr würden Sie das jetzt gerne loslassen?

Teilnehmerin: Alles davon.

Dr. Lisa: Wie wäre es also mit allen Bewertungen, in denen Sie für den Wohlstand, den Reichtum, die Güte, die Leichtigkeit, die Freude und die Herrlichkeit, die Ihnen zuteil wurde und die Sie für sich kreiert haben, bewertet wurden? Können wir das an Ihrem Körper, was Sie für Sie wahr gemacht haben, widerrufen, aufheben, zurückfordern, abschwören, anprangern, zerstören und unkreieren, wo das nicht der Fall ist.

Teilnehmerin: Ja.

Dr. Lisa: Right, wrong, good and bad, POD and POC, all nine, shorts, boys and beyonds®.

Nehmen Sie diese Energie und sagen Sie: „Nicht mehr" auf drei."1, 2, 3. Nicht mehr."

Jeder kann es tun.

Alle: 1, 2, 3. Nicht mehr. 1, 2, 3. Nicht mehr. 1, 2, 3. Nicht mehr.

Dr. Lisa: Leichter, schwerer, mehr Raum, weniger Raum?

Teilnehmerin: Ja, mehr Raum.

Dr. Lisa: Gut.

Und überall, wo Sie das ‚Was‘, das sie von den ‚Wer‘ auf sie gelegt haben, in Ihren Körper eingeschlossen haben, und die Lüge, die sie Ihnen auftischen wollten und die nichts mit Ihnen zu tun hatte - können wir das zerstören und unkreieren?

Teilnehmerin: Ja.

Dr. Lisa: Right, wrong, good and bad, POD and POC, all nine, shorts, boys and beyonds®.

Wäre es in Ordnung, wenn Ihr Körper nicht mehr der Vorratsbehälter wäre, für die Bewertungen aller anderen wegen ihrer mangelnden Bereitschaft, Geld zu haben?

Teilnehmerin: Es wäre sehr in Ordnung.

Dr. Lisa: Das wäre doch sehr in Ordnung, oder?

Right, wrong, good and bad, POD and POC, all nine, shorts, boys and beyonds®.

Wenn die Leute um Sie herum so etwas tun und Sie spüren, dass sie Sie auf den Arm nehmen, können Sie sagen: „Wissen Sie was? Verdienen Sie etwas Geld. Geh und hab Geld. Das werde ich verlangen. Hören Sie auf, Ihren Mist auf mich zu schieben", oder irgendeine Version davon.

Sie können das Clearing Statement in Ihrem Kopf immer und immer wieder durchgehen, oder, das ist wahrscheinlich das einfachste - sagen Sie einfach Betrugspatrouille 1, 2, 3, 4,

5, Betrugspatrouille. 1, 2, 3, 4, 5, Betrugspatrouille. 1, 2, 3, 4, 5, Betrugspatrouille.

Dr. Lisa: Right, wrong, good and bad, POD and POC, all nine, shorts, boys and beyonds®.

Das ist wie Ihr Superkraft-Schild.

Verleugnen oder entmündigen Sie niemals, niemals, niemals das, was Ihnen geschenkt wurde und was Sie für sich kreiert haben. In dieser Realität etwas zu haben ist eine Fähigkeit zu empfangen, besonders mit Geld, auf einem Niveau, das die meisten Menschen anstreben und nie erreichen.

Wir brauchen mehr Wesen wie Sie.

Haben Sie also weiterhin Geld und erlauben Sie es Menschen wie Ihren Freunden, den Unterschied und die einzigartige Fähigkeit, die Sie sind, wirklich zu kennen, zu sein, zu empfangen und wahrzunehmen. Das ist ein Geschenk.

Right, wrong, good and bad, POD and POC, all nine, shorts, boys and beyonds®.

Viele von Ihnen, die in den ersten sechs Tagen hier waren, haben meine Partnerin kennen gelernt. Sie kommt vom Geld, sie verwaltet Geld, und sie hat eine Menge Geld. Sie war nie, niemals, niemals ohne Geld.

Ich hatte meinen Vater und wir hatten Geld, aber ich habe immer für Geld gearbeitet. Ich habe gearbeitet, seit ich jung war. Es gab auch viel Missbrauch, viele Geschichten.

Ich habe eine Model-Geschichte mit Geld, die in der Agentur, für die ich arbeitete, voll von pornografischen Dingen war. Das ist eine zu lange Geschichte, um jetzt darauf einzugehen, aber ich hatte viel mit Geld und Haben zu tun. Ich wollte es nicht, weil es mit Missbrauch und solchen Dingen verbunden war.

Ich wurde dafür bezahlt, etwas zu tun, wofür ich das Geld nie gesehen habe.

Mit ihr zusammen zu sein und zu lernen, wie man Geld hat, pragmatisch Brillanz zu bezeugen, hat sich also in meine Realität eingeschleust auf eine Art und Weise, die mich dazu gebracht hat, zu denken und zu fühlen und zu wissen und zu sein und mehr Geld zu empfangen - und besser darin zu werden, Entscheidungen mit Geld zu treffen, indem ich einfach in ihrer Gegenwart bin und Zeuge bin und zuschaue, bis hin zu dem Punkt: „Ich werde kein Wi-Fi im Flugzeug haben, weil es 7 Dollar extra kostet.

Und ich denke: „Okay, wenn jemand, der Geld hat, das nicht tun will, was ist das dann? Zum Beispiel, wirklich, was ist das?" Es ist keine Bewertung - nicht wie: „Sie ist geizig".

Ich muss mir das alles wirklich ansehen und sagen: „Also gut, muss ich überall in der ersten oder der Business-Klasse reisen? Gefällt es meinem Körper einfach?"

Richtig?

Es sind einfach all diese verschiedenen Dinge, die ich durch sie gelernt habe.

Right, wrong, good and bad, POD and POC, all nine, shorts, boys and beyonds®.

Teilnehmerin: Das größte Thema, das jetzt zur Sprache kommt, ist: Welche Lüge habe ich gekauft, als ich nach Kalifornien zog? Denn es ist ungefähr acht oder neun Jahre her, und vorher hatte ich einen 6-stelligen Job 30.000 $ Boni.

Dr. Lisa: Hat das etwas mit dem Umzug nach San Francisco zu tun?

Teilnehmerin: Nein.

Dr. Lisa: Okay, also alles, was Sie über das gute alte San Francisco machen - können wir das zerstören und unkreieren?

Teilnehmerin: Ja.

Dr. Lisa: Right, wrong, good and bad, POD and POC, all nine, shorts, boys and beyonds®.

Was ist die Lüge, in die Sie sich einkaufen, und was ist hier die eigentliche Frage? Es geht nicht um den Umzug, aber Sie bemerken alles über den Umzug, als sich alles geändert hat.

Sind Sie glücklich?

Teilnehmerin: Nein, ich war dort nicht glücklich.

Dr. Lisa: Okay, also haben Sie die Entscheidung getroffen, weil Sie dort nicht glücklich waren. Und wussten Sie, wie man dort kein Glück kreieren kann?

Teilnehmerin: Ja.

Dr. Lisa: Sagen Sie nein.

Teilnehmerin: Nein.

Dr. Lisa: Was ist leichter?

Teilnehmerin: Ja, nein.

Dr. Lisa: Was ist leichter?

Teilnehmerin: Ich denke: Ja

Dr. Lisa: Sehen Sie mich an.

Teilnehmerin: Es ist vielleicht ja.

Dr. Lisa: Überall dort, wo Sie nach außen schauen, wo es um die Quelle Ihres Ja und Nein geht, können wir das zerstören und unkreieren?

Dr. Lisa: Right, wrong, good and bad, POD and POC, all nine, shorts, boys and beyonds®.

Teilnehmerin: Ich wollte nicht umziehen.

Dr. Lisa: Ich wollte nicht - alles ist wieder beim Umzug.

Teilnehmerin: Ja.

Dr. Lisa: Ich wollte es nicht, als ich dachte, ich würde umziehen oder was auch immer, aber –

Teilnehmerin: Ich wollte einfach nur weg von dort.

Dr. Lisa: Sie wollten einfach nur weg von dort

Teilnehmerin: Ja.

Dr. Lisa: Wenn Sie einfach nur da raus wollten, haben Sie es sich dann pragmatisch selbst zum Erfolg verholfen?

Teilnehmerin: Ja.

Dr. Lisa: Oder ahmen Sie nach, was Sie bereits generiert und kreiert haben.

Teilnehmerin: Ja.

Dr. Lisa: Nein, Sie wollten einfach nur von dort verschwinden.

Teilnehmerin: Ja.

Dr. Lisa: Wenn wir rennen und Dinge unser Leben retten, gibt es immer noch diese pragmatische Sache, auch wenn sie an dieser Realität nervt, die Hals über Kopf mit Geld verpartnert ist.

Überall, wo Sie laufen, bevor Sie gehen, überall, wo Sie laufen und Verwüstung anrichten, anstatt vielleicht ein bisschen Ordnung zu schaffen, damit Sie pragmatisch auf sich selbst aufpassen - können wir es zerstören und unkreieren?

Teilnehmerin: Ja.

Dr. Lisa: Right, wrong, good and bad, POD and POC, all nine, shorts, boys and beyonds®.

Was hat das für Sie bewirkt? Was sehen Sie jetzt?

Teilnehmerin: Es ist leichter. Sie müssen darüber sprechen, mehr Chaos zu erzeugen. Chaos und Ordnung, das ist eine doppelte Sichtweise.

Dr. Lisa: Haben Sie das Chaos nicht eingeschaltet, um eine andere Möglichkeit zu kreieren?

Teilnehmerin: Ja.

Dr. Lisa: Würden Sie das jetzt einschalten?

Teilnehmerin: Ja.

Dr. Lisa: Right, wrong, good and bad, POD and POC, all nine, shorts, boys and beyonds®.

Wahrheit. Was lieben Sie daran, die Energie der hungernden San-Francisco-erin zu sein oder nicht zu hungern, das Kämpfen.

Teilnehmerin: Kämpfen.

Dr. Lisa: Was lieben Sie an Ihrem Kampf mit Geld?

Damals, als ich in der Bank arbeitete, die mich fast umgebracht hätte, habe ich dies, das und das andere bekommen, aber jetzt muss ich kämpfen, nicht wahr?

Sie sind also der Fresser und Speier.

Wer wären Sie jetzt, wo Sie wissen, dass Sie Ihre finanzielle Realität kreieren können? Wer würden Sie sein? Was würden Sie tun und wie viel würden Sie generieren und kreieren? Wahrheit.

Teilnehmerin: Vieles mit Leichtigkeit.

Dr. Lisa: Richtig, aber wer würden Sie sein? Wer würden Sie sein und was würden Sie generieren und kreieren?

Teilnehmerin: MICH.

Dr. Lisa: Wenn Sie heute Abend nach Hause gehen, schreiben Sie 25 Dinge darüber auf, wie Ihre finanzielle Realität aussieht. Testen Sie sich selbst mit dem Leichten und dem Schweren. Lassen Sie das Clearing Statement laufen und sehen Sie es sich in den nächsten 30 Tagen täglich an.

Kreieren Sie es jeden Tag für die nächsten 30 Tage. Führen Sie eine Aktion durch und kreieren Sie sie für die nächsten 30

Tage. Führen Sie eine weitere Aktion durch und kreieren Sie sie für die nächsten 30 Tage.

Seien Sie Sie, verpflichten Sie sich selbst, wählen Sie sich und arbeiten Sie mit dem Universum zusammen, das sich zum Segen verschwört, und kreieren Sie dann von dort aus. Das nenne ich radikale Lebendigkeit.

Right, wrong, good and bad, POD and POC, all nine, shorts, boys and beyonds®.

Teilnehmerin: Es gibt eine Lüge, wenn man sich im U.S. Dollarsystem befindet. Wir brauchen Geld, und wir benutzen Geld, aber die Währung, die sie wegen der Federal Reserve und des Finanzministeriums kreieren und immer mehr drucken, ist in Wirklichkeit ein Betrug an uns, denn sie verschuldet unsere Zukunft und die Zukunft unserer nächsten Generation. Die Ausgaben sind außer Kontrolle geraten. Wir haben Schulden in Höhe von Milliarden von Dollar.

Was hat diese Energie damit zu tun, wo wir diese Papierdollars für unsere Arbeit empfangen, einen Schuldschein, aber das ist eine Lüge. 1971 wurde sie mit dem Goldstandard verbunden. Aber sie störten das und druckten Geld, als ginge das niemanden etwas an, und jetzt sind wir an einem Punkt in der Welt, wo -

Dr. Lisa: Wie viele von Ihnen haben sich angeschlossen? Und wie viele von Ihnen haben sich der Lüge widersetzt und auf sie reagiert, und hat sich das bei Ihren Geldströmen gezeigt?

Dr. Lisa: Right, wrong, good and bad, POD and POC, all nine, shorts, boys and beyonds®.

Ich weiß, was Sie sagen, da ist viel Wahres dran.

Teilnehmerin: Richtig.

Dr. Lisa: Wie viel von dem, was Sie gerade gesagt haben, haben Sie als Ihren Widerstand und Ihre Reaktion gegen das Empfangen und Auftauchen auf Ihrem Bankkonto verkörpert?

Das ist die Art und Weise, wie Sie diese Täterschaft gegen Sie verwenden.

Dr. Lisa: Right, wrong, good and bad, POD and POC, all nine, shorts, boys and beyonds®.

Und dann, obwohl Sie über die Wahrheit sprechen, sind Sie tatsächlich ein Teil der Täterschaft gegen Sie geworden, indem Sie sich nicht erlauben, das zu haben, was Ihnen gehört und was Sie dazu beitragen können, das abzubauen, diese Welt zu verändern, Monsanto loszuwerden, wenn Sie Geld hätten.

Dr. Lisa: Right, wrong, good and bad, POD and POC, all nine, shorts, boys and beyonds®.

Man muss mit Geld brillant sein, auch wenn man die Wahrheit über diese Täterschaft kennt. Wir verändern gerade jetzt die Energie, das Geld, die Erde und den Kreislauf, indem Sie sich einfach ausdehnen und den Wohlstand haben, der Ihnen rechtmäßig zusteht, indem Sie die Lüge empfangen und haben und anerkennen zu erkennen, dass Sie sich dagegen gewehrt haben, und darauf zu reagieren, was Sie verdammt hat. Was dann die Täterschaft von Ihnen ist, die dann die Lüge und die Betrugspatrouille in dieser Realität kauft, während Sie dagegen ankämpfen, und dann lügen Sie und stimmen zu und widerstehen und reagieren, aber Sie haben es immer noch nicht und Sie lassen es zu, weil Sie auf Ihre Macht und Potenz und Ihre und Ihre und Ihre und Ihre und Ihre und Ihre und Ihre und Ihre und Ihre und Ihre verzichten. Können wir das gemeinsam zerstören und unkreieren?

Right, wrong, good and bad, POD and POC, all nine, shorts, boys and beyonds®.

Wir beseitigen und rotten den Missbrauch auf diesem Planeten aus, indem wir das Geld haben und verwenden, so wie die Welt hier arbeitet, um die Realitäten zu verändern. Wenn Sie es nicht haben, werden Sie Teil des Problems, nicht der Lösung.

Die Teilnehmer: Ja.

Dr. Lisa: Weil nicht alle hinsehen werden. Sie schauen hin.

Die Teilnehmer: Ja.

Dr. Lisa: Right, wrong, good and bad, POD and POC, all nine, shorts, boys and beyonds®.

1, 2, 3, 4, 5. Betrugspatrouille. 1, 2, 3, 4, 5. Betrugspatrouille. 1, 2, 3, 4, 5. Betrugspatrouille. 1, 2, 3, 4, 5. Betrugspatrouille. 1, 2, 3, 4, 5. Betrugspatrouille. 1, 2, 3, 4, 5. Betrugspatrouille. 1, 2, 3, 4, 5. Betrugspatrouille. 1, 2, 3, 4, 5. Betrugspatrouille. 1, 2, 3, 4, 5. Betrugspatrouille. 1, 2, 3, 4, 5. Betrugspatrouille.

Alle: 1, 2, 3, 4, 5. Betrugspatrouille. 1, 2, 3, 4, 5. Betrugspatrouille. 1, 2, 3, 4, 5. Betrugspatrouille. 1, 2, 3, 4, 5. Betrugspatrouille. 1, 2, 3, 4, 5. Betrugspatrouille. 1, 2, 3, 4, 5. Betrugspatrouille. 1, 2, 3, 4,5. Betrugspatrouille. 1, 2, 3, 4, 5. Betrugspatrouille. 1, 2, 3, 4, 5. Betrugspatrouille. 1, 2, 3, 4, 5. Betrugspatrouille.

Dr. Lisa: So ist es gut, Baby.

Alle: 1, 2, 3, 4, 5. Betrugspatrouille. 1, 2, 3, 4, 5. Betrugspatrouille. 1, 2, 3, 4, 5. Betrugspatrouille. 1, 2, 3, 4, 5. Betrugspatrouille. 1, 2, 3, 4, 5. Betrugspatrouille. 1, 2, 3, 4, 5. Betrugspatrouille. 1, 2, 3, 4, 5. Betrugspatrouille. 1, 2, 3, 4, 5. Betrugspatrouille.

Dr. Lisa: Öffnen Sie die Tür zu einer neuen Möglichkeit. 1, 2, 3, 4. In Ordnung.

Die Teilnehmer: Ja.

Dr. Lisa: Right, wrong, good and bad, POD and POC, all nine, shorts, boys and beyonds®.

Dr. Lisa: Zusammengefasst: Nehmen Sie einen knackigen 100-Dollar-Schein und stecken Sie ihn in Ihre Brieftasche. Fügen Sie ständig etwas hinzu, hören Sie ihm zu, sprechen Sie mit ihm. Reiben Sie ihn an Ihrem Körper.

Ich fordere Sie vor dem Spiegel doppelt heraus.

Lieben Sie ihn, legen Sie sich mit ihm aufs Bett. Lecken Sie ihn, spielen Sie mit ihm. Machen Sie, was immer Sie tun wollen.

Ich meine es ernst... wenn es Sie zum Lachen bringt, ist es wie Spaß. Geld kommt auf die Party des Spaßes.

Zweitens, erstellen Sie Ihr 10%-Konto. Ich fordere Sie heraus.

Drittens: Schreiben Sie 25 Dinge über Ihre finanzielle Realität auf. Fragen Sie sich danach: „Leicht oder schwer?" Wenn es schwer ist, stellen Sie mehr Fragen, POC und POD. Dann können Sie es haben, denn, dass Sie Ihre Realität haben, darum geht es in diesem Leben.

Dr. Lisa: Dann stellen Sie sich diese Fragen.

Teilnehmerin: Sie sagten: „Ihre finanzielle Realität, wie sieht sie aus?" Da bin ich mir nicht sicher.

Dr. Lisa: Ich weiß nicht, wie Ihre finanzielle Realität aussieht, aber ich weiß, dass meine finanzielle Realität einen großzügigen Geist beinhaltet.

Was auch immer das für mich bedeutet, es ist ein bisschen wie bei meinem Vater. Es ist vielleicht nicht so, wie er aufgetaucht ist, aber meine finanzielle Realität hat eine gewisse Freundlichkeit.

Meine finanzielle Realität kümmert sich um meinen Körper. Es war eine wirklich große Arbeit, auf meinen Körper zu hören. Meine finanzielle Realität ist das Haben. Das ist mein 10%-10%-10%-Konto, Körper, Business Ehrung Konto.

Meine finanzielle Realität bedeutet, dass ich um die ganze Welt reisen werde, wohin auch immer ich eingeladen werde, um Kurse wie diesen zu halten. Meine finanzielle Realität bedeutet, dass ich eine Radiosendung von Voice America mache, die eine Arbeit der Liebe ist, die zwischen 30.000 und 50.000 Dollar pro Jahr kostet. Es ist eine kostenlose Ressource, weil ich weiß, wann ich diesen Anruf aus Dubai oder Pakistan oder Indien, Australien, Hongkong, Israel oder was auch immer bekomme, und ich helfe einer Person, aus ihrem Käfig des Missbrauchs in radikale Lebendigkeit zu gelangen, indem ich sie aus ihrem Käfig des Missbrauchs in radikale Lebendigkeit überführe - von traumatisch zu orgasmisch lebendig.

- Ich weiß, dass ich dieses Land und dieses Land berührt habe.

Ich weiß, dass das Internet überall zugänglich ist, und ich werde nicht aufhören, solange das noch Teil meiner finanziellen Realität ist.

Wie viel habe ich über Geld gesagt?

Ich habe noch keine einzige Sache gesagt, in der es speziell um Geld geht.

So bin ich.

Es gibt noch mehr über Geld. Meine finanzielle Realität besteht darin, dass ich nach San Francisco oder in meine nächsten Orte gehe, dass es dort einen Gewinn gibt. Früher war ich bereit, auf Gewinn zu verzichten. Jetzt gibt es einen Profit. Was müsste ich tun, um das zu erreichen? Muss ich einen Tag

Einzelsitzung oder 10 Tage Einzelsitzungen durchführen, um das zu erreichen? Ich werde es tun.

Ich habe keine Angst vor der Arbeit. Ich liebe, was ich tue.

Right, wrong, good and bad, POD and POC, all nine, shorts, boys and beyonds®.

Ich danke Ihnen vielmals für Ihre Zeit. Denjenigen unter Ihnen, die ich zum ersten Mal getroffen habe, danke ich für ihr Kommen. Denjenigen unter Ihnen, die ich sehr gut kenne und die alle hier sind, danke ich für Ihr Kommen. Ich schätze Ihre Stimmen. Ich schätze Ihre Aufmerksamkeit.

Ich schätze und ehre wirklich den Mut und die Verwundbarkeit, die dazu führen, dass Fragen gestellt und gehoben und der Blick unter die Oberfläche gelenkt wird, und mit dieser verrückten Energie namens Access Consciousness™ und den Werkzeugen und dem Clearing- Statement zu spielen.

Ich hoffe, Sie fanden diesen Abend fruchtbar. Ich hoffe, ich war ein Beitrag für Sie, und ich hoffe definitiv, dass ich Sie wiedersehen werde.

Bringen Sie Ihr Geld ins Schlafzimmer, lassen Sie es nicht auf der Couch liegen.

Die Teilnehmer: Danke!

Dr. Lisa: Sei Du selbst! Jenseits von allem! Kreiere Magie! und hab Geld!

Nachwort

In der Einleitung habe ich Ihnen gesagt, dass Sie eine Goldmine in der Hand hatten, und ich hoffe, Sie verstehen jetzt, warum.

Die Wahrheit ist, dass es einfach keinen Grund gibt, warum Sie nicht all das Geld kreieren können, das Sie sich wünschen, wenn Sie den Mut und die Bereitschaft haben, „unter die Haube" Ihrer eigenen finanziellen Realität zu schauen. Und in diesem Buch habe ich Ihnen einen Weg gezeigt und Ihnen Werkzeuge an die Hand gegeben, um den Prozess der Untersuchung von drei Lügen über Geld zu beginnen.

Die erste Lüge ist, dass Geld Gott ist und Sie weniger als Gott sind.

Die zweite Lüge ist, dass Geld Ihr Täter ist, Ihr ewiger Kerkermeister, und dass Sie es nicht haben können.

Die dritte Lüge ist, dass Geld ein Problem ist.

Und obwohl das bei weitem nicht alle Lügen des Geldes sind, reicht es doch aus, um den Anfang zu machen.

Denken Sie daran, dass Sie sich nur 1° oder 1% verändern müssen, richtig?

Ich bin sicher, dass Sie bemerkt haben, dass es viele, viele tiefgreifende Fragen gibt, die Sie sich stellen können, um zu entwirren, was auch immer Sie rund um das Thema Geld am Laufen haben, und ich hoffe, dass Sie diese Fragen im Laufe der

Lektüre dieses Buches an sich selbst gestellt haben, oder dass Sie sie markiert haben, um wieder darauf zurückzukommen.

(Wenn Sie das jedoch nicht getan haben oder das Gefühl haben, dass Sie dabei mehr Hilfe benötigen, werfen Sie einen Blick in den Anhang, wo ich andere mir zur Verfügung stehende Ressourcen aufgelistet habe. Es gibt eine Fülle von ihnen, und sie alle sollen Ihnen helfen, zu Ihrem eigenen ROAR durchzudringen - Ihrer radikalen, orgasmischen, lebendigen Realität)

Wann immer Sie sich festgefahren haben und sich aus dieser Situation befreien wollen, beginnen Sie, sich diese drei wesentlichen Fragen zu stellen:

- *Wer bin ich?*
- *Was bin ich?*
- *Welche Lüge kaufe ich ab, die ich wahr gemacht habe?*

Dann, wenn Sie die Wahrheit für sich selbst entdecken und Ihre Energie freisetzen, werden Sie in Ihrem Leben mit den „4 Cs" vorankommen wollen:

- *Commit to you - Sich Ihnen selbst verpflichten*
- *Choose for you - Wählen Sie für sich*
- *The Universe is Conspiring to bless you and wants to Collaborate with you - Das Universum hat sich verschworen, Sie zu segnen und möchte mit Ihnen zusammenarbeiten*
- *Create – Kreieren Sie*

Wenn Sie erst einmal anfangen, sich für das zu entscheiden, was leicht und direkt vor Ihnen liegt - und dieser Energie folgen

- dann wird Ihnen das Geld wegen dem folgen, was in Ihnen steckt.

Also, wie ich schon zu den anderen sagte...

Ich fordere Sie auf, das wandelnde, sprechende, Tsunami oder Erdbeben zu sein, das die Realität allein durch Ihre bloße Anwesenheit verändert, Ihr ROAR (Radikal Orgasmisch Lebendige Realität) zu sein

Seien Sie Sie selbst, jenseits von allem und kreieren Sie Magie.

Anhang

Die folgenden sind eingetragene Marken von Access Consciousness:

ACCESS CONSCIOUSNESS®

BEWUSSTSEIN SCHLIESST ALLES EIN UND BEWERTET NICHTS®

LEICHTIGKEIT FREUDE UND HERRLICHKEIT™

ENERGETISCHE SYNTHESE DES SEINS™

WIE WIRD ES NOCH BESSER ALS DAS?®

RIGHT AND WRONG, GOOD AND BAD, POD AND POC, ALL 9, SHORTS, BOYS AND BEYONDS®

THE BARS®

Über die Autorin

Dr. Lisa Cooney ist eine Vordenkerin auf dem Gebiet der persönlichen Transformation. Als lizenzierte Ehe- und Familientherapeutin, Meisterin der Theta-Heilung und zertifizierte Access Consciousness Facilitator ist sie die Schöpferin von Live Your ROAR! Sei Du! Jenseits von allem! Magie kreieren! Als international anerkannte Expertin hat Dr. Lisas Arbeit Tausenden von Menschen ermöglicht, die Brücke von sexuellem Missbrauch in der Kindheit und anderen Formen des Missbrauchs zu einer „Radikal Orgasmisch Lebendigen Realität" (ROAR) zu schlagen.

Die Magie ihrer Arbeit konzentriert sich auf Kernbegriffe, mit denen sie sich selbst heilte, nicht nur vom Missbrauch in der frühen Kindheit, sondern von einer lebensbedrohlichen Krankheit. Diese wesentlichen Prinzipien, zu denen die 4 C's gehören - für Sie wählen, sich Ihnen verpflichten, zusammenarbeiten und wissen, dass das Universum sich verschwört, um Sie zu segnen, und das Leben kreieren, das Sie sich wünschen - sind der Prüfstein für eine tiefe und dauerhafte Transformation

Neben einem Doktortitel in Psychologie ist sie auch für andere Heilmethoden zertifiziert, die all ihre energetischen Gaben nutzen: Reiki, Theta-Heilung, Thermometrie, Atemtherapie, Psychodrama, Traumtherapie, sozial engagierte Spiritualität, herzzentrierte Hypnotherapie, Tiefenhypnose auf der Grundlage des Schamanismus und Access Consciousness Facilitation.

Zusätzlich zu ihren eigenen revolutionären und „enthüllenden" Beiträgen zum Körper der transformativen Weisheit ist sie begabt darin, die kreativen Werkzeuge von Access Consciousness zu benutzen, um anderen zu helfen, sich über alle Hindernisse hinweg zu bewegen und an einen Ort ihres eigenen Wissens zu gelangen... diesen Raum, wo sie direkten Zugang zum Flüstern des Bewusstseins haben.

Als Moderatorin ihrer eigenen Live-Stream-Show auf dem Ermächtigungskanal Voice America spricht Dr. Lisa jede Woche zu Tausenden von Zuhörern, die Hilfe und Inspiration suchen. Neben dem Schreiben von Artikeln und der Mitwirkung an zahlreichen Projekten ist auch ihr neuestes Buch *Tritt dem Missbrauch in den Hintern: Eine Reise zu radikalem Leben"* bei einem großen Verlag. Als gefragte, dynamische Facilitatorin wird sie eingeladen, auf der ganzen Welt Kurse und Workshops zu leiten und auf TeleSummits und anderen Veranstaltungen zu sprechen.

Bekannt für ihren „Ich werde das haben! egal was!"-Ansatz zum Leben, lehrt Dr. Lisa Menschen, wie sie diese magische und generative Energie spielerisch einsetzen können, um ein Leben zu kreiren, das leicht, richtig und unterhaltsam für sie ist.

CPSIA information can be obtained
at www.ICGtesting.com
Printed in the USA
LVHW042029300621
691409LV00003B/20